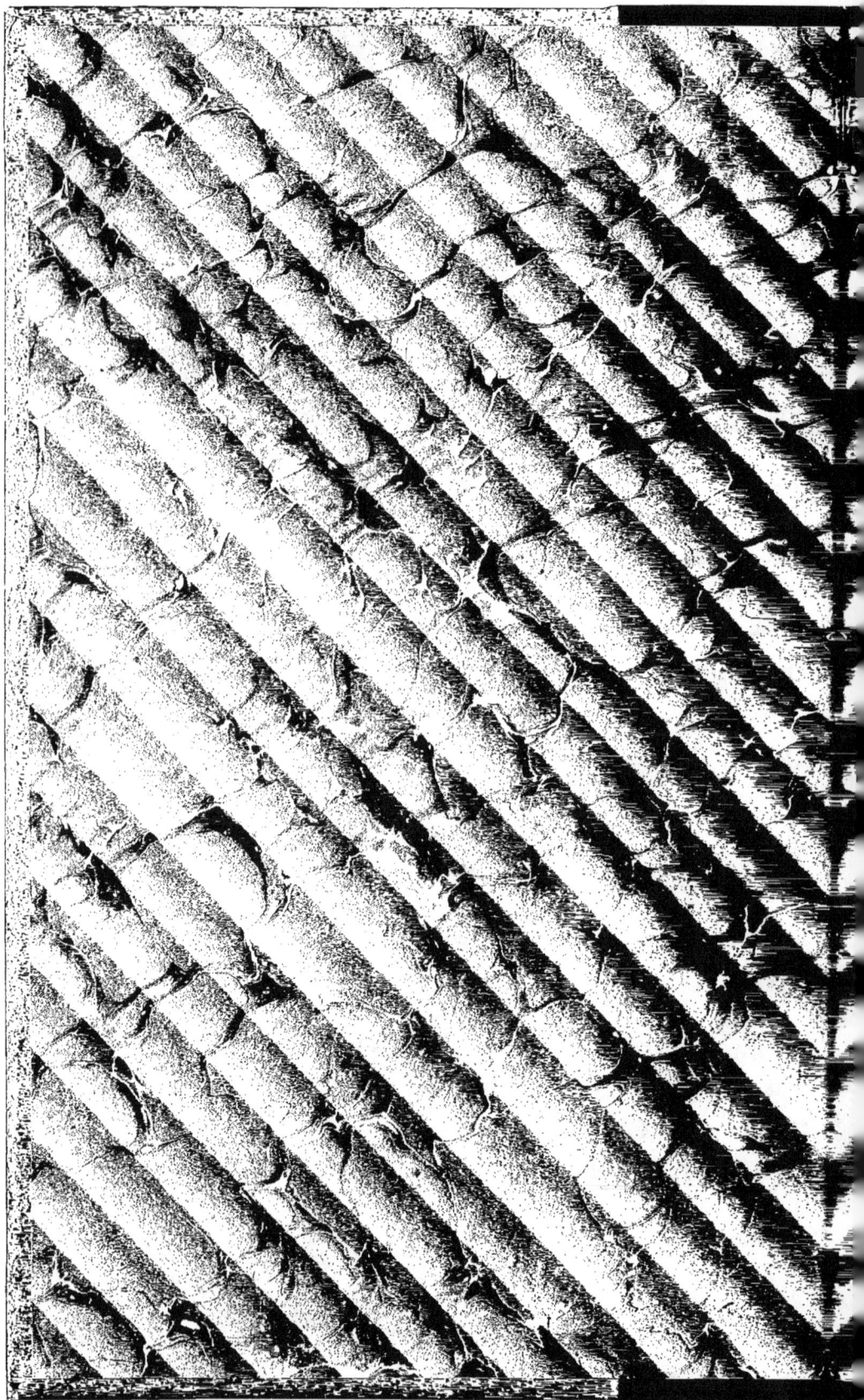

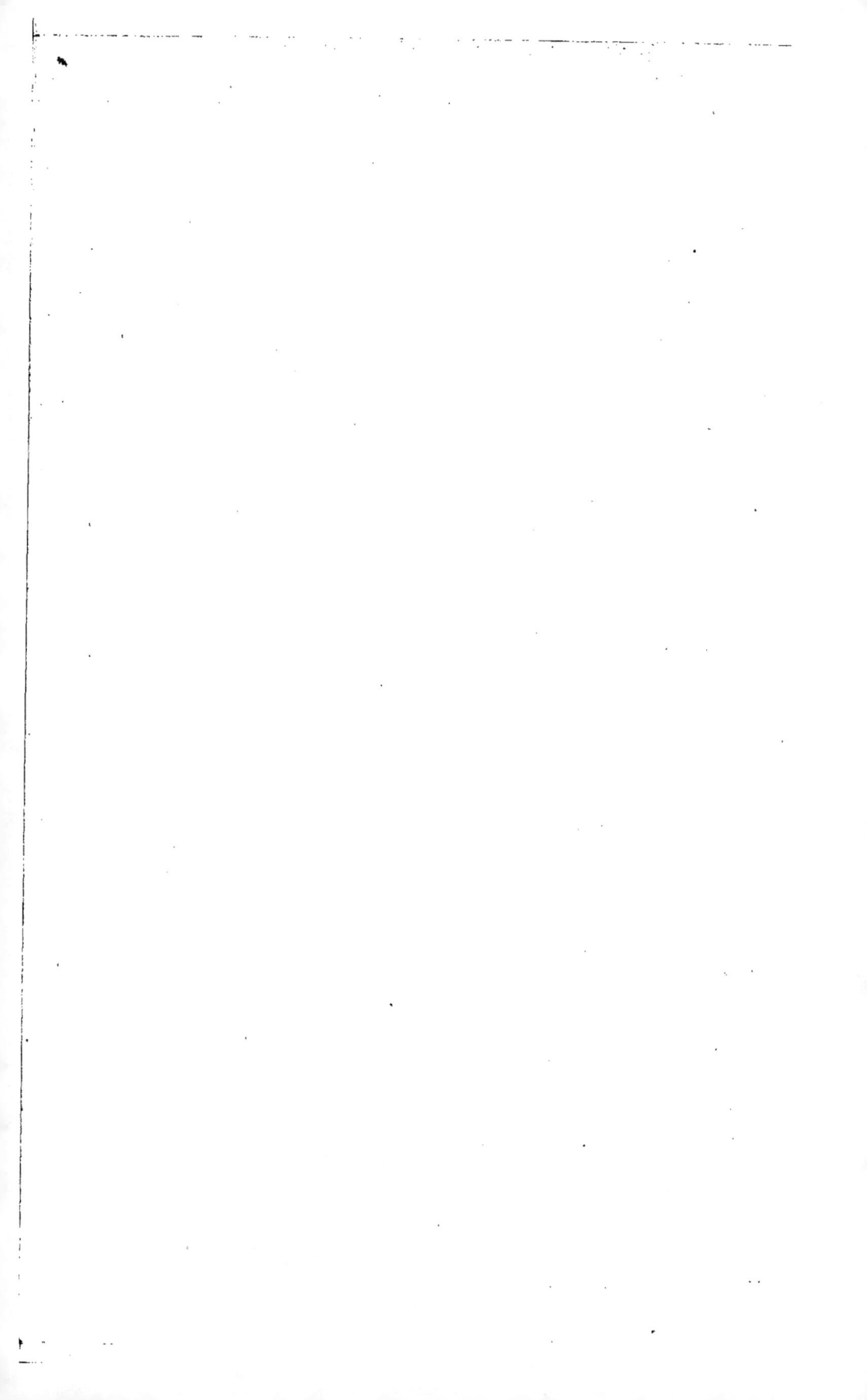

12907

HISTOIRE

DES

COMMUNAUTÉS DES ARTS ET MÉTIERS

DE L'AUVERGNE,

AVANT 1789.

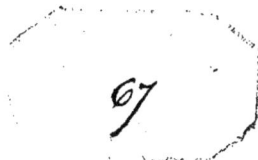

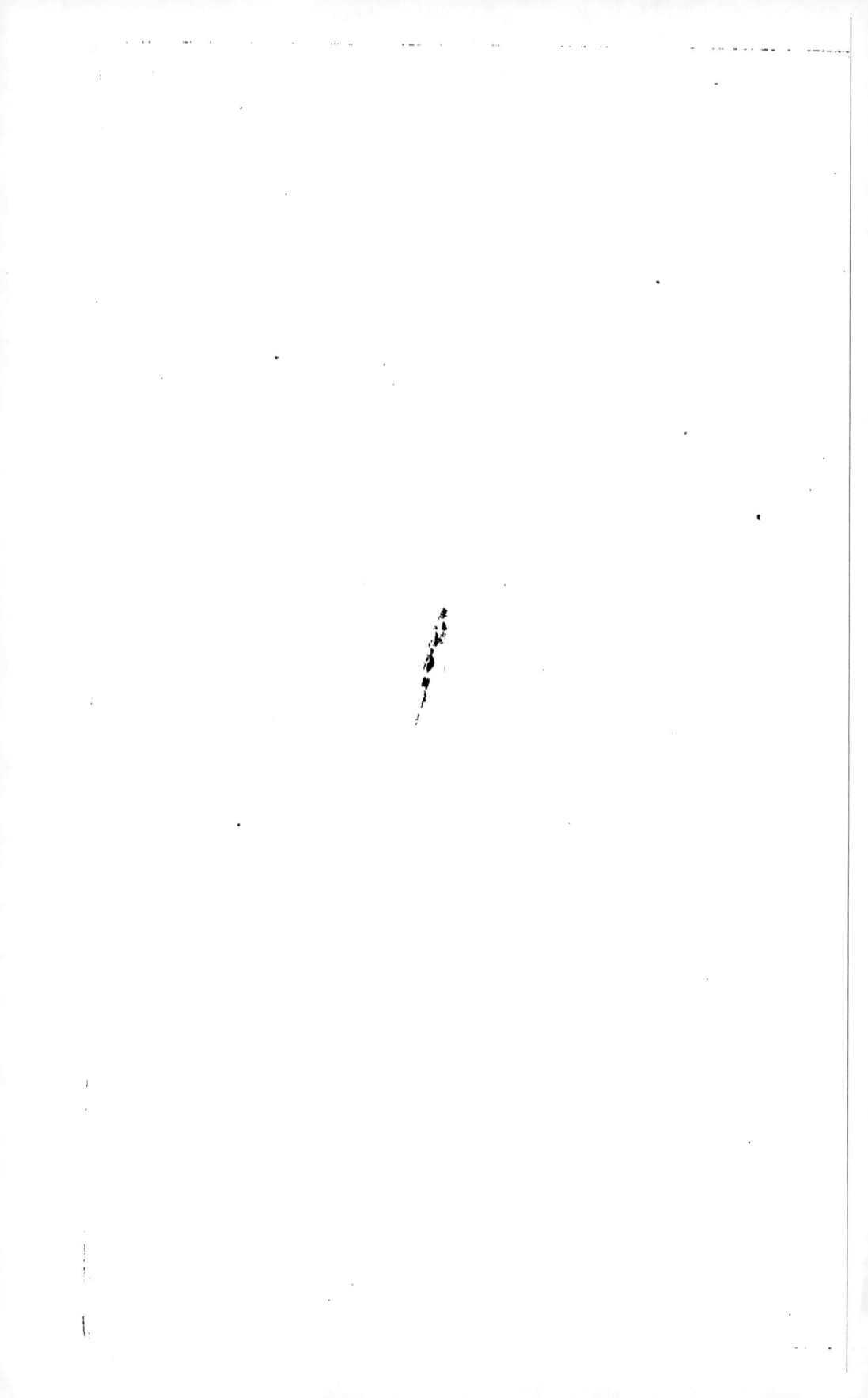

HISTOIRE

DES

COMMUNAUTÉS DES ARTS ET MÉTIERS

DE L'AUVERGNE,

ACCOMPAGNÉE

DES BANNIÈRES QUE PORTAIENT CES COMMUNAUTÉS

AVANT 1789 ;

PAR J.-B. BOUILLET ,

CHEVALIER DE LA LÉGION D'HONNEUR ,
CORRESPONDANT DU MINISTÈRE DE L'INSTRUCTION PUBLIQUE POUR LES TRAVAUX HISTORIQUES,
MEMBRE DE L'INSTITUT DES PROVINCES DE FRANCE
ET DE PLUSIEURS ACADÉMIES ET SOCIÉTÉS SAVANTES, NATIONALES ET ÉTRANGÈRES.

> Au moyen âge, les marchands des différents états, rassemblés en communautés, cherchaient ainsi dans la réunion de leurs forces, une garantie contre l'oppression, et pour rendre cette garantie plus puissante, ils lui donnaient un caractère religieux en faisant de leur communauté une confrérie pieuse, qui avait ses règlements, sa bannière, son patron. On peut regarder ces corporations ou confréries comme la source d'où devaient plus tard sortir la communauté et la bourgeoisie.
>
> LACÉPÈDE, *Hist. de l'Europe.*

———⊙———

CLERMONT-FERRAND,
TYPOGRAPHIE DE PAUL HUBLER,
1857.

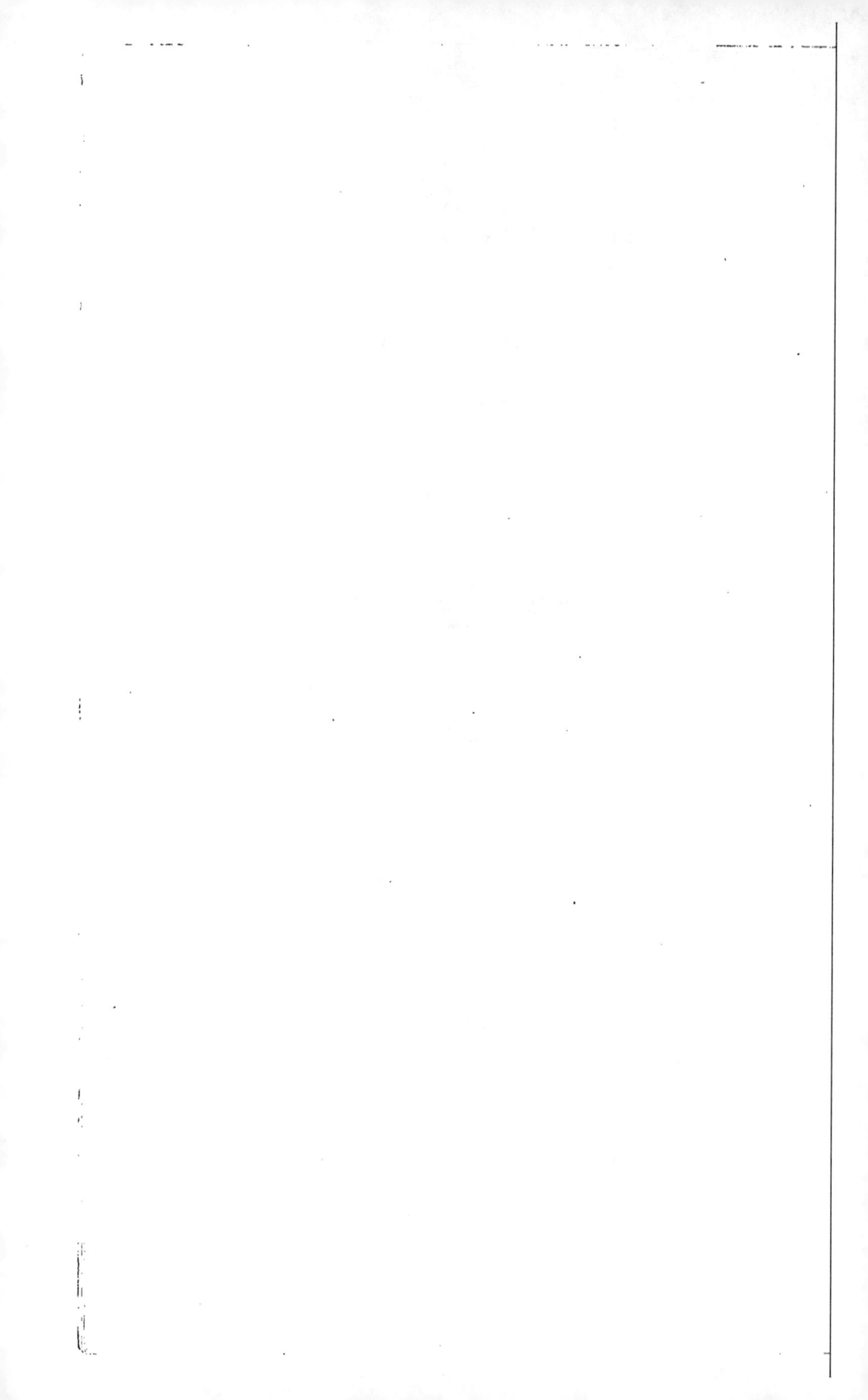

INTRODUCTION.

L'homme est né pour la société, il en fait sa principale satisfaction, il recherche les unions les plus étroites, et de là se sont formés dans la suite les familles, les bourgs, les villes et les plus grands États. Dans ces États, des groupes plus intimes par les emplois, les professions, sentirent la nécessité de réunir les gens experts dans les arts et métiers, pour les besoins de la vie, et pour que les productions de ces arts et métiers fussent placés dans les mains d'hommes instruits des divers procédés et de la pratique, on organisa des corps de communautés par catégories distinctes.

Il est difficile de fixer l'époque de l'institution des premières associations d'ouvriers de même profession; il est incontestable qu'elle est fort ancienne (1). Des chefs ont de tout temps veillé sur la conduite de ces communautés, et même, dès la seconde race des rois de France, on voit un *roi des merciers* qui, à Paris et dans

(1) C'est à Numa Pompilius, deuxième roi de Rome, que l'on fait remonter l'origine des confréries considérées comme associations.

toute la France, était le premier, ou, pour mieux dire, le seul officier qui veillât sur tout ce qui concerne le commerce et les arts et métiers. Il avait de grands priviléges. On l'appelait de ce titre orgueilleux de *roi des merciers*, parce que les merciers faisaient seuls, autrefois, tout le commerce. Il avait ses lieutenants dans les provinces, pour faire exécuter ses ordonnances.

Les communautés des arts et métiers, établies beaucoup plus tard, étaient en grand nombre dans les villes de France; il en existait pour tous les corps d'états. Chaque communauté avait son patron et sa confrérie. Elles étaient en usage dans les temps les plus anciens, chez les Egyptiens, chez les Romains. Numa rangea toutes les professions de Rome sous autant de différentes confréries, et leur donna à chacune un patron pris entre les faux dieux.

Les Romains ajoutèrent dans la suite à ces anciennes confréries autant de nouvelles confréries qu'ils firent d'apothéoses de leurs princes; d'où viennent celles des Augustales, des Flaviales, des Auréliennes, des Antonianes, et tant d'autres. Chacune avait autrefois la liberté de se faire des statuts. Ces confréries disparurent à l'époque des désastreuses invasions des Barbares, en même temps que l'empire romain fut renversé. Elles reparurent vers le huitième siècle. Un capitulaire de Charlemagne, de l'an 800, ordonna que la corporation des boulangers fût tenue au complet dans toutes les provinces de France (1).

Sous le règne de saint Louis, au retour de la croisade, vers 1258, où commença une réforme, et à partir de cette époque, les communautés furent obligées d'avoir recours à l'autorité pour obtenir des statuts, ou du moins pour homologuer les articles qu'elles avaient arrêtés.

Saint Louis disciplina aussi les communautés particulières sous le titre de Confréries, les soumit à certaines règles de police et prescrivit les devoirs de chacune d'elles, pour empêcher d'anticiper sur le commerce les uns des autres, et afin que le public fût loyalement et fidèlement servi.

S'il était possible de retrouver, depuis les temps anciens, les statuts des différentes corporations industrielles auxquelles la sanction royale avait donné force de loi, on pourrait composer une histoire curieuse de la législation du peuple, et de son caractère moral et sacré, surtout au moyen âge. Le moment est pressant de recueillir, dans l'intérêt de l'histoire, ce que nous savons de ces anciennes corporations; le souvenir en disparaît et se perd dans la splendeur de la civilisation, aussi bien que les costumes de nos villageois.

(1) Le corps des orfèvres se trouve mentionné dans un édit de Prestes, de 864.

D'autres confréries, qui se couvraient du voile spécieux de la religion, étaient organisées plus particulièrement pour troubler l'État. Il en est fait mention dans le concile de Montpellier, tenu en 1214, et dans les conciles de Toulouse, d'Orléans, de Cognac, de Bordeaux et de Valence, tenus en 1214, 1234, 1238, 1248 et 1255, et celui d'Avignon de 1326. La noblesse faisait la principale partie de ces confréries; les gens de toutes les autres conditions y étaient admis. Ils se liaient tous ensemble par serment et confédération dans leurs assemblées, élisaient un chef auquel ils juraient obéissance. Les lois canoniques les défendirent aux chrétiens, sous peine d'excommunication (1).

Dans l'intérêt de la sûreté et de la défense de Paris, Louis XI, par ses lettres du 24 juin 1467, arma tous les habitants, et divisa les gens de métiers et les marchands en soixante et une catégories, auxquelles il donna des bannières sous lesquelles ils étaient rangés, suivant leur qualité, et dans l'ordre et la police déterminés par les commissaires royaux; tous étaient obligés de se faire inscrire au registre des bannières de leur état, à peine d'amende. L'ordonnance qui leur servit de statuts est en 27 articles.

Chaque corps de métier eut sa bannière, comme

---

(1) Nous donnons à la page 414 le traité d'alliance d'une de ces associations.

signe général de reconnaissance, figurant une croix blanche au milieu, et avec telle enseigne et armoiries qu'il choisissait. Chaque membre prêtait serment de fidélité au roi, de lui obéir, ainsi qu'à ses lieutenants, en tout ce qui était ordonné; de n'exciter et ne souffrir ni sédition ni tumulte, et de les révéler, s'il était instruit qu'il s'en formât; de n'assembler et ne conduire leurs bannières que conformément à l'ordre du roi.

Ce fut saint Louis, comme nous l'avons dit, qui mit tout-à-fait les arts et métiers en communauté, et qui établit les jurandes et les maîtrises, suivant le genre de commerce ou d'industrie, et fit pour chacune d'elles des statuts particuliers (1). Si l'on se reporte au temps où ces statuts furent rédigés, surtout dans les quinzième, seizième et dix-septième siècles, on ne peut qu'avoir une haute idée des talents de leur auteur; ce sont pour quelques corporations de petits chefs-d'œuvre de législation; ils prescrivaient des règles souvent fort sages. Ayant vieilli, on les remit en vigueur, comme nous le verrons plus tard.

Les édits de 1581 et de 1597 et celui de 1673 ont,

_____

(1) Beaucoup d'arrêts ont décidé que dans les villes où il n'y avait pas de jurande, le commerce était libre. Chaque habitant pouvait tenir boutique, vendre et faire ce qui lui convenait; mais en général, et suivant l'édit d'octobre 1619, ceux qui exerçaient des arts ou des métiers importants se faisaient admettre dans une corporation du lieu le plus rapproché d'eux, et ils se trouvaient en règle pour la loi commune.

jusqu'en 1776, servi de base aux mesures dont les corporations ont été l'objet.

Ces réunions d'artisans furent appelées indistinctement :

CORPORATIONS, à cause de l'alliance des personnes d'un même métier (1) ;

CONFRÉRIES, à cause de l'esprit de fraternité qui les animait, et du lien sacré qui les unissait sous la bannière du même patron ;

JURANDES, à cause du serment qui liait chacun des membres.

Si déjà on n'était entré dans de minutieux détails sur les prescriptions diverses des statuts qui règlementaient les apprentis, les compagnons, les aspirants à la maîtrise, les réceptions dans les diverses corporations (2), nous pourrions nous étendre sur ce sujet ; mais nous n'en dirons que quelques mots.

Nos rois accordèrent aux officiers de leur cour, à

(1) Corps, corporation, communauté avaient parmi nous la même signification que celui de *collége* chez les Romains. Il ne faut cependant pas confondre les confréries avec les communautés, elles sont très-distinctes. Les confréries réglaient les rapports sociaux de gens exerçant la même profession. Les communautés réglaient la pratique du métier. Les confréries traitaient les hommes en confrères, les communautés en concurrents. Le caractère des confréries était religieux, celui des communautés, au contraire, était purement civil.

(2) Voyez *Histoire des anciennes corporations d'arts et métiers de la capitale de la Normandie,* par M. l'abbé Ouin-Lacroix, 1 vol. in-8°, 1850.

ceux qui présidaient aux différentes parties du service
intérieur, le droit de disposer des maîtrises des arts et
métiers, avec une espèce de juridiction sur tous les
marchands et artisans, non-seulement de Paris, mais
dans toute l'étendue du royaume. Ainsi, par exemple,
le grand chambrier disposait des maîtrises et avait la
juridiction sur les drapiers, les merciers, les pelletiers,
les tailleurs, les fripiers, les tapissiers et sur tous les
autres marchands de meubles et d'habits.

Du premier valet de chambre ou barbier, dépendaient tous les barbiers de France.

Le grand panetier présidait au commerce des boulangers.

Le grand bouteiller avait dans ses attributions tous
les marchands de vin.

Le premier maréchal de l'écurie du roi commandait
aux maréchaux et autres gens de forge sur fer.

Louis XII permit à François, duc de Valois et de
Bretagne, de créer un maître de chaque métier dans
toutes les villes du royaume.

Lors d'un sacre ou d'une naissance de prince, plusieurs rois ont créé des maîtrises dispensant des épreu-
ves et du chef-d'œuvre, mais toujours pour des arts et
métiers qui n'avaient pas de rapport à la santé ou à la
conservation des citoyens.

Comme l'établissement des nouvelles communautés

et la création des offices procuraient des ressources au gouvernement, il était très-facile d'en obtenir l'autorisation. C'est plus particulièrement pendant les temps de guerre, où les ressources étaient épuisées, que les autorités poussaient à la formation de nouvelles communautés pour obtenir de l'argent. On porte à plus de 40,000 le nombre des communautés qui furent créées ou réorganisées sous Louis XIV.

Les grands officiers dont nous avons parlé délivraient aux ouvriers les brevets de maîtrise, et exigeaient pour cette concession un droit quelquefois assez élevé. Ils avaient des lieutenants chargés de les suppléer dans les provinces. Ils exerçaient une véritable juridiction de police : ils jugeaient les différends entre les maîtres et les ouvriers, punissaient les querelles; ils faisaient, par eux ou leurs lieutenants, chez les marchands ou artisans, les visites ou inspections nécessaires pour découvrir les fraudes et constater les contraventions aux règlements.

Le grand chambrier fut supprimé en 1545. Le grand panetier existait encore en 1673.

Les statuts pour chaque corps de métier ont entre eux beaucoup de ressemblance. Ainsi, par exemple, on prescrit presque toujours que les jurés de chaque corporation, au nombre de quatre ou six, dont moitié est réélue chaque année, sont chargés de la réception à la

maîtrise, des visites, tant ordinaires qu'extraordinaires, soit des ouvrages des maîtres, soit des marchandises foraines, enfin de tout ce qui regarde l'exécution des statuts et de la police de la communauté.

Chaque corporation était placée sous l'invocation
d'un saint qu'elle honorait d'un culte particulier, et
dont l'autel était décoré aux frais de l'association.
Quelquefois un même patron était commun à plusieurs
corps de métiers, comme aussi il est arrivé très-souvent
que le même corps de métier, dans des villes différentes de la même province, n'avait pas le même saint
pour patron.

Nul ne pouvait tenir boutique s'il n'avait été reçu
maître, et nul ne pouvait être reçu maître qu'il n'eût
été apprenti et compagnon du métier, et qu'il n'eût fait
son chef-d'œuvre, consistant dans l'exécution de l'un
des principaux articles de l'art.

Le maître ne pouvait ouvrir sur la rue qu'une seule
boutique. Tout maître était tenu d'avoir sa marque ou
son poinçon pour marquer ses ouvrages. L'empreinte
de cette marque ou du poinçon restait dans la corporation.

Le temps de l'apprentissage devait être de trois,
quatre ou six années, et le temps de compagnonnage
aussi de deux, trois ou quatre années. Un maître ne
pouvait avoir qu'un apprenti à la fois; on en tolérait

quelquefois un second pour certaines branches d'art, mais après quelques années d'apprentissage du premier.

L'apprenti, qui était tenu de contracter un engagement devant notaire, ne devait pas s'absenter plus d'un, deux ou trois mois de chez son maître sans cause légitime, sous peine d'être renvoyé et de perdre ses droits à la maîtrise.

Un maître ne pouvait enlever les apprentis ou les compagnons à son confrère, de même que ces derniers ne pouvaient aller chez d'autres maîtres sans avoir terminé leur temps ou leur ouvrage, et sans l'autorisation des jurés. Pour les fils de maîtres, il y avait des exemptions favorables. Les veuves restant en viduité jouissaient des priviléges de leurs maris.

L'Apprenti, pour se livrer aux études du métier qu'il voulait apprendre, ne pouvait commencer qu'entré l'âge de douze à dix-huit ans. Au-dessus de ce dernier âge, il n'avait plus la docilité nécessaire pour profiter utilement des leçons du maître, et pouvait se dégoûter d'un long et difficile apprentissage. Il était tenu de faire une déclaration de son intention d'apprendre tel ou tel métier, de prêter serment d'obéissance et de prendre un brevet, sans lequel ses trois, quatre, cinq ou six années d'apprentissage ne lui comptaient pas et ne lui donnaient aucun droit à la maîtrise.

Il ne pouvait sortir de chez son maître sans une autorisation des gardes du métier ; et si sa sortie était causée par quelques méfaits, on prononçait son exclusion du corps et l'annulation de ses titres à la maîtrise.

Un maître, pour pouvoir prendre un apprenti, devait avoir une boutique ou un atelier sur la rue, et être dans sa deuxième année de maîtrise. Il ne pouvait, comme nous l'avons dit, en avoir qu'un, ou deux tout au plus, pour les arts les plus compliqués.

Le maître devait à l'apprenti le logement, la nourriture, l'instruction exacte dans toutes les parties du métier et une bienveillance presque paternelle. En retour, l'apprenti devait au maître honneur, soumission et le service gratuit de son temps d'apprentissage.

Les veuves, suivant les mêmes conditions des statuts, avaient sur les apprentis et sur les compagnons les mêmes droits, pourvu qu'elles ne contractassent pas une nouvelle alliance.

Les fils de maîtres étaient affranchis de toutes formalités. Jouissant des plus grands priviléges, ils n'étaient pas soumis au nombre d'années de travail comme apprentis ou compagnons ; ils ne payaient pas les sommes que payaient les autres apprentis ou compagnons, et ils n'étaient pas assujettis, dans le plus grand nombre de métiers, à faire le chef-d'œuvre.

Dans chaque métier, on voit à peu près toujours

qu'aucun ne pouvait devenir maître, s'il n'avait appris le métier chez un des maîtres ou des maîtresses de la même profession, s'il n'avait servi le temps réglé par les statuts, payé le droit de réception, prêté le serment, etc.

COMPAGNON. L'apprenti, après avoir acquis les connaissances nécessaires, et avant de passer maître, restait encore pendant quelques années chez un patron, avec des gages et le titre de compagnon.

Le compagnonnage, dans chaque état, avait une organisation particulière. Un serment inviolable rendait solidaires tous les compagnons; des signes, des mots les faisaient reconnaître (1). Il assurait à tous des forces, du travail, et des secours dans les moments de besoin. La confraternité allait très-loin. Lorsqu'un compagnon arrivait dans une ville, il lui suffisait de

---

(1) On sait de quelle manière les compagnons, les *garçons du devoir*, se reconnaissaient quand ils se rencontraient sur un grand chemin dans le *tour de France*, voyageant en société ou isolément. L'un d'eux, s'ils étaient plusieurs, se portait en avant, et se posant à quelques pas, criait : *Tope pays! Quelle vocation?* L'interrogé répondait en donnant le nom de son métier et en répétant *Quelle vocation?* L'autre répondait, tel métier; puis le premier disait : *Compagnon? — Oui, pays; et vous? — Compagnon aussi.* Alors si leurs métiers, leurs compagnonnages surtout, étaient amis, les deux compagnons s'élançaient dans les bras l'un de l'autre, vidaient réciproquement leurs gourdes en trinquant ou allaient au cabaret le plus voisin faire une plus intime connaissance. Si, au contraire, leurs métiers, leurs compagnonnages étaient ennemis, et si c'étaient des querelleurs, si l'un des deux ne disait pas à l'autre : *Passe!* aussitôt leur visage s'enflammait; ils s'injuriaient, couraient l'un sur l'autre ou les uns sur les autres, la canne haute, et ne se quittaient que lorsqu'ils s'étaient assommés, quelquefois laissés morts sur la place.

se faire reconnaître, pour obtenir du travail ; si par hasard toutes les places étaient occupées, le plus ancien compagnon lui cédait la place. Celui qui partait pour le *tour de France*, s'il était dans le besoin, recevait des secours de l'association ; le malade était soigné comme un frère, mais il n'avait pas le droit d'exercer son métier pour son compte, de travailler dans un endroit caché, seulement dans la boutique de son maître. Le maître qui donnait aux compagnons le moindre sujet de reproche, voyait lancer contre lui une sentence d'interdit, et nul compagnon ne travaillait plus pour lui. De nos jours, le compagnonnage ne peut plus se comparer à ce qu'il était avant le terrible coup que lui porta le ministre Turgot, en 1776, et la Révolution, où, par une loi du 17 mars 1791, le commerce devint libre. Il n'est plus possible de monopoliser le travail, comme on le faisait autrefois.

Les apprentis et les compagnons, à l'époque des exercices préparatoires à leur admission à la maîtrise, recevaient le titre d'aspirants. En se présentant pour l'examen, ils devaient produire leur acte de naissance, attestant au moins vingt années, leurs brevets d'apprentissage et de compagnonnage, plus une attestation de moralité et de probité.

Les jurés, sévères dans leur examen, faisaient placer l'aspirant dans une pièce séparée, où aucun parent ni étranger ne pouvait pénétrer. Là, il était interrogé et exécutait un ouvrage auquel on donnait le nom de *chef-d'œuvre*. Le chef-d'œuvre achevé, on l'exposait publiquement à la visite de tous les maîtres; mais les gardes seuls en étaient juges compétents. S'ils l'approuvaient, l'aspirant était admis et conduit devant les officiers du bailliage pour prêter serment de fidélité aux statuts, et payer au roi, à la communauté, à la confrérie et aux gardes, les sommes convenues; si, au contraire, les gardes déclaraient son travail imparfait, ou s'il avait contre lui l'antagonisme jaloux de quelques maîtres, il se voyait privé de la jouissance de la maîtrise. Chaque corps d'état prescrivait le chef-d'œuvre conformément à ses exigences spéciales, de telle façon que l'aspirant pût montrer son talent dans les diverses parties de son art.

Lorsque l'aspirant, reçu maître, avait prêté serment devant les officiers du bailliage, afin de ne pouvoir se soustraire à la surveillance, il était tenu, avant d'ouvrir son magasin ou son atelier, de faire inscrire son nom et sa demeure sur les registres des gardes de la corporation. S'il voulait se fixer dans la même rue que son ancien patron, les statuts l'obligeaient à s'en éloigner d'une certaine distance, afin d'éviter le plus possible toute lutte de rivalité. Il pouvait étendre sa fabrication et son commerce suivant son intelligence et ses ressources; mais il ne devait jamais s'écarter des règles imposées relativement à la nature de son commerce. Toute innovation était interdite.

Quant aux heures de travail et aux jours défendus tout était réglé par les gardes des corporations (1).

Tous les citoyens exerçant un commerce, une profession, un art ou un métier, pour lesquels ils tenaient dans leur maison ou employaient auprès d'eux des élèves, apprentis, compagnons, ouvriers ou garçons, étaient tenus de faire la déclaration à la police, dans les vingt-quatre heures après l'admission desdits élèves, avec indication de leurs noms, prénoms et âge, du lieu de leur naissance, de leur précédente habitation, et de renouveler ladite déclaration à leur sortie, et ce sans préjudice de l'exécution des lois et règlements établis quant aux livrets dont devaient être pourvus lesdits compagnons, garçons, etc.

Louis XIV, par un édit de 1696, obligea toutes les corporations à prendre ou à faire enregistrer l'écusson de la bannière de leur confrérie; chacun dut s'en pro-

---

(1) Les fonctions de gardes ou syndics étaient non seulement gratuites, mais encore fort onéreuses pour ceux qui les remplissaient; elles absorbaient tout leur temps et les forçaient à négliger leurs propres affaires pour diriger celles de la corporation. Aussi vit-on quelquefois des membres élus refuser ces fonctions. Au seizième siècle on obligea les personnes nommées à les accepter. Celles qui les refusaient obstinément étaient contraintes de renoncer à leur maîtrise.

curer (1). Les bannières étaient en étoffe de soie bleue,
rouge, jaune, verte, etc., et portaient presque toujours
des attributs de la profession, attributs que l'on repro-
duisait sur les torches des enterrements des maîtres et
sur les écussons des cierges que l'on portait aux processions. Les bannières armoriées ne se déployaient que
dans les cérémonies publiques, aux processions solennelles, aux entrées, aux mariages, aux obsèques des
rois, reines, princes et princesses.

Chaque communauté formait aussi une confrérie
religieuse qui, placée sous l'invocation du saint que
l'on considérait comme le protecteur spécial de la profession, avait une chapelle où l'on allait, le jour de la
fête, appeler les bénédictions du Ciel sur la corporation.

Les maîtres des corporations reçus dans la capitale
avaient le droit d'exercer leur profession par tout le
royaume. Il leur suffisait alors de produire l'acte de

(1) Quand une communauté se formait dans une ville et faisait
approuver ses statuts par les autorités locales, soit par l'évêque,
le seigneur, les échevins ou le lieutenant du roi, aussitôt elle demandait le droit de bannière, et par conséquent des armoiries ; ces
armoiries étaient tantôt *patronales* ou portant l'effigie du patron,
tantôt *parlantes* ou représentant les outils du métier, tantôt *em-
blématiques* ou reproduisant les matières ouvrées, tantôt *féodales*
ou ayant les couleurs, la livrée et les armes du seigneur laïque ou
ecclésiastique ; tantôt *imaginaires* ou offrant des figures capri-
cieuses, bizarres, insignifiantes. On l'a déjà dit : l'histoire des
bannières des communautés des arts et métiers est mystérieuse et
intéressante : c'est là un livre trop longtemps fermé où nous savons
à peine lire aujourd'hui.

leur réception et de le faire enregistrer au greffe de la justice ordinaire où ils allaient demeurer, conformément à l'édit de Henri II, du mois de décembre 1581.

Les règlements donnés au treizième siècle, étant devenus peu intelligibles, furent plus tard renouvelés, modifiés et mis en rapport avec l'état de l'industrie. L'édit de Charles IX du mois de janvier 1560 engage les corporations à faire les changements nécessaires.

L'article 99 est ainsi conçu : « *Sur la requête qui nous a été faicte par les dits députés du tiers état, avons permis et permettons à tous marchands, artisans et gens de mestier de faire veoir et arrester en langage intelligible leurs statuts et ordonnances, tant anciennes que modernes, et icelles faire imprimer, après qu'elles auront esté authorisées par nous, et sur ce obtenu lettres de permission.* »

Henri III les fit modifier encore et les fit compléter. Henri IV confirma, en 1597, l'édit rendu à ce sujet en 1581. Enfin, un autre édit du mois de mars 1673 y ajouta quelques dispositions nouvelles et créa de nouvelles communautés. Cet édit, nous le répétons, et ceux de 1581 et de 1597 ont, jusqu'en 1776, servi de bases aux mesures dont les corporations ont été l'objet.

Les statuts des communautés de Paris furent généralement adoptés dans les provinces. Chaque industrie forma une association ou confrérie placée sous la pro-

tection d'un saint. Tous les ans, ces corporations célébraient avec solennité la fête de leur patron. Le lendemain de la fête, la confrérie assistait au service funèbre
célébré pour ceux de ses membres morts dans l'année.
Après ces pieux hommages rendus à la mémoire d'anciens confrères et amis, la communauté réglait les
affaires du corps, arrêtait les comptes et procédait au
renouvellement de ses officiers, qualifiés *syndics* et
gardes.

Plusieurs des corps et métiers devaient, dans certaines circonstances, prendre les armes dans la milice
des communes, et de plus, suivant une ordonnance du
10 décembre 1701, les corporations des marchands et
arts et métiers des villes du royaume étaient obligées,
suivant leurs moyens, de fournir un certain nombre
d'hommes pour servir de recrues aux troupes d'infan-
terie. Les syndics des communautés devaient les
remettre aux officiers chargés de les commander, et de
plus, compter à chaque soldat reçu la somme de 60
livres, à prendre sur les revenus de la communauté.

Dans chaque ville, en général, les maîtres de même
métier se réunissaient, pour leur commerce, dans des
rues ou quartiers spéciaux; ainsi, par exemple, nous
avons encore, à Clermont, des rues qui ont conservé les
noms qu'elles doivent aux corps de métiers; savoir :

La rue des Orfèvres, pour les orfèvres et les bijou-
tiers ;

La rue du Terrail, pour les marchands de poterie ;

La rue de la Coifferie, pour les perruquiers ;

La rue des Chaussetiers, pour les sabotiers ;

La rue de la Treille, pour les cabaretiers et les marchands de vin ;

La rue des Peigneurs,

La rue de la Boucherie,

La rue des Tueries,

La rue des Tanneries, etc., etc.

On se ferait difficilement aujourd'hui une idée des embarras que l'existence de ces corporations suscitait aux commerçants, les entraves qu'elles apportaient dans les transactions ; il n'était pas de jour où les gardes n'eussent à verbaliser contre des marchands ou des industriels. La jalousie était si grande, que chaque commerçant du même métier dénonçait son confrère ou était dénoncé par lui ; souvent les Parlements ont eu à intervenir (1).

En 1704, Louis XIV, ayant besoin d'argent, supprima toutes les maîtrises et les remplaça par des jurandes héréditaires vendues à son profit. En 1707, elles furent rétablies.

(1) En 1701, Antoine Roche, baile des boulangers, trouva chez Denis Rabet, hoste de Lange, à Clermont, une douzaine de saucisses qu'il prétendait que Rabet avait exposées en vente, il lui fit un procès qui dura cinq à six ans. Il y eut trois procès-verbaux par-devant le lieutenant général, autant de sentences, et les frais du procès montèrent à plus de six vingts livres. (*Archives de la ville de Clermont.*)

Les jurandes et les communautés furent supprimées au mois de février 1776, par un édit du roi, provoqué par le ministre Turgot, le fougueux antagoniste des corporations d'arts et métiers. Les gardes-jurés en exercice protestèrent avec vigueur contre cet édit désorganisateur, et représentèrent au roi, dans plusieurs mémoires, que l'industrie, toujours honorée, toujours protégée par les rois de France, depuis saint Louis, ne pouvait subsister sans statuts et sans règlements, qui faisaient sa force et sa sûreté. De son côté, Louis Séguier, avocat célèbre au conseil du roi, plaida énergiquement pour elle au lit solennel de justice tenu à Versailles le 12 mars 1776; mais il ne put réussir, seulement, par un autre édit du même jour, 12 mars 1776, Louis XVI laissa subsister à Paris six communautés de commerce, et supprima toutes les autres.

Le ministre Turgot, auteur aussi de l'édit du 12 mars 1776, n'étant pas effrayé des conséquences que cet édit pourrait produire et des nombreux ennemis qu'il lui ferait, n'hésita pas à le provoquer, dans l'intérêt du gouvernement. Considéré comme un novateur dangereux, il fut disgracié. Moins de six mois après sa sortie du ministère, au mois d'août 1776, un nouvel édit rétablit les communautés d'arts et métiers, à la vérité sur des bases moins abusives et moins dangereuses, que les circonstances avaient rendues nécessaires. Cela dura jusqu'au moment où la grande révolution renversa d'un seul coup toutes les institutions du commerce, en même temps que toutes les lois fondamentales de la société française.

L'abolition des communautés, des maîtrises et des jurandes, il faut le reconnaître, a donné un grand éclat au génie industriel ; nos manufactures ont pu s'élever au plus haut degré.

La suppression des jurandes et des maîtrises, si elle a privé les maîtres des communautés du privilége exclusif qu'ils avaient comme vendeurs, leur a profité comme acheteurs. Les marchands y ont gagné de pouvoir vendre tous les assortiments accessoires à leur principal commerce. Tous y gagnaient de n'être plus dans la dépendance des chefs et des officiers de leur communauté, de n'avoir plus à leur payer des droits de visite, d'être affranchis d'une foule de contributions, des frais de cérémonies, de repas, d'assemblées, de procès, et surtout des visites inquisitoriales, qui les tenaient en garde contre les écarts de la négligence.

Le plus souvent c'était un ouvrier qui empiétait sur les droits d'un autre. L'un des deux ne cédant pas, les tribunaux se voyaient appelés à prononcer dans des débats qui ne sembleraient rien aujourd'hui, et qui jadis prenaient quelquefois des proportions inquiétantes pour la sécurité publique. Ce que les anciennes mai-

trises avaient de bon, c'est qu'elles étaient une assistance fraternelle pour une certaine classe d'honnêtes
industriels. La communauté ou la confrérie était la
seconde mère de l'ouvrier. Si un des confrères tombait
malade, les syndics et les administrateurs le visitaient,
lui procuraient des secours temporels et spirituels.
Était-il nécessiteux, on faisait pour lui une quête parmi
les membres de la communauté, et cet appel était entendu (1). Un semblable résultat rachetait bien les vices
d'organisation dont on se plaignait. Dès qu'un des
membres de la confrérie mourait, homme ou femme,
on cessait tous travaux dans la confrérie, on fermait les
boutiques pour ne les rouvrir qu'après l'inhumation.
Si l'on portait le saint viatique à quelque malade appartenant à un métier, tous les maîtres du même métier
étaient invités à l'accompagner, et ils le devaient faire
bien et honnêtement; ils tenaient à la main un cierge
qui restait à la communauté, et reconduisaient à
l'église le prêtre qui portait la custode, etc.

Les corporations d'arts et métiers ont eu, à de certaines époques, leur utilité et ont rendu de grands
services, notamment dans les temps si orageux du

---

(1) Des associations de secours mutuels, des sociétés fraternelles
reviennent. Depuis une dizaine d'années la France s'en recouvre;
on les trouve en pleine pratique dans tous les corps de métiers;
comme dans le moyen âge, chacune a sa bannière et son règlement, seulement elles n'entravent pas l'industrie.

moyen âge. Elles garantissaient les fabricants et le commerce de la tyrannie et des exactions des seigneurs, qui n'avaient pas la même force contre une agrégation d'hommes ayant les mêmes intérêts, que contre un individu isolé et dépourvu d'appui; mais après avoir mis les hommes industrieux à l'abri des vexations, elles devinrent elles-mêmes oppresseurs et usurpèrent des priviléges. Nul autre que ceux qui faisaient partie des communautés ne pouvait vendre ou fabriquer les objets de leur commerce; on n'obtenait la faveur d'y être agrégé qu'en payant les sommes fixées par les statuts. Il en était dû une pour l'enregistrement des lettres de maîtrise, une pour le droit royal, pour la réception et l'ouverture de la boutique, pour acquitter les honoraires des doyens, des syndics, des jurés, des gardes, etc.; puis venait le repas de corps. Si l'artisan était manufacturier, et que son industrie exigeât l'emploi de différents arts, pour ne pas éprouver de contrariétés de ses confrères, il était obligé de se faire recevoir dans toutes les communautés auxquelles ces arts correspondaient, et de payer de nouveaux droits à la maîtrise. La justice du gouvernement fit comprendre à plusieurs reprises qu'il fallait affranchir les ouvriers de toutes ces charges, de toutes ces atteintes portées aux droits de l'humanité. On abrogea toutes ces institutions, qui ne permettaient pas à l'indigent de vivre de son travail, qui repoussaient un sexe à qui sa faiblesse a donné plus de besoins et moins de ressources, qui éloignaient par ces entraves l'émulation et l'industrie, en rendant inutiles les talents de ceux que les circonstances excluaient de l'entrée d'une communauté, et qui privaient l'État et les arts de toutes les améliorations, de toutes les lumières que les étrangers y apportaient.

La moindre découverte rencontrait des difficultés de la part de la communauté qui ne l'avait pas faite, et de plus, les frais immenses que chaque ouvrier était obligé de payer pour acquérir la faculté de travailler, les saisies pour les prétendues contraventions, les procès interminables que les prétentions respectives des communautés intentaient par l'étendue de leurs privilèges exclusifs, surchargeaient l'industrie d'un impôt énorme et onéreux, sans aucun fruit pour l'État.

Les maîtres raisonnables reconnurent bientôt qu'en perdant les privilèges qu'ils avaient comme vendeurs, ils gagnaient comme acheteurs à la suppression des communautés. Les ouvriers y gagnaient, eux aussi, l'avantage de ne plus dépendre, dans la fabrication de leurs ouvrages, des maîtres de plusieurs autres communautés, dont chacun réclamait le privilège de fournir quelques pièces indispensables. Les marchands y ont gagné de pouvoir vendre tous les assortiments accessoires à leur principal commerce. L'apprenti le plus digne, le plus capable, ne se verrait plus impitoyablement rejeté, tandis que le fils d'un maître, protégé par ce seul titre, était reçu sans examen, sans épreuve, et avec exemption partielle et quelquefois totale de redevance d'argent.

En 1821, et en 1824 encore, on a cherché, par intérêt personnel très-probablement, à faire organiser par le gouvernement les jurandes, les maîtrises, les corporations de marchands et les communautés, mais en moins grand nombre, et en détruisant l'esprit de privilége et de monopole dont elles étaient animées. Comme les progrès de l'industrie et l'invention des machines rendaient la chose impossible, on y renonça, considérant la loi du 17 mars 1791, qui a aboli les communautés comme le plus grand encouragement qu'ait reçu l'industrie. Elle n'a pas été un moindre bienfait pour les ouvriers; elle les a délivrés de vexations souvent insupportables. Enfin, elle a contribué à la tranquillité publique, en anéantissant une institution qui, avant 1789, a porté souvent les ouvriers à la troubler.

Dans le même temps, et avant 1821, le conseil général du commerce, le conseil des fabriques, le comité consultatif des arts et manufactures, attachés au ministère de l'intérieur, et plusieurs chambres de commerce, se sont prononcés plusieurs fois contre leur rétablissement.

Nous n'avons pas eu, en composant cet ouvrage, la prétention de faire l'histoire complète de chaque corps de métier; nous avons dit ce que nous savions de leur origine pour arriver à la corporation. Nous n'avons pas cru devoir donner *in extenso* les règlements et statuts que nous possédions de chaque métier; les dispositions pour l'administration intérieure des corporations étant à peu près les mêmes pour tous, nous nous sommes borné pour le plus grand nombre à reproduire les principales prescriptions, que l'on sera bien aise de connaître.

Nous avons donné quelquefois l'histoire sommaire d'un corps de métier qui ne formait pas à lui seul une communauté, et qui n'avait pas une bannière particulière; mais comme il faisait partie d'une communauté dont nous donnons la bannière commune, nous ne devions pas l'omettre.

Nous ne nous dissimulons pas que, pour bien faire un ouvrage comme celui-ci, il eût fallu plus de documents, et surtout plus d'érudition; mais enfin, nous nous consolons en pensant, comme nous l'avons déjà fait d'autres fois, que nous avons préparé les voies. Que d'autres fassent mieux plus tard, nous en serons heureux !

Nous devons remercier ici plusieurs personnes qui se sont empressées de mettre à notre disposition les documents qu'elles possédaient sur cette matière ; de ce nombre, nous citerons M. Desbouis, bibliothécaire de la ville de Clermont ; M. Cohendy, archiviste de la Préfecture du Puy-de-Dôme, et M. Aigueperse, libraire, membre de l'académie de Clermont. Qu'elles veuillent bien en agréer notre sincère gratitude.

J.-B. BOUILLET.

HISTOIRE

DES

ANCIENNES CORPORATIONS

DES

ARTS ET MÉTIERS DE L'AUVERGNE

AVANT 1789.

APOTHICAIRES.

PATRON, SAINT NICOLAS (6 DÉCEMBRE).

La profession d'apothicaire a été de tout temps très-honorable et très-considérée. Ranchin, dans ses œuvres pharmaceutiques, chapitre 4 (*Devoirs des Pharmaciens*), nous apprend que le roi Mithridate-le-Grand était apothicaire, que la reine Arthémise était apothicaire, et que le grand-père du père de l'apothicaire Mesvé était roi de Damas.

Un apothicaire devait être bon anatomiste, bon botaniste et bon chimiste. On disait, à cette occasion, que le roi pouvait faire à sa volonté un comte, un duc, un maréchal de France; mais qu'il ne pouvait pas faire un maître apothicaire, sans que celui-ci eût fait son temps d'étude et d'exercice, et sans qu'il eût été examiné et reçu par le corps des apothicaires présidé par une commission de la faculté de médecine.

Au moyen âge, les apothicaires ne pouvaient pas encore compliquer leurs médicaments, les substances orientales employées depuis étaient encore inconnues sur les marchés de l'Europe.

Les Juifs seuls apportaient des produits médicamenteux du Levant, et ils les vendaient falsifiés et préparés par eux-mêmes. Après la première croisade, le commerce changea de mains et se généralisa. Venise et Gênes, qui entretenaient des relations avec l'Orient, faisaient de fréquents échanges.

C'est après cette époque que, pour la première fois, les apothicaires, les droguistes et les épiciers ont acquis quelque importance en Europe. Les épiciers, les droguistes vendaient la substance brute; mais dès la fin du treizième siècle, les principales villes avaient leurs apothicaires.

Défense expresse était faite à toutes personnes étrangères à cet art de préparer et de vendre des médicaments.

Clermont, Riom, Aurillac et Montferrand avaient des corporations de cet art. Dans la dernière de ces villes, la corporation comprenait aussi les chirurgiens et les meuniers : réunion assez extraordinaire, mais dont les membres néanmoins concouraient à la nomination des gardes chargés de l'administration et de faire respecter les statuts communs. Cette réunion des apothicaires, des chirurgiens, et surtout des meuniers, venait probablement de ce que, dans le principe, l'art de l'apothicaire n'était point encore bien défini, et qu'il ne s'appliquait pas uniquement à l'art de guérir.

On pourrait supposer aussi que, comme le corps des meuniers était nombreux à Montferrand, les apothicaires et les chirurgiens, en très-petit nombre, ont voulu s'unir à eux.

Nous ne parlerons ici que des apothicaires; ailleurs nous parlerons des chirurgiens et des meuniers.

Suivant les ordonnances de Louis XIII et de Louis XIV, de 1617, 1656 et 1661, le premier médecin du roi avait le pouvoir de commettre un ou plusieurs médecins, pour examiner, établir les maîtrises et jurandes des apothicaires, dans les villes du royaume où il n'y avait pas d'université de médecine, visiter les maisons, boutiques et magasins des apothicaires ou autres qui se mêlent de vendre drogues et marchandises propres à cet art.

Suivant des ordonnances de la police de Clermont, autorisation était donnée au syndic de la corporation de faire visite dans les communautés et maisons religieuses, maisons et magasins des marchands de la ville, faubourgs et banlieues, et saisir les drogues et médicaments, de même que ceux que les colporteurs et opérateurs apportaient dans la ville.

Voici les statuts des apothicaires du 20 janvier 1657, l'extrait des registres du parlement du 7 septembre 1651, ordonnant leur exécution, et l'édit du roi Louis XIV, du 15 octobre de la même année, le tout imprimé à Clermont en 1656, par Germain Perdrix (1).

(1) Bibliothèque de Clermont.

RÈGLEMENTS,

Statuts et Ordonnances que les Maîtres Apothicaires observeront.

I. Nul ne pourra aspirer ni prétendre à estre receu maistre, que premièrement il n'aye fait son apprentissage, lequel ne pourra estre moindre que de trois années, dont il sera tenu rapporter le contract avec la quittance du maistre sous lequel ledit apprentissage aura esté fait.

II. L'apprentissage parachevé, sera tenu servir les maistres l'espace de cinq années ou en ladite ville ou ailleurs, en rapporter de bonnes et valables certifications auparavant que se pouvoir présenter pour estre receu maistre, avec attestation de sa bonne vie, mœurs et conversation.

III. *Item.* Celuy qui aspirera à ladite maistrise fera choix d'un des maistres dudit corps, tel que bon lui semblera, pour lui servir de parrain et conducteur aux actes et expériences qu'il conviendra faire pour sa maitrise, et avec lui verra et visitera tous les autres maistres et prendra d'eux le jour et lieu qu'il se devra présenter, et iceluy venu, soit en la maison du maistre garde, sera procédé à l'examen dudit aspirant.

IV. Nul des maistres dudit corps estant prié, ne se pourra excuser de se trouver en ladite assemblée, sans cause légitime, qui sera jugée par les austres maistres, à peine de soixante sols d'amende applicable à la boitte de la confrérie.

V. *Item.* Après le jour donné, qui ne pourra estre plus long que d'un mois, tous lesdits maistres assemblez au mesme lieu que dessus, sera par eux premièrement procédé à la vérification du contract d'apprentissage, de la quittance d'iceluy et des attestations de la bonne vie et mœurs dudit aspirant, afin de n'admettre personne en une charge si importante qu'il n'en soit jugé digne par son expérience et probité.

VI. *Item.* N'ayant esté rien trouvé à redire sur la vie et mœurs du présenté, sera procédé à son examen sur l'élection, préparation, composition et conservation des drogues et médicamens, et ce par le plus ancien des maistres, et par les autres en suitte selon l'ordre de leur réception, excepté celuy qui aura esté choisi pour parrain et conducteur dudit aspirant, lequel y assistera sans le pouvoir examiner, pour éviter tout soupçon de faveur.

VII. Ledit examen se fera durant deux jours, auquel présidera le plus ancien des médecins, qui pourra interroger luy mesme si bon luy semble, et celui qui l'assistera, si tant il s'en trouve, empeschera les maistres de rien proposer hors le sujet, et conviendra avec eux de deux compositions ordinaires, prises dans Mesné ou dans Nicolas, l'un des remèdes intérieurs, l'autre des extérieurs, le tout aux dépens dudit présenté. L'arrest d'homologation permet aux maistres de choisir tel médecin de la ville qu'ils adviseront.

VIII. La thériaque, le mithridate, ou autre de grand coust, ne leur pourront estre baillez en chef-d'œuvre, si non que les maistres leur veuillent fournir les drogues à leurs despens, à la charge de prendre pour eux la composition qui aura esté faite. De toutes lesquelles

compositions, la dispensation des drogues qui y entrent
ne pourra estre faite, que les simples à part n'ayent
esté veues, et la préparation et la mixtion s'en fera en
la présence desdits médecins et maistres assemblez au
jour qui aura esté par eux tous pris et convenu : sur
tous lesquels points les uns et les autres pourront
examiner et interroger.

IX. La rigueur dudit examen ne sera gardée à l'égard
des fils de maistres, lesquels seront deschargez de
rapporter leur contract d'apprentissage, quittance di-
celui, et attestation d'avoir servy les maistres, pourveu
qu'ils ayent travaillé dedans les boutiques de leurs
pères, et qu'ils ayent atteint l'aage de vingt-cinq ans
comme les autres : et ne feront lesdits fils des maistres
qu'un seul chef-d'œuvre, et subiront l'examen pendant
un jour tant seulement en la forme que dessus.

X. *Item.* Après les susdites expériences et examen,
les presentez, estans trouvez suffisants et capables par
les medecins et maistres apothicaires, seront faits et
declarez maistres par le médecin qui présidera. Et pour
cet effect seront presentez par lui assisté des maistres,
au magistrat de la ville ou lieu, entre les mains duquel
ils presteront serment de bien et fidellement exercer
l'art de pharmacie, garder et observer les ordonnances
royaux et les présents statuts, dont sera tenu registre
pour y avoir recours quand besoin sera.

XI. *Item.* Chacun de ceux qui auront esté faits ainsi
maistres, seront tenus payer et remettre entre les
mains du maistre garde dans la boitte de la confrérie
la somme de cinquante livres, pour estre employées
aux nécessitez de la communauté desdits maistres, et
assister les pauvres passants dudit art, desquels deniers

ledit maistre garde rendra compte à la communauté desdits maistres lorsqu'il sortira de charge.

XII. Et afin que les présents statuts soient mieux observez, sera procédé toutes les années à l'élection d'un ou de deux maistres apothicaires à la pluralité des voix et suffrages, pour estre maistre garde des statuts, lequel maistre garde après les serments prestés devant le juge du lieu, en tel cas, aura le pouvoir et authorité de visiter les boutiques des autres maistres au temps et en la forme portée par les ordonnances, appellé avec luy l'un des medecins dudit lieu, ou à son défaut le plus ancien de ladite communauté, et sera fait procès verbal des vices et défauts qui seront trouvez ès drogues tant simples que composées, et aux poids, pour y mettre ordre ainsi que de raison, les feront jurer qu'ils ne cachent, ne gardent aucunes drogues vieilles et corrompuës ou défenduës, et qu'ils n'en fourniront aucunes aux malades sans l'ordonnance ponctuelle du médecin, non d'autres, fors qu'en une extrême nécessité, lorsque le médecin ne se pourra trouver.

Le présent article a esté modifié par arrest de la cour de parlement du septième de septembre 1650, et par iceluy ordonné que la prestation de serment du maistre garde nommé, se fera en présence des maistres qui s'y trouveront, et que l'élection dudit maistre garde ne se fera que de trois en trois ans, et sans qu'il soit nécessaire d'appeler aucun médecin pour assister aux visites.

XIII. Les susdits médecins et jurez feront gratuitement la visite, sçavoir et des boutiques de la ville et des fauxbourgs, excepté que chaque apothicaire don-

nera cinq sols aux jurez pour leur peine, rien au médecin ; et pour ceux des bourgades, ils fourniront
seulement à la dépense des jurez et du médecin, ausquels tous il sera tenu de fournir un mémoire des
drogues tant simples que composées qu'ils devront tenir
prestes en leurs boutiques, dispensées selon tel autheur
qu'il leur prescrira, ou selon les ordonnances qu'il
leur en baillera luy même, desquelles les coppies seront tenuës en chaque boutique et monstrées à tous
les médecins circonvoisins.

XIV. Ordonnons à tous les maistres apothicaires
d'empescher les coureurs et charlatans de vendre aucune sorte de drogues simples et composées : et avons
ordonné plein pouvoir et permission à chacun desdits
maistres de prendre et saisir toutes et chacune des
drogues et compositions de tous les charlatans et gens
sans adveu. Et outre ordonnons qu'ils seront asssignez
pardevant les juges des lieux pour voir ordonner icelles
estre brûlées, comme choses qui ne tendent qu'au dé-
triment du public.

XV. *Item.* Faisons en outre défense aux chirurgiens
et barbiers de tous les lieux voisins où la maistrise des
apothicaires a esté par nous establie, de se mesler en
aucune façon d'exercer l'art d'apothicaire. Et afin qu'ils
n'en prétendent cause d'ignorance, la présente ordonnance leur sera signifiée; après laquelle signification,
s'ils contreviennent, seront assignez pardevant les juges
des lieux, pour iceux chirurgiens estre chastiez et
punis des peines portées par les ordonnances.

XVI. *Item.* Pareilles défenses sont faites à tous regrattiers et revendeurs, épiciers et autres, de vendre
aucune sorte de compositions, comme thériaque, mi-

thridate, emplastres, onguents et autres compositions ou drogues concernant la pharmacie; et après la signification à eux faite de la présente ordonnance, s'ils y contreviennent, donnons pouvoir et permission aux susdits apothicaires de prendre et saisir le tout, et les faire assigner pardevant les juges des lieux, pour voir ordonner la confiscation, en cas qu'elles soient bonnes, aux pauvres hospitaux des lieux, et advenant qu'elles soient trouvées mauvaises, voir ordonner icelles estre brûlées et mises à néant.

XVII. Défenses sont aussi faites aux maistres apothicaires de vendre aucune sorte de poisons à des personnes cogneues ni incogneues, s'il ne leur est certifié par des tesmoins irréprochables résidant dans lesdits lieux, ce qu'ils en prétendent faire; laquelle certification sera insérée et signée dans leur livre journal pour les vérifications, et en cas que lesdits apothicaires en bailleront contre l'ordonnance, seront déclarez criminels du mal qui en ensuivra.

XVIII. En outre, advenant le décès de quelqu'un desdits maistres apothicaires, donnons pouvoir et permission à la vefve délaissée de faire valoir et tenir la boutique ouverte pendant sa viduité, et y faire exercer l'art de pharmacie par un serviteur capable qu'elle présentera au maistre garde, pour recevoir d'iceluy le serment en tel cas requis.

XIX. *Item.* Ne pourront lesdits maistres prendre en leurs boutiques aucuns serviteurs des autres maistres que de leur consentement, ou qu'ils n'ayent demeuré hors ladite ville une année entière, à peine de l'amende d'un marc d'argent, applicable avec les autres amendes qui pourront provenir des contraventions aux présens statuts, aux pauvres dudit estat, et icelles ès mains du maistre garde, pour en faire la distribution, ainsi qu'il sera trouvé bon par tout le corps, et en rendre compte comme dessus.

Lesquels présens règlemens, statuts et ordonnances seront laissés et enregistrés au greffe de la justice des lieux où lesdites jurandes seront establies, pour être gardées et observées et y avoir recours à l'advenir si besoin est, lesquels maistres apothicaires qui seront ainsi jurés, presteront le serment pardevant les officiers de la justice des lieux, à l'observation de ce que dessus. Ce fut ainsi fait et arresté par nous Charles Bouvard, conseiller du Roi en ses conseils d'estat et privé, et premier médecin de sa majesté, commissaire député de par icelle pour l'exécution de son édit du 24 octobre 1619, par ses commissions du 20 août 1635, arrêt du conseil privé du Roy du 27 juin 1636, et commission de sa majesté sur icelluy, du 6 juillet suivant, par lesquels est ordonné que la jurande de maistrise des apothicaires sera establie par tout le royaume où elle ne sera pas desja. En tesmoin de quoy nous avons signé ces présents statuts, et à iceux faict apposer le cachet de nos armes, contresigné par notre secrétaire.

A Paris, le 20 janvier 1637. Et signé, Bouvard.

Et plus bas. Par mondit seigneur Gontier.

Extrait des registres de parlement.

Veu par la cour la requeste présentée le 13 juillet dernier par Pierre Mousnier, maistre apothicaire de la ville de Clermont en Auvergne, contre les apothicaires dudit Clermont deffendeurs. A ce qu'attendu qu'il n'y avait que dix maistres apothicaires en ladite ville de Clermont (1), et que par ce moyen l'eslection ou nomination d'un desdits maistres par chascune année pour maistre et garde dudit mestier, ordonnée par le septième article des statuts et ordonnances d'iceluy mestier, ne se pouvait faire, et estait plus expédient de laisser chacun maistre par trois ans en l'exercice de ladite charge, et que la prestation de serment, aussi ordonnée estre faite par le douzième article du mesme statut par devant le premier médecin, serait faite par l'ancien garde, il plust à la cour homologuer les statuts et ordonnances faites pour icelui mestier, aux réservations et modifications desdits septième et douzième articles cy-dessus, pour estre executés, gardés et observés selon leur forme et teneur. Sur laquelle requeste aurait esté ordonné que les parties parleraient sommairement à l'un des conseillers de ladite cour. Defenses desdits maistres apothicaires contenant leur consentement à l'entérinement de ladite requête, apointement à mettre productions desdits supplians et maistres apothicaires dudit Clermont : Conclusions du procureur général du Roy : Oy le rapport dudit conseiller : Tout considéré, LADITE COUR a homologué et homologue lesdits statuts et règlemens, ordonne qu'ils seront exécutés entre les parties selon leur forme et teneur. Et néanmoins de leur consentement il demeurera en la liberté de ceux desdits apothicaires qui seront en charge de prendre tel des médecins de ladite ville qu'ils adviseront, pour

(1) D'après le dénombrement des arts et métiers fait en 1747, Clermont avait douze apothicaires.

présider à la dispute et examen des aspirants qui se présenteront pour estre receus audit art et mestier d'apothicaire, lesquels seront seulement interrogés par les jurés maistres et gardes ou autres des dits maistres apothicaires qui seront à ce députés. Et en outre que l'eslection desdits maistres et gardes ne se fera que de trois ans en trois ans, et ce par l'advis de la communauté de tous lesdits maistres apothicaires tant anciens que nouveaux, lesquels gardes esleus pourront estre continués, et feront le serment en présence des autres maistres dudit mestier, ou partie d'iceux à l'instant de leur eslection, ainsi qu'ils ont accoustumé. Et après ledit serment par eux presté, seront tenus de procéder aux visites à eux ordonnées par lesdits statuts, sans que lors d'icelles ils soient astreints de s'assister d'aucun médecin avec eux si bon ne leur semble. Et au surplus seront lesdits statuts exécutés selon leur forme et teneur, sans despens. Fait en Parlement, le 7 septembre 1651. Signé GUYET.

Louis par la grace de Dieu roi de France et de Navarre : Au premier nostre huissier ou sergent sur ce requis, salut. De la partie de nostre amé Pierre Mousnier, maistre apothicaire de la ville de Clermont en Auvergne : Nous te mandons à sa requeste mettre l'arrest et statuts cy attachés sur le contre-scel de notre chancellerie, à deue et entière exécution, et faire pour l'exécution d'iceux tous exploicts requis et nécessaires, nonobstant qué ledit arrest ne soit que par extraict, et tout ainsi que s'il estait en forme. De ce faire te donnons pouvoir : car tel est notre plaisir. Donné à Paris le 15 octobre, l'an de grâce 1651, et de notre règne le neufviesme. Signé, par le conseil, Roussel. Et scellé du sceau en cire jaune.

Controllé à l'original par moi conseiller secrétaire du roi et de ses finances, Pascal.

Les apothicaires de Clermont avaient pour bannière :

> D'or, à un mortier d'azur, accosté de deux couleuvres au naturel allumées de gueules et posées en pal.
>
> (*Voyez planche* 1re, *fig.* 1re.)

Ceux de Riom :

> D'azur, à un mortier d'or, surmonté d'une étoile de même.
>
> (*Voyez pl.* 1re, *fig.* 2.)

Ceux d'Aurillac et aussi ceux de Saint-Flour :

> D'or, à un mortier de sable.
>
> (*Voyez pl.* 1re, *fig.* 3.).

Et ceux de Montferrand :

> D'or, à un saint Côme et un saint Damien de carnation, vêtus de robes de sable, tenant le premier une boîte couverte de gueules et l'autre une spatule d'azur.
>
> (*Voyez pl.* 1re, *fig.* 4.)

Les apothicaires de la ville de Montaigut étaient réunis aux médecins et aux chirurgiens de la même ville :

> (*Voyez pl.* 23, *fig.* 4.)

Ceux de la ville de Saint-Germain-Lembron, aux médecins et aux chirurgiens de la même ville :

(*Voyez pl.* 24. *fig.* 2.)

Ceux de la ville de Brioude, aux médecins et à d'autres corps de métiers de la même ville :

(*Voyez pl.* 23, fig. 1re.)

Ceux de la ville d'Ambert, aux médecins et aux chirurgiens de la même ville :

(*Voyez pl.* 22, *fig.* 4.)

Ceux de la ville de Sauxillanges, aux médecins et aux chirurgiens de la même ville :

(*Voyez pl.* 22, *fig.* 3.)

Ceux de la ville de Chaudesaigues, aux médecins de la même ville :

(*Voyez pl.* 23. *fig.* 2.)

Ceux de la ville de Pierrefort, aux médecins de la même ville :

(*Voyez pl.* 24, *fig.* 1re.)

Ceux de la ville de Blesle, aux médecins et aux chirurgiens de la même ville :

(*Voyez pl.* 22, *fig.* 5.)

Ceux de la ville d'Issoire, aux médecins et aux chirurgiens de la même ville :

(*Voyez pl.* 23, *fig.* 3.)

Ceux de la ville de Langheac, aux médecins et chirurgiens de la même ville, et portaient une bannière semblable à celle de Blesle :

(*Voyez pl.* 22, *fig.* 5.)

Ceux de la ville d'Allanche, aux médecins et aux chirurgiens de la même ville :

(*Voyez pl.* 22, *fig.* 3.)

Ceux de la ville de Murat, aux médecins de la même ville :

(*Voyez pl.* 23, *fig.* 5.)

ARMURIERS.

PATRON, SAINT GUILLAUME (10 JANVIER).

Dans d'autres provinces saint Georges.

Les premiers hommes furent les premiers armuriers. Chacun, suivant son intelligence, se fabriquait des armes défensives et offensives, d'abord en bois, avec des branches d'arbre, puis en pierre et en os, ou toute autre chose qui se trouvait sous la main. Plus tard l'homme s'est fait des armes d'airain, de fer, des arcs, des flèches, etc. Partout, sous tous les climats, à toutes les latitudes, on a toujours trouvé l'homme armé d'arcs et de flèches.

Lorsque Clovis fit la conquête des Gaules, les armes des Francs étaient la hache, le javelot, le bouclier et l'épée.

Les armuriers s'appelaient aussi *Heaumiers*, du heaume ou casque, la pièce la plus honorable de l'armure, qu'ils fabriquaient en même temps que les gorgerins, les cuirasses, les brassards, les cuissarts, les morions, les hausse-cols, etc.

Après la découverte de la poudre, ou plutôt après son importation en France, il se forma des arquebusiers, profession bien différente, qui n'a pris naissance que longtemps après celle de l'armurier. Cet art a apporté un grand changement dans l'art militaire. Aussi notre poète Delille a-t-il dit, dans ses *Trois règnes de la nature* (chant 1er) :

Jadis sous nos remparts, dans le champ des batailles,
La Mort d'un vol moins prompt semait les funérailles.

Des dards, des javelots, donnaient un lent trépas ;
Depuis, un art affreux précipite ses pas.
Plus rarement cruel, par quelques grains de poudre,
L'homme imite l'éclair, son bras lance la foudre ;
Et le nitre irascible, irrité par les feux,
Ébranle au loin les airs et la terre et les cieux.

Dès que la mode de barder de fer nos soldats fut abandonnée, les arquebusiers et les armuriers ne formèrent plus qu'un corps de métier sous le nom d'*armuriers*.

Les premiers statuts leur furent donnés par Charles VI qui les érigea en corps de jurandes en 1409.

Louis XI, par ses lettres du mois de juin 1467, confirma les statuts des armuriers et des brigandiniers (1), que Charles VII leur avait donnés le 20 mars 1451, tant pour la ville de Paris que pour les autres villes de son royaume. Voici ces statuts :

1° Quiconque voudra estre armurier ou brigandinier, et lever ouvroir des dictz mestiers ou de l'un d'iceulx, faire le pourra, pourveu qu'il soit à ce suffisant et expert par le rapport des jurez et gardes dudict mestier, et payera d'entrée soixante solz parisis, c'est assavoir, quarante solz parisis au Roy nostre dict seigneur et vingt solz à la confrérie. Sinon que ceulx qui ainsi lèveront leur dict mestier fussent filz de maistres, les quelz en ce cas, s'ilz sont souffisans, pourront franchement lever leur dict mestier sans payer les dicts soixante sols parisis.

2° *Item*. Que auscun du dict mestier, ne autre mar-

_____

(1) Fabricant de cuirasses.

chant ne pourra acheter pour revendre en l'une des dictes villes ne en la banlieue, harnoys (1) de dehors, soit blancs ou noirs, pour remectre en autre façon de l'une des dictes villes où il sera demourant, sur peine de perdre le dit harnoys et de soixante solz parisis d'amende à appliquer comme dessus.

3° *Item*. Seront les dicts armuriers, brigandiniers, et aultres des mestiers dessus dicts tenuz de faire ouvrage bon, marchant, loyal et raisonnable; c'est assavoir, les dicts armuriers et brigandiniers, harnoys blancs et brigandines d'espreuve, d'arbaleste à tilloles ou demi espreuve à tous le moins, d'arbaleste à croc ou d'art; et sera l'ouvrage d'espreuve marqué de deux marques, et celui de demi espreuve, d'une marque, sur peine de la dicte amende de soixante solz parisis, à appliquer comme dessus.

4° *Item*. Ne pourra nul des dicts ouvriers séduire, fortraire les varlez et serviteurs les ungs d'avec les aultres, durant le temps de leur service et loyer, sans le congié de maistres ou maistre, sur peine de la dicte amende de soixante solz parisis.

5° *Item*. Que tous marchans venans, demourans et apportans ou faisant apporter harnoys et brigandines pour vendre, ne mectent ou exposent en vente les dicts harnoys et brigandines, et aultres choses des dessus dicts mestiers, jusques à ce qu'elle ayent esté veues et visitées par les jurez et gardes des dicts mestiers, afin de veoir et savoir se elles sont bonnes, loyalles, déclairée sur peine de forfaire (2) les choses dessus

(1) Espèce d'épée.
(2) Encourir la confiscation.

dictes et de l'amende de soixante solz parisis, à appliquer comme dessus.

6° *Item*. Que auscun des dicts ouvriers ne vendra
en la ville où il demourra, harnoys ne brigandines, pour
ouvrages faicts en la dicte ville, ne n'affirmera icelluy
ouvrage estre neuf pour viel, ne avoir esté faict en la
dicte ville, sur peine de le confisquer et de l'amende
dessus dicte à appliquer comme dessus.

7° *Item*. Que pour la visitation du dict ouvrage, et
aussy pour la conservation de l'ordonnance dessus
dicte, seront chascun an esleuz deux preud'hommes
jurez et gardes du dict mestier, chascun de la dicte
ville qui jureront aux saints Evangilles de Dieu par
devant Poton, seigneur de Saintrailles (1), premier
écuyer du corps du Roy, nostre dict sire, et maistre de
son escurie, ou de son commis de par lui, de bien
loyaulment et diligemment visiter le dict ouvrage et
garder la dicte ordonnance; et seront iceulx esleuz
jurez tenuz de faire leur rapport de ce qu'ilz auront
trouvé en la justice du lieu, pour estre faicte pugni-
cion des infracteurs d'icelle ordonnance, par amendes
et peines indictes corporellement ou aultrement, ainsy
que au cas appartiendra. Et les quelz jurez esleuz si-
gneront et marqueront l'ouvrage qu'ilz auront trouvé
bon, de quelque pays qu'il soit admené, d'un signe,
soit poinçon ou aultre marque, telle qu'il sera advisé
à ce que auscun ne soit fraudé ne deceu du dict ou-

(1) C'est le fameux guerrier qui rendit tant de services à Charles VII et qui, entre autres actions, fit prisonnier Talbot à la bataille
de Patay, en Beauce, perdue par les Anglais le 18 mai 1429. Charles VII le nomma maréchal de France peu de temps après la date
de ces lettres.

vrage, et pour obvier aux dangers et inconvéniens qui s'en pourraient ensuivir. Fait le vingtième jour de mars, l'an mil quatre cent cinquante cinq.

Par l'ordonnance du Roi nostre dict seigneur, ainsi signé : POTON.

Ces statuts ayant été négligés et presque éteints, il leur en fut dressé de nouveaux en 1562, que Charles IX approuva et confirma la même année.

Une ordonnance de Louis XIV, du mois de décembre 1666, défendait aux armuriers de fabriquer et de vendre des pistolets de poche, des bayonnettes, poignards, couteaux en forme de poignard, dagues, épées en bâton, bâtons à ferrement, autres que ceux qui sont ferrés par le bout, sous peine de confiscation et d'amende et d'interdiction de la maîtrise, pendant une année pour la première fois, et de révocation en cas de récidive.

Chaque maître ne pouvait avoir qu'un apprenti à la fois, obligé par-devant notaire et reçu par les jurés. L'apprentissage était de cinq ans; les fils de maîtres n'en étaient pas exempts, mais ils pouvaient le faire chez leur père ou chez des étrangers, avec cette différence néanmoins, qu'aux étrangers ils tenaient lieu d'apprenti et non à leur père, à qui il était permis d'en avoir un avec ses enfants, en tel nombre qu'ils fussent.

Les fils de maître étaient exempts du chef-d'œuvre, ainsi que de la simple expérience.

Les armuriers de la ville d'Aurillac n'avaient pas de communauté particulière; ils étaient réunis aux chaudronniers de la même ville :

(*Voyez pl.* 10 , *fig.* 3.)

Ceux de la ville de Saint-Flour, aux maréchaux de la même ville :

(*Voyez pl.* 22, *fig.* 1re.)

Ceux de la ville de Riom, aux serruriers et à d'autres corps de métiers de la même ville :

(*Voyez pl.* 31, *fig,* 3.)

Ceux de la ville de Brioude aux serruriers, et à d'autres corps de métiers de la même ville :

(*Voyez pl.* 21, *fig.* 5.)

ARPENTEURS JURÉS.

Pour arpenter les terres, on commettait des officiers ayant prêté serment en justice. Ils n'étaient reçus qu'après information de bonne vie et mœurs, et après avoir donné une caution de mille livres. C'était autrefois au *grand arpenteur* de France à instituer des *arpenteurs* de Paris et des provinces ; mais Henri II, par une ordonnance de 1554, exigea six arpenteurs dans chaque bailliage ou sénéchaussée pour exercer leur charge sous le grand arpenteur. Cette ordonnance qui spécifie la clause expresse de ne point préjudicier aux droits des barons qui avaient le droit d'instituer des arpenteurs pour leurs justices, leur donne le pouvoir de mesurer, d'arpenter les bois, les buissons, les forêts, les garennes, les eaux, les îles ; de mettre des bornes et de faire des partages.

En 1666, le roi fit défense au *grand arpenteur*, qu'on appelait aussi *grand maître*, de donner de nouvelles commissions.

En 1688, son office fut supprimé, et l'année suivante il fut ordonné par arrêt que ceux qui avaient des commissions du *grand arpenteur*, prendraient des provisions de sa majesté, en payant certaine somme.

Par un édit du mois de novembre 1690, le roi supprima tous les anciens offices d'arpenteurs, et créa des experts priseurs et arpenteurs jurés, pour faire un même corps avec les jurés experts, créés aux mois de mai et de juillet de la même année, pour les partages, planter les bornes, opérer les mesurages, et estimer les terres, les vignes, les prés, les bois, etc., et remplir les mêmes fonctions attribuées aux arpenteurs créés par édits de 1554 et de 1575.

L'arpentage est un art très-ancien ; on croit même que c'est lui qui a donné naissance à la géométrie. Pour obtenir le brevet de maître, il fallait savoir très-bien l'arithmétique et la géométrie pratique.

Les arpenteurs jurés de la ville de Riom n'avaient pas de communauté particulière, ils étaient réunis aux experts priseurs de la même ville :

(*Voyez pl.* 13, *fig.* 3.)

ARTS ET MÉTIERS.

Plusieurs petites villes ou bourgs de l'Auvergne, ne pouvant réunir un assez grand nombre d'artisans vivant de leur adresse ou de leur industrie, pour former des communautés spéciales de chaque corps de métiers, avaient organisé des associations sous le nom d'*Arts et métiers*. Ils avaient, pour régulariser leur organisation et assurer leur existence, comme dans les autres communautés, leurs statuts administratifs et religieux où des articles spéciaux déterminaient les limites de chaque industrie, et ils étaient gouvernés par des syndics, des gardes ou des jurés élus par eux, et auxquels ils se soumettaient. Il a existé de ces associations même dans les villes de Clermont et de Montferrand assez populeuses cependant.

Voici la liste des lieux où existaient ces communautés et les armoiries que portaient leurs bannières.

A Allanche :

> Gironné d'azur et d'argent de six pièces.
> (*Voyez pl.* 1re, *fig.* 5.)

A Billom :

> D'or, à six billettes de sable posées 3 , 2 et 1.
> (*Voyez pl.* 2 , *fig.* 1re.)

Les villes de Clermont, de Courpière et de Saint-Germain-Lembron, avaient, pour leurs communautés

des arts et métiers, des bannières absolument semblables :

> De gueules, à un saint Joseph d'or, tenant en
> sa main dextre un lis au naturel.
>
> (*Voyez pl.* **2**, *fig.* **2.**)

A Chaudesaigues :

> Gironné d'or et d'azur de huit pièces.
>
> (*Voyez pl.* **2**, *fig.* **3.**)

A Ennezat :

> De sinople, à trois fleurs de lis d'argent, 2 et 1.
>
> (*Voyez pl.* **2**, *fig.* **4.**)

A Montferrand :

> D'azur, à un saint Joseph d'or, tenant en sa main
> dextre un lis au naturel.
>
> (*Voyez pl.* **2**, *fig.* **5.**)

A Murat :

> D'or, fretté d'azur.
>
> (*Voyez pl.* **3**, *fig.* **1re.**)

A Paulhaguet, mêmes armoiries que celles de la communauté des arts et métiers de Montferrand :

> (*Voyez pl.* **2**, *fig.* **5.**)

A Pierrefort :

> D'or, au chef de gueules, chargé de trois fleurs
> de lis d'argent.
>
> (*Voyez pl.* 3, *fig.* 2.)

A Pont-du-Château :

> De sinople , semé de billettes d'argent ; au chef
> d'or, chargé d'une fleur de lis de gueules.
>
> (*Voyez pl.* 3, *fig.* 3.)

A Pontgibaud :

> D'azur, au pont à trois arches d'or, surmonté
> d'une fleur de lis d'argent.
>
> (*Voyez pl.* 3, *fig.* 4.)

A Saint-Amant-Tallende :

> D'argent, à un sauvage de sable, tenant une massue
> de même de la main dextre.
>
> (*Voyez pl.* 3, *fig.* 5.)

AUBERGISTES.

PATRON, SAINT MARTIN (11 NOVEMBRE).

La nécessité de trouver, dans de petits comme dans de grands voyages, de quoi subsister et où se loger, a porté l'industrie à créer sur les grands chemins et dans les bourgs, d'abord des hangars, puis des auberges et des hôtelleries. Cet usage est aussi ancien que le monde, car il n'est aucun jour où l'on puisse se dispenser de nourriture.

Chez les peuples de la race celtique et germaine, même chez les nations d'origine gothique, il n'y avait, dit Tacite, ni auberges ni cabarets; les habitants aimaient à recevoir les étrangers chez eux, et quand les provisions venaient à manquer, on menait les étrangers dans l'une des maisons voisines, où ils étaient de même bien accueillis. Au surplus, dans ces anciens temps, comme le dit Berchoux, dans son poème sur la gastronomie :

> L'homme se nourrissait sans art et sans apprêts,
> Et le seul appétit assaisonnait les mets.

Suivant les anciennes ordonnances de police de Clermont, les aubergistes et les particuliers qui logeaient en chambres garnies étaient tenus d'en prévenir l'autorité et d'avoir, devant leurs maisons, dans un lieu apparent, un écriteau sur lequel étaient imprimés ces mots : *Céans on loge en chambre garnie et l'on donne à coucher,* et ce à peine de cent livres d'amende contre chaque contrevenant.

Les aubergistes, recevant les voyageurs et logeant chevaux et voitures, étaient tenus autrefois, comme ils le sont aujourd'hui, d'avertir tous les jours la police des gens qui arrivaient chez eux, et de leur présenter tous les soirs leurs registres pour être visés. Ces registres devaient contenir le véritable nom de la personne logée, son surnom, ses qualités, le pays dont elle était originaire et le sujet de son voyage. Autorisation leur était donnée de faire emprisonner ceux qui auraient usé de quelque déguisement pour qu'ils soient poursuivis.

Défense leur était faite de donner asile aux vagabonds, mendiants et gens sans aveu, sans en prévenir la police, à peine de cent livres d'amende.

La ville de Brioude a eu sa corporation d'aubergistes, dont la bannière avait pour armoiries :

D'or, à un brochet d'azur, surmonté de deux couteaux de même posés en sautoir.

(*Voyez pl. 4, fig. 1re.*)

Les aubergistes et hôteliers de la ville d'Ambert qui formaient ensemble une communauté portaient sur leur bannière :

D'or, à trois brocs de gueules, 2 et 1.

(*Voyez pl. 4, fig. 2.*)

Les aubergistes de la ville d'Issoire étaient réunis aux hôteliers de la même ville :

(*Voyez pl. 13, fig. 5.*)

AVOCATS.

PATRON, SAINT YVES (22 MAI).

Chez les Romains, les simples particuliers traitèrent d'abord leurs affaires comme ils le jugèrent convenable. Plus tard, ils eurent des avocats pour les défendre devant les tribunaux. Cette charge fut jugée si nécessaire qu'il n'était permis à aucun juge connaissant des droits du prince, de les décider sans entendre auparavant ses avocats. Les affaires criminelles, comme les autres, étaient instruites et jugées à l'audience. Il était du devoir des avocats du prince, lorsqu'un crime venait à leur connaissance, et dont personne ne demandait la réparation, d'être eux-mêmes les accusateurs contre les coupables et de les faire punir. La charge d'avocat fut d'abord annuelle, et depuis pour deux ans; elle devenait un échelon pour arriver aux plus hautes dignités. Les avocats étaient exempts de toutes les charges publiques, du logement des gens de guerre dans leurs maisons, et ils transmettaient ces priviléges à leur postérité (1).

On n'est pas parfaitement d'accord sur l'origine de l'institution des avocats en France; les uns la font remonter au quatrième siècle, les autres la placent au huitième. Ce ne fut que sous le règne de Philippe-Auguste que, l'Etat se trouvant plus tranquille par les conquêtes de ce prince, les lois furent écoutées et prirent, au moyen des tribunaux, de la vigueur. Les sages établisse-

---

(1) *Traité de la police*, par Delamare, t. 1, p. 198.

ments de saint Louis y ajoutèrent de nouvelles forces ;
mais ce ne fut que sous Philippe le Bel que les discussions d'avocats furent parfaitement établies et dans un
état de stabilité. Les avocats et les avoués étaient chargés de défendre en justice les droits des parties et des
églises. Plusieurs grandes maisons se faisaient honneur
d'avoir eu des membres qui ont porté ces titres, très-
recommandables anciennement.

Dans plusieurs villes de l'Auvergne les avocats, les
notaires et les procureurs s'unirent pour former des
corporations. Nous en trouvons à Ambert, à Blesle, à
Brioude, à Langheac, à Maurs.

La corporation des avocats, notaires et procureurs
de la ville d'Ambert, portait sur sa bannière :

D'or, à une fleur de lis de sable.

(*Voyez pl.* 4, *fig.* 3.)

Ceux de la ville de Blesle :

D'azur, à un saint Yves d'argent, accosté de deux
plumes de même.

(*Voyez pl.* 4 , *fig.* 4).

Ceux de la ville de Brioude :

D'argent, à deux écritoires de sable passées en
sautoir et cantonnées de quatre bonnets carrés
de même.

(*Voyez pl.* 4, *fig.* 5.)

Ceux de la ville de Langheac :

> D'or , à deux écritoires de sable passées en
> sautoir et accompagnées de deux bonnets car-
> rés de sable, un en chef et un en pointe.

(*Voyez pl.* 5, *fig.* 1re.)

Ceux de la ville de Maurs :

> D'or, à deux plumes de sable passées en sautoir et
> surmontées d'un bonnet carré de même.

(*Voyez pl.* 5, *fig.* 2.)

BARBIERS.

PATRONS, SAINT COME ET SAINT DAMIEN, ET PLUS TARD SAINT LOUIS.

(25 août.)

La barbe était en honneur chez les Hébreux, nous le voyons dans l'*Ancien Testament*, dont plusieurs passages attestent le prix qu'ils y attachaient. Ils ne se rasaient jamais qu'en signe de deuil, d'affliction, et comme la plus grande marque de désolation. Les vieux tableaux, les anciennes tapisseries nous représentent toujours Abraham, Isaac, Jacob, avec une longue barbe. Moïse avait défendu expressément de se raser et même de rogner la pointe de la barbe à la manière des Egyptiens. Ce ne fut, suivant Athénée, que du temps d'Alexandre-le-Grand que l'on commença à se raser la barbe chez les Grecs.

Chez les plus anciens Romains, la longue barbe fut aussi en très-grand honneur.

Au rapport de Varron, ce fut Ticinius Ménas qui, le premier, amena à Rome des barbiers, à son retour de la Sicile, vers l'an de Rome 454. Il paraît que dans le commencement, on ne se rasa pas entièrement jusqu'à la peau : on se contenta de tailler et de rogner la barbe; puis on la raccourcit peu à peu, tant et si bien qu'on finit par l'abattre et y renoncer tout à fait.

Quoique la mode de se raser fût à peu près générale sous les premiers empereurs, quelques-uns ne la suivirent pas exactement. Les domestiques et les esclaves étaient les seuls qui n'eussent pas le droit de se raser;

une loi spéciale le leur défendait sous des peines sévères. Nous voyons par les médailles que Jules César,
Auguste, Tibère, Caligula, Claude, Néron, Othon, Galba,
Vitellius, Vespasien, Titus, Domitien, Nerva et Trajan,
n'avaient pas de barbe. Adrien ne s'y soumit pas, il
porta la sienne très-longue pendant sa vie : on dit qu'il
laissa croître sa barbe pour dissimuler des taches ou
des cicatrices qui le défiguraient. Ses successeurs, moins
Lucius Verus, Caracala et Héliogabale, imitèrent son
exemple; Marc Aurèle, Macrin, Julien, etc., portaient
une longue barbe comme mâle ornement de leur visage. Ce dernier tenait autant, nous dit l'histoire, à sa
barbe qu'à l'empire. Et pourtant cette barbe lui fit
éprouver les traits satiriques et les injures de la multitude d'Antioche. Ammien Marcellin lui fait dire aux
Antiochiens, dans son *Misopogon* : « Je tiens à ma barbe,
qui m'a fait donner cependant par les courtisans de
l'empereur Constance le surnom de *Capella* (chèvre);
je sais qu'à travers se promènent peut-être de petits in-
sectes, comme font d'autres bêtes dans une forêt. Je
les y laisse libres. Chez moi c'est aux traits du visage
que l'homme se fait reconnaître. J'ai toujours eu le
travers de conserver ce que m'a donné la nature. »
Châteaubriand a pensé comme La Bletterie, traducteur
du *Misopogon*, que l'empereur Julien a calomnié sa
barbe et sa chevelure pour enchérir sur les railleries
des Antiochiens et pour tomber de plus haut sur les
vices contraires de ses détracteurs.

Après la séparation de l'empire d'Orient, les mentons
reprirent amplement leur parure; tous les empereurs
grecs, ne voulant pas que l'art outrageât la nature, portaient de longues barbes, malgré les continuelles sar-
casmes des poètes.

Les Goths et les Francs ne portèrent qu'une moustache jusqu'à Clodion, qui ordonna aux Francs de laisser croître leur barbe et leurs cheveux, pour les distinguer des Romains.

A partir du règne de Clovis, la barbe fut en grand honneur parmi les Francs. Charlemagne fit disparaître la sienne, et ordonna à tous les mentons français de n'en plus porter. Ils obéirent, mais les lèvres supérieures conservèrent la moustache. Louis VII se l'étant fait entièrement raser, vers 1180, époque de sa mort, tous ses sujets suivirent son exemple. Aussi, il n'y eut plus de barbe en France jusqu'à François Ier qui, ayant été blessé à la tête par accident, en 1521, fit couper ses longs cheveux et laissa croître sa barbe, convaincu, comme l'a dit Molière, que :

Du côté de la barbe est la toute puissance.

Pendant longtemps les barbiers n'étaient pas seulement chargés de faire la barbe, il y avait aussi des barbiers chirurgiens pour de petites opérations. On les nommait *chirurgiens de la robe courte*; ils avaient pour enseigne des bassins seulement. D'autres étaient étuvistes, c'est-à-dire baigneurs, et d'autres perruquiers. Voyez l'article *Chirurgiens* et l'article *Perruquiers*.

Vers le milieu du quatorzième siècle, on tenta de ramener la mode de la barbe en France. Philippe de Valois l'accueillit lui-même et la protégea; mais la mode ne fut que passagère et à peu près complètement négligée; on ne conserva que les moustaches jusqu'au quinzième siècle, où la barbe eut, comme les lettres, sa renaissance. De temps à autre, c'était, comme de no jours, plus ou moins la mode des mentons barbus ou des mentons rasés.

Au quatorzième siècle, les barbiers faisaient aussi un peu de médecine; car suivant une déclaration du mois d'octobre 1372, il leur était permis de fournir aux sujets du roi des emplâtres et autres médicaments, pour guérir les plaies, les clous et les tumeurs.

Autrefois les barbiers ne faisaient point la barbe dans des boutiques, mais au coin des rues et partout, indifféremment, où ils se trouvaient. Dans leurs statuts, renouvelés par lettres patentes de Charles VI, du mois de mai 1383, et par autres lettres de Louis XI de 1465, il leur est expressément défendu de travailler les jours de Pâques, de la Pentecôte, de la Toussaint, de Noël et les cinq fêtes de la sainte Vierge, excepté pour soigner et pour panser les plaies.

Henri III, en leur accordant de nouveaux statuts, en 1575, leur défendit de travailler à autres choses qu'au pansement des malades les dimanches, les jours de Pâques, de la Pentecôte, de Noël, de la Toussaint, de la Circoncision, de l'Epiphanie, de l'Ascension, des fêtes du Saint-Sacrement, de saint Jean-Baptiste, de tous les Apôtres, et de saint Côme et saint Damien, leurs patrons, et leur fit aussi défense de mettre ces jours-là, hors de leurs boutiques, leurs enseignes de bassins.

Les barbiers-perruquiers formèrent, à partir de 1637, une communauté à part, et reçurent du Roi, le 14 mars 1674, de nouveaux statuts.

Suivant l'article 43 des lettres en forme de statuts, données le 6 février 1723, pour toutes les communautés des maîtres barbiers-perruquiers, baigneurs étuvistes dans les villes du royaume, aux seuls barbiers-perru quiers appartenait le droit de faire la barbe, sans qu'aucun autre pût y contrevenir. Les chirurgiens reçurent l'ordre de s'occuper uniquement de leur art, et il leur fut fait défense de raser.

Nul ne pouvait être reçu maître s'il ne faisait profession de la religion catholique, et s'il n'en rapportait un certificat en bonne forme. Comme dans les autres communautés, les fils de maîtres, et ceux qui avaient épousé des filles de maîtres, étaient reçus en faisant une simple expérience, et ne payaient que la moitié des honoraires et des droits. L'apprentissage était de trois ans.

Les barbiers qui voulaient lever ouvroir et être maîtres dans les châteaux, sur les ponts, dans les ports, dans les bourgs et villages, étaient tenus, suivant l'article 6 de leurs statuts, d'aller à l'examen près des jurés des villes les plus rapprochées des lieux où ils voulaient lever leur ouvroir.

Défenses leur étaient faites d'enlever ou de détourner à un autre maître son apprenti, sous peine de cent sols parisis d'amende, applicable à la corporation.

Chaque maître ne pouvait avoir qu'un ouvroir ou boutique, et un seul apprenti.

Les barbiers étant en général réunis à d'autres corps de métiers; ceux de la ville de Brioude, n'avaient pas de communauté particulière; ils étaient réunis aux médecins, aux chirurgiens, et autres corps de métiers de la même ville.

(*Voyez pl.* 23, *fig.* 1re.)

BATIERS.

Dans les temps où il n'y avait pas de routes et encore moins de facilités pour les voyages, les bourgeois et les grands seigneurs allaient à cheval sur des selles. Les gens du peuple et ceux de la campagne pour leurs voyages et pour le transport des approvisionnements et des choses nécessaires à la vie, se servaient de bâts, espèce de selles en bois.

Les bâtiers de la ville d'Ambert n'avaient pas de communauté particulière ; ils étaient réunis aux maréchaux de la même ville.

(*Voyez pl.* **21,** *fig.* **5.**)

Ceux de la ville d'Aurillac, aux teinturiers et à d'autres corps de métiers de la même ville.

(*Voyez pl.* **34,** *fig.* **2.**)

Ceux de la ville de Brioude, aux selliers et aux cordiers de la même ville.

(*Voyez pl.* **30,** *fig.* **5.**)

Ceux de la ville de Clermont, aux selliers, bridiers et cordiers de la même ville (1).

(*Voyez pl.* **30,** *fig.* **4.**)

(1) Suivant le dénombrement de l'élection de Clermont cette ville comptait cinq bâtiers et bourreliers et sept cordiers.

Ceux de la ville d'Issoire, aux chapeliers de la même ville.

(Voyez pl. 9 , fig. 4.)

Ceux de la ville de Riom, aux maréchaux de la même ville.

(Voyez pl. 27, fig. 2.)

Ceux de la ville de Saint-Flour, aux selliers et aux chaudronniers de la même ville.

(Voyez pl. 31, fig. 1re.)

—◦◦◦—

BLANCHISSEURS.

Les blanchisseries de toiles de l'Auvergne étaient, comme elles le sont encore de nos jours, plus particulièrement placées dans la campagne et assez divisées. Les personnes qui les exploitaient ne pouvaient guère former entre elles des corporations. Elles ne connaissaient pas alors le blanchissage à la vapeur employé par les Orientaux et introduit en France par Chaptal; elles connaissaient encore moins l'usage de l'acide muriatique oxygéné découvert par Berthollet, savant chimiste. Ce procédé, répandu aujourd'hui dans toute l'Europe, double la valeur d'une des principales richesses de notre sol.

Nous ne voyons figurer les blanchisseurs de l'Auvergne que deux fois dans nos communautés, à Ambert et à Saint-Flour.

Les blanchisseurs de la ville d'Ambert n'avaient pas de communauté particulière; ils étaient réunis aux pelletiers et à d'autres corps de métiers de la même ville.

(*Voyez pl.* 29, *fig.* 2.)

Ceux de la ville de Saint-Flour étaient réunis aux maçons de la même ville.

(*Voyez pl.* 14, *fig.* 5.)

BOUCHERS.

PATRON, SAINT BARTHÉLEMY (24 AOUT.)

Dans quelques provinces , le jour du Saint-Sacrement.

Il ne paraît pas qu'il ait existé des bouchers dans les temps très-anciens; ils étaient même encore inconnus dans les siècles historiques de la Grèce. Lorsque les héros d'Homère voulaient donner de grands repas, ils assommaient eux-mêmes un taureau ou égorgaient un bélier, qu'ils coupaient en plusieurs morceaux et qu'ils faisaient griller, parce que dans ce temps ils ne connaissaient pas encore l'art de faire rôtir les viandes. Cette fonction d'égorgeur ou d'assommeur, si désagréable à la vue, n'avait alors rien de choquant : la nécessité et l'habitude lui ôtaient tout ce qu'elle a de vil à nos yeux.

Les bouchers s'établirent à Rome sous les consuls; ils composaient deux corps ou colléges, chargés par état de fournir à la ville les bestiaux nécessaires à sa subsistance, et avaient sous eux des gens dont l'emploi était de tuer les bestiaux, de couper les chairs et de les mettre en vente. La police que les Romains observaient dans leurs boucheries s'établit dans les Gaules avec leur domination.

A Paris, il existait un corps composé d'un certain nombre de familles chargées du soin d'acheter les bestiaux et d'en débiter les chairs. Ces familles élisaient entre elles un chef à vie, sous le titre de *maître des bouchers,* un greffier et un procureur d'office. Ce tribunal décidait des contestations particulières et faisait les affaires de la communauté. Les anciennes coutumes des bouchers sont déjà mentionnées au temps de Louis VII, en 1162. Philippe-Auguste confirma leur corporation en 1182, et leur accorda certaines faveurs. Le privilége des bouchers fut confirmé par Henri II en 1550, et ils ne perdirent leur juridiction, en 1673, que par l'édit général de la réunion des justices à celle du Châtelet.

Dans le moyen-âge, le plus important privilége des bouchers consistait dans le droit exclusif de la vente de toutes sortes de viandes de bœuf, de porc (1) et de mouton dans des boutiques ou *étaux* (2).

La boucherie chômait complètement à partir de la mi-carême jusqu'à Pâques.

Un établissement religieux avait seul le droit, dans certaines localités, de vendre la viande nécessaire à la consommation des hôpitaux et des malades. On sait que les prescriptions de l'Eglise et de l'autorité civile contre l'usage de la viande de boucherie, en temps de carême, furent autrefois extrêmement rigoureuses. On s'y conformait scrupuleusement, même les princes dans leurs palais, même les soldats dans les camps. Les infractions étaient sévèrement punies de l'amende, du fouet, du pilori et de la prison.

Suivant des lettres de Charles VI, du mois de mars 1597, confirmant un accord entre l'évêque de Clermont et les habitants de Lezoux, lorsque les bouchers de cette

(1) Il était défendu aux bouchers de tuer ou faire tuer des porcs qui auraient été nourris chez des huiliers, des barbiers ou dans des maladreries. (*Statuts des bouchers donnés par Henri III.*)

(2) Les bouchers s'appelaient autrefois *Étaliers-Bouchers*, du nom des *étaux*. Plus tard ce nom est passé aux garçons et aux compagnons bouchers.

ville avaient tué des animaux, ils pouvaient en vendre les chairs deux jours après, pourvu que les consuls eussent vérifié qu'elles étaient bonnes.

L'ordonnance de police, arrêtée à Clermont le 5 novembre 1672, et renouvelée en 1730, prescrivait ce qui suit :

I. Les bailes et gardes des bouchers qui seront nommés tous les ans pour tenir la main à leurs statuts et à l'exécution des ordonnances de police, demeureront civilement responsables de toutes les contraventions qui y seront faites par leur négligence.

II. Défendons à tous les bouchers, tant de la grande boucherie que de celle de Saint-Genès, de tuer leurs bestiaux dans leurs granges et maisons qui sont dans la ville; mais dans les tueries qui seront construites, savoir, pour la grande boucherie, au moulin de la Place et pour celle de Saint-Genès à Rabanesse, et ne feront fondre leur suif ou graisse en aucun lieu où il puisse y avoir du danger du feu, mais en lieu de sûreté.

III. Enjoignons auxdits bailes et gardes des bouchers de faire visite toutes les semaines de toutes les bêtes qu'on tuera dans lesdites tueries, pour savoir si elles sont saines, pour obvier aux accidents qui pourraient en arriver, desquels ils demeureront responsables, faute d'avoir fait lesdites visites.

IV. Défendons à tous bouchers de souffler avec la bouche les bœufs et moutons qu'ils auront tués, mais avec des soufflets, à peine d'amende.

V. Leur enjoignons de tenir les boucheries ouvertes, et fournies de viande pendant tout le jour, et de la débiter suivant le taux qui en sera fait à la police; et pour cet effet, seront tenus de s'assembler quatre fois l'année, savoir, à Pâques, mi-août, Toussaint et Noël, et autres temps s'il y échet, et lorsqu'ils seront mandés à la police pour mettre le prix de la viande, suivant le prix des bestiaux qu'ils achètent aux foires et marchés.

VI. Défendons de vendre le bœuf, mouton et veau, à ceux qui le prendront au poids, à plus haut prix que celui qui aura été fait à la police, sous prétexte de donner des meilleurs endroits à quelques-uns qu'à d'autres, comme aussi de se servir pour peser d'autres poids que de ceux qui seront étalonnés et marqués aux armes de la ville.

VII. Défendons auxdits bouchers de tenir plus d'un banc chacun, par eux ou par personnes interposées, à peine d'amende.

VIII. Leur défendons aussi d'entrer dans les places, marchés, où se vendent les agneaux, chevreaux et veaux, avant l'heure de dix du matin, depuis la Saint-Martin jusqu'à Pâques, et celle de neuf, depuis Pâques jusqu'à la Saint-Martin, pour y acheter des agneaux, veaux et chevreaux, ni même d'aller ou se tenir aux avenues et faubourgs, pour les arrêter en chemin, et empêcher qu'ils ne soient portés auxdits marchés.

IX. Les tripes seront vendues aux lieux et places destinés, et défense aux tripiers de vider ni laver aucuns ventres des animaux dans la ville, ni dans les maisons, ni de jeter dans les rues aucune ordure en provenant.

X. Chaque boucher fera garder ses moutons, sans qu'ils puissent nourrir des chèvres, par des bergers de moins de l'âge de quatorze ans, sans qu'ils puissent s'attrouper ensemble, pour éviter les dégâts et dom-

mages que le grand nombre peut causer aux environs
des blés et autres héritages, desquels bergers les maîtres
demeureront responsables.

XI. Les bouchers qui ont leurs granges et étables
hors la ville et aux avenues des faubourgs, seront
tenus de renfermer leurs chiens ou les tenir attachés,
à peine d'amende, et d'être responsables des dommages
qu'ils causeraient aux passants qui pourraient en être
endommagés.

Un article des statuts qui les régissaient porte que,
si un fils de maître boucher veut être reçu maître du
métier, il sera tenu de subir un examen en présence
des gardes; et s'il est trouvé capable, il sera conduit
au serment et paiera pour son entrée vingt sols au roi,
vingt sols à la caisse de la corporation, un dîner aux
gardes et quatre livres aux maîtres de la boucherie où
il voudra s'établir.

Le fils de maître ne pouvait aspirer à la maîtrise
avant dix-huit ans; les autres ne pouvaient être reçus
avant vingt-quatre ans.

Chaque maître ne pouvait avoir qu'un apprenti à la
fois, et l'apprenti, avant de devenir maître, devait avoir
appris pendant quatre ans. Après sa réception et son
serment, il devait payer quarante sols au roi, quarante
sols au métier, un dîner aux gardes et huit livres aux
maîtres de la boucherie où il tiendra ouvroir.

Pour l'administration de la corporation, on nommait, suivant l'importance de la localité, huit, six ou
quatre gardes, et trois, deux ou un valet, que l'on
renouvelait chaque année en totalité ou en partie.

Indépendamment de ces prescriptions portées dans
les statuts de la corporation, les gardes, par un règle-

ment particulier, imposaient d'autres obligations; ainsi
par exemple, ils ne pouvaient tuer aucun bétail qu'il
ne fût sain, aucun animal médeciné, que quatre semaines après sa parfaite guérison, aucun veau âgé de
moins de quinze jours. Défenses leur étaient exprèssé-
ment faites de laisser couler le sang de leurs abatis
dans les rues, ni de le jeter dans la rivière, sous peine
d'amende et de la prison. Plusieurs maîtres de la même
maison ne pouvaient pas aller à la fois dans les marchés; aucun ne devait devancer les conducteurs de
bestiaux pour choisir les plus gras, s'il ne voulait être
passible d'une forte amende et de la confiscation du
bétail acheté.

Il était expressément interdit aux bouchers d'être en
même temps aubergistes, cabaretiers ou traiteurs.

Il y a peu de temps que nos villes étaient infectées
par les boucheries. Pour plus de commodité, les bouchers avaient leurs tueries à côté de leurs domiciles,
de là des miasmes putrides s'exhalaient du sang, des
tripes et des peaux, et corrompaient l'air. Persuadé
de cette vérité, dans toutes les villes importantes des
abattoirs ont été construits hors des villes.

L'Auvergne comptait, en 1700, huit communautés
de bouchers, dont nous avons les bannières. Dans
quelques villes, d'autres corps de métiers se joignirent
à eux.

A Ambert les bouchers, les menuisiers, les charpentiers et les sculpteurs réunis, portaient sur leur bannière :

D'or, à un bœuf de gueules, surmonté d'un rabot
d'azur, et en pointe d'un burin de même.

(*Voyez pl. 5, fig. 3.*)

A Aurillac, les bouchers, les boulangers et les pâtissiers portaient :

> D'azur, au rencontre de bœuf d'or, accompagné
> en pointe d'un pâté de même.
> (*Voyez pl.* 5 , *fig.* 4.)

A Brioude, les bouchers seuls portaient :

> De gueules , au rencontre de bœuf d'or, surmonté
> d'un couperet d'argent.
> (*Voyez pl.* 5 , *fig.* 5.)

A Issoire, les bouchers seuls portaient :

> De gueules, à un Saint-Esprit en forme de colombe
> d'argent, entouré de rayons d'or.
> (*Voyez pl.* 6, *fig.* 1re.)

A Maringues, les bouchers et les tripiers réunis portaient :

> D'azur, au rencontre de bœuf d'or, surmonté
> d'une hache de même.
> (*Voyez pl.* 6, *fig.* 2.)

A Montaigut en Combraille, les bouchers, les teinturiers et les maréchaux réunis portaient :

> De gueules, à une Notre-Dame d'argent, tenant l'Enfant Jésus de carnation sur le bras droit.
> (*Voyez pl.* 6, *fig.* 3.)

A Riom , les marchands bouchers portaient :

> D'or, à une tête de bœuf de gueules posée de profil.
> (*Voyez pl.* 6, *fig.* 4.)

A Saint-Flour, les bouchers seuls portaient :

D'or, au rencontre de bœuf de sable.

(*Voyez pl.* 6. *fig.* 5.)

Les bouchers de la ville de Thiers étaient réunis aux boulangers de la même ville.

(*Voyez pl.* 7, *fig.* 1re.)

Ceux de la ville de Montferrand, aux boulangers de la même ville, et avaient une bannière semblable à celle des boulangers de Montaigut.

(*Voyez pl.* 8 , *fig.* 1re)

BOULANGERS.

PATRON, SAINT HONORÉ (16 MAI).

La profession de boulanger, indispensable de nos jours, était inconnue des anciens. On mangeait le blé en substance comme la nature le produit, couvert de son écorce et cuit dans l'eau comme les autres fruits de la terre. On s'aperçut bientôt qu'il fallait réduire le grain en farine, et toutes les nations, comme de concert, employèrent leurs esclaves à ce travail pénible; ce fut même le châtiment des fautes légères qu'ils commettaient. Cette préparation ou trituration du blé se fit d'abord avec des pilons dans des mortiers, et ensuite avec des moulins à bras. Quand l'homme eut découvert ce secret de le mettre en farine, il se contenta encore pendant longtemps d'en faire une bouillie. Plus tard, la mère de famille, étant parvenue à en pétrir du pain, ne le faisait encore que dans sa maison, et au moment du repas. Abraham, dit l'Écriture, entra dans sa tente et commanda à Sara de pétrir trois mesures de farine et de faire cuire des pains en forme de galettes sur une plaque de terre ou de fer, et sous la cendre.

Les dames romaines faisaient elles-mêmes le pain, et semblaient glorieuses de mettre les mains à la pâte. On inventa ensuite les petits fours ou fourneaux portatifs. Les livres saints en font aussi mention. Ils furent d'abord de brique ou de terre; on y employa depuis le fer et l'airain. Comme toutes les inventions humaines, la fabrication du pain a eu son commencement très-grossier, et a fait des progrès successivement.

C'est en Orient que les boulangers ont commencé à se charger spécialement de faire du pain. Les Egyptiens l'attribuaient à Ménès, leur premier roi. Dans un voyage qu'ils firent en Asie, deux Béotiens apprirent le secret de faire du pain, et le rapportèrent dans leur patrie. De la Béotie, ce secret se répandit dans toute la Grèce, d'où bientôt il passa dans la Gaule, avec la colonie de Phocéens qui vint y fonder Marseille, l'an de Rome 134, ou 596 ans avant Jésus-Christ. Pline assure que pendant 400 ans les Romains ne vécurent que de bouillie, et qu'ils n'apprirent la manière de faire le pain que des boulangers grecs. Aux boulangers étrangers qui vinrent s'établir à Rome, on joignit plusieurs affranchis, et l'on en fit un corps, ou, comme on l'appelait, un collége, dont ni eux ni leurs enfants ne pouvaient se séparer. Ils avaient des biens en commun, dont ils ne pouvaient disposer. Il y avait dans chaque boulangerie un patron qui en avait l'intendance. Ces patrons créaient tous les ans un d'entre eux, lequel avait la surintendance sur tous les autres et le soin des affaires du corps. On tirait souvent quelques membres du corps des boulangers, ceux qui avaient bien servi la patrie en temps de disette, pour être sénateurs; mais ils ne pouvaient monter plus haut, et ils devaient renoncer à être boulangers; leurs biens passaient à leurs successeurs. Pour conserver l'honneur et la probité dans le collége des boulangers, il leur était défendu de s'allier avec des familles de comédiens ou de gladiateurs. Ils avaient chacun une boutique ou boulangerie, et étaient distribués en quatorze régions de la ville. Ils étaient déchargés des tutelles, curatelles et autres charges pouvant les distraire de leur emploi. Il y eut dans la suite des boulangers du palais, destinés à faire le pain du palais de l'empereur.

De l'Italie les boulangers passèrent dans les Gaules. Ils étaient encore inconnus en Suède et en Norwège, au quatorzième siècle, suivant le célèbre Borrichius; c'étaient encore les femmes qui y pétrissaient le pain.

Dès le commencement de la monarchie, la France eut des boulangeries publiques (1), des moulins à bras et à eau sur de petits ruisseaux; il en est fait mention dans les ordonnances de Dagobert Ier, en 630. Elle eut aussi des marchands de farine, appelés, comme chez les Romains, *pistores* (pileurs), puis *pannetiers, talméliers, boulangers*. Le nom de *talméliers* leur vient de ce que les moulins n'ayant pas de bluteaux, les marchands de farine la tamisaient chez eux et chez les particuliers.

L'usage des fours est très-ancien, sans cependant pouvoir en fixer la première époque. Il y a lieu de penser que dans l'origine les fours étaient différents des nôtres. C'étaient, comme le croient quelques auteurs, des espèces de tourtières d'argile ou de terre grasse, que l'on transportait aisément d'un lieu à un autre; c'étaient comme des cuviers renversés. On les chauffait en faisant du feu par dessous, l'on retirait les pains en galettes à mesure qu'ils étaient cuits, et l'on en remettait d'autres à la place (2).

---

(1) L'étymologie du nom de boulanger viendrait, dit Peuchet, dans son *Dictionnaire universel de géographie commerçante*, de ce qu'autrefois on tournait les morceaux de pâte et qu'on faisait des pains ronds comme des boules. Du Cange, et beaucoup d'autres, sont tout-à-fait de cet avis. Du Cange donne la liste de plusieurs sortes et qualités de pain qu'on faisait aux douzième et treizième siècles.

(2) Des fours banaux furent établis et durèrent longtemps dans les grands centres de population, comme on le voit encore dans

Charlemagne prit des mesures pour que le nombre
des boulangers fût conforme aux besoins de la consommation, ce qui suppose une certaine organisation pour
cette profession. Il enjoignit aux gouverneurs des provinces de veiller chacun dans sa province à ce que le
nombre fût complet, formé de bons sujets, et que les
lieux destinés à leur profession fussent en bon état.

On ne sait au juste à quelle époque on adopta en Europe l'usage de faire lever le pain. Autrefois, il n'entrait dans sa composition que de l'eau, de la farine et
du levain, de la pâte fermentée (1), qui communiquait
sa qualité de fermentation à l'autre, et la faisait lever.
Plus tard, on fit entrer avec la farine du beurre, des
œufs, de la graisse, du safran et autres choses. Ce pain
des premiers temps n'avait rien de commun avec le nô-
tre, soit pour la forme, soit pour la matière; c'était à
peu près ce que nous appelons des galettes ou gâteaux.

Au commencement du dix-septième siècle, on fit une
nouvelle espèce de pain, où il entrait du lait et du sel,
ce qui lui donnait un goût meilleur qu'à l'autre. La

---

nos hameaux. Deux arrêts, l'un du 23 mars 1624, sur un appel du
sénéchal d'Auvergne à Clermont, et l'autre du 7 mai 1605, jugent
que les nobles sont exempts de la banalité, et qu'ils peuvent avoir
des fours particuliers dans leurs maisons ou châteaux pour y faire
cuire le pain nécessaire à leur famille, leurs domestiques et leurs
fermiers, à la charge d'en user sans fraude, c'est-à-dire de ne souffrir qu'aucune autre personne y vienne cuire.

(1) C'est au hasard probablement qu'est dû l'effet du *levain*.
L'idée ne s'en est certainement pas présentée naturellement. On
aura été redevable de cette invention à l'économie de quelque
personne qui, voulant faire servir un reste de vieille pâte, l'aura
mêlée avec de la nouvelle, sans prévoir l'utilité de ce mélange. La
satisfaction que l'on aura éprouvée en voyant qu'un morceau de
pâte aigrie rendait le pain dans lequel on l'avait introduit, plus
léger, plus savoureux et d'une plus facile digestion, dut produire
un grand effet.

reine Marie de Médicis s'en faisait servir à sa table ; c'est ce qui le fit nommer *pain de la reine*. Ce mélange de lait et de sel rendant la pâte plus pesante et de plus difficile digestion, le levain n'avait pas assez de force pour le faire lever, on y ajouta de la levure de bière (1) qui, suivant Pline, était connue des Gaulois. La levure de farine de millet, que l'on employait aussi avant, fut abandonnée, et le pain fut plus léger et plus délicat.

Les docteurs médecins de la faculté de Paris, consultés par le roi, en 1668, furent d'avis, quarante-sept contre trente-trois, que le levain convenait mieux au pain pour la santé que la levure de bière, plus particulièrement employée pour la pâtisserie. Depuis on s'en est tenu au levain.

Le pain, pour être bon et sain, doit être ni trop chaud ni trop rassis. Un poète l'a dit :

> De votre table ayez bien soin d'exclure
> Le pain encore chaud et le pain qui moisit,
> Le dur biscuit, les pâtes en friture.
> Que votre pain soit d'un bon grain, bien cuit,
> Plein d'yeux et peu salé ; ce pain fait un bon chyle.

Le corps des boulangers, organisé d'abord à Paris, sous Philippe-Auguste, était au nombre de douze ; il reçut ses premiers règlements sous saint Louis, et jouit pendant longtemps du privilége d'avoir une juridiction particulière. Cette juridiction, dont le grand panetier de France était le chef et le protecteur, avait un lieute-

---

(1) La levure, c'est l'écume qu'on tire de la bière lorsqu'elle fermente dans la cuve ; elle fait enfler la pâte en très-peu de temps, et elle rend le pain plus léger et plus délicat.

nant général, un procureur du roi, un greffier et divers huissiers. C'était au nom de ce grand officier de la couronne que les statuts et règlements étaient donnés, qu'on était reçu à l'apprentissage et à la maîtrise, et entre les mains de qui on prêtait le serment. Cet état de choses dura jusqu'en 1711, que, par un édit du mois d'août, la juridiction fut supprimée.

De tout temps, le corps des boulangers eut une grande importance à cause de la nature de ses produits. Suivant les statuts donnés aux boulangers par saint Louis, il leur était fait défense de cuire le dimanche, le jour de Noël, le lendemain ni le troisième jour, le jour de l'Epiphanie, le jour et le lendemain de Pâques, le jour de l'Ascension, le lendemain de la Pentecôte, les fêtes de la Purification, de l'Annonciation, de l'Assomption et de la Nativité de la sainte Vierge; aucune des fêtes des apôtres, la veille desquelles il y avait jeûne d'obligation; les fêtes de la Sainte-Croix, en mai et septembre; de la Nativité de saint Jean-Baptiste, les jours de saint Barthélemy, de saint Jacques, de saint Philippe, de saint Jacques et saint Christophe, de sainte Geneviève, de saint Laurent, de la Magdeleine, de saint Denis, de saint Martin d'hiver, de saint Nicolas d'hiver, de la Toussaint et de la fête des Morts, si ce n'est en ce jour-là des échaudés à donner pour Dieu; ils ne devaient pas cuire non plus le jour de saint Pierre-aux-Liens, sous peine de trente sous d'amende.

Diverses ordonnances de police leur défendaient de faire du pain et autres ouvrages, ni de chauffer leurs fours les jours de grandes fêtes. Aujourd'hui encore les boulangers ne cuisent pas les jours de grandes fêtes.

Ils ne pouvaient avoir qu'un apprenti à la fois, lequel

était tenu de servir pendant quatre ans ; et s'il voulait passer maître, il devait, après le serment, payer vingt sols au roi, vingt sols à la confrérie, vingt sols aux gardes, plus cinq sols à la paroisse où demeuraient les maîtres et où il avait appris son métier (1).

Les fils de maîtres pouvaient être reçus après deux ans d'apprentissage chez leurs pères ou chez d'autres, et n'avaient à payer que deux sols six deniers au trésor de la paroisse.

Les boulangers étaient tenus de marquer leurs pains d'une marque visible ; il leur était interdit d'être marchands de grains ni meuniers. Sous les Romains mêmes, ils ne pouvaient pas être pilotes, mariniers, ni même mesureurs de grains.

Les boulangers de Clermont, suivant une ordonnance de police du 5 novembre 1672, avaient pour règle de conduite ce qui suit :

I. Les bailes et gardes des boulangers qui seront nommés tous les ans pour tenir la main à leurs statuts, seront civilement responsables de toutes les contraventions qui y seront faites par leur négligence.

II. Tous les maîtres boulangers seront tenus, trois jours après qu'ils auront été reçus et prêté le serment par-devant M. le lieutenant général et M. le procureur du roi, de faire enregistrer leurs actes de réception dans le registre qui sera tenu par le greffier de police pour cet effet, à peine de trois livres d'amende contre chacun des contrevenants.

III. Les gardes et bailes seront tenus de faire visite,

(1) Le premier compagnon boulanger s'appelle *Geindre*, le peuple le nomme *Mitron*.

au moins une fois le mois, dans les boutiques des autres maîtres pour vérifier si le pain est de la qualité qu'il faut, et s'il est marqué, et seront tenus d'apporter au greffier de la police les noms et surnoms de ceux qui travaillent actuellement, lorsqu'ils auront fait leursdites visites, comme aussi d'accompagner les juges de police, lorsqu'ils seront par eux mandés.

IV. Ne pourront vendre aucun pain, hors les miches de pain mollet, qui ne soit marqué à leur marque, de leurs noms et surnoms, sans qu'ils puissent se servir de celles de leur beau-père ou belle-mère, ou autres, dont ils pourraient tenir le four ou boutique.

V. Enjoignons à tous les boulangers de la ville et faubourgs de tenir les boutiques et étaux garnis de trois sortes de pain, de la qualité et poids portés par les ordonnances de police, depuis huit heures du matin jusqu'à six heures du soir en hiver, et depuis sept en été jusqu'à huit, à savoir: de pain de livraison, miche ou pain mollet et pain passé ou bis; les trois sortes de pain aux prix et taux faits à la police, lequel prix ne pourra être augmenté ni diminué qu'après trois samedis consécutifs d'augmentation ou de diminution.

VI. Ils débiteront lesdites trois sortes de pain avec des poids étalonnés et marqués aux marques et armes de la ville, sans qu'on en puisse tenir d'autres, à peine d'amende.

VII. Seront obligés de détailler le pain qu'ils vendront desdites trois qualités, faire de petites miches, peser jusqu'à une demi-livre de pain pour les pauvres, et de leur en débiter à proportion de l'argent qu'ils auront, sans qu'ils leur en puissent refuser à peine d'amende.

VIII. Défendons auxdits boulangers d'exposer leur

pain au devant de leurs boutiques les dimanches et fêtes de commandement, à peine d'amende.

De tout temps les boulangers ont eu de grandes contestations avec les meuniers pour les droits de mouture ; un très-grand nombre de règlements de police ont déterminé les prétentions de ces derniers pour les mettre d'accord.

Les meuniers, se fondant sur une ordonnance du roi Jean, du 30 janvier 1350, deux arrêts du parlement des 11 février et 28 mars 1449 et une ordonnance de Charles VII du 19 septembre 1439, qui fixent leurs droits de mouture en argent, en donnant l'option aux bourgeois de les payer en blé, exigeaient des boulangers une coupe de blé pour la mouture du setier, et une seconde coupe pour porter le blé au moulin et le rapporter chez eux, ce qui faisait un quinzième du setier. De plus et à raison de ce qu'ils étaient obligés de cribler et de laver le blé, de prêter les sacs et de passer les farines au bluteau, chez le boulanger, ils exigeaient deux coupes de plus, ce qui faisait quatre coupes pour un setier, et par conséquent plus d'un carton sur huit qui composent le setier.

Le meunier le plus honnête retenait au boulanger environ cinquante livres de toute sorte de farines sur un setier de froment, c'est-à-dire le quart du produit en farine.

Les juges de police de la ville de Riom, avaient accordé aussi, par ordonnance du 27 août 1749, le quinzième du setier pour droit de mouture ; mais les boulangers résistèrent comme ailleurs.

On comptait en Auvergne onze communautés de boulangers formant seules des corporations, ou associées à quelques autres corps de métiers.

A Ambert, les boulangers et les pâtissiers de la ville, portaient sur leur bannière :

> De gueules, à une pelle de four d'argent en pal,
> chargée de trois pains de gueules et accostée
> de deux pâtés d'or.

(Voyez pl. 7, fig. 1re.)

Les boulangers de la ville d'Aurillac, étaient réunis aux bouchers de la même ville.

(Voyez pl. 5, fig. 4.)

A Brioude, les boulangers seuls portaient :

> De gueules, à une pelle de four d'argent chargée
> de trois pains de sable.

(Voyez pl. 7, fig. 2.)

A Clermont, les boulangers seuls portaient, de 1650 à 1789 :

> D'argent, à une pelle de four de sable posée en
> pal et chargée de trois pains d'or.

(Voyez pl. 7, fig. 3.) (1)

A Issoire, les boulangers et les pâtissiers portaient :

> De gueules, à un saint Honoré, évêque, vêtu pon-
> tificalement, crossé et mitré, le tout d'or.

(Voyez pl. 7, fig. 4.)

---

(1) La corporation des boulangers d'aujourd'hui, réorganisée en 1828, a pour bannière: de sinople, à la croix d'argent chargée d'un saint Honoré, évêque, et accompagnée de tous les ustensiles de la boulangerie.

A Maringues, les boulangers et les hôteliers portaient:

D'or, à un saint Honoré de sable.

(*Voyez pl. 7, fig. 5.*)

A Montaigut, les boulangers seuls portaient :

D'azur, à un saint Honoré vêtu en évèque, crossé
et mitré d'or.

(*Voyez pl. 8, fig. 1*re.)

A Montferrand, les boulangers, les pâtissiers, les cabaretiers et les bouchers, portaient :

Les mêmes armoiries que les boulangers de Montaigut.

(*Voyez pl. 8, fig. 1*re.)

A Riom, les boulangers seuls portaient :

D'azur, à une pelle d'argent chargée de trois pains
de gueules posés en pal.

(*Voyez pl. 8, fig. 2.*)

A Saint-Flour, les boulangers et les pâtissiers portaient :

D'azur, à une pelle d'or, chargée de trois pains de
gueules posés en pal et accompagnée de deux
brioches d'or.

(*Voyez pl. 8, fig. 3.*)

A Thiers, les boulangers, les bouchers et les hôteliers portaient :

De gueules, à une pelle de four d'or posée en pal.

(*Voyez pl. 8, fig. 4.*)

BRIDIERS.

A l'époque des grandes rivalités de corps de métiers, pour éviter des discussions de tous les jours, chaque branche de commerce avait ses fabricants, ses industriels. Des bridiers s'établirent et ne permettaient pas aux selliers de fabriquer des brides. Plus tard, les éperonniers et ensuite les selliers, les bridiers et les carrossiers, confectionnèrent tout ce qui tient au harnachement.

Les bridiers de la ville d'Ambert n'avaient pas de communauté particulière, ils étaient réunis aux cordonniers de la même ville.

(*Voyez pl.* 12, *fig.* 1re.)

Ceux de la ville de Riom, aux maréchaux de la même ville.

(*Voyez pl.* 22, *fig.* 2.)

Ceux de la ville de Clermont, aux selliers, bâtiers et cordiers de la même ville.

(*Voyez pl.* 30, *fig.* 4.)

Ceux de la ville de Brioude, aux selliers, cordiers et bâtiers de la même ville.

(*Voyez pl.* 30, *fig.* 5.)

CABARETIERS.

PATRON, SAINT MARTIN (11 NOVEMBRE).

Brillat-Savarin a dit avec une certaine raison : « Au-
» cune affaire de quelque importance ne se traite qu'à
» table; c'est au milieu des festins que les sauvages
» décident la guerre ou font la paix; et sans aller si
» loin, nous voyons que les villageois font toutes leurs
» affaires au cabaret. »

Sa définition est que l'homme repu n'est pas le même
que l'homme à jeun.

Les cabaretiers étaient anciennement ce qu'ils sont
de nos jours, des marchands de vin en détail, ayant
enseignes ou bouchons. Dans l'antiquité, chez les Grecs,
par exemple, on préconisait le nom de celui qui avait
trouvé le bienfaisant secret de mêler l'eau avec le vin,
et même on lui avait élevé une statue.

Si l'on veut se faire une idée du prix du vin en
Italie, du temps de l'empereur Dioclétien, voici, suivant
M. Dureau de La Malle, un tarif du prix ancien, évalué
en prix moderne (1).

Vin de Picenum (le sextarius, demi-litre). f. »	75 c.
Vin de Tibur . . . . »	75
Vin de la Sabine. . . . . »	75
Vin d'Aminée. . . . . »	75
Vin de Sorrente. . . . . »	75
Vin de Falerne. . . . . »	75

_____

(1) Voyez le *Livre d'or des métiers*, histoire des hôtelleries, cabarets, etc., par F. Michel et E. Fournier, t. 1, p. 171.

Vieux vin ordinaire de première qualité,
hors des crus ci-dessus. . . . . . . » 60 c.
Vin commun . . . . » 20
Cervoise . . . . » 10
Bière . . . . » 05

Chez les Romains, il était interdit aux femmes de boire du vin, cette liqueur ne devait même pas être apportée près de leurs appartements. Romulus mettait au premier rang des femmes coupables, l'épouse qui buvait du vin, aussi bien que l'épouse adultère : ces deux crimes se tenaient et devaient aller de front au même châtiment. Un mari qui avait trouvé sa femme s'enivrant, la tua et fut absous par Romulus. Il était défendu aux femmes de garder les clefs de la cave et même d'y toucher. Une jeune fille les ayant prises dans un coffre, fut condamnée par ses parents à mourir de faim.

Dès le temps de saint Louis, le métier de cabaretier s'achetait du roi. Ce ne fut que sous le règne de Henri III qu'il fut érigé en corps ou communauté sous les noms de *marchands de vin à pot*, de *taverniers*, de *cabaretiers* et d'*hôteliers*. Avant son règne, le commerce du vin, soit en gros, soit en détail, était presque libre à toutes sortes de personnes ; et pour le faire, il suffisait à Paris, et partout ailleurs dans le royaume, de quelques légères permissions qu'on obtenait aisément, et à peu de frais, ou des officiers de la police du roi, ou de ceux des seigneurs qui avaient le droit du ban, c'est-à-dire de vente de vin.

La différence de ces quatre professions était bien tranchée autrefois, comme elle l'est encore de nos jours.

Les premiers ne vendaient le vin qu'à pot, c'est-à-dire qu'ils étaient obligés d'avoir un trou pratiqué dans une grille en bois, au comptoir; et une fois la vente faite, ils devaient renverser leur pot vide sur le comptoir; c'est ce qui a fait appeler ce genre de débit en détail vente à *pot renversé*.

Les seconds donnaient seulement à boire.

Les troisièmes mettaient une nappe et des assiettes, et avec le vin ils donnaient à manger, sans pouvoir cependant loger les voyageurs, ni recevoir les personnes de la localité. Ils ne pouvaient servir que des petits pains. Défense était faite aux habitants, principalement à ceux qui étaient mariés et qui avaient ménage, et à leurs serviteurs et domestiques, de fréquenter les cabarets.

Les hôteliers servaient des repas et logeaient les voyageurs.

Dans le moyen âge, les moines avaient grand intérêt à pousser à l'organisation des cabarets, des tavernes, des hôtelleries; ils y percevaient une dîme. Le plus petit bouchon devait un impôt à l'abbé ou au prieur du monastère, dans le ressort duquel il était établi.

Dans quelques pays, le droit d'ouvrir cabaret, comme on le voit par une charte de 1202, s'appelait *tavernage*. L'impôt, ou plutôt l'amende qu'on infligeait aux taverniers quand ils enfreignaient les lois sur le prix du vin, portait le même nom.

Le roi même, dans l'ancien temps, faisait ouvrir taverne pour la vente de son vin, et le faisait crier. « Si le roi met vin à taverne, tous li autres taverniers » cessent et li crieur tout ensemble doivent crier le » vin du roi, au matin et au soir, par les carrefours. »

Parmi les vins en vogue et en renom au moyen âge, nous voyons figurer souvent celui de Saint-Pourçain, et à cette époque il était ordonné aux hôteliers et cabaretiers de le vendre dix deniers la pinte, comme vin de choix. Les fabliaux du temps en parlent aussi en ces termes :

> Pain de bouche et estrange vin,
> Bourgoying, Gascoing et Angevin,
> Beaune, Rochelle et Saint-Pourçain,
> Que l'on met en son sein pour sain.

Suivant un édit de 1666, pour pourvoir à la sûreté de Paris et des villes du royaume, il est ordonné aux cabaretiers de fermer leur établissement à six heures, à partir de la fête de la Toussaint et à six heures du soir, au plus tard, depuis la fête de Pâques, à peine contre lesdits cabaretiers de cent livres d'amende pour la première fois; et en cas de récidive, à deux cents livres d'amende, et d'être mis au carcan.

Chaque cabaretier avait son enseigne ou son bouchon. Son enseigne était ordinairement emblématique, représentant une allégorie, un calembour, un rébus, comme un *cerf* et un *mont,* pour indiquer aux buveurs de venir au sermon ; un *cygne* et une *croix, Au signe de la croix;* une femme sans tête avec les mots, *A la bonne femme,* etc.

Avant qu'il y eût des cafés dans Paris, la meilleure société se réunissait au cabaret. Piron, Panard, Gallet et Collé, fondèrent un cabaret vers le milieu du siècle dernier, une académie bachique (le Caveau), qui, dans ses écarts mêmes, n'était pas étrangère au bon goût.

Ces gais viveurs n'ignoraient pas ce qu'a dit plus tard le savant Pougens, de l'Institut :

Vous serez bien aise peut-être
D'avoir les vins les plus fameux ;
Cinq qualités vous les feront connaître :
Naturels, généreux, pétillants, frais et vieux ;
Ils flattent le palais, l'odorat et les yeux.

Suivant la coutume d'Auvergne, les cabaretiers et les hôteliers étaient crus sur leur serment ou affirmation, pour obtenir le paiement de leurs fournitures, jusqu'à concurrence de la somme de cinq sols.

Ils n'avaient point d'action pour le vin seulement vendu en détail. La vente du vin n'était pas d'abord le privilége de quelques marchands spéciaux. Tout propriétaire de vignoble, tout monastère, débitait son vin à pot, lorsqu'il ne le vendait pas en gros ; mais ils étaient tenus, à peine d'amende, d'avoir une pancarte sur laquelle ils écrivaient le prix de leurs vins, fixé par l'autorité. On en permettait la vente les dimanches, mais hors des heures du service divin, tant le matin qu'après midi. On faisait ce qui était encore en usage dans nos villes il y a une dizaine d'années : des crieurs publics, ou la trompette de ville, en facilitaient la vente.

Suivant les articles 11 et 12 des lettres de Charles VI, du mois de mars 1397, confirmant un accord fait entre l'évêque de Clermont et les habitants de Lezoux, il est ordonné que les consuls avaient le droit d'avoir les mesures du vin, même pendant le mois d'août, et ils devaient, en présence d'un des officiers de justice de l'évêque, les donner sans frais à ceux qui voulaient vendre du vin. Ceux-ci, dans le mois d'août, devaient donner un setier de vin aux consuls.

Ceux qui vendaient du vin dans le mois d'août ne pouvaient le vendre plus cher qu'on ne le vendait communément pendant le mois précédent, et le prix en était fixé par les consuls. On ne devait vendre, pendant ce mois, que du vin pur et potable, et on devait en vendre même pour la valeur d'une obole; et ceux qui en vendaient pendant le mois d'août devaient, pendant la nuit, éclairer par des lumières la maison où ils le débitaient, et devaient en donner, à quelque heure que ce fût, à ceux qui venaient en chercher.

L'évêque seul, ou ceux seulement à qui il en affermait le droit, pouvaient vendre du vin pendant le mois d'août.

Une ordonnance des officiers de police, du 5 novembre 1672, défend expressément aux cabaretiers et hôteliers de Clermont :

1° De tenir leurs tavernes et cabarets ouverts, et de garnir leurs boutiques d'aucunes viandes les jours de dimanche et fêtes, pendant toute la journée, soit le matin ou après dîner, et de recevoir aucuns habitants de la ville et des faubourgs après six heures du soir, depuis la Toussaint jusqu'à Pâques, et après huit heures, depuis Pâques jusques à la Toussaint et les dits jours de dimanches et fêtes, pendant le service divin.

2° De vendre leur vin à ceux qui l'iront acheter à pot et à pinte, à plus haut prix que ceux qui l'auront fait crier par les huches, ou qui le vendront chez eux, ni de loger aucuns mendiants, vagabonds et gens sans aveu.

3° Défense à toutes personnes de manger de la viande les jours de vendredi et samedi et autres prohibés par l'Eglise, aux mêmes peines, et à tous hôteliers,

5

cabaretiers et autres, d'en donner à manger, ni permettre qu'il en soit mangé, ni fait ou proféré aucunes impiétés dans leurs maisons ou cabarets, à peine d'amende et de punition exemplaire, s'il y échet.

La même ordonnance défend aussi aux huches et crieurs de vin, de crier le vin pendant que l'on dira la messe de paroisse les jours de dimanches et de fêtes, et leur enjoint de rapporter chaque mois au greffier de la police le prix du vin, pour en être tenu registre de pancarte par ledit greffier.

D'autres ordonnances postérieures prescrivent que :

Dans aucune maison publique, telle que café, cabaret et autres de même ordre, il n'est permis de donner à jouer aux dés, ni aux cartes, même pour des jeux réputés de commerce.

Dans ces mêmes maisons aucune réunion ne pouvait avoir lieu, après dix heures du soir en hiver et onze heures en été, sans permission expresse de la police, par laquelle étaient déterminées les heures auxquelles lesdites réunions devaient cesser.

Les cabaretiers de la ville de Montferrand étaient réunis, pour leur communauté, aux boulangers de la même ville, et avaient une bannière semblable à celle des boulangers de Montaigut.

(*Voyez pl.* **8**, *fig.* **1**re.)

Ceux de la ville de Saint-Flour, aux hôteliers de la même ville.

(*Voyez pl.* **14**, fig. **1**re.)

CADISSIERS.

Le cadis est une petite étoffe de laine de bas prix. Les fabricants étaient peu nombreux en Auvergne ; nous n'en voyons que dans la ville de Brioude, et encore n'avaient-ils pas de communauté particulière ; ils étaient réunis aux tailleurs et à d'autres corps de métiers de la même ville et avaient une bannière semblable à celle des tailleurs de Cournon.

(Voyez pl. 32. fig. 2.)

CARDEURS.

Les cardeurs de laine, de coton, de soie, qu'on appelait aussi peigneurs et arçonneurs, étaient généralement en petit nombre dans notre province. Le cardeur reçoit le coton tel qu'il est au sortir de sa coque; il l'épluche avec les doigts pour en ôter les ordures les plus grossières, et le passe ensuite entre deux cardes. Les femmes étaient plus particulièrement occupées de ce métier.

Leurs statuts furent confirmés par Louis XIV, en 1688. Ils ne pouvaient être reçus maîtres cardeurs qu'après trois ans d'apprentissage et avoir servi les maîtres en qualité de compagnon trois autres années, et avoir fait chef-d'œuvre qui consistait à faire deux ou trois cardées de laine ou de coton, de peigner la laine sur le fourneau ou de filer avec le rouet du lumignon, c'est-à-dire des mèches de flambeaux de cire. Trois maîtres jurés étaient chargés de veiller à la conservation des priviléges, de maintenir les statuts et de réformer les abus. Leur élection se faisait d'année en année, c'est-à-dire deux dans une année et un l'année suivante.

Les maîtres cardeurs étaient autorisés à faire et à monter les cardes, néanmoins ils usèrent peu de cette faculté; ils préféraient se fournir chez les cardiers de Paris, et plus particulièrement chez ceux de la Hollande.

Les cardeurs de la ville de Saint-Flour, réunis aux

tondeurs et aux teinturiers de la même ville, portaient sur leur bannière :

D'azur, à un saint Maurice d'or.

(*Voyez pl.* 8, *fig.* 5.)

Les cardeurs de la ville de Riom n'avaient pas de communauté particulière; ils étaient réunis aux tisserands de la même ville.

(*Voyez pl.* 35, *fig,* 2.)

Ceux de Montferrand étaient réunis aux cordonniers, aux tisserands et autres de la même ville.

(*Voyez pl.* 12, *fig.* 2.)

CARTIERS.

On a beaucoup écrit sur l'origine des cartes à jouer ; on a beaucoup discuté, il y a peu d'années encore, pour prouver que leur invention ne date pas pour la France du temps de Charles VI ; que saint Louis, par une ordonnance datée de Paris en 1254, en défendit l'usage ; qu'elles étaient parfaitement connues en Espagne vers 1350, et à Paris en 1392 et 1397.

Dans une dissertation, en forme de lettre, adressée par M. Johanneau, à M. Boissonnade, (*Mélanges d'origines étymologiques, p. 56*), on assigne aux cartes une origine bien plus ancienne encore ; on attribue leur invention aux Chinois, et la date de leur importation de l'Inde en Europe, vers 1120. Quoi qu'il en soit, on sait qu'en 1392, la chambre des comptes paya *à Jacquemin Gringonneur, peintre français, la somme de cinquante-six sols parisis* (170 f.) *pour trois jeux de cartes à or et à diverses couleurs, ornées de plusieurs devises, pour porter devers le seigneur roi* (Charles VI), *pour son esbatement*. Dix-sept de ces cartes, qui existent au cabinet des estampes de Paris, furent recueillies par M. Gaignières, gouverneur des petits-fils de Louis XIV. La richesse de ces cartes, leur beauté, la perfection avec laquelle elles sont exécutées, doivent faire penser qu'elles ont été en effet destinées à l'amusement d'un prince.

Ce que l'on a appelé plus tard le jeu de cartes françaises, le vrai jeu de piquet autre que le jeu fait pour Charles VI, est attribué, suivant les uns, au brave Lahire, pour servir de passe-temps à Charles VII, et, suivant d'autres, à Etienne Chevalier, maître des comptes et trésorier de France, sous le même roi. Ces cartes, que l'on peut regarder comme les premiers essais de la gravure sur bois et de l'impression xylographique en France, portent tous les caractères du règne de Charles VII, et surtout les costumes armoriés ou livrées, en usage à la cour de ce prince, dans les fêtes, les tournois et les cérémonies publiques.

Les quatre rois, *David, Alexandre, César* et *Charlemagne*, représentent des emblèmes des quatre grandes monarchies, juive, grecque, romaine et allemande. Quelques auteurs ont pensé que David, le roi de pique, représentait Charles VII, persécuté par son père, comme David par Saül.

Les dames représentaient, savoir : la dame de *trèfle* (Argine, anagramme de Régina), la reine Marie d'Anjou, femme de Charles VII. La dame de *carreau* (Rachel), était Agnès Sorel. La dame de *pique*, sous le nom de Pallas, désignait la vierge guerrière, l'héroïne Jeanne d'Arc. La dame de *cœur* (Judith), Isabeau de Bavière, femme de Louis le Débonnaire.

Les quatre valets, varlets ou servants d'armes, représentaient la noblesse française depuis son époque historique jusqu'à la chevalerie. Le valet de *trèfle*, après avoir longtemps porté, par ordonnance royale, le nom du fabricant, a reçu celui de Lancelot du Lac, héros d'un roman célèbre au moyen âge, lequel fut élevé par la dame Dulac, la fée Viviane. Le valet de *carreau*, Hector, dont Racine a rendu le souvenir si tou-

chant dans *Andromaque*, et qui passait autrefois pour
le père de ce fabuleux *Francus*, dont les Francs des-
cendaient. Le valet de *cœur*, Lahire, dont le véritable
nom est Etienne de Vignolles, l'un des plus braves
capitaines de Charles VII, lequel combattit à côté de
Jeanne d'Arc à Orléans, et tomba en 1431 au pouvoir
des Anglais, en s'approchant de Rouen pour essayer de
délivrer l'héroïne. Le valet de *pique*, Ogier, l'un des
plus braves chevaliers de la Table-Ronde.

Ce qui pourrait faire soupçonner encore que le jeu
de cartes a pris naissance en France, ce sont les fleurs
de lis qu'on a toujours remarquées sur les habits de
toutes les figures.

On ne peut pas ne pas voir dans le jeu de piquet une
image de la guerre. *Les trèfles* et *les piques* sont con-
sidérés comme les armes offensives; *les cœurs* et *les
carreaux*, comme des armes défensives. Les cartes, autres
que les figures, depuis le dix, désignaient les soldats.
Les uns veulent voir dans les quatre signes distinctifs
des cartes, les quatre classes principales du royaume.
Le pique représentait la noblesse, les militaires; *le
cœur*, le clergé; *le trèfle*, les cultivateurs; le *carreau*, la
bourgeoisie.

Sous chaque règne, les cartes ont varié pour les
figures, suivant l'imagination des cartiers; mais, il faut
le dire, on ne tardait pas à revenir aux figures primi-
tives, qui prévalurent toujours.

Autrefois, comme aujourd'hui, on distinguait dans le
commerce les cartes relativement à leur degré de finesse. Pour le choix, lorsqu'elles étaient fabriquées, on
en formait quatre lots. Celles du premier s'appellent *la
fleur;* celles du second, *les premières;* celles du troisième

les secondes; celles du quatrième, *les triards* ou *fonds.*

On divisait les cartes en jeu entier, qui est de 52, en jeu d'hombre de 40, en jeu de piquet de 32, et en jeu de breland de 28 cartes.

Les statuts des cartiers prescrivaient, entre autres dispositions, qu'aucun ne pourrait faire le métier de cartier, s'il n'était reçu maître et s'il ne tenait ouvroir ouvert sur la rue.

L'apprentissage durait quatre années; et avant d'obtenir la maîtrise, il fallait encore faire trois années de compagnonnage. Le maître ne pouvait avoir qu'un apprenti; mais quand il avait chez lui cinq ou six compagnons, il pouvait en avoir deux. Les ouvriers ne pouvaient travailler à la confection des cartes, en été, que depuis quatre heures du matin jusqu'à huit heures du soir; et en hiver, depuis cinq heures du matin jusqu'à neuf heures du soir.

Les filles de maîtres, outre le droit d'affranchir ceux qui les épousaient de l'apprentissage, leur donnaient celui de travailler chez les maîtres en qualité de compagnons.

La ville de Thiers a eu plusieurs fabriques de cartes à jouer, qui ont été pendant longtemps les plus considérables du royaume (1). La corporation qui y existait, réunie aux charpentiers et aux gainiers, avait pour armoiries sur sa bannière :

D'azur, à un chevron d'or, chargé de cinq annelets
de gueules.
(*Voyez pl.* 9, *fig.* 1re.)

(1) A son retour d'Italie et de Suisse, vers 1580, le philosophe Michel Montaigne passa par Thiers et visita la fabrique de cartes de *Palmier.* « Il y a , dit-il, autant de façon à cela qu'à une autre bonne » besoigne. Les cartes ne se vendent qu'un sou les communes, et » les fines deux. »

CHAMOISEURS.

PATRON, SAINT MARTIN, (11 NOVEMBRE).

La peau de chamois, extrêmement souple, chaude et belle, après avoir été travaillée et passée en huile, a été de tout temps très-recherchée dans le commerce ; mais, comme de tout temps aussi, elle était peu abondante pour les usages du commerce, on travaillait de la même façon, comme on le fait de nos jours, les peaux de boucs, de chèvres, de chevraux et de moutons, imitant la peau de chamois.

La police prenait des précautions pour que les travaux des chamoiseurs ne corrompissent pas l'air ; elle les obligeait toujours à avoir leurs ouvroirs hors du milieu des villes et à interrompre leurs ouvrages dans les temps de contagion.

La ville de Maringues, qui renfermait un grand nombre d'industriels de cet état, avait, avec les cordonniers, les charretiers et autres, une corporation dont la bannière était :

D'azur, à un tranchet d'or posé en pal, accosté à dextre d'une peau de même, et à sénestre d'un fouet aussi d'or.

(*Voyez pl.* 9, *fig.* 2.)

CHAPELIERS.

PATRON, SAINTE BARBE (4 DÉCEMBRE).

Dans d'autres provinces , saint Michel.

L'usage de porter un chapeau, tant pour orner que
pour couvrir la tête, remonte aux temps les plus reculés. Dans les Indes et au Thibet, les prêtres et les
moines y étaient distingués entre eux par la couleur de
leur chapeau. Les Lacédémoniens portaient des chapeaux de feutre pour être distingués des esclaves. Chez
les Grecs les gens de tout âge portaient des chapeaux.
Les anciens les portaient ordinairement blancs.

Sous Charles VI, on commença à porter des chapeaux
à la campagne; sous Charles VII, on en porta dans les
villes, mais seulement en temps de pluie; sous Louis XI,
ils étaient plus nombreux et on en portait en tout
temps. Louis XII reprit le mortier; François 1er s'en
dégoûta et prit le chapeau pour coiffure.

Le premier chapeau de castor dont il soit fait mention dans notre histoire, a été porté en 1449 par Charles VII, lorsqu'il fit son entrée à Rouen. Ce fut sous le
règne de ce prince que les chapeaux succédèrent aux
chaperons et aux capuchons. On en défendit l'usage
aux ecclésiastiques, comme une parure trop mondaine.
Il fut ordonné que ceux-ci auraient des chapeaux de
drap noir, avec des cornettes, et cela sous peine de suspension, d'excommunication et de payer cent sols d'a-
mende.

On dit qu'un évêque de Dôle, plein de zèle pour le

bon ordre, et contre les chapeaux, n'en permit l'usage qu'aux chanoines, et voulut que l'office divin fût suspendu à la première tête coiffée d'un chapeau qui paraîtrait dans l'église.

L'usage des chapeaux était plus ancien en Bretagne de plus de deux cents ans, parmi les ecclésiastiques, principalement parmi les chanoines ; mais ces chapeaux étaient comme des bonnets, et c'est d'où sont venus les bonnets carrés des ecclésiastiques.

En 1250, le pape Innocent IV permit aux cardinaux de porter des chapeaux rouges, et ces chapeaux n'ont été mis sur les timbres des armoiries que depuis 1300. Avant cette époque, on y voyait des mitres. L'usage des chapeaux verts, qui se trouve dans les armoiries des archevêques et des évêques, vient d'Espagne.

Les plus anciens règlements des chapeliers de Paris sont de l'année 1578. Ils furent augmentés et renouvelés, pour les villes de province, en 1706.

Louis XIV promulgua un édit en 1670, pour prohiber la fabrication des demi-castors ou castors de mélange de poils de lièvre, de lapin ou de laine, à peine de trois mille livres d'amende, moitié aux hôpitaux et moitié aux dénonciateurs.

Suivant les statuts des chapeliers de la province, un apprenti ne pouvait être reçu maître s'il n'avait servi pendant trois ans chez un chapelier, plus un an de compagnonnage après son temps fini, et s'il n'avait donné des preuves de fidélité, de bonnes mœurs et de religion catholique, apostolique et romaine.

Un maître ne pouvait avoir qu'un apprenti, qui payait lors de son serment six livres aux gardes et trois à la confrérie. Défense était faite aux maîtres de donner aux apprentis pendant leur temps d'apprentissage aucun gage, à peine d'amende et de la privation de pouvoir faire des apprentis pendant huit années.

Aux chapeliers en vieux, c'est-à-dire aux chapeliers qui achetaient de vieux chapeaux pour les raccommoder, il était défendu d'en faire de neufs. Les chapeliers, eux, ne pouvaient acheter du vieux pour en faire le commerce ; ils pouvaient seulement raccommoder les chapeaux qu'ils avaient vendus, ou qu'on leur apportait à repasser.

Nous ne connaissons aux chapeliers que trois corporations organisées en Auvergne.

Une à Clermont (1), laquelle avait pour bannière :

> D'argent, à un chapeau de sable, accosté de deux
> fleurs de lis de gueules.
> (*Voyez pl.* 9, *fig.* 3.)

Une à Issoire, laquelle était réunie aux cordiers, aux selliers, aux bâtiers, aux éperonniers, aux potiers d'étain, et dont la bannière portait :

> D'argent, à un cœur de gueules enfermé dans un
> cercle dentelé de même.
> (*Voyez pl.* 9, *fig.* 4.)

Une à Saint-Flour, associée aux vitriers, aux potiers d'étain et de terre ; sa bannière était :

> D'or, à une croix losangée d'azur, au chef de
> gueules, chargé à dextre d'un chapeau d'argent, et à sénestre d'un pot à l'antique de même.
> (*Voyez pl.* 9, *fig.* 5.)

(1) D'après le dénombrement des arts et métiers fait en 1747, Clermont avait huit chapeliers.

Les chapeliers de la ville de Riom étaient réunis aux potiers d'étain et aux teinturiers de la même ville.

(Voyez pl. 29, *fig.* 4.)

Ceux de la ville de Brioude, aux tailleurs et à d'autres corps de métiers de la même ville, et avaient une bannière semblable à celle des tailleurs de Cournon.

(Voyez pl. 32, *fig.* 2.)

CHARPENTIERS.

PATRON, SAINT JOSEPH (19 MARS).

Avant que l'homme eût la pensée de se construire avec un certain art des abris en pierres, il profita d'abord des grottes naturelles, des cavernes, puis il se fit avec du bois de ces mêmes abris, pour se garantir de l'intempérie des saisons, ce qui fait penser que la charpenterie, liée aux besoins les plus intimes de l'humanité, prit naissance avec elle. Elle précéda de beaucoup l'architecture, laquelle devint un art raffiné et qui marcha avec la charpenterie et la maçonnerie.

Vitruve nous dit que le bois servit aux premières habitations des hommes, accoutumés alors à vivre comme les bêtes dans le fond des forêts. Une fois réunis en société, ils se firent des demeures les uns près des autres. Leurs premières idées furent de faire des toits en croupe, au moyen de pieux dressés debout et appuyés l'un contre l'autre, par leurs extrémités supérieures, pour soutenir des branches d'arbres, des joncs, de la paille; garnis de terre, afin de se garantir des ardeurs du soleil, pendant le jour, du serein pendant la nuit, des rigueurs du froid pendant l'hiver, et des pluies et du mauvais temps. Devenant peu à peu industrieux, ils se firent des cabanes de bois écarris, puis des maisons, et enfin des édifices.

Avant que les Romains eussent changé l'aspect des Gaules, la charpenterie avait déjà fait de grands progrès.

On peut faire une étude très-curieuse du rôle que joua la charpenterie militaire, dans la seconde expédition de Pépin-le-Bref, en 761, contre Gaifre, duc d'Aquitaine. Au siége qu'il fit subir à la ville de Clermont, profitant de l'expérience des Lombards, il fit dresser contre les murs de formidables béliers, des poutres énormes qui, mises en mouvement par des leviers et des cordages et roulant sur des cylindres, par l'impulsion que leur donnaient les charpentiers et leurs habiles ouvriers, heurtaient de leur front de fer les murailles et les mettaient en pièces. On peut le voir encore dans d'autres siéges que soutinrent Clermont et Montferrand en 1121 et 1126.

Les croisades imprimèrent à la charpenterie une impulsion remarquable; beaucoup de gens du métier accompagnèrent les croisés en Orient, et construisirent ces énormes machines qui, d'un seul coup, portaient des hommes armés sur les remparts des villes assiégées.

L'usage de la poudre amena l'occasion d'employer aussi très-utilement les charpentiers. Ils construisirent les diverses machines en usage pour le nouveau système de faire la guerre. Ces machines, appelées *grièles*, qui lançaient des pierres d'un volume prodigieux, et dont les explosions, au moyen de la poudre, s'étendaient à deux lieues, étaient approchées par eux et leurs ouvriers, des murailles, et le feu était mis par eux.

Déjà, dès la fin du douzième siècle, les ouvriers travaillant de l'instrument tranchant sur le bois, les charpentiers, les scieurs de long, huchiers, étaient séparés et formaient des communautés industrielles bien différentes.

On distinguait autrefois, comme aujourd'hui, les

charpentiers des menuisiers. Les premiers portaient le nom de charpentiers de la grande coignée, les autres charpentiers de la petite coignée. Les premiers n'employaient que de gros bois propres aux grandes constructions de maisons et d'édifices. Ils avaient le droit de vendre certains bois de construction, d'exécuter les charpentes, les ponts de bois et de bateaux, les cintres pour les ponts de pierre, les batardeaux, les fondements de piles et culées, les échaffaudages, les vaisseaux, navires et toutes sortes de bateaux grands et petits, moulins à eau et à vent, les presses et pressoirs, et presque tous les ouvrages mécaniques.

Les statuts des charpentiers éprouvèrent plusieurs fois des modifications; les tribunaux intervinrent souvent pour les mettre d'accord avec les maçons, qui empiétèrent sur leurs droits.

Une contestation eut lieu en 1748, entre les menuisiers de Clermont et les charpentiers de la même ville. Cette contestation, que l'on peut considérer comme incroyable aujourd'hui, fut la cause d'un grand procès. Les menuisiers contestaient aux charpentiers le droit de travailler de certaine espèce de bois; ainsi, par exemple, ils firent saisir chez un entrepreneur deux cadres à araignée qu'il avait confectionnés de son propre bois pour passer son sable, prétendant que ce bois n'était pas de bonne qualité. Celui-ci fut obligé, pour ce fait, de présenter requête à M. Rossignol, l'intendant d'Auvergne, afin que les menuisiers se départissent de leurs prétentions, ce qui eut lieu.

Dans une autre circonstance, la même année (1748), les menuisiers firent saisir chez un marchand de meubles des marchandises confectionnées à Paris. Le marchand fut obligé d'avoir recours à l'intendant pour faire lever la saisie.

Le règlement de la corporation des charpentiers leur prescrivait, entre autres choses, lorsqu'ils travaillaient sur une rue ou sur une cour commune, de suspendre une *défense* (une croix), faite avec deux bouts de lattes, laquelle devait être en saillie de quatre pieds de la maison et élevée de six pieds au-dessus du rez-de-chaussée, pour avertir le public, sous peine d'amende. Cette prescription est encore observée de nos jours.

Le temps d'apprentissage chez un maître charpentier était de six années. Chaque maître ne pouvait avoir qu'un apprenti. Il lui était facultatif cependant d'en prendre un second après trois années complètes du premier, à moins que ce ne fût son fils ou son neveu, ou le fils de sa femme, né en légitime mariage.

Défenses étaient faites aux compagnons d'emporter des ateliers, maisons et chantiers de leur maître, ni même des logis ou autres chez lesquels ils travaillaient, aucuns copeaux, bouts de bois et billots qu'ils mettaient en œuvre, à peine de punition corporelle. Défenses étaient aussi faites à toutes personnes, de quelque qualité et condition qu'elles fussent, d'acheter des compagnons ces mêmes objets, ni même de les recevoir.

Nous ne connaissons en Auvergne qu'une seule corporation organisée sous le nom de charpentiers, celle qui existait dans la ville de Thiers, laquelle était réunie aux sculpteurs et aux vitriers. Sa bannière avait pour armoiries :

De gueules, à deux chevrons d'or.

(*Voyez pl.* 10, *fig.* 1re.)

Quelques charpentiers de la même ville faisaient partie d'une autre corporation composée des cartiers et des gainiers (1).

(*Voyez pl. 9, fig. 1*re.)

Les charpentiers de Maringues étaient réunis aux charrons et aux menuisiers de la même ville.

(*Voyez pl. 10, fig. 2.*)

Ceux de la ville d'Issoire, aux sculpteurs et aux menuisiers de la même ville.

(*Voyez pl. 30, fig. 2.*)

Ceux de la ville d'Ambert, aux bouchers de la même ville.

(*Voyez pl. 5, fig. 3.*)

Ceux de la ville de Brioude, aux menuisiers et aux maçons de la même ville.

(*Voyez pl. 25, fig. 1*re.)

Ceux de la ville de Riom, aux menuisiers et à d'autres corps de métiers de la même ville.

(*Voyez pl. 24, fig. 5.*)

---

(1) Les gainiers de Thiers, au nombre de quinze, ont été, à une époque, en jurande, autorisés par statuts et lettres en forme de charte, du 3 mai 1682, enregistrés au parlement le 25 mai 1684 et en la sénéchaussée d'Auvergne, le 26 juin suivant.

CHARRETIERS.

La situation où se trouve placée la ville de Maringues, au centre de la Limagne, pays des plus productifs en céréales et très-commerçant, a nécessité de tous temps un grand nombre de charretiers pour le transport des grains dans les marchés de Clermont, de Riom, d'Aigueperse, de Lezoux, etc., et pour le transport des productions des nombreuses tanneries. Les charretiers étaient tenus, suivant les ordonnances et règlements, comme ils le sont de nos jours, de poser sur leurs charrettes des plaques où étaient inscrits, en lettres très-lisibles, leurs numéros et leurs noms et surnoms. Il leur était expressément recommandé de mener leurs charrettes sagement et à pied dans les villes, de se tenir à côté et non devant ou derrière, et de ne pas faire trotter leurs chevaux.

Les charretiers de Maringues n'avaient pas de corporation particulière; ils étaient réunis aux chamoiseurs de la même ville.

(*Voyez pl.* 19, *fig.* 3.)

CHARRONS.

PATRON, SAINT ÉLOI (1er DÉCEMBRE).

Les charrons étaient autorisés à établir, à vendre et à faire exécuter tous les ouvrages en bois qui entrent dans les grosses voitures, telles que tombereaux, charrettes, guimbardes, camions, fourgons, traîneaux, calèches, berlines, carrosses, etc., et leurs attirails. Ils faisaient aussi les trains et les roues des carrosses; mais les corps ou caisses étaient entrepris par d'autres.

Le roi Louis XII donna aux charrons de Paris leurs premiers statuts, et les érigea en corps de jurande par lettres patentes du 15 octobre 1498. Louis XIV leur en donna de nouveaux en 1668.

Louis XV accorda une protection marquée aux charrons de son royaume. Il leur accorda exclusivement à tous autres le privilége de fabrication des charpentes de carrosses, coches, chariots, tombereaux, bacs, brancards, litières, charrues, herses, rateliers, brouettes, etc.

Ils possédaient aussi le droit exclusif de raccommoder les objets de leur dépendance, à tel point qu'un fripier, qui achetait un vieux carrosse, ne pouvait le raccommoder, sous peine d'une amende arbitraire. Les maréchaux ne pouvaient non plus recevoir dans leurs ateliers aucune pièce de charronnage non visitée et marquée du sceau des gardes des charrons.

On ne peut pas se faire une idée de la quantité de contestations qui eurent lieu en Auvergne au seizième et au dix-septième siècle, entre les charrons et les selliers, les bourreliers, les bâtiers, les tourneurs, les tapissiers, les taillandiers, etc. Les tribunaux, fatigués de ces contestations, les renvoyèrent par-devant Sa Majesté pour obtenir des statuts plus explicites.

L'apprentissage et le compagnonnage des charrons étaient de chacun trois ans. Chaque maître ne pouvait avoir qu'un apprenti à la fois, si ce n'est après la moitié du temps du premier. Il lui était loisible d'avoir autant de compagnons qu'il pouvait en occuper. Tout aspirant à la maîtrise devait faire un chef-d'œuvre en présence des gardes, s'il n'était fils de maître, ou s'il n'avait épousé la veuve ou la fille d'un maître : en ce cas il était exempt du compagnonnage, et n'était tenu qu'à la simple expérience, même sans frais.

Les compagnons ne pouvaient quitter leurs maîtres qu'en les avertissant un mois d'avance et les maîtres en avertissant les compagnons quinze jours d'avance. Ces derniers ne pouvaient entrer chez d'autres maîtres de la ville que du consentement par écrit des maîtres d'où ils sortaient. Faute de ce consentement, ils étaient obligés de sortir de la ville au moins pendant un mois avant d'y rentrer pour y chercher de l'ouvrage.

Les gardes dudit métier étaient tenus de faire des visites au moins quatre fois par an ; ils pouvaient en faire davantage, s'ils le jugeaient nécessaire, et quand bon leur semblait. S'ils trouvaient des ouvrages mal conditionnés, ils les faisaient saisir et réclamaient la confiscation du lieutenant de police et la condamnation à l'amende.

Chaque maître devait avoir sa marque particulière et devait marquer son ouvrage, sous peine d'amende.

Les bois que les maîtres charrons devaient employer dans leurs ouvrages, étaient l'orme, le frêne, si estimé en Auvergne, le charme, le chêne et l'érable, quoique très-rare; mais le frêne et l'orme étaient plus généralement estimés. On les employait à faire les pièces les plus essentielles et qui fatiguaient le plus, telles que les jantes, les roues et les moyeux. Il était bon qu'il ne fût pas d'un diamètre au-dessus d'un pied, parce que plus il était gros, moins il était dur et plein dans l'intérieur. On choisissait pour les brancards de carrosses ou de chaises les jeunes frênes de six pouces à un pied d'équarrissage, et un peu courbés naturellement.

Une communauté de charrons, réunis aux menuisiers et aux charpentiers, était organisée à Maringues; elle portait sur sa bannière :

D'azur, à un chevron d'or, accompagné en chef d'une roue de même et d'un rabot d'argent en pointe.

(*Voyez pl.* 10 , *fig.* 2.)

Les charrons de la ville de Riom étaient réunis aux menuisiers, aux charpentiers, aux vinaigriers, et aux chaudronniers de la même ville.

(*Voyez pl.* 24, *fig.* 5.)

CHAUDRONNIERS.

Les ustensiles de ménage que fabriquaient et que fabriquent encore les chaudronniers de la haute Auvergne, notamment, où ils sont plus nombreux que dans les autres parties de la province, et où ils ont des martinets mus par l'eau, sont des chaudrons, des bassins, des poissonnières, des chaudrettes, des fontaines, des bassinoires, etc. Nous n'avons donc que des *chaudronniers grossiers* et des *chaudronniers planeurs*, qui ne font que planer les ouvrages qui sortent des mains des grossiers.

Beaucoup d'Auvergnats de la haute Auvergne voyagent dans toute la France pour le commerce de la chaudronnerie; ils suivent plus particulièrement les villages. On les appelait autrefois chaudronniers au sifflet, parce qu'ils parcouraient les campagnes en sifflant dans un sifflet à l'antique (sifflet de pan), composé de sept tuyaux inégaux, de fer ou de bois, pour se faire connaître et pour avertir les habitants des lieux où ils passaient, de leur apporter à raccommoder les ustensiles de cuisine, ou pour leur vendre le vieux cuivre.

Il était défendu à tous les chaudronniers forains de siffler et de raccommoder aucun ouvrage de chaudronnerie à Paris et dans toutes les villes du royaume où les chaudronniers sont établis en corps de jurande.

Au beau temps des corporations, on les traquait sur tous les points. Un arrêt de 1751, défend à tout laboureur ou aubergiste de la Normandie de recevoir les Auvergnats, ou tout au moins de les loger plus de vingt-quatre heures, sous peine de cent livres d'amende.

La communauté des maîtres chaudronniers de Paris était très-ancienne; elle avait des statuts avant le règne de Charles VI, lesquels ont été confirmés et augmentés par lettres patentes de Louis XII, du mois d'août 1514. Les maîtres pouvaient avoir jusqu'à deux apprentis, qu'ils ne pouvaient obliger pour moins de six ans.

Défense était faite aux chaudronniers d'Aurillac, sous peine de vingt sous d'amende, de travailler la nuit, d'abord parce que l'ouvrage serait moins bien soigné, et que le bruit nuirait au sommeil des voisins.

Les maîtres pouvaient avoir jusqu'à deux apprentis obligés pour au moins six ans.

Deux gardes qui prêtaient serment devant le bailli étaient chargés de veiller à l'exécution des statuts.

La communauté des chaudronniers d'Aurillac réunie aux armuriers, couteliers, serruriers, maréchaux, forgerons et éperonniers, portait sur sa bannière :

D'or, à un saint Éloi d'azur.

(*Voyez pl.* 10 , *fig.* 3.)

Les chaudronniers de la ville de Riom étaient réunis aux menuisiers et à d'autres corps de métiers de la même ville.

(*Voyez pl.* 24, *fig.* 5.)

Ceux de la ville de Saint-Flour, aux selliers et aux bâtiers de la même ville.

(*Voyez pl.* 31, *fig.* 1re.)

CHIRURGIENS.

PATRONS, SAINT COME ET SAINT DAMIEN (27 SEPTEMBRE).

La chirurgie est comptée au nombre des arts, parce qu'elle apprend à connaître et à guérir les maladies extérieures du corps humain qui ont besoin pour leur guérison de l'opération de la main ou de l'application des topiques. Dans le principe, la chirurgie, la médecine et la pharmacie n'étaient pas des professions séparées ; une même personne s'en occupait. Ce n'est qu'après que les connaissances se sont multipliées et étendues qu'elles furent divisées en plusieurs branches pour l'art de guérir. La chirurgie a probablement été la première réduite en art ; c'est au moins l'opinion de plusieurs auteurs recommandables.

Nous ne savons absolument rien de certain sur la manière dont les chirurgiens anciens pansaient les plaies ; ils devaient le faire sans beaucoup d'appareil. Les opérations devaient être très-imparfaites. La chirurgie ne consistait que dans une pratique aveugle et grossière, telle que pouvait le permettre l'état de faiblesse où étaient les arts et les sciences dans les siècles reculés. Les instruments devaient être très-défectueux. Si nous nous reportons à ce que nous dit l'histoire, nous voyons que l'on se servait de cailloux tranchants, d'ossements pointus et même d'arêtes de certains poissons pour les opérations. Les embaumeurs égyptiens se servaient d'une pierre d'Ethiopie bien aiguisée pour ouvrir les cadavres et en ôter les entrailles.

Arcabuto fut le premier chirurgien que les Romains

reçurent en la république; mais ils l'eurent bientôt en horreur, parce qu'ils lui voyaient couper et trancher des membres, de sorte qu'ils le lapidèrent au champ de Mars.

Après que l'organisation municipale eut été consolidée sur les ruines du vaste empire de Charlemagne, lorsqu'il fut permis aux laïques, récemment émancipés, de partager les fonctions civiles, toutes dévolues aux habitants des cloîtres, des médecins et des chirurgiens s'établirent au sein des populations; mais dès ce moment commença une lutte d'intérêt et d'amour propre entre les laïques et les moines. La confiance aux guérisons miraculeuses opérées par les reliques diminua. Il fallait aider au miracle pour que le miracle se fît, et s'occuper enfin de la pratique de la médecine et de la chirurgie. Les uns et les autres exerçaient simultanément, mais dans des limites différentes.

Insensiblement la chirurgie se perfectionna. La connaissance de la structure du corps humain, l'anatomie, et l'invention d'instruments ingénieux firent progresser cet art, et l'amenèrent insensiblement au grand point de perfection où il est de nos jours.

La profession de chirurgien a toujours mérité l'attention du gouvernement, tant les fonctions qui y sont attachées sont indispensables pour la conservation des citoyens. Les autres sociétés n'étaient encore assujetties à aucune police, que la chirurgie avait son régime et ses constitutions. Les premiers règlements donnés sur le fait de cet art important, se perdent dans les plus anciens temps de la monarchie.

Dulaure, Auvergnat de naissance, dit, dans son *Histoire de Paris*, que Jean Pitard, chirurgien de saint Louis, avait proposé à ce monarque d'établir une corporation ou confrérie de chirurgiens qui seraient soumis à des règlements propres à prévenir les nombreux abus qui se commettaient dans la pratique de leur art. On ignore les causes qui portèrent saint Louis à refuser son consentement et son appui à cette institution ; mais on sait que vers l'an 1278, sous le règne de Philippe-le-Hardi, elle fut légalement autorisée par ce dernier roi, qui confirma ses règlements.

Sur la fin du quinzième siècle, la communauté des chirurgiens reçut une nouvelle organisation. Les *barbiers*, destinés jusque-là à faire la barbe, se mêlèrent d'abord de saigner et voulurent entreprendre les autres opérations de la chirurgie ; ils obtinrent même le nom de *barbiers-chirurgiens*, pour les distinguer des anciens qu'on appelait *chirurgiens de saint Côme*. Dans les provinces comme à Paris, des communautés furent organisées dès 1655.

Les chirurgiens, membres de ces nouvelles confréries, étaient les *chirurgiens de longue robe*, et les barbiers-chirurgiens, *chirurgiens de robe courte*. Le premier chirurgien du roi en était le chef, et était chargé de la garde des priviléges de la chirurgie du royaume.

Les chirurgiens avaient, dans le principe pour enseigne saint Côme et saint Damien, sans bassin ; les barbiers avaient des bassins seulement ; plus tard, les chirurgiens eurent des bassins jaunes.

Dans ces anciens temps, un barbier n'était point le perruquier de nos jours. Il joignait à ce titre celui de chirurgien, quoique les professions fussent parfaitement distinctes. Le barbier-chirurgien rasait la barbe et avait simplement le droit de saigner et d'étancher le sang d'un blessé en cas d'urgence.

Au quinzième siècle, tous les colléges des chirurgiens

du royaume avaient été soumis à la juridiction souve-
raine du premier chirurgien-barbier, valet de chambre
du roi, auquel Louis XI, en 1461, et Louis XIII, en 1611,
attribuèrent une puissance qui paraît exorbitante, à en
juger par le premier article des statuts de 1611. « Nous
» voulons, dit Louis XIII, que notre premier barbier et
» valet de chambre et ses successeurs soient maîtres et
» gardes de l'état de barbier et chirurgien, par toutes
» les villes, bourgs et bourgades, villages et autres en-
» droits de notre royaume, pays, terres et seigneuries
» de notre obéissance; lui donnons plein pouvoir, puis-
» sance et autorité, de mettre et ordonner en chacune
» des villes de notre dit royaume un lieutenant et
» commis pour lui, qui aura visitation sur tous les
» barbiers-chirurgiens et auquel tous seront tenus
» d'obéir, comme à notre premier barbier. Aucun bar-
» bier-chirurgien ne pourra prendre ni s'obtenir la
» qualité de lieutenant de notre premier barbier, s'il n'a
» pris lettres signées de sa main et scellées de ses
» armes. »

Louis XIV, en 1671, lui conserva également ses droits
et priviléges. Ce même roi, en 1691, établit dans les colléges de chirurgie des charges de syndics autorisés à
faire quatre visites par an et à percevoir de chaque maître une livre dix sols par visite.

Un arrêt de réglement du parlement de Paris, du 29
juillet 1671, rendu à l'occasion d'un différend qui
s'était élevé entre les chirurgiens et les apothicaires de
Tours, fit loi pour tous les chirurgiens du royaume. Il
y est dit que les chirurgiens pourront faire et composer
les remèdes qu'ils auront à employer dans l'exercice de
leur profession, et notamment dans la cure des ma-

ladies secrètes ; mais il leur est expressément défendu
de vendre au public ces remèdes, comme aussi d'entreprendre ou exercer la pharmacie et de donner aucune
potion dans les maladies d'une nature ordinaire.

Au mois de février 1692, le roi créa, par un édit, les
chirurgiens jurés, pour faire seuls les rapports en justice. Cet édit contient plusieurs articles, lesquels ont
servi de loi à tous les chirurgiens jusqu'en 1719, et par
des lettres patentes de cette même année 1719, il donna
des statuts aux maîtres chirurgiens de la ville de Versailles, statuts qui servirent de règles à tous les maîtres
chirurgiens du royaume, jusqu'au 24 février 1730, que
de nouveaux règlements et statuts régirent toutes les
communautés de chirurgiens des villes du royaume, à
l'exception de la ville de Paris. Voici les principaux
articles des statuts qui formèrent pour ainsi dire le
code général de la chirurgie dans les provinces. Quelques articles ont été un peu modifiés par des édits ou
déclarations de 1736, 1750, 1756, 1760 et 1772.

Suivant l'article 6 de ces derniers statuts, aucune personne, de quelque qualité et condition qu'elle fût, ne
pouvait exercer la chirurgie en aucun lieu, à moins d'être
reçue à la maîtrise, et défense était faite à toutes autres
d'exercer conjointement ou séparément quelques-unes
des parties de cet art, ni de faire aucune incision, opération, ni pansement, même à tous ecclésiastiques sécu-
liers ou réguliers, à peine de cinq cents livres d'amende,
même de plus grande peine en cas de récidive.

Article 14. Chaque communauté conviendra, à peine
de nullité des délibérations, d'une chambre commune
pour faire les délibérations, élections des prévôts, reddi-
tion des comptes, installations des lieutenants et gref-

fiers et autres assemblées, qui seront convoquées par le lieutenant ou par le prévôt en son absence.

Article 25. Chaque communauté fera démontrer publiquement dans sa chambre commune, par l'un des anciens maîtres qu'elle nommera tous les ans, l'anatomie, l'ostéologie et toutes les opérations de chirurgie ; et en cas qu'elle ne puisse avoir un sujet humain, la démonstration se fera sur un sujet desséché et sur des animaux, pour les opérations du bas ventre et de la poitrine, et sur la tête d'un veau pour le trépan, et sera payé au démonstrateur cinquante livres sur les deniers de la bourse commune. Défense aux barbiers-perruquiers, ensemble à leurs garçons, d'y entrer, à peine d'amende, et aux garçons chirurgiens, avec épées, cannes ou bâtons ; enjoint à eux de s'y comporter avec respect, à peine de punition exemplaire et d'être procédé extraordinairement contre eux devant le lieutenant de police.

Article 30. Il sera célébré un office le jour de la fête de saint Côme et le lendemain pour le repos des âmes des défunts confrères, où tous les maîtres seront tenus d'assister, sinon en cas de maladie ou de cause légitime.

Article 32. Aucun aspirant à la maîtrise, ne sera admis à faire le grand chef-d'œuvre qu'il n'ait atteint l'âge de vingt ans, s'il est fils de maître, et l'âge de vingt-deux ans, s'il ne l'est pas.

Article 33. Aucun aspirant ne pourra être admis à la maîtrise, qu'il ne soit apprenti de l'un des maîtres d'une communauté approuvée et son brevet enregistré, qu'il n'ait travaillé sous des maîtres dans la ville ou autre où il y aura communauté, au moins pendant trois ans après son apprentissage, ou deux ans dans les hôpitaux des villes frontières, ou sous les chi-

rurgiens majors des armées du roi, ou trois ans sous
les maîtres à Paris, etc.

Article 34. Aucun des maîtres d'une communauté ne
pourra avoir plus d'un apprenti à la fois et ne lui sera
libre d'en prendre un second que deux années après
avoir pris le premier, à moins que le premier ne soit
sorti pour juste cause, ou n'ait quitté son apprentissage,
et sera l'apprenti obligé de demeurer chez le maître
à peine de nullité de son apprentissage.

Article 36. Les brevets d'apprentissage seront de deux
ans, sans interruption, etc.

Article 41. Aucun aspirant ne pourra se présenter à
la maîtrise, sans être assisté d'un conducteur, qu'il
pourra choisir dans le nombre des maîtres de la communauté, lequel aura au moins cinq années de réception, et aucun maître ne pourra conduire plus d'un
aspirant à la fois. Ne pourront pareillement les conducteurs, avoir voix délibérative sur le refus ou l'admission
de leurs aspirants, même les interroger en aucun acte,
sans que néanmoins ils puissent se dispenser d'être présents aux examens, à peine d'être privés de leur distribution, demeurera en ce cas, aussi bien que celle de tous
les autres maîtres absents, au profit de la communauté(1),
à moins que leur absence ne soit causée par la maladie,
ou autre cause légitime bien et dûment prouvée.

La forme des réceptions a varié suivant les qualités
des récipiendaires et l'importance des villes.

Il a existé à Clermont un lieutenant de M. le premier
chirurgien du roi, qui, en sa qualité de chef et de garde

(1) Le droit de chaque maître pour interroger l'aspirant était de
trois livres par chaque assistance.

des priviléges de la chirurgie, a toujours exercé une juridiction ; ce lieutenant était, en 1730, M. François Fressanges, chirurgien.

La communauté des chirurgiens nommait un de ses
membres greffier.

Les examens et réceptions des aspirants étaient faits ,
à Clermont, par le lieutenant, en présence du greffier, et
par quatre maîtres de la communauté. Le lieutenant et
le greffier recevaient, pour droit de réception, trois
livres, et les quatre maîtres chacun trente sols ; les fils
de maîtres ne payaient que la moitié des droits.

Les aspirants de la campagne du ressort de la sénéchaussée étaient examinés deux fois par le lieutenant et
deux maîtres, en présence du greffier ; le lieutenant et
le greffier recevaient trois livres, et les deux maîtres
chacun quarante sols.

A Riom, la communauté des chirurgiens, dont les
statuts furent autorisés de nouveau par lettres patentes
de 1730, avait un lieutenant et un greffier de M. le
chirurgien du roi pour l'admission des maîtres chirurgiens.

Après la suppression de ces deux magistrats, les offices
de jurés chirurgiens royaux ont été créés par édit de
1692 et réunis à la communauté des chirurgiens, par
arrêt du 3 mars 1695. Les chirurgiens de Riom,
payaient seize cents livres, pour la finance desdits
offices. Ils l'exerçaient alternativement d'année en année.

Ils recevaient pour la réception d'un chirurgien de
la ville de Riom, cent cinquante livres, et soixante
quinze livres pour ceux de la campagne.

A Aurillac, où il n'y avait pas de maîtrise pour la
chirurgie, il suffisait de se faire inscrire dans la com-

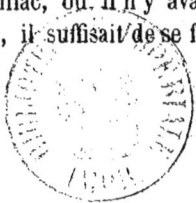

7

munauté de saint Côme et de payer trois livres à la
confrérie de la ville la plus voisine. C'est ôrdinairement
de la confrérie de Clermont que faisaient partie les chirurgiens d'Aurillac.

A Clermont, les chirurgiens étaient en jurande par
statuts revêtus de lettres patentes du 24 février 1730,
nregistrées au parlement le 13 août 1731, lesquelles
furent confirmées par autres lettres patentes du 31 décembre 1750, enregistrées au parlement le 26 août 1751.
A l'époque où ils obtinrent leurs statuts, en 1730, ils
étaient à Clermont au nombre de dix-huit, et lors du
dénombrement des arts et métiers, en 1747, ils n'étaient
que douze.

Louis XV retira aux chirurgiens le droit de barberie,
en 1750, en leur défendant toute profession non libé-
rale et étrangère à leur art, révisa les statuts des
chirurgiens de tout le royaume, et les soumit à une
législation unique. Comme dédommagement, il leur
accorda la jouissance des priviléges attachés aux arts
libéraux, les droits et honneurs de notables, exempts de
la taille, du guet, des corvées et du rôle d'industrie des
métiers mécaniques. Chaque ville eut le droit de rédiger
des réglements spéciaux.

Nous ne parlerons pas ici des grandes luttes et des
grandes rivalités qui ont existé pendant si longtemps
entre le corps des chirurgiens et celui des médecins,
non plus que des procès qu'ils se suscitèrent.

La communauté des chirurgiens de la ville d'Aurillac
portait sur sa bannière :

De gueules, à trois rasoirs d'argent posés en fasce.

(*Voyez pl.* **10**, *fig.* **4.**)

Celle de la ville de Clermont :

D'azur, à un rasoir ouvert, en pal d'argent, emmanché
d'or, accosté de deux lancettes de même.

(*Voyez pl.* 10, *fig.* 5.)

Celle de la ville de Maringues :

D'or, à trois lancettes de sable posées 2 et 1.

(*Voyez pl.* 11, *fig.* 1re.)

Celle de la ville de Riom :

D'argent, à trois lancettes de sable posées 2 et 1.

(*Voyez pl.* 11, *fig.* 2.)

Les chirurgiens de la ville de Montferrand, étaient
réunis aux apothicaires de la même ville.

(*Voyez pl.* 1re, *fig.* 4.)

Ceux de la ville de Montaigut, aux médecins et aux
apothicaires de la même ville.

(*Voyez pl.* 23, *fig.* 4.)

Ceux de la ville de Saint-Germain-Lembron, aux
médecins et aux apothicaires de la même ville.

(*Voyez pl.* 24, *fig.* 2.)

Ceux de la ville de Brioude, aux médecins et aux
autres corps de métiers de la même ville.

(*Voyez pl.* 23, *fig.* 1re.)

Ceux de la ville d'Ambert, aux médecins et aux apothicaires de la même ville. Ceux-ci se régissaient suivant l'arrêt du 3 mars 1693 et en conséquence de l'édit de février 1692.

(Voyez vl. 22, fig. 4.)

Ceux de la ville de Sauxillanges, aux médecins et aux apothicaires de la même ville.

(Voyez pl. 24, fig. 3.)

Ceux de la ville de Blesle, aux médecins et aux apothicaires de la même ville.

(Voyez pl. 22, fig. 5.)

Ceux de la ville d'Issoire, aux médecins et aux apothicaires de la même ville.

(Voyez pl. 23, fig. 3.)

Ceux de la ville de Langheac, aux médecins et aux apothicaires de la même ville, et portaient une bannière semblable à celle des médecins, apothicaires et chirurgiens de la ville de Blesle,

(Voyez pl. 22, fig. 5.)

Ceux de la ville d'Allanche, aux médecins et aux apothicaires de la même ville.

(Voyez pl. 22, fig. 3.)

La ville de Thiers a eu aussi une communauté de chirurgiens et de pharmaciens, mais le blason de sa bannière nous est inconnu. Le nombre des chirurgiens et des pharmaciens ou apothicaires n'était point fixe. Ils se faisaient recevoir devant le lieutenant du premier chirurgien du roi à Riom, et n'eurent d'autres règlements que ceux de tous les autres chirurgiens du royaume qu'ils exécutaient entre eux.

CLOUTIERS.

PATRON, SAINT CLOUD (7 SEPTEMBRE).

L'art du cloutier est ancien. On a fait de tout temps, depuis la découverte du fer et du cuivre, des clous de toutes les formes et de tous les métaux, des clous forgés et des clous coulés. On a trouvé, sous les ruines de la ville d'Herculanum, ensevelie depuis près de dix-huit siècles, on découvre dans nos camps gaulois et romains de l'Auvergne des clous en cuivre et en fer, semblables à ceux dont on fait usage de nos jours : ce qui doit donner à penser que l'art de la clouterie a peu changé depuis son invention.

On sait ce qui se passait à Rome avant que les lettres y fussent connues : on fichait tous les ans un nouveau clou dans la muraille du temple de la déesse *Nortia,* pour marquer le nombre des années. Lorsque les dieux paraissaient sourds aux prières et aux vœux du peuple, les consuls nommaient un directeur qui se transportait aussitôt au Capitole, où, après avoir adressé des prières aux dieux du ciel, de la terre et des enfers, il enfonçait un clou que l'on appelait *clou sacré* dans la muraille du temple de Jupiter. La superstition persuadait aux Romains que, dès que ce clou était enfoncé, les fléaux cessaient, et la colère des dieux était apaisée. Ils s'imaginaient aussi que cette vaine cérémonie était propre à faire cesser la peste.

On ne connaît pas l'époque de l'origine des communautés de cloutiers. Quatre maîtres jurés et gardes étaient, suivant leurs statuts, chargés de veiller à la conservation des droits et priviléges de la communauté, dont deux étaient élus tous les ans, un parmi les anciens maîtres, et l'autre parmi les nouveaux.

Les maîtres jurés faisaient des visites quand ils le jugeaient à propos; mais il ne leur était dû aucun à l'exception de celui qui était réglé à dix sous pour chacune des quatre visites générales.

Chaque maître ne pouvait avoir que deux apprentis pendant cinq années d'apprentissage, et deux de compagnonnage pour avoir droit à la maîtrise.

Les compagnons qui avaient fait leur apprentissage chez les maîtres de la province, ne pouvaient obtenir la maîtrise à Paris qu'après trois ans de service chez les maîtres de la capitale. Les compagnons comme les apprentis étaient obligés au chef-d'œuvre; les fils de maîtres, qui en étaient exempts, ne payaient que la moitié des droits et faisaient seulement une expérience.

Les cloutiers de la ville de Brioude étaient réunis aux serruriers, aux armuriers, aux maréchaux et aux orfèvres de la même ville, et portaient une bannière semblable à celle des maréchaux de la ville d'Ambert.

(*Voyez pl.* 21 , *fig.* 5.)

CORDIERS.

PATRON, SAINT PAUL (25 JANVIER).

Chez les cordiers plus que dans tout autre état, on trouve des ateliers plus ou moins importants. Les cordiers pour la marine, par exemple, qui occupent de longs et grands locaux couverts, ont aussi un plus grand nombre d'ouvriers que nos petits cordiers, filant en plein air, dans des jardins ou le long des routes.

L'Auvergne, si productive en chanvres des plus estimés, a de tout temps occupé un grand nombre de ces industriels et fait un grand commerce de cordes fines et de moyenne grosseur.

Les cordiers, qui gagnent leur vie, comme on le dit vulgairement, à reculons, avaient seuls le droit de faire et de vendre de la corde, des sangles, des licols de crin mêlé de chanvre et des traits pour charrettes et charrues. Ils ne pouvaient pas, suivant leurs statuts, travailler de nuit, à cause des tromperies que l'on pourrait faire. Ils prirent pour leur patron saint Paul au moment de sa conversion, par la raison que ce saint, étant allé sur la route de Damas pour combattre les chrétiens, fut arrêté en chemin par un violent orage, et qu'une voix céleste lui ordonna de retourner sur ses pas, ce qu'il fit aussitôt.

L'apprentissage était de quatre années, dont étaient exempts les fils de maîtres, aussi bien que de l'examen, pour être reçus à la maîtrise.

Chaque maître ne devait avoir qu'un apprenti; mais il lui était permis d'en prendre un second la deuxième année du premier apprenti.

Les cordiers de la ville d'Issoire n'avaient pas de communauté particulière, ils étaient réunis aux chapeliers de la même ville.

(Voyez pl. 9, fig. 4.)

Ceux de la ville de Brioude, aux selliers et aux bâtiers de la même ville.

(Voyez pl. 30, fig. 5.)

Ceux de la ville de Clermont (1), aux selliers, bâtiers et bridiers de la même ville.

(Voyez pl. 30, fig. 4.)

(1) D'après le dénombrement des arts et métiers fait en 1747, Clermont avait sept cordiers.

CORDONNIERS.

L'étymologie de cordonnier vient, suivant les uns, de ce que les souliers ont des oreillettes que l'on réunit au moyen de cordons; d'autres, avec plus de raisons, croient qu'elle doit venir des cuirs vulgairement appelés *cordouans*, que l'on tirait primitivement de Cordoue. Ce qui le ferait encore penser, c'est que Philippe de Valois, dans une ordonnance de 1345, relative à ce métier, les appelle *cordouanniers*.

Les ouvriers spécialement occupés de la chaussure ont existé dans tous les temps. La chaussure chez les Egyptiens était d'écorce d'arbre, de papyrus. Les Espagnols la portaient de genêt tissu; les Indiens, les Chinois et d'autres peuples, de jonc, de soie, de lin, de bois, d'écorce d'arbre, de fer, d'airain, d'or et d'argent. A l'égard de la forme, elle a beaucoup varié suivant le génie et les mœurs des nations. A Rome et dans la Grèce, la matière la plus ordinaire des souliers était de cuir noir apprêté. Les femmes portaient les souliers comme les hommes, mais elles les ornaient souvent de petits clous d'or et quelquefois de perles et de pierreries.

Les Egyptiens confectionnaient leurs chaussures avec des feuilles de palmier ou de papyrus.

En France, on ne se servit guère que de cuir et de bois. Sidoine Apollinaire rapporte que les Goths portaient des bottines de cuir de cheval, jusqu'au temps de Philippe-le-Bel; mais à partir de cette époque les grands et les riches employèrent la soie, le velours et d'autres matières peu communes, et la chaussure fut très-variable et très-capricieuse.

Sous le règne de Philippe-le-Bel aussi, on vit s'établir en France une chaussure bizarre qu'on nommait *souliers à la Poulaine*, du nom de Poulain, son inventeur; elle finissait en pointe aiguë, plus ou moins longue, selon la qualité des personnes. Elle était de deux pieds pour les princes et les grands seigneurs, qui l'attachaient aux genoux avec une chaîne d'or; d'un pied pour les riches et d'un demi-pied pour les gens du commun. Quelquefois le bec était terminé par deux pointes, d'autres fois par des griffes ou des figures d'ongles. Enfin les souliers les plus ridicules étaient les plus beaux, et cette mode dura près de quatre siècles.

C'est de là qu'est venu le proverbe : *Sur quel pied est-il? Il est sur un bon pied, sur un grand pied.*

On fit des sermons et des ordonnances contre ces souliers; le clergé les anathématisa d'abord dans le concile de Paris de 1212, puis dans celui d'Anvers de 1565. Charles V les fit défendre expressément par lettres patentes du 9 octobre 1368; ils se maintinrent néanmoins : rien n'est bon et beau comme ce qui est défendu.

Les souliers à taillades succédèrent aux souliers à la poulaine, au quinzième siècle.

On vit sous Louis XIV les souliers carrés, à hauts talons et à grandes rosettes. Depuis ce temps le bout des souliers a été successivement rond, carré ou à pointes courtes. Les rosettes ont été remplacées par des boucles d'argent, d'acier ou de cuivre, remplacées elles-mêmes de nos jours par des cordons ou des rubans.

Les cordonniers de Clermont étaient en jurande par statuts revêtus de lettres patentes du mois d'avril 1697, enregistrées au greffe de police de Clermont le 30 septembre 1397. Le droit de réception à la maîtrise était, pour le fils de maître, de 15 livres ; celui des étrangers, de 150 livres. Le droit des apprentis était de cinq livres. Comme les revenus de la communauté ne suffisaient pas pour couvrir ses charges, chaque maître payait un sou par semaine.

A Riom, où les cordonniers étaient au nombre de trente-neuf au commencement du dix-huitième siècle, leurs statuts furent autorisés par lettres patentes du mois de janvier 1725 et homologués en la sénéchaussée le 4 février suivant.

A Thiers, ils étaient en jurande, suivant des statuts et lettres patentes des 5 octobre 1575, 2 et 3 août 1616, homologués au parlement le 5 juillet 1660.

A Ambert, ils étaient unis et régis par convention du 7 mai 1689, homologuée en la sénéchaussée d'Auvergne le 10 mai de la même année.

Suivant ces divers statuts, un maître cordonnier ne pouvait avoir qu'un apprenti, qu'il était tenu de nourrir et de coucher pendant l'espace de quatre années ; et dans le cas où le maître viendrait à mourir, l'apprenti pouvait achever son temps chez la veuve, si elle tenait boutique ouverte.

Un maître ne pouvait faire aucun ouvrage dépendant de son métier que dans sa maison ou boutique, et il lui était interdit d'avoir deux boutiques ouvertes en même temps. Suivant le serment qu'ils prêtaient, ils devaient faire le métier bien et loyalement, selon les us et coutumes du métier.

Nul ne devait ouvrir le samedi après que le dernier coup de vêpres était sonné dans sa paroisse.

Nul ne pouvait ni ne devait mettre de la basane avec du cordouan, en aucun de ses ouvrages, si ce n'est en contrefort seulement.

L'aspirant à la maîtrise devait produire sa lettre d'apprentissage pendant quatre ans, et était tenu de faire pour chef-d'œuvre en présence des gardes, ceci : tailler et coudre une paire de bottes, un collet de maroquin ou de mouton et trois paires de souliers.

Les compagnons qui s'étaient engagés avec un maître ne pouvaient le quitter trois semaines avant les fêtes de Noël, Pâques, Pentecôte et la Toussaint, et même pendant le cours de l'année, ils devaient l'avertir le dimanche, pour ne sortir que le dimanche suivant.

Un ouvrier, quittant son maître pour prendre boutique, ne pouvait s'établir dans le même quartier.

Il ne faut pas confondre les savetiers avec les cordonniers ; leur métier est tout-à-fait distinct. Ceux-ci vendaient des souliers neufs faits sur formes, et la seule condition qui leur fût imposée était de n'employer que de la basane. Les savetiers, au contraire, n'ont été ce qu'ils sont encore de nos jours, que de pauvres ouvriers qui ne cousaient que de vieux souliers, ne relevaient que les semelles ou les empeignes à des chaussures usées.

On comprendra facilement qu'il a dû arriver de journelles contestations entre les deux corps de métiers, de cordonniers et de savetiers ; les uns achetaient des bottes ou des souliers vieux, les autres confectionnaient certains articles de leur état, hors des conditions prescrites par leur règlement, aussi les cours et tribunaux entendirent souvent leurs griefs pour ces faits ou pour les visites des uns chez les autres.

Nous avions en Auvergne cinq communautés de ce corps d'état.

A Ambert, les cordonniers étaient réunis aux selliers et aux bridiers. Leur bannière portait :

> Tiercé en pal : au 1ᵉʳ de gueules, à un couteau à pied d'argent, emmanché d'or ; au 2ᵉ d'azur, à une selle d'argent enrichie d'or ; et au 3ᵉ d'or, à une bride de cheval de gueules.

> (*Voyez pl.* **12**, *fig.* **1ʳᵉ.**)

A Clermont :

> De gueules, à un tranchet à lame d'argent emmanché d'or.

> (*Voyez pl.* **11**, *fig.* **3.**)

A Issoire :

> De sable, à un couteau à pied d'argent, emmanché d'or.

> (*Voyez pl.* **11**, *fig.* **5.**)

A Riom, les cordonniers, réunis aux formiers, avaient pour bannière :

> D'or, à une botte de sable.

> (*Voyez pl.* **11**, *fig.* **4.**)

A Saint-Flour, la bannière était tout-à-fait semblable à celle de la corporation de Riom, seulement la botte portait un éperon de même.

> (*Voyez la même planche, même figure.*)

A Montferrand, les cordonniers réunis aux cardeurs,

aux tisserands, aux marchands revendeurs, aux hôteliers, aux maçons, etc., portaient une bannière :

De gueules, à une Notre-Dame d'argent, couron-
née d'or.

(*Voyez pl.* **12**, *fig.* **2.**)

Les cordonniers de la ville de Maringues étaient
réunis aux chamoiseurs et aux charretiers de la même
ville.

(*Voyez pl.* **9**, *fig.* **2.**)

Ceux de la ville de Brioude, aux tanneurs, aux savetiers, aux gantiers et aux pelletiers de la même ville.

(*Voyez pl.* **33**, *fig.* **2.**)

Ceux de la ville d'Aurillac, aux teinturiers, aux selliers et aux bâtiers de la même ville.

(*Voyez pl.* **34**, *fig.* **2.**)

CORROYEURS.

PATRON, SAINT SIMON (28 OCTOBRE).

Le corroyeur donne la dernière préparation aux cuirs de bœuf, de vache, de veau et de mouton, en sortant des mains du tanneur. Les basanes, après qu'elles sont sorties de la tannerie, il les met en œuvre, les amollit, les graisse et les teint en noir, en jaune, en rouge et en vert, pour faire des baudriers, des ceintures, des harnais de chevaux, etc.

Les fils de maîtres, suivant les statuts, pouvaient être reçus maîtres et travailler du métier de corroyeur, sans faire chef-d'œuvre, ni payer aucune rétribution, excepté celle due chaque année à la confrérie. Le reste de la discipline est assez semblable à celle des autres corps de métiers.

Les corroyeurs de la ville d'Aurillac n'avaient pas de communauté particulière; ils étaient réunis aux tanneurs et aux gantiers de la même ville.

(*Voyez pl.* **33**, *fig.* **1**re.)

Ceux de la ville de Saint-Flour, aux tanneurs et aux pelletiers de la même ville.

(*Voyez pl.* **33**, *fig.* **4.**)

COUTELIERS.

PATRON, SAINT ÉLOI (1er DÉCEMBRE).

Dans d'autres provinces, la Décollation de saint Jean-Baptiste.

Ce corps de métier n'est guère connu que dès le moyen âge. Les anciens n'avaient point de couteau, dit Goguet; une espèce de poignard qu'ils portaient toujours à la ceinture leur en tenait lieu (1).

Les couteliers fabriquaient et vendaient toutes sortes de fer tranchant, les outils de chirurgie et de barberie, les lames d'épées et de poignards, les dagues, les couteaux de chasse, les couteaux pour les arts et métiers, les couteaux de poche et de table, les ciseaux grands et petits, les tranchets, les serpettes, les rasoirs, les lancettes, les canifs, les divers instruments gravés, ciselés, damasquinés, etc., etc. Il était permis aux maîtres couteliers de vendre en détail des pierres à rasoirs, dont néanmoins ils ne pouvaient faire aucune montre dans leur boutique, ni en avoir chez eux plus d'un cent à la fois; le commerce en gros de cette marchandise appartenait aux marchands merciers-quincailliers. De même, il était défendu à tous marchands merciers, qui faisaient le commerce de marchandises de coutellerie, de tenir chez eux aucun compagnon pour travailler du métier de coutelier, ni d'avoir des meules à repasser et des polissoires.

(1) Nous croyons devoir mentionner ici que nous avons trouvé sur les camps gaulois de Gergovia et de Corent, près de Clermont, deux couteaux, un en fer et un en bronze. Nous les avons figurés dans l'Atlas de notre *Statistique monumentale du département du Puy-de-Dôme*, pl. 9, fig. 15 et 16.

8

Par un édit de 1666, il était défendu aux couteliers
de fabriquer et de débiter des bayonnettes, des poignards, des couteaux en forme de poignards, des dagues, des épées en bâtons et de se retirer dans les col-
lèges ou autres semblables communautés.

La ville de Thiers, dont l'industrie est principalement consacrée à la coutellerie et à certaine partie de la
quincaillerie, a un commerce qui s'étend depuis longtemps au-delà des mers (1); elle a toujours eu des cor-
respondants aux Indes, en Amérique et en Espagne.
Non-seulement la plus grande quantité des habitants de
la ville, mais encore les habitants de toutes les campagnes voisines sont occupés à la fabrique de la coutellerie. Nous avons vu nous-mêmes dans nos explorations
scientifiques dans cette partie de l'Auvergne, des hameaux entiers composés de fabriques de coutellerie. Nous
avons vu, chose assez remarquable, un vieillard, for-
geant des lames de ciseaux, qui nous a dit que depuis
soixante ans au moins il ne forgeait que des lames
gauches (2).

(1) Il y a un siècle environ que l'on comptait dans la ville de
Thiers seulement :
510 fabricants de couteaux, dont 106 de couteaux de table.
320 fabriques de ciseaux.
32 fabriques de canifs.
25 fabriques de rasoirs.
20 de fourchettes ou de cuillers de fer.
(2) Chaque grand fabricant avait ordinairement pour les couteaux
comme pour les ciseaux :
Ses étireurs de fer ou d'acier.
Ses forgerons de lames.
Ses forgerons de ressorts.
Ses forgerons de platines.
Ses limeurs de lames.
Ses trempeurs.
Ses émouleurs.

Une si grande activité pour l'industrie de la coutellerie, à Thiers, ne pouvait pas ne pas occasionner l'organisation d'une communauté; aussi en existait-il une très-nombreuse qui produisait un grand effet dans les processions, les jours de grandes fêtes et le jour de leur fête patronale.

Henri III, par lettres du mois de mai 1582, confirmées par Louis XIII en septembre 1614, leur donna les statuts qui suivent :

RÈGLES ET STATUTZ

Pour le réglement du mestier et artizaige de coustelerie en la ville et mandement de Thiers, accordez par la commune deslibération des maistres cousteliers de ladite ville et banlieue, sur l'exécution des lettres de chartres du roi Henri III, du mois de mai 1582, nouvellement compilées et reformées soubz le bon plaisir et auttorisation de Sa Majesté et autres qu'il appartiendra, et confirmées par lettres-pattentes du roi Louis XIII, du mois de septembre 1614.

Premièrement, que chascun an et le lendemain de sainct Esloy qui est le vingt-sixiesme juin, seront esleus par les maistres cousteliers, ou la majeure partie d'iceux assemblée à l'issue de la messe que les baisles de la confrérie de sainct Esloy font dire et cellebrer à tel jour en l'église de sainct Jean du Passet, huict visiteurs,

Ses préparateurs de manche.
Ses monteurs.
Ses polisseurs.
Ses faiseurs de rosettes.
Ses affileurs et huileurs,
Et ses ployeurs.

sçavoir : quatre pour la ville, et autres quatre pour ceux qui sont hors la ville et mandement dudit Thiers, lesquelz auront la charge de faire garder et entretenir les règles et statutz dudict mestier, et visiter tous les ouvrages de tous les maistres qui y sont dans ladicte ville, paroisse et mandement, pour tenir la main à ce que la marchandise soit loyalle et de la qualité requise, lesquelz anciens maistres qui sortiront hors de la charge ladicte année, seront soigneulx, comme estant de leur debvoir, de faire prester le serment au cas requis, pardevant monsieur le chastellain, juge ordinaire des lieux, aux autres huict maistres nouvellement nommés pour être reçeus en leur lieu et plasse, et eux deschargez de leurs dictes charges.

II. Feront lesdictz maistres visiteurs et delleguez, tous les mois, et davantage sy faire se doibt, sellon l'exigence des cas, leur visitation, et pour tesmoignage d'icelle, appelleront l'un des apparans voizins de celui qu'ils visiteront, entre les mains duquel sera mis et sequestré l'ouvrage prétendu mal faict; feront aussi signer le procès verbail de ladicte prinse audict voizin, et en bailheront coppie à celluy qu'ils auront vizitté, sur peine de nullitté des saizies et rapport, et de tous despens, dommages et intérest.

III. Laquelle vizitation sera dès le même jour, sy faire se peult, ou le lendemain pour tout le jour des prinses qui seront faites dans la ville, et pour le regard du village dans trois jours pour le plus, rapportées en justice si l'affaire le mérite, pour y être promptement et sur le champ faict droict, après avoir ouï sommairement les parties et tesmoingts si besoing est, sans régler les parties en forme de procès ordinaire.

IV. La table de plomb et matricule dans laquelle sont immatricullées et plaquées les marques de tous les maistres cousteliers, demeurera en dépostz en la maison du plus ancien et premier maistre qui sera habitant de la ville, afin d'y avoir recours quand besoing sera, laquelle table fermera soubz cinq clefz, qui seront deslivrées et gardées par les autres jurés de la ville, et deux du village et mandement, et ne s'ouvrira ledict plomb qu'une fois l'année, et ce à chascun premier jour de may, pour y placquer et engraver les marques des maistres qui auront esté reçeus l'année precedente, si n'est qu'il survient quelque cause urgente et nécessaire pour faire ladicte ouverture.

V. Et ne permettront lesdicts maistres visiteurs que ceux qui seront receus, ayent des marques semblables ou approchantes de celles des autres maistres cousteliers, ains seront distinctes et separées et differentes les unes des autres, sans qu'il soit loisible à aucuns dedicts maistres de battre ni contrefaire les marques des autres, sur paine de faux, amende arbitraire et confiscation des marchandizes qui y seront marquées de marque contrefaite, suivant lesdictes lettres de chartres.

VI. Tous jeunes hommes qui vouldront apprendre ledict mestier, et acquerir le degré de maistrise en iceluy, seront tenus de faire leur apprentissage durant le temps de cinq ans, sans que les maistres soubz lesquels ils feront iceluy, les en puissent dispenser ou diminuer lesdict temps en faveur des prix extraordinaires et excessifs qu'ilz leurs pourraient faire payer pour leur dict apprentissage, pour à quoy esviter l'on n'aura auscun esgard aux obligations d'apprentissages, si elles ne sont faictes et passées en presence d'un des maistres visiteurs de ladicte année, et inserées dans un registre particulier, qui à cet effet sera tenu par le plus ancien ou premier maistre visiteur de ladicte ville; et le temps de cinq ans pour les apprentissages ne commancera à courir que dès le jour que les obligations seront inscriptes dans ledict registre, et ce pour esviter aux fraudes que les maistres comettraient en la reception de leurs apprentifs; lesquelz bailleront pour leur droict d'entrée audict mestier trois livres, employables au divin service, de laquelle somme les maistres qui recevront lesdicts apprentifz demeureront responsables envers les baisles dudict mestier, sauf leur recourdz contre lesdicts apprentifz.

VII. Lesquelz feront ledict apprentissage soubz un mesme maistre, ou sa vefve exerceant ledit mestier, sans intermission, si les maistres ou vefves ne deceddent durant iceluy, auquel cas ilz acheveront leur apprentissage soubz un autre maistre, sur peine d'estre declarés descheus du droict de maistrise, duquel apprentissage lesdictz maistres seront tenus de leur bailler acquict passé par devant notaire, ou acte publique à la première requeste qui leur en sera faite, sur peine de quinze livres d'amende.

VIII. Et sy lesdictz apprentifz viennent à interrompre leur apprentissage et quitter leurs maistres sans cause légitime, telz apprentifz ne seront receus et mis en besogne par autres maistres, à peine de trente livres d'amende, tant contre celuy qui le recebvra que contre lesdicts apprentifz.

IX. Nulz desdicts maistres ne pourra recepvoir et tenir qu'un apprentif, quy sera prins de la ville ou mandement dudit Thiers, et ors qu'ilz soyent deux ou trois

maistres demeurantz en une mesme boutique, ne pourront qu'avoir un apprentif et frapper une seule marque
en leurs ouvrages, tant qu'ils demeureront par ensemble, à peine d'amende arbitraire, sans en ce comprendre les pauvres orphelins de l'hôpital de la Trenité,
qui seront colloqués à la requisition des recteurs dudict
Hôtel-Dieu, par ordonnance du juge et de l'advis des
maistres visiteurs dudict estat.

X. Lesquels apprentifz, oultre le temps de leur apprentissage, seront tenus servir leursdicts maistres, ou
aultres dudict mestier trois ans, et en feront apparoir
comme dessus, auparavant qu'estre receus à la maistrise.

XI. Et après faisant apparoir par obligation et certif-
ficat d'avoir accompli et parachevé leur apprentissage et
service, pourveu qu'ilz ayent atteincts l'aage de vingt-
quatre ans, seront receus à faire chefz d'œuvre par les
maistres visiteurs à la première sommation qui leur en
sera faicte, lequel chef d'œuvre se fera tant de ceulx de
ladicte ville que mandement, en la maison et boutique
de l'un des maistres visiteurs d'icelle dicte ville, en
presance desdicts maistres.

XII. Ledit chef d'œuvre ou expériance sera à forger,
esmoudre et garnir, ou pour le moingt des trois en faire
deux, qui est de forger et garnir, ou forger et esmoudre, et à leur choix, et en chascune desdictes deux
sortes d'expériances; il travaillera une journée entière
en présence desdicts maistres visiteurs, et pour faire
lesdites preuves de leur suffizance, seront tenus prendre leur fer ou acier à la barre, afin que la cappacitté
de celuy qui voudra être receu soit mieux recognuë.

XIII. Ne seront prins pour lesdictes receptions ny
exigé aulcuns deniers fors la somme de dix sols à chacun

des maistres visiteurs pour chacun jour qu'ilz auront
assisté à visiter lesdicts chefz d'œuvre et experiance desdicts compaignons, et la somme de cinq livres pour les
droicts anciens ordonnés et accoutumés, qui sera mize
dans la bource commune, afin d'être employées de
l'advis du corps commung dudict mestier, aux affaires
nécessaires et charitables d'iceluy.

XIV. Les fils des maistres dudict artizage, qui désireront parvenir à ladicte maistrise, n'auront plus grand
previllège que les aultres apprantifz, si ce n'est qu'ils
pourront être receus à l'aage de vingt-un ans, pourveu
qu'ilz ayent travaillé quatre années durant audict art et
mestier aveq leurs pères, ou aultres maistres dudict
mestier, duquel service ilz feront apparoir par certificat
comme dessus, tant en entrant que sortant, et de ne
payer que cinquante solz pour leurs dictes receptions,
qu'est la moitié de cinq livres que les aultres compagnons seront tenus de bailler pour les droicts d'entrée
dudict estat, et la somme de trente sols pour leur droict
d'entrée audit mestier, employable au divin service
lorsqu'ils feront leur apprentissage hors la puissance
de leur père, demeurans pour le surplus astrainctz et
subjectz aux susdictes règles, ainsi et de même que les
autres compagnons et apprentifz dudict mestier.

XV. Nuls maistres ne pourront faire travailler, fabriquer et frapper de leur marque en quelque façon que ce
soit ailleurs que en leur dommicile, à peine de confiscation des ouvrages marquez de leur marque, qui se
trouveront avoir été faicts ailleurs que en leurdict dom-
micille, et d'amande arbitraire, saufz et reservé l'es-
moulture qui n'est comprins audict article.

XVI. Ne pourront lesdicts maistres envoyer leurs

allemelles au rouhet pour icelles faire esmoudre, qu'elles ne soient suffisamment marquées de leur marque, à peine de confiscation et d'amende arbitraire; pareillement lesdicts esmouleurs ne recepvront les allemelles qu'elles ne soient marquées de la marque de celuy qui les leur baillera, à peine d'en répondre en leur nom propre et privé.

XVII. Ne pourront aussi nulz maistres cousteliers et esmolleurs, recepvoir aulcuns ouvrages de coustellerie étrangiere et faicts hors la ville et mandement, pour les laver, esmoudre et façonner à la façon des ouvrages faits en ladicte ville et mandement, que ce ne soit par la permission des maistres visiteurs, sur peine de confiscation desdicts ouvrages et d'amende arbitraire.

XVIII. Les vefves des maistres pourront contignuer ledit art et mestier, et faire frapper et marquer leurs ouvrages des marques de leurs feus maris, tant qu'elles demeureront en viduitté seullement, et pourveut qu'elles ayent des enfants des deffunts leurs maris.

XIX. S'il survient quelque different entre lesdicts maistres visiteurs, leurs serviteurs ou apprentifz, il sera vuidé amiablement par lesdicts visiteurs, sans être sallariez si faire se peut, si non auront recours au juge ordinaire, lequel y procedera sommairement, y appellés deux ou trois desdicts visiteurs si besoing faict.

XX. Et attendu le grand nombre des marques desdits maistres cousteliers, et qu'il est difficille d'en faire de nouvelles, qu'elles ne soient semblables ou approchantes, seront soigneux lesdicts maistres visiteurs de chercher et s'enquerir des marques qui seront en vente, afin d'icelles faire achepter par les nouveaux maistres, lesquelz ne pourront faire angraver de nouvelles mar-

ques dans ledict plomb, que au préalable celles qui se
trouveront en vente ne soient vendues.

Plus tard ces anciens règlements n'étant plus suffisants pour le bon ordre de la fabrication, Louis XV,
par lettres patentes données à Versailles, le 24 décembre 1743, compléta ces statuts par les lettres patentes et
par le nouveau règlement que voici :

· LETTRES PATENTES

**Sur le règlement des ouvrages de quincaillerie et de
coutelerie qui se fabriquent dans la ville de Thiers et
lieux circonvoisins.**

Louis par la grâce de Dieu, roy de France et de Navarre, à tous ceux qui ces présentes lettres verront,
salut : Les précautions prises par les anciens reglemens
pour les ouvrages de quincaillerie qui se fabriquent en
la ville de Thiers, et lieux circonvoisins, n'étant point
suffisantes pour établir la règle et le bon ordre dans
cette fabrique, et assurer la bonne qualité desdits ouvrages, il a paru nécessaire d'y ajouter de nouvelles
dispositions, et d'y pourvoir par un nouveau règlement;
à ces causes, de l'avis de notre conseil, qui a vu et
examiné ledit règlement de cejourd'huy, contenant
trente-quatre articles, cy attachez sous le contre-scel de
notre chancellerie, nous avons par ces présentes signées
de notre main et de notre certaine science, pleine puissance et autorité royale, confirmé et autorisé, confirmons et autorisons ledit règlement pour les ouvrages de

quincaillerie et de coutelerie qui se fabriquent dans la ville de Thiers et lieux circonvoisins : voulant qu'il y soit gardé, observé et exécuté de point en point selon sa forme et teneur. Si donnons en mandement à nos amez et féaux conseillers, les gens tenans notre cour de parlement à Paris, que ces presentes ils ayent à faire lire, publier et registrer, et le contenu en icelles garder, observer et exécuter selon sa forme et teneur : car tel est notre plaisir; en témoin de quoi nous avons fait mettre notre scel à cesdites presentes, données à Versailles le vingt-quatrième jour de decembre, l'an de grace mil sept cens quarante-trois, et de notre règne le vingt-neuvième, signé Louis, et plus bas; par le roy, PHELYPEAUX; vu au conseil, ORRY, et scellées du grand sceau de cire jaune.

Registré, oüi ce requerant le procureur general du roy, pour être exécutées suivant leur forme et teneur : et copies collationnées, envoyées en la sénéchaussée d'Auvergne et siége présidial de Riom, pour y être lues, publiées et registrées. Enjoint au substitut du procureur general du roy d'y tenir la main et d'en certifier la cour dans le mois, suivant l'arrêt de ce jour. A Paris, en parlement, le deuxième juillet mil sept cens quarante-quatre, signé : YSABEAU.

RÈGLEMENT

Pour les ouvrages de quincaillerie et de coutelerie qui se fabriquent dans la ville de Thiers et lieux circonvoisins.

ARTICLE Ier. Les maîtres couteliers de la ville de Thiers et des lieux circonvoisins, seront tenus de faire leurs lames de quincaillerie d'acier de Rives, et autres de bonne qualité ; leur fait Sa Majesté défenses d'y employer aucuns mauvais aciers, comme aussi aux marchands et à tous autres, d'en vendre et exposer en vente, d'autres que des qualitez cy-dessus, à peine contre les uns et les autres de confiscation, et de deux cens livres d'amende.

II. Fait aussi Sa Majesté défenses aux maîtres couteliers de contrefaire la marque des autres maîtres, à peine de confiscation de leurs marchandises marquées desdites marques contrefaites, de deux cens livres d'amende, et les maîtres pris en contravention, d'être déchus pour toujours de leurs maîtrises et du commerce de la quincaillerie.

III. Il est enjoint au juge de la ville de Thiers de procéder incessamment, si fait n'a été, à la reformation des marques, dont chaque maître de la jurande se sert pour marquer ses ouvrages, conformément à l'arrêt du conseil du onze juillet 1730. Ordonne Sa Majesté que les marques ainsi reformées, et celles qui seront approuvées avec leurs anciennes figures, seront frappées sur une table d'argent qui demeurera en dépôt au greffe de la justice de Thiers, et sera enfermée dans une caisse sous trois clefs, dont une restera entre les mains du procureur d'office, et les deux autres en celles des deux premiers visiteurs.

IV. Pour prévenir tous les inconvéniens qui peuvent naître de la ressemblance qui se trouve entre plusieurs anciennes marques, ordonne Sa Majesté au juge de Thiers en procédant à ladite réformation de supprimer, de l'avis du procureur d'office, toutes celles ausquelles il ne sera pas possible de faire assez de changement pour qu'elles ne puissent pas être confondues avec d'autres marques, à la charge néanmoins par le maître dont la marque sera conservée, et qui aura donné lieu à ladite suppression, de dédommager les propriétaires des marques ainsi supprimées, suivant l'estimation qui en sera faite par experts nommés sur le champ, ou pris d'office sur le refus des parties d'en convenir à l'amiable, dont sera fait mention dans les procez-verbaux de réformation desdites marques, et seront les ordonnances rendues en conséquence par ledit juge, exécutées par provision et sans préjudice de l'appel.

V. Fait Sa Majesté défenses ausdits maîtres couteliers et à tous autres de la jurande, de faire à l'avenir aucunes lames de quincaillerie sans y employer de l'acier, même sous prétexte que lesdites lames leur auraient été demandées sans aucun mélange d'acier; comme aussi de faire aucuns ressorts de couteaux qu'ils ne soient entièrement d'acier, à peine de confiscation, de deux cens livres d'amende, et d'être déchus pour toujours de la maîtrise. Fait pareillement défenses à tous marchands et colporteurs d'en vendre et acheter sous les mêmes peines de confiscation, et de deux cens livres d'amende.

VI. Ne pourront lesdits maîtres couteliers de la ville de Thiers et de la campagne, faire monter à l'avenir leurs ciseaux sans être marqués de leurs marques à l'endroit ordinaire, qui est sur les lames, ni les marquer sur le talon, c'est-à-dire sur la partie de la lame où l'on pose le clou, s'ils ne sont pas aussi marquez sur les lames, à peine de confiscation et de cent livres d'amende, tant contre les fabriquans, que contre les marchands et colporteurs qui s'en trouveront saisis.

VII. Ne pourront aussi lesdits maîtres couteliers envoyer leurs lames de quincaillerie, de quelque espèce qu'elles soient, à l'émouleur, qu'elles ne soient suffisamment marquées, à peine de confiscation et de cent livres d'amende.

VIII. Fait Sa Majesté défenses aux émouleurs de recevoir lesdites lames, qu'elles ne soient marquées de la marque de celui des maîtres couteliers qui les leur donnera, à peine de répondre en leurs propres et privez noms desdites confiscations et des amendes prononcées par l'article cy-dessus.

IX. Fait pareillement Sa Majesté défenses ausdits maîtres couteliers de faire marquer leurs lames de quincaillerie hors de leurs maisons, comme aussi de confier le coin de leurs marques à leurs forgerons et à leurs trempeurs, à peine de confiscation et de cent livres d'amende.

X. Dans le cas où la partie des marques qui resterait empreinte sur les lames après l'émoulure, aurait quelque ressemblance à d'autres marques, lesdites lames ainsi effacées ne pourront être remises aux maîtres qui les auront fabriquées, que du consentement de ceux aux marques desquels lesdites marques effacées pourraient ressembler, lesquels maîtres auront le choix d'en permettre la remise à ceux qui auront fabriqué lesdites lames ainsi effacées, ou de les garder pour leur compte, au prix qui en sera réglé sur-le-champ, et sans frais par le juge de Thiers, en présence et de l'avis du procureur d'office, comme aussi des jurez visiteurs qui auront saisi lesdites lames.

XI. Fait Sa Majesté défenses aux martinaires d'étirer le fer de la façon et de la figure de l'acier; comme aussi aux marchands, aux couteliers, et à tous autres de le vendre et exposer en vente ainsi étiré, à peine contre les uns et les autres des contrevenans de confiscation et de cent livres d'amende.

XII. Défend aussi Sa Majesté à tous marchands de fer et d'acier d'exploiter par eux-mêmes et de faire exploiter pour leur compte aucuns martinets ou moulins à étirer le fer et l'acier, comme aussi de stipuler par quelques actes, et sous quelque prétexte que ce soit, avec les locataires desdits martinets ou moulins, aucune préférence pour l'étirage du fer et de l'acier de leur commerce particulier, à peine de cent livres d'amende; enjoint Sa Majesté au juge de Thiers d'y tenir la main, et de taxer sans frais les droits d'étirage, dans le cas où les martinaires voudraient abuser du besoin que les commerçans et fabriquans de quincaillerie peuvent avoir de leur travail.

XIII. Ordonne Sa Majesté, que tous les propriétaires des marques anciennes de la quincaillerie de la ville de Thiers et lieux circonvoisins, qui ne sont point couteliers, seront tenus de vendre leurs marques à ceux des particuliers qui auront acquis la maîtrise, et qui désireront d'acheter lesdites marques; et en cas de contestation sur le prix de la vente desdites marques, veut Sa Majesté que l'estimation en soit faite par des arbitres, dont on conviendra par-devant le juge de la ville de Thiers, sans frais, et cependant fait défenses aux propriétaires desdites marques anciennes, qui ne sont point maîtres couteliers, de les prêter à aucuns ouvriers, à peine de deux cens livres d'amende, et de confiscation des marchandises qui se trouveront marquées de ces marques prêtées.

XIV. Lesdits couteliers seront tenus de procéder tous

les ans, à compter du premier décembre jusqu'au quinze
dudit mois, à la nomination de huit jurez visiteurs, mais
de manière que d'année en année il en reste toujours
quatre anciens pour instruire les nouveaux, lesquels
jurez entreront en exercice au premier janvier de chaque année, et prêteront le serment sans frais devant le
juge de Thiers, de bien et duement exercer leur commission.

XV. Seront tenus lesdits jurez visiteurs, de faire la
visite chez les autres maîtres couteliers, comme aussi
chez les émouleurs et martinaires tous les quinze jours,
et plus souvent s'ils le jugent à propos, de dresser des
procez-verbaux de contravention, et de les remettre
dans les vingt-quatre heures entre les mains du procureur d'office, pour sur ses conclusions être prononcé
par le juge de Thiers les confiscations et autres peines
encourues par les contrevenans.

XVI. Ordonne Sa Majesté aux marchands en gros et
en détail de la quincaillerie, même aux marchands
étrangers qui viennent en la ville de Thiers acheter de
la quincaillerie, et à tous fabriquans, émouleurs, martinaires et ouvriers de la jurande, de souffrir la visite
de l'inspecteur des manufactures et des jurez visiteurs
dans leurs boutiques, magasins et autres lieux de leurs
maisons, où ils peuvent recevoir et acheter des ouvrages
en contravention, et cela sans délai, à la première ré-
quisition qui leur en sera faite, à peine en cas de refus,
sur les procez-verbaux qui en seront dressez, de deux
cens livres d'amende, et de plus grande peine s'il y
échoit; seront tenus lesdits jurez de se faire accompagner du juge ou du procureur d'office lorsqu'ils seront
en visite chez lesdits marchands.

XVII. Les lames de quincaillerie qui auront été saisies, seront déposées au greffe de la justice de Thiers dans le jour que la saisie en aura été faite.

XVIII. Aucuns particuliers ne pourront être admis à faire leur apprentissage, qu'ils n'ayent au moins douze ans accomplis : ordonne Sa Majesté, qu'ils seront tenus avant d'entrer chez leurs maîtres, de passer brevet en présence du premier juge de Thiers, du procureur d'office, et de deux jurez visiteurs en exercice, et que lesdits brevets seront ensuite enregistrez dans le registre qui sera tenu à cet effet par les jurez visiteurs, en payant dix sols ausdits jurez visiteurs, et trois livres aux bailes de leur confrérie, pour être employés aux offices divins, duquel droit de confrérie les émouleurs et les forgerons seront exceptez; et au défaut de brevets et d'enregistrement, il ne pourra y être suppléé par aucuns autres actes, ni procedures équipolentes; faisant Sa Majesté défenses de recevoir aucune preuve par témoins, pour établir que l'aspirant est en état d'être reçu à la maîtrise.

XIX. Tous les registres de la communauté desdits maîtres couteliers, dont les feuillets seront cottez et paraphez sans frais, par le juge de la ville de Thiers, seront tenus à l'avenir en papier non timbré; les actes de nomination des jurez visiteurs, seront aussi faits et transcrits sur papier non timbré.

XX. Le temps de l'apprentissage sera de cinq années consécutives, pendant lesquelles l'apprentif sera tenu de demeurer chez son maître, et de le servir fidèlement; et en cas que quelques apprentifs viennent à quitter leurs maîtres avant le temps desdites cinq années accomplies, sans une cause légitime, ils n'acquerront aucun droit pour parvenir à la maîtrise, et leurs brevets seront et demeureront nuls et rayez du registre desdits jurez visiteurs.

XXI. Après les cinq années d'apprentissage, les apprentifs seront encore obligez, avant de pouvoir être admis à la maitrise, de travailler pendant trois années en qualité de compagnons chez un maître, ou de la même jurande ou d'autres jurandes du royaume, duquel service il sera justifié, sçavoir: pour ceux qui auront travaillé dans le mandement de Thiers, par la déclaration des maîtres qu'ils auront servis, et d'un juré visiteur de chacune desdites trois années; et pour ceux qui auront travaillé dans d'autres jurandes, par des attestations en bonne forme.

XXII. Dans le cas où les apprentifs seront fondés à porter leurs plaintes contre les maîtres qui les maltraiteraient, les nourriraient mal, ou les employeraient à des ouvrages étrangers à leur métier, ordonne Sa Majesté au juge de Thiers de décider sommairement, et sans frais, sur les plaintes desdits apprentifs; et s'ils se trouvent dans le cas de changer de maître, ledit juge le permettra, en ordonnant que le temps que lesdits apprentifs auront déjà employé chez leurs premiers maîtres, sera compté sur celui qu'ils doivent employer à leurs apprentissages, dont il sera fait une note sur les brevets, par ledit juge ou par le procureur d'office.

XXIII. Lorsque les apprentifs auront fait apparoir qu'ils ont accompli et achevé le temps de leurs apprentissages et services en qualité de compagnons, ils seront admis à faire le chef-d'œuvre, en présence des quatre jurez visiteurs en exercice, et de quatre autres maîtres couteliers qui seront choisis par le juge de Thiers, pour être aussi présens audit chef-d'œuvre; l'approbation de trois de ces quatre maîtres choisis, sera nécessaire pour la validité dudit chef d'œuvre, outre celle des quatre jurez visiteurs : enjoint Sa Majesté au juge de Thiers d'être présent aux travaux desdits chefs-d'œuvre, sans frais.

XXIV. Il est fait défenses aux maîtres couteliers reçus sur un chef-d'œuvre de couteaux, de fabriquer à l'avenir des ciseaux, comme aussi à ceux reçus sur un chef-d'œuvre de ciseaux, de fabriquer des couteaux, à peine de confiscation et de deux cens livres d'amende ; sauf à tel desdits maîtres couteliers, à demander d'être admis à faire un nouveau chef-d'œuvre de l'espèce d'ouvrage, dont il n'aurait pas fait lors de sa reception à la maîtrise.

XXV. Les fils de maîtres qui auront demeuré et travaillé jusques à l'âge de vingt ans accomplis chez leurs pères, ou chez leurs mères veuves, faisant fabriquer de la quincaillerie, seront reputez avoir fait leurs apprentissages, et pourront être reçus au chef-d'œuvre, sans avoir travaillé comme compagnons chez d'autres maîtres, en justifiant par la déclaration des jurez visiteurs en charge, qu'ils auront travaillé effectivement, au moins pendant six ans chez leurs pères, ou mères veuves, en payant la moitié des droits réglez pour la communauté et pour la confrérie, conformément à l'article XIV des anciens statuts.

XXVI. Les veuves des maîtres couteliers jouiront des droits de leurs maris, et pourront continuer de faire fabriquer de la quincaillerie, tant qu'elles resteront en viduité, et qu'elles vivront avec leurs enfants ou l'un d'eux, sans pouvoir néanmoins avoir d'autres apprentifs, que ceux qui auraient commencé leurs apprentissages sous leurs défunts maris, et au cas qu'elles se séparent volontairement de tous leurs enfans, ou qu'elles se marient, elles seront déchues desdits droits et priviléges de la maîtrise.

XXVII. Les apprentifs qui seront reçus maîtres, seront tenus de prêter serment par-devant le juge de Thiers, comme aussi de se faire inscrire dans le registre ou tableau des maîtres couteliers, et de retirer les actes de leurs inscriptions, signez des juges et des gardes jurez, en payant pour les droits desdits juges six livres dix sols, pareille somme pour la communauté, et huit livres aux jurez visiteurs pour le temps qu'ils employent au chef-d'œuvre et à la réception.

XXVIII. Les sommes qui seront payées pour l'enregistrement des brevets pour les droits de reception à la maîtrise et pour les amendes, seront reçues par les jurez visiteurs en charge, lesquels en tiendront registre paraphé par le juge : ordonne Sa Majesté que lesdites sommes seront employées aux affaires de la communauté desdits maîtres couteliers, et que lesdits jurez en rendront un fidèle compte, au plus tard dans trois mois après leur exercice, sans frais, en présence dudit juge, des nouveaux jurez visiteurs et des quatre plus anciens maîtres, nommez par ladite communauté, à peine de deux cens livres d'amende, qui ne pourra être remise ni modérée sous quelque prétexte que ce soit : ordonne en outre que lesdits jurez sortant de charge, remettront les deniers qui se trouveront en leurs mains aux autres jurez visiteurs qui leur succèderont, ce qui sera exécuté d'année en année.

XXIX. Défend Sa Majesté aux jurez visiteurs de prendre ni recevoir des apprentifs reçus à la maîtrise aucuns

présens ni autres, et plus grands droits que ceux fixez
par le présent règlement, pour quelque cause et sous
quelque prétexte que ce soit, à peine de restitution et
de cent livres d'amende; comme aussi ausdits apprentifs de donner aucuns repas aux jurez visiteurs ou aux
maîtres couteliers, à peine de nullité de leurs receptions.

XXX. Les maîtres couteliers et ouvriers, habitans
des lieux situez à cinq lieues de la ville de Thiers, reconnaîtront ladite ville pour le chef lieu, et le juge de
Thiers pour le juge de tout ce qui concerne la police de
leur fabrique; ils souffriront aussi les visites de l'inspecteur des manufactures, et des jurez visiteurs de
Thiers, aux peines portées par l'article XVI du présent
règlement : ordonne Sa Majesté que ledit juge de Thiers
connaîtra privativement à tous autres juges, des différends mûs et à mouvoir, tant entre lesdits couteliers et
les ouvriers, qu'entre lesdits marchands et les couteliers,
pour raison des saisies, contraventions aux règlemens,
ou autres matières concernant la police de ladite fabrique, lui en attribuant pour cet effet, Sa Majesté, toute
jurisdiction et connaissance, et icelles interdisant aux
juges desdits lieux, à peine de nullité de leurs juge-
mens : ordonne en outre que les procez seront instruits
et jugez sommairement par ledit juge de Thiers à l'audience et où il y aurait quelques pièces à voir, ou que
les différens fussent de nature à ne pouvoir être déci-
dez sur le champ, les pièces seront mises sur le bureau, pour être lesdits procez jugez sans appointemens,
procédures, ni autres formalitez de justice, et sans que,
pour quelque cause que ce puisse être, ledit juge puisse
recevoir aucuns droits, sous prétexte d'épices ou vaca-
tions, ni le greffier aucuns autres droits que les deux

sols seulement par chaque feuillet des sentences qu'il expédiera.

XXXI. Les lames des couteaux et ciseaux dont la confiscation aura été ordonnée, seront brisées sur une enclume, en présence de l'un des juges de Thiers, et des jurez visiteurs.

XXXII. Les amendes qui seront prononcées pour les contraventions faites au présent règlement, seront appliquées, sçavoir : un tiers au profit de Sa Majesté, un tiers au profit du corps des couteliers de Thiers, et l'autre tiers au profit des pauvres de l'hôpital de ladite ville de Thiers.

XXXIII. Ordonne Sa Majesté que les peines portées par le présent règlement seront prononcées sans qu'elles puissent être remises ni modérées, pour quelque cause et sous quelque prétexte que ce soit, à peine par ledit juge de Thiers de répondre en son propre et privé nom des amendes et confiscations qu'il aurait dû prononcer.

XXXIV. Le présent règlement sera inscrit et enregistré tant sur le registre de la justice de Thiers, que sur celui de l'hôtel de ville, publié et même affiché dans toutes les paroisses limitrophes de la ville de Thiers ; ordonne au surplus Sa Majesté, que les anciens statuts de ladite jurande seront exécutez en tous les points ausquels il n'est point dérogé par le présent règlement.

Fait et arrêté au Conseil de finance tenu à Versailles le vingt-quatrième jour de décembre mil sept cens quarante-trois. Signé, ORRY.

Registré, ouï ce requerant le procureur général du roy, pour être exécuté selon sa forme et teneur : et copies collationnées, envoyées en la sénéchaussée d'Auvergne et siége présidial de Riom, pour y être lu, pu-

blié et registré; enjoint au substitut du procureur
général du roy, d'y tenir la main, et d'en certifier la
cour dans le mois, suivant l'arrêt de ce jour. A Paris
en parlement, le deuxième juillet mil sept cens quarante-quatre, signé, YSABEAU.

Registré en la sénéchaussée d'Auvergne et siége présidial de Riom, le quatrième août mil sept cens quarante-quatre.

La bannière de la communauté des couteliers de
Thiers, portait pour armoiries :

De gueules, à un couteau d'argent posé en pal.

(*Voyez pl.* **12**, *fig.* **3.**)

Les couteliers de la ville d'Aurillac étaient réunis
aux chaudronniers de la même ville.

(*Voyez pl.* **10**, *fig.* **3.**)

Ceux de la ville de Riom, aux serruriers, armuriers
et éperonniers de la même ville.

(*Voyez pl.* **31**, *fig.* **3.**)

Ceux de la ville de Saint-Flour, aux maréchaux de la
même ville.

(*Voyez pl.* **24**, *fig.* **1**re.)

COUVREURS.

FÊTE DE L'ASCENSION (25 MAI).

Ailleurs, saint Joseph ou saint Julien le Pauvre.

Les premiers hommes ne furent pas longtemps à s'apercevoir du besoin qu'ils avaient de se mettre à l'abri des injures du temps et de la férocité des bêtes sauvages. Ils occupèrent d'abord les grottes et les cavernes naturelles, mais les incommodités et l'insalubrité de telles demeures firent bientôt naître la nécessité d'en chercher d'autres. Leurs premières habitations exigèrent peu de recherche ; avec des pierres sèches ils formèrent des cabanes, espèces d'enceintes ou circulaires ou carrées, qu'ils recouvrirent de branches et d'écorces d'arbre, de gazons, de roseaux ; une ouverture réservée à la pointe du toit, ou d'un côté, donnait issue à la fumée du foyer. Bientôt après la civilisation apporta son génie, et des abris plus confortables et plus sains furent improvisés. Dès que le luxe se montra, des ouvriers particuliers se formèrent pour les constructions.

L'art du couvreur exige des soins, car presque toujours de la couverture dépend la durée d'une habitation. De tout temps on a couvert les maisons de plusieurs manières, de plomb, d'ardoises, de tuiles, de bardeaux ou de chaume.

Dès 1321, les couvreurs de Paris reçurent des statuts qui furent modifiés le 5 avril 1449. Charles IX leur en accorda la confirmation par ses lettres patentes du mois de juillet 1566.

Par ces statuts le maître couvreur ne pouvait avoir

durant six années qu'un apprenti, non marié; pendant ce temps le maître était tenu de le nourrir, de le vêtir et le chausser. Après les six années et avant de passer maître, l'apprenti était obligé de travailler trois années comme compagnon. Les ouvriers étrangers à la ville de Paris ne pouvaient travailler chez un maître que pendant huit jours, et quitter la ville.

Au décès d'un maître, sa veuve ou ses enfans pouvaient céder, de son consentement, son apprenti à un autre maître qui n'en avait pas, pour achever son temps d'apprentissage.

Lorsque l'apprenti avait servi pendant trois ans, si son maître voulait le faire travailler à la journée et jouir de son travail, il fallait lui faire faire expérience devant les jurés et gardes.

Défenses étaient faites aux maçons et aux charpentiers d'entreprendre des ouvrages de couverture sous peine d'amende.

Les couvreurs et les charpentiers étaient tenus, par leurs statuts, sous peine d'amende, lorsqu'ils travaillaient sur les rues, de mettre des défenses (croix composées de deux lattes) pour avertir les passants.

Les couvreurs de la ville de Riom n'avaient pas de communauté particulière, ils étaient réunis aux maçons de la même ville.

(*Voyez pl.* **14**, *fig.* **4**.)

Ceux de la ville de Saint-Flour étaient aussi réunis aux maçons de la même ville.

(*Voyez pl.* **14**, *fig.* **5**.)

ÉCRIVAINS.

PATRON, SAINT JEAN-PORTE-LATINE (6 MAI).

De tout temps et chez tous les peuples on a cherché
les moyens de conserver la mémoire des évènements et
des découvertes qu'on a cru devoir intéresser la postérité. Comme l'écriture, c'est-à-dire l'art de peindre
la parole et de parler aux yeux au moyen des caractères
de l'alphabet d'une langue, de les assembler et d'en
composer des mots, tracer d'une manière claire, nette,
exacte et distincte, n'a été connue qu'assez tard, il a
fallu, pour transmettre le souvenir des faits importants, imaginer différentes pratiques. Quelques peuples
conservaient la tradition de leurs évènements par des
monuments grossiers, une plantation d'arbres, élever
un autel, ou former des monceaux de pierres. Presque
toujours, on donnait aux lieux où s'était passé quelque
fait intéressant, un nom relatif à ce fait et à ses circonstances. Les Egyptiens, qui ont voulu passer pour
les inventeurs de tous les arts, commencèrent par faire
usage, dans l'art d'écrire, d'une représentation informe
et grossière des objets corporels, les hiéroglyphes perfectionnés par Thot, connu des Grecs sous le nom
d'Hermès, et par les Latins sous celui de Mercure. Cette
écriture, les Égyptiens l'abandonnèrent aussitôt qu'ils
connurent les lettres alphabétiques. Les Phéniciens,
les Grecs ne connurent pas d'autre méthode : chez
eux, dans le principe, le même mot signifiait dans
leur langue également peindre et écrire. Les Phéniciens, auxquels on attribue l'invention de l'alphabet,

firent une œuvre des plus admirables : en simplifiant
la pensée humaine, ils lui assurèrent l'éternité. L'alphabet fut répandu autour de la Méditerranée, et y fut reçu
par tous les peuples d'occident.

Anciennement, avant l'invention de l'imprimerie, un
grand nombre de personnes professaient l'art de l'écri-
vain et s'en servaient comme moyen d'existence. Les
manuscrits de ce temps-là étaient tracés avec précision
et netteté. Les écrivains étaient en même temps peintres
et enlumineurs. On admire leurs ouvrages dans nos
vieux manuscrits. L'importance de cet art n'était pas,
à l'époque où l'on créa des écrivains jurés, de bien peindre et de bien enseigner ; il fallait surtout pouvoir bien
distinguer une écriture contrefaite. Ce fut un des plus
nobles enfants de l'Auvergne, le chancelier de l'Hospital,
qui, le premier, organisa un corps de vérificateurs
d'écritures, lequel fut autorisé par lettres du roi
Charles IX. Depuis, la vérification s'est toujours perfectionnée.

Dans le temps où l'on trouvait très-peu de personnes
qui sussent écrire, on donnait le nom de clèrc, qui
n'appartenait qu'au clergé, aux personnes qui prati-
quaient l'art d'écrire, art merveilleux que décrit si bien
Brébœuf, traducteur de Lucain :

> C'est de lui que nous vient cet art ingénieux
> De peindre la parole et de parler aux yeux,
> Et par les traits divers de figures tracées,
> Donner de la couleur et du corps aux pensées.

On ne peut voir sans admiration que quelques lignes
courbes et droites deviennent propres, par leurs com-

binaisons diversifiées, à exprimer ce que l'esprit peut concevoir de plus brillant, ce que le cœur peut renfermer de plus secret, et ce que les perceptions de l'entendement peuvent avoir de plus délicat. Par le moyen de ces figures, si peu compliquées dans leur configuration, l'homme se transporte, pour ainsi dire, aux extrémités de l'univers pour y faire connaître ses sentiments, pour y donner des ordres, pour y converser familièrement. On croit le voir, l'entendre, lui parler comme s'il s'exprimait verbalement.

Pour la vérification des écritures et des signatures et en faire des rapports aux cours et tribunaux, on nommait des maîtres écrivains jurés de l'âge au moins de vingt ans. Les fils de maîtres pouvaient être reçus à dix-huit. Les aspirants étaient examinés pendant trois jours sur leur talent en toutes sortes d'écritures pratiquées en France, sur l'orthographe, l'arithmétique à la plume et aux jetons, et sur le fait des vérifications des écritures et signatures.

Les écrivains de la ville de Riom n'avaient pas de communauté particulière, ils étaient réunis aux orfèvres et à d'autres corps de métiers de la même ville.

(*Voyez pl.* 28, *fig.* 4.)

—◦◦◦—

ÈPERONNIERS.

PATRON, SAINT ÉLOI (1er DÉCEMBRE).

Au temps où il n'y avait ni grandes routes ni voitures publiques, tous les voyages se faisaient le plus ordinairement à cheval. Alors la fabrique des éperons était une branche de commerce assez importante : chaque cavalier en portait aux talons pour réveiller ou châtier son cheval.

Quoique les monuments qui nous restent ne portent aucune trace d'éperons, il paraît cependant que les anciens en faisaient usage, car Virgile et Silius Italicus les désignent par ces deux mots *ferrata calce*. Térence et Cicéron en parlent aussi. On peut croire, d'après ces autorités, que cette partie de l'armure du cavalier n'était probablement alors qu'une pointe de fer sortant en arrière du talon, et que l'on a négligé de la faire ressortir sur les marbres et sur les bronzes.

Les éperons étaient dans le moyen-âge une marque de distinction dont les gens de la cour étaient jaloux. Ils furent défendus, dans un concile, aux ecclésiastiques tout particulièrement destinés à prêcher l'humilité, non-seulement par leurs discours, mais par leur exemple. Déjà Louis-le-Débonnaire avait cru devoir réprimer cette vanité puérile en 816.

Les chevaliers portaient des éperons dorés, les écuyers ne pouvaient les porter qu'argentés.

Les éperonniers fabriquaient des éperons de différentes façons, mais les plus commodes et les plus en

usage étaient ceux qu'on appelle *éperons brisés*. Ils faisaient aussi des mors de bride, des filets, des bridons,
des étriers, des étrilles, des boucles de harnais, etc. Ils
pouvaient aussi dorer, argenter, étamer, brunir et ver-
nir leurs ouvrages. Anciennement leur titre était *Lor-
miers.*

Il fallait quatre années d'apprentissage et cinq années
de compagnonnage pour aspirer à la maîtrise d'épe-
ronnier.

Les maîtres ne pouvaient avoir qu'un apprenti à la
fois jusqu'à la dernière année de l'apprentissage du
premier apprenti.

Les éperonniers de la ville d'Issoire n'avaient pas de
communauté particulière, ils étaient réunis en confrérie avec les chapeliers de la même ville.

(Voyez pl. 9, fig. 4.)

Ceux d'Aurillac, aux chaudronniers de la même ville.

(Voyez pl. 10, fig. 3.)

Ceux de la ville de Riom, aux serruriers, armuriers
et couteliers de la même ville.

(Voyez pl. 31, fig. 3.)

ÉPICIERS.

PATRON , SAINT NICOLAS (6 DÉCEMBRE).

De tout temps les épiceries ont été une des principales branches de commerce. Avant la découverte d'un passage aux Indes par le cap de Bonne-Espérance, les Vénitiens achetaient des denrées aux Egyptiens et aux Arabes, et les vendaient aux peuples de l'Europe. Dans le but d'affranchir l'Europe de ce monopole, un Français, M. Poivre, ancien intendant de l'île de France, vers le milieu du dernier siècle, entreprit d'aller chercher dans leur lieu natal, après que les Portugais eurent ouvert de nouvelles routes pour passer aux Indes en doublant le cap de Bonne-Espérance, les plantes qui produisent les épiceries. Il fut secondé dans son entreprise périlleuse par la compagnie des Indes, et vint à bout de son projet. Aujourd'hui les épiceries sont cultivées dans toutes les colonies françaises et suffisent à nos besoins; nous en tirons peu de la Hollande, qui a de grandes possessions dans l'Inde.

On comprenait anciennement sous la dénomination d'épiceries, le sucre, les dragées, les confitures, les sirops, le miel, les parfums, etc.; elles faisaient un des principaux ornements des grandes fêtes. Dans les festins de noces, l'épouse en présentait à toute l'assemblée, les plaideurs en envoyaient aux juges et aux avocats après le gain de leur procès comme présents de bienséance.

Le commerce des épiciers s'est considérablement augmenté à partir du règne de François Ier. Il n'avait

pas moins d'importance pour la santé que celui des apothicaires; ceux-ci composaient les remèdes avec des drogues et des substances que ceux-là tiraient des contrées
éloignées et dont ils faisaient le débit. Le principal objet
du commerce du corps des épiciers est la vente en gros
et en détail de toutes les épices et de toutes les drogues
simples que l'on emploie dans les aliments, dans la
médecine et dans les arts. Sous le nom d'épiceries, on
comprenait les substances végétales étrangères qui ont
une saveur ou une odeur propre à les rendre d'un
usage utile et agréable ; tels sont, parmi les fruits, la
muscade, le girofle, le café, les différentes espèces de
poivre, le cacao, les pistaches, les dattes, le citron, la
bergamote ; parmi les fleurs, le safran du levant, les
fleurs du grenadier, de l'oranger ; parmi les feuilles,
celles des différentes espèces de thé, du dictame et du
laurier ; parmi les graines et semences, celles des différentes espèces d'anis, de fenouil, de carvi, de cu-
min, etc.; certains bois, certaines tiges, quelques écorces
et même quelques racines, sont aussi comptés au
nombre des épiceries. On leur permettait encore d'é-
tendre leur commerce à un grand nombre de petits
objets de détail, qu'il était en effet utile et commode de
pouvoir trouver dans un seul et même magasin, mais
en se conformant toutefois aux règles de police pour ne
pas nuire à d'autres corps de communautés.

Suivant leurs statûts de 1611 et de 1632, nul ne pouvait être reçu maître épicier, sans avoir fait trois ans
d'apprentissage, et trois ans de compagnonnage.

La réception était des plus simples, pas de chef-d'œuvre, pas d'examen ; il suffisait de présenter aux gardes
en charge son brevet d'apprentissage et un certificat

attestant le temps fixé pour le compagnonnage, on était admis au serment, et l'on recevait sa lettre de maîtrise signée des gardes.

Les gardes épiciers étaient chargés de l'étalon des poids et faisaient des visites générales chez tous les marchands se servant de poids et de balances. Nous possédons nous-même, depuis très-longtemps, le poids étalon, appelé *poids de Charlemagne*, qui servait pour toute la province. Ce poids, de cuivre jaune, divisé en quatorze pièces ou diminutions graduées entrant les unes dans les autres, est renfermé dans un étui de cuir.

Défense était faite à toute personne qui n'était pas de la partie de vendre et distribuer, soit publiquement, ou en particulier, des épices, sous peine de confiscation et d'amende. Les matières corrompues ou éventées étaient brûlées devant le logis de celui qui en était trouvé saisi, et le marchand passible de punition.

Les gardes étaient au nombre de six, dont deux étaient élus chaque année quelques jours après la Saint-Nicolas, patron des épiciers, et restaient trois ans en exercice.

Les épiciers prenaient aussi quelquefois le titre de ciriers, parce qu'ils fabriquaient des cierges à l'usage de l'Eglise. Nous en voyons la preuve dans les armoiries de la communauté des maîtres épiciers de la ville de Riom et dans celles de la communauté des épiciers, regrattiers et marchands de fromages de la ville d'Aurillac.

Les premiers avaient pour bannière :

D'azur, à trois flambeaux d'argent, allumés de gueules, posés 2 et 1.

(*Voyez pl.* **12**, *fig.* **4.**)

10

Les seconds :

D'azur, à deux flambeaux d'argent posés en sautoir
et allumés de gueules.

(*Voyez pl. 12, fig. 5.*)

Une autre communauté de marchands épiciers et orfèvres fut organisée à Maringues ; elle avait pour bannière :

D'azur, à une soucoupe d'or, accompagnée en
pointe d'un paquet de bougies de même, lié
de gueules.

(*Voyez pl. 13, fig. 1ʳᵉ.*)

ÉPINGLIERS.

FÊTE , LA NATIVITÉ DE LA VIERGE (8 SEPTEMBRE).

De tous les ouvrages mécaniques, l'épingle, ce petit instrument de métal qui sert à attacher le linge, les ajustements de femme et les étoffes, est un de ceux qui demandent peut-être le plus de soins et de combinaisons, car une épingle éprouve dix-huit opérations avant d'entrer dans le commerce. La célérité avec laquelle elles sont fabriquées est surprenante.

Les fabricants épingliers pouvaient avoir deux apprentis à la fois, obligés pour quatre ans, et avec la clause expresse que c'était pour être au pain du maître. Le compagnon était tenu de faire une année. Le chef-d'œuvre, était la fabrication d'un millier d'épingles.

Depuis la grande extension que la fabrication des épingles a prise à Laigle, à Paris, à Bordeaux, à Limoges, depuis le perfectionnement de ses produits, les autres fabriques n'ont pu soutenir la concurrence. Laigle en Normandie fournit non-seulement à toute la consommation d'épingles en France, mais elle en exporte encore pour des sommes considérables, en Espagne, en Italie et même en Allemagne.

Les épingliers de la ville d'Ambert, régis par une convention du 10 janvier 1701, homologuée en la sénéchaussée d'Auvergne le 21 du même mois, n'avaient pas de communauté particulière ; ils étaient réunis aux maréchaux et à d'autres corps de métiers de la même ville.

(*Voyez pl.* **21**, *fig.* **5.**)

EXPERTS JURÉS.

PATRON

Anciennement les estimations, les toisés et les rapports en justice se faisaient par des bourgeois experts et par des jurés. Louis XIV voulut apporter plus d'ordre dans cette partie de la justice. Pour y parvenir il supprima toutes les charges de jurés créées par édit du mois d'octobre 1574, en défendit l'exercice aux bourgeois, et créa par un édit du mois de mai 1690, à Paris, cinquante experts jurés, savoir : vingt-cinq bourgeois architectes, qui ne pouvaient faire aucune entreprise ni aucune association avec les entrepreneurs, et vingt entrepreneurs maçons ou maîtres ouvriers ; et à l'égard des autres villes du royaume, il créa six jurés experts dans les villes où il y avait parlement, chambre des comptes ou cour des aides, trois dans celles où il y avait présidial. Ceux qui étaient pourvus de ces offices étaient exempts de tutelle, curatelle, collecte, logement de gens de guerre et de toutes charges de ville. Les personnes pourvues de ces offices pouvaient être nommées experts, savoir : ceux de la ville de Paris, dans toutes les villes et lieux du royaume ; ceux des villes où il y avait parlement, tant dans leurs villes que dans l'étendue du ressort du parlement ; et ceux des autres villes, chacun dans les lieux de leur établissement et dans le ressort du présidial et autres juridictions de ladite ville, pour y faire toutes les visites, rapports des ouvrages, tant à l'amiable que par justice, en vertu de sentences, jugements et arrêts de toutes les cours et juges, en

toute matière, pour raison de partage, licitation, servi-
tudes, alignemens, périls imminents, visites de carrières, moulins tant à vent qu'à eau, cours d'eau et
chaussées desdits moulins, terrasses et jardins, toisés,
prisées, estimation de tous ouvrages de maçonnerie,
charpenterie, couverture, menuiserie, sculpture, peinture, dorure, marbre, serrurerie, vitrerie, plomb,
pavé et autres ouvrages.

Un autre édit de la même année 1690, fixait à trois
livres le droit de vacation des experts de province dans
les lieux de leur établissement, et cinq livres aussi par
vacation à la campagne et hors des banlieues.

Une communauté existait à Clermont pour les experts
jurés seuls, sa bannière avait pour armoiries :

> **D'azur, à une foi d'argent en fasce, surmontée
> d'un écusson d'azur, chargé de trois fleurs
> de lis d'or.**
>
> (*Voyez pl.* **13,** *fig.* **2.**)

Une autre communauté existait à Riom, sous le nom
d'experts priseurs et d'arpenteurs jurés ; les armoiries
de sa bannière étaient :

> **D'or, à trois équerres d'azur posées 2 et 1.**
>
> (*Voyez pl.* **13,** *fig.* **3.**)

FORGERONS.

PATRON, SAINT ÉLOI (1er DÉCEMBRE).

Le travail du fer est fort ancien. Chaque nation réclame l'auteur de cette découverte. Les forgerons s'occupent plus particulièrement de forger, de travailler les grosses pièces de fer.

Chaque maître forgeron, suivant les statuts donnés à Paris et confirmés par Charles VIII pour les villes de province, pouvait avoir deux apprentis pendant deux ans, indépendamment de ses enfants nés en légitime mariage. Il devait avoir aussi sa marque particulière et distincte de celle de ses confrères.

Les veuves des maîtres pouvaient tenir ouvroir pendant leur viduité et avoir des apprentis et des compagnons.

Les forgerons de la ville d'Aurillac n'avaient pas de corporation particulière, ils étaient réunis aux chaudronniers de la même ville.

(Voyez pl. 10 fig. 3.)

Ceux de la ville d'Ambert, unis aux maréchaux de la même ville, étaient régis par une convention du 10 janvier 1701, homologuée en la sénéchaussée d'Auvergne le 21 du même mois.

(Voyez pl. 21, fig. 5.)

FORMIERS.

L'art de fabriquer les formes, espèces de moules de bois de la forme du pied humain, sur lesquelles les cordonniers montent ou dressent les souliers, est au moins aussi ancien que l'usage des souliers. Les modèles ont changé et changent encore suivant la mode des souliers. Les formiers faisaient aussi et font encore les embouchoirs pour les bottes et les talons de bois que les cordonniers fixaient aux souliers, aux mules, aux pantoufles, aux babouches.

Pour ces ouvrages, les formiers employaient, comme ils emploient encore aujourd'hui, de préférence le bois de hêtre, le charme et le noyer, mais plus particulièrement le premier comme étant plus sain, plus tendre et moins noueux.

Les formiers de la ville de Riom n'avaient pas de communauté particulière, ils étaient réunis aux cordonniers de la même ville.

(*Voyez pl. **11**, fig. **4**.*)

FOULONS.

L'art de fouler les étoffes est très-ancien. Les Egyptiens, les Grecs, les Romains, avaient des fouleries ou moulins à foulons. L'opération du foulage actuel consiste dans le jeu d'espèces de gros pilons ou maillets de bois, qui, par le moyen d'une roue, tombent successivement dans des auges où les draps sont renfermés.

Pour enlever aux étoffes l'huile que l'on emploie dans leur fabrication, on se sert d'une terre particulière, *une argile smectique,* appelée *terre à foulon.*

Le foulage rend les draps plus fermes et plus unis ; les coups de maillet produisent sur l'étoffe l'effet d'ajouter le mérite du feutre à la régularité du tissu.

Par leurs statuts , les foulons ne devaient pas tirer les draps de manière à ce qu'ils se raccourcissent après avoir été foulés.

Les gens occupés à fouler les draps, les serges et les droguets de la ville d'Aurillac, n'avaient pas de communauté particulière, ils étaient réunis aux tisserands de la même ville.

(Voyez pl. 34, *fig.* 5.)

FOURBISSEURS.

PATRON, SAINT JEAN-BAPTISTE (24 JUIN).

Suivant l'historien Josèphe, avant Moïse, toutes les armes étaient de bois ou d'airain ; ce fut lui qui le premier arma ses troupes de fer. Les Egyptiens, au dire des anciens auteurs, furent dans cet art, comme dans les autres, les plus ingénieux et ceux qui donnèrent aux armes les formes les plus ingénieuses ; puis vinrent les Grecs et les Romains.

L'art du fourbisseur est très-ancien, on ne peut déterminer exactement le temps de son origine (1). Il y avait des maîtres fourbisseurs qui ne s'appliquaient qu'à la fabrique des fourreaux ; d'autres qui ne faisaient que des montures, et d'autres qui montaient les épées, c'est-à-dire qui y mettaient la garde et la poignée.

Les polisseurs d'armes blanches, qui formaient un corps d'état sous le nom de fourbisseurs, avaient aussi le droit de fabriquer et de vendre ces mêmes armes, telles que lances, dagues, masses, épieux, pertuisanes, hallebardes, couteaux, poignards, épées et d'autres armes offensives et défensives.

De tout temps l'homme a eu besoin d'armes, soit pour sa défense, soit pour des conquêtes, et de tout temps l'homme a été occupé à les embellir et à les perfectionner ; mais depuis que les nouvelles armes se sont multi-

(1) Nous possédons beaucoup de pierres provenant des camps gaulois de Gergovia et de Corent, près de Clermont-Ferrand, qui ont évidemment servi à nettoyer ou à polir des armes.

pliées, la profession s'est divisée en plusieurs corps d'états, les fourbisseurs, les armuriers, les arquebusiers, etc.

Les épées, dans les premiers temps de la troisième race de nos rois, étaient larges, fortes et d'une trempe convenable, pour ne point se casser sur les casques et sur les cuirasses ; on a vu de ces épées qui pesaient jusqu'à cinq livres, ce qui pourrait peut-être rendre moins incroyable, dit Ducange, les histoires de ces guerriers des croisades qui d'un coup d'épée fendaient un homme en deux.

Nul ne pouvait être reçu à la maîtrise de fourbisseur qu'après trois années d'apprentissage, deux années de compagnonnage et avoir fait chef-d'œuvre.

Les fourbisseurs de la ville de Saint-Flour n'avaient pas de communauté particulière ; ils étaient réunis aux maréchaux et à plusieurs autres corps de métiers de la même ville.

(*Voyez pl. 22, fig. 1re.*)

GAINIERS.

Les gainiers étaient des ouvriers fabriquant toutes sortes de gaines et d'étuis de cuir bouilli pour des couteaux ou autres ferrements ou pour la vaiselle d'or et d'argent, les écritoires, les lunettes, les écrins, les instruments de mathématiques, etc. Ils ne pouvaient travailler que sur du cuir bouilli écru, non tanné ni corroyé, appliqué et collé, gommé par dessus et sans couture.

Ils ne devaient pas travailler la nuit sous peine d'amende. Il leur était prescrit par leurs statuts d'entrer au travail, de la mi-mars à la mi-septembre, à cinq heures du matin jusqu'à six heures du soir, et de la mi-septembre à la mi-mars à sept heures du matin jusqu'à cinq heures du soir. —Défense leur était faite de faire sécher leurs gaines au feu ou au four; ils ne pouvaient les exposer qu'à l'air du jour.

Chaque maître devait faire choix d'une marque pour marquer son ouvrage.

On appelait autrefois *gaine* le fourreau d'une épée ; de là sont venus les termes *dégainer* et *rengainer*.

Les gainiers de la ville de Thiers n'avaient pas de corporation particulière, ils étaient réunis aux cartiers et aux charpentiers de la même ville.

(*Voyez pl.* 9, *fig.* 1re.)

Ceux de la ville de Saint-Flour, aux maréchaux de la même ville.

(*Voyez pl.* 22, *fig.* 1re.)

GANTIERS.

On a porté des gants dans tous les temps. Les anciens en portaient en cuir très-fort. Dans le moyen âge l'usage des gants fut introduit dans l'Eglise ; les prêtres en avaient pour célébrer la messe. Dans les tribunaux, au contraire, on ne pouvait pas rendre la justice avec des gants, et même avant 1789, il n'était pas permis d'entrer dans la grande ni dans la petite écurie du roi sans se déganter ; autrement on était assuré que les pages ou les palefreniers vous rappelaient à l'ordre.

On disait proverbialement que, pour qu'un gant soit bon et bien fait, il fallait que trois royaumes y contribuasssent : l'Espagne, pour en préparer la peau ; la France, pour la tailler ; et l'Angleterre, pour la coudre.

Les gants se font de peaux d'animaux passées en huile, telles que celles du chamois, de la chèvre, du mouton, de l'agneau, du daim, du cerf et de l'élan.

On appelle *gants de castor* ceux qui sont fabriqués avec des peaux de chamois ou de chèvre, parce que cette peau, par le secours de l'apprêt, approche de la douceur du poil de castor.

Louis XIV, par ses lettres du mois de mars 1656, donne aux gantiers le titre de maîtres, de marchands gantiers parfumeurs. Il leur était permis de faire et de vendre toutes sortes de gants et de mitaines d'étoffes et de peaux, et de mettre sur leurs gants et de débiter diverses sortes de parfums et d'odeurs. Ils avaient aussi le droit de vendre des peaux lavées, des cuirs propres à faire des gants, de la poudre à poudrer, des pommades dans lesquelles ils mettaient différentes essences pour les rendre plus agréables.

Il fallait quatre années d'apprentissage avant de pouvoir parvenir à la maîtrise, avoir servi trois années comme compagnon et avoir fait chef-d'œuvre, excepté les fils de maîtres, qui n'étaient tenus qu'à une légère expérience.

Toutes les villes un peu importantes avaient des fabriques de gants de peau ; mais on citait comme principales fabriques celles des villes de Paris, de Vendôme, de Grenoble, de Grasse, de Montpellier et d'Avignon.

Les gantiers de la ville d'Ambert n'avaient pas de communauté particulière ; ils étaient réunis aux pelletiers, aux tanneurs et aux blanchisseurs de la même ville.

(Voyez pl. 29, *fig.* 2.)

Ceux de la ville d'Aurillac, aux tanneurs et aux corroyeurs de la même ville.

(Voyez pl. 33, *fig.* 1re.)

Ceux de la ville de Brioude, aux tanneurs et à d'autres corps de métiers de la même ville.

(Voyez pl. 33, *fig.* 2.)

Les gantiers de la ville de Thiers étaient en jurande par statuts et lettres en forme de charte du 3 mai 1682, enregistrés au parlement le 25 mai 1684 et en la sénéchaussée d'Auvergne le 26 juin suivant. Les armoiries de leur bannière nous sont inconnues.

HORLOGERS.

PATRON, SAINT ELOI (1er DECEMBRE).

L'art de mesurer le temps, au moyen de mécanismes, l'art qui fait le plus d'honneur au génie inventif de l'homme, n'était pas connu des anciens, à moins que l'on n'appelle de ce nom l'art de tracer les cadrans solaires (1), de faire des sabliers, des horloges d'eau ou clepsydres (2), etc, etc.

Les anciens se contentaient de compter le temps d'un lever du soleil à l'autre, comme les Babyloniens, ou bien d'un coucher à l'autre, comme les Romains ; de sorte que, lorsque le soleil se couchait, on comptait vingt-quatre heures ; celles qui suivaient le coucher étaient nommées *une, deux, trois,* etc., heures de nuit.

Dans le temps où le soleil était considéré comme la seule horloge servant à régler d'une manière vague et incertaine les parties du jour, pour les travaux ; dans le temps où, comme le disaient Paul et Virginie, qui n'avaient ni horloge ni almanach, les hommes réglaient les périodes de leur vie sur celles de la nature : « Il est » le moment de dîner, disait Virginie, les ombres des » bananiers sont à leurs pieds ; » et encore : « La nuit » approche, les tamarins ferment leurs feuilles ; » alors

---

(1) On attribue l'invention du cadran solaire à Anaxymène de Milet, dès l'an 520 avant J.-C.

(2) Les clepsydres, espèce d'horloge à eau ou vase de verre, ont été en usage dans toute l'Asie, dans la Chine, dans l'Inde, dans la Chaldée, dans l'Egypte, dans la Grèce, où Platon les introduisit. César en a trouvé même chez les Bretons (les Anglais).

on ne se doutait guère que l'on arriverait, pour la mesure du temps, à la perfection du chronomètre, réglant le cours de l'existence humaine. Il est difficile de ne pas ressentir l'orgueil de son siècle, en rapprochant ces magnifiques résultats de l'état primitif.

A mesure que les besoins de l'homme augmentèrent, on perfectionna la division du temps pour mieux disposer des moments de la vie au moyen des cadrans solaires, des clepsydres, des sabliers, etc., et jusqu'au dixième siècle, époque de l'invention des horloges, on se servit de ces premiers instruments divisant le temps qui s'écoule entre deux soleils.

L'invention de l'horloge, ou plutôt de ce mécanisme admirable que l'on nomme l'échappement, la plus belle, la plus nécessaire de toutes les inventions qui aient été faites dans l'horlogerie, est généralement attribuée à un Auvergnat, à Gerbert, né à Belliac, près d'Aurillac, d'abord religieux dans l'abbaye de Saint-Géraud, puis archevêque de Reims, ensuite archevêque de Ravenne, et enfin pape sous le nom de Sylvestre II. Gerbert inventa en 996, à Magdebourg, nous dit Ditmar, une horloge fameuse regardée comme un prodige. Après cette découverte, vers le douzième siècle, des ouvriers habiles firent des horloges portatives, puis des montres, et de là date l'art de l'horlogerie. Avant cette époque il fallait, dans les monastères notamment, que les religieux préposassent des gens pour observer les étoiles pendant la nuit, afin d'être avertis des heures de leurs offices.

La première horloge construite sur les principes de la mécanique et dont l'histoire ait véritablement fait mention, est celle de Richard Waligfort, abbé de Saint-Alban en Angleterre, qui vivait en 1326. La seconde est

celle que Jacques de Dondis fit faire à Padoue en 1344,
et la troisième, celle du palais de Paris, exécutée en 1370,
par Henri de Vic, que Charles V fit venir d'Allemagne.

Une disposition des statuts des horlogers de Paris et
de la province porte expressément qu'un maître ne
pourra prendre un apprenti au-dessous de vingt ans,
pour moins de huit ans, et qu'il ne pourra prendre un
second apprenti que lorsque le premier aura fait sept
ans ; que l'apprenti, pour passer maître, devait avoir fait
chef-d'œuvre dans la maison et sous les yeux d'un des
gardes visiteurs de la corporation. Les gardes visiteurs,
institués pour veiller à la bonne confection des pièces
d'horlogerie, avaient le droit de pénétrer, à toute heure
du jour ou de la nuit, dans les ateliers des horlogers, et
de se faire présenter les montres et les horloges en cours
d'exécution ou tout-à-fait terminées, de les saisir s'ils ne
les jugeaient pas faites suivant les principes de l'art, de
les briser au besoin, le tout sans préjudice d'une
amende assez forte au profit de la communauté.

Il était défendu aux maîtres d'effacer ou de changer
les noms gravés sur les ouvrages d'horlogerie qui n'é-
taient pas de leur fabrique, à peine de confiscation et
d'amende.

Les horlogers ou horlogeurs, comme on les appelait
autrefois, de la ville de Riom, n'avaient pas de communauté particulière ; ils étaient réunis aux orfèvres et à
d'autres corps de métiers de la même ville.

(*Voyez pl.* **28**, *fig.* **4.**)

Ceux de la ville de Saint-Flour, aux sculpteurs, aux
peintres et aux orfèvres de la même ville.

(*Voyez pl.* **30**, *fig.* **3.**)

HOTELIERS.

PATRON, SAINT JULIEN (28 AOUT).

Nous avons déjà dit à l'article *Aubergistes,* combien les voyageurs devaient rencontrer de difficultés, dans l'ancien temps, pour trouver à se loger et à subsister ; ils étaient obligés de porter leurs provisions pour eux et leurs montures,

> .... N'ayant d'autre abri que la voûte azurée,
> Trouvant toujours partout leur table préparée.
> **BERCHOUX.**

Des antres leur servaient de retraites, avant l'usage des tentes. A mesure que la civilisation s'est développée et que les voyageurs se sont multipliés, on a senti le besoin d'avoir des gîtes assurés. Hérodote attribue aux Lydiens l'établissement des premières hôtelleries, des premiers cabarets. Dans quelques parties de la Grèce on construisit, tout près des temples des grands dieux, de vastes demeures, véritables hôtelleries gratuites, où les voyageurs trouvaient non-seulement un abri, mais encore des lits consacrés d'ordinaire aux dieux qu'on ado rait dans le temple voisin.

On sait, suivant ce qu'en ont dit plusieurs auteurs anciens, que les repas dans les hôtelleries ont commencé avec le second âge de l'espèce humaine, c'est-à-dire au moment où elle a cessé de se nourrir de fruits, et comme le dit Berchoux :

> Le laitage, le miel, et les fruits de la terre
> Furent longtemps des Grecs l'aliment ordinaire.

Les chefs de famille distribuaient pour l'ordinaire à leurs enfants et aux voyageurs le produit de leur chasse ou de leur pêche. Ces derniers allaient s'asseoir aux repas primitifs. Ainsi naquit l'hospitalité avec ses droits réputés sacrés chez tous les peuples, car il n'en est aucun si féroce qu'il ne se soit fait un devoir de respecter l'embarras de son semblable.

Dans le moyen âge, en même temps que les gentils-hommes usaient du droit d'auberge chez leurs vassaux, ils rendaient souvent la pareille aux voyageurs en établissant dans leurs domaines, sur les routes, des hôtelleries qu'ils entretenaient à leurs frais. Plusieurs chartes le prescrivent; mais comme tout se modifie, l'indifférence fit cesser ces bonnes dispositions des seigneurs.

Des personnes, dans le but de se créer un commerce lucratif, offrirent leurs maisons et des aliments aux voyageurs, moyennant rétribution. C'est ainsi que se sont formées les hôtelleries, en général peu recommandables dans le principe.

Les hôteliers, comme les cabaretiers, étaient tenus d'avoir leurs caves garnies de toute sorte de vin, de le débiter au public, sans le mélanger et sans excéder le prix fixé d'année à autre, et porté sur une pancarte exposée dans leurs hôtelleries.

Ils étaient obligés de savoir préparer les différentes parties d'un repas; ils devaient être en même temps cuisiniers, pâtissiers, confituriers (confiseurs), épiciers.

Les hôteliers, soumis aux lois municipales, ne pouvaient aller aux marchés qu'à une heure fixée, après que les bourgeois avaient fait leurs provisions. Défense leur était faite, même de se promener sur les avenues aux heures où les gens de la campagne apportent des vivres à la ville.

Le règlement de police de Clermont du 4 octobre 1674 prescrivait particulièrement à leurs femmes et à leurs enfants, domestiques ou autres, de ne se présenter sur les places et marchés qu'après neuf heures du matin, depuis la fête de Saint-Michel jusqu'à Pâques, et après huit heures depuis Pâques jusqu'à la Saint-Michel. Défenses étaient aussi faites à toutes personnes qui avaient des denrées à vendre, soit volailles, gibier ou fruits, de les porter pour les vendre chez les hôteliers ou cabaretiers ni ailleurs qu'ès dites places.

Ils devaient tenir registre du nom, surnom, qualité, condition et demeure des personnes qu'ils logeaient, pour les communiquer à l'autorité. Cette mesure était aussi rigoureusement exécutée dans le moyen âge; des règlements de police de 1407, 1408 et 1410, le prescrivaient.

La communauté des hôteliers de Clermont avait pour bannière :

D'azur, à une maison d'argent sur une terrasse de sable.

(*Voyez pl.* 13, *fig.* 4.)

Celle de la ville d'Issoire, à laquelle s'étaient joints les aubergistes, portait :

D'argent, à trois brocs à l'antique de sable.

(*Voyez pl.* 13, *fig.* 5.)

La communauté des hôteliers de Saint-Flour, réunie aux cabaretiers, portait :

D'argent, à un baril ou tonneau d'azur cerclé d'or, posé en fasce, accompagné en chef de deux pots de sable.

(*Voyez pl.* **14**, *fig.* **1ʳᵉ.**)

Les hôteliers de la ville d'Ambert étaient réunis aux aubergistes de la même ville.

(*Voyez pl.* **4**, *fig.* **2**.)

Ceux de la ville de Maringues, aux boulangers de la même ville.

(*Voyez pl.* **7**, *fig.* **5**.)

Ceux de la ville de Montferrand, aux cordonniers, aux cardeurs et à d'autres corps de métiers.

(*Voyez pl.* **12**, *fig.* **2**.)

Ceux de la ville de Thiers, aux boulangers de la même ville.

(*Voyez pl.* **8**, *fig.* **4**.)

IMPRIMEURS.

PATRON, SAINT JEAN-PORTE-LATINE (6 MAI).

L'imprimerie est peut-être de tous les arts utiles celui qui honore le plus la patience et le génie de ses inventeurs. Il en est peu qui aient autant contribué aux progrès et à la conservation des productions des connaissances humaines et des faits mémorables de l'histoire.

L'art de l'imprimerie a pris naissance au milieu du quinzième siècle ; mais on n'est pas parfaitement d'accord, ni sur le lieu de la découverte, ni sur le nom de l'inventeur. L'opinion de quelques auteurs est qu'on la doit aux graveurs sur bois. L'idée de faire des lettres isolées en bois de hêtre est attribuée vers l'an 1437 à Laurent Coster, d'Harlem. D'autres attribuèrent la même invention à Guttemberg, de Mayence, en 1438, et le perfectionnement à ce dernier et à son associé, Jean Faust ou Fust, orfèvre, en 1449 ou 1450. Plus tard, ceux-ci furent dépassés par Pierre Schoeffer, d'abord domestique ou ouvrier de Fust, auquel il donna sa fille en mariage et qu'il s'associa. Ces trois associés paraissent avoir travaillé ensemble jusqu'en 1465, et, selon toutes les vraisemblances, c'est de Mayence que l'art de l'imprimerie est sorti pour se répandre sur toutes les parties civilisées du monde.

Guttemberg mourut à Mayence, en 1468. Jean Fust et Pierre Schoeffer, son gendre, séparés du premier, continuèrent d'imprimer des ouvrages jusqu'en 1466, date de la mort de Fust. Schoeffer, beaucoup plus intelligent et plus industrieux que ses associés, leur fit sentir bientôt les inconvénients de la méthode qu'ils employaient de graver sur des planches de bois ; ils imaginèrent des caractères mobiles qui servirent à Schoeffer à les reproduire en métal. Il assura par là les progrès de l'art de l'imprimerie, et demeura à Mayence où il imprima seul jusqu'en 1495, époque de sa mort.

Cette précieuse découverte de l'imprimerie fixa les regards de nos souverains, et huit rois consécutifs la jugèrent digne de leur attention.

L'imprimerie existait en germe dans l'antiquité; nous en avons des preuves dans les inscriptions gravées en creux ou en relief, sur pierre, sur bois ou sur métal, servant souvent à reproduire des empreintes avec une matière malléable, comme l'argile, la cire, etc. Ne trouvons-nous pas fréquemment sur les vases gallo-romains, sur les briques, les noms des potiers et même des inscriptions grecques et latines? Ne voyons-nous pas qu'on se servait, quatorze ou quinze siècles avant l'invention de l'imprimerie, d'alphabets mobiles, sculptés en bois ou en ivoire pour apprendre à lire aux enfants? Au cinquième siècle, saint Jérôme dans ses épîtres, recommande le jeu des alphabets, comme amusant et instructif à la fois, et invite la mère qui s'en sert pour l'éducation de sa fille, à brouiller l'ordre alphabétique de ces lettres mobiles, afin que l'enfant s'exerce à le rétablir et à les reconnaître

L'art de l'imprimerie, fixé à Paris dès l'année 1470, ne vint en Auvergne que beaucoup plus tard. Les plus anciens ouvrages que nous connaissions sont sortis des presses de Nicolas Petit en 1558. Jean Durand, imprimeur du même temps, a eu des successeurs de son nom pendant très-longtemps.

Henri II augmenta les restrictions de François Ier contre les imprimeurs. Charles IX promulgua des lois de plus en plus sévères. En 1561 il ordonna de punir du fouet pour la première fois et de mort en cas de récidive les imprimeurs-libraires qui répandraient des placards diffamatoires. De grosses amendes et de sévères punitions furent appliquées à cette occasion.

Lors de l'édit de création des maîtrises, ceux qui avaient charge de son exécution voulurent comprendre les imprimeurs entre les arts mécaniques; mais un arrêt du conseil du 30 avril 1585 ordonna qu'ils seraient exemptés, pourvu qu'ils ne fissent aucune autre profession ni aucun autre art mécanique.

Depuis, un grand nombre d'arrêts, d'édits, déclarations et règlements, des 23 juin 1594, 20 février 1595, décembre 1610, de 1618, 1649, 1651, 1686 et 1703, les confirment dans leurs priviléges, droits, franchises et prérogatives, reconnaissent qu'ils ne font pas un corps d'artisans, et qu'ils sont exempts des levées de deniers, de tailles, subsides, impositions, logement de gens de guerre, tutelles, curatelles, et autres charges publiques.

Un arrêt du conseil du 21 juillet 1704, modifié par un autre arrêt du 31 mars 1739, a fixé le nombre des imprimeurs-libraires à deux pour Clermont et un pour chacune des villes d'Aurillac et de Riom. Le réglement en cent vingt-trois articles, du 28 février 1723, qui régissait les imprimeurs-libraires de Paris, fut rendu obligatoire pour toutes les villes du royaume par arrêt du conseil du 24 mars 1744.

Suivant l'article IV de ce règlement, défenses étaient faites à toutes personnes, de quelque qualité et condi-

tion qu'elles soient, autres que les libraires et imprimeurs, de faire le commerce des livres, en vendre et
débiter aucuns, les faire afficher pour les vendre en
leurs noms, soit qu'ils s'en disent les auteurs ou autrement ; tenir boutiques ou magasins de livres, acheter
pour revendre en gros ou en détail, en chambres ou
autres lieux, même sous prétexte de les vendre à l'encan,
aucuns livres en blanc ou reliés, gros ou petits, neufs
ou fripés, à peine de cinq cents livres d'amende, de
confiscation et de punition exemplaire.

L'article V du même règlement fait défense aux porteurs de balles et soi-disant merciers ou autres, qui ne
sont reçus libraires, d'avoir, vendre ni débiter aucuns
livres imprimés, de quelque nature et qualité qu'ils
puissent être, à peine de punition corporelle, n'enten-
dant Sa Majesté empêcher les marchands merciers
grossiers desdites villes du royaume de vendre des A B C
et des almanachs.

Tous ces différents arrêtés ont réitéré les défenses
aux porteurs de balles, colporteurs, merciers grossiers, joailliers, régents de collége, maîtres et maîtresses d'école, revendeurs et revenderesses, aux cou-
vents et communautés, et en général à tous particuliers,
de vendre et débiter aucuns livres, sous les peines portées par le règlement de 1723, pas même les almanachs
dits *Colombats,* et étrennes mignonnes, et plusieurs de
ces arrêts ont restreint à l'égard des merciers la permission de vendre et débiter des A B C et des almanachs communs.

Pareilles défenses ont été faites aux commissionnaires,
voituriers, muletiers, rouliers, et à tous conducteurs de
coches tant sur eau que sur terre, de se charger d'au-

cuns livres pour autres personnes que pour les libraires, à peine d'amende et de confiscation des livres,
des chevaux et voitures. Il a été aussi enjoint à tous
receveurs de douane de saisir et arrêter tous les livres
qui se trouveront dans les voitures à une autre adresse
que celle des libraires. En un mot les seuls libraires ont
été maintenus dans le droit de débiter les livres, et il n'y
a jamais eu de privilége ni d'exceptions pour d'autres.

Le règlement général fait pour les imprimeurs-libraires de la ville de Paris, fut rendu exécutoire pour
tout le royaume. En voici l'arrêt rendu par le roi en
conseil d'État, le 24 mars 1744, et sa promulgation
par le lieutenant général et le procureur du roi de
Clermont-Ferrand, du 11 août 1751.

ARRÊT DU CONSEIL D'ÉTAT DU ROI.

Le roi s'étant fait représenter en son conseil l'arrêt
rendu en icelui, le 28 février 1723, par lequel il aurait
été fait un règlement général pour la librairie et l'imprimerie de la ville de Paris, Sa Majesté aurait reconnu
que ce règlement renferme toutes les précautions nécessaires soit pour porter l'art de l'imprimerie à une
plus grande perfection, soit pour prévenir les abus qui
peuvent se commettre dans l'impression ou dans le
commerce des livres, et maintenir les règles de la police parmi ceux qui exercent la profession d'imprimeurs ou de libraires; mais que, comme ce règlement
ne paraît s'appliquer principalement qu'à la ville de
Paris, ses dispositions, quoique fondées en grande
partie sur plusieurs règlements antérieurs qui ont été

faits pour tout le royaume, ne s'observent que très-imparfaitement dans la plupart des villes où il y a des imprimeurs et des libraires établis. Sa Majesté a jugé qu'il était d'autant plus à propos d'expliquer ses intentions sur ce sujet, que les officiers chargés du soin de la police dans les villes les plus considérables du royaume, désirent qu'on les mette en état de procurer l'exécution d'un règlement dont ils reconnaissent toute l'utilité. A quoi voulant pourvoir, le roi étant en son conseil, de l'avis de M. le chancelier, a ordonné et ordonne que l'arrêt de son conseil du 28 février 1723, portant règlement sur le fait de l'imprimerie et de la librairie, sera exécuté selon sa forme et teneur dans toutes les villes du royaume où il se fait un commerce de livres, et dans celles où il y a des imprimeries établies ; fait défense à tous libraires et autres de contrevenir audit règlement sous les peines y portées ; enjoint aux lieutenants généraux de police ou autres officiers exerçant la police dans lesdites villes, de se conformer audit règlement, et aux sieurs commissaires départis dans les provinces du royaume pour l'exécution des ordres de Sa Majesté, de tenir la main à l'exécution d'icelui. Fait au conseil d'État du roi, Sa Majesté y étant, tenu à Versailles, le 24 mars 1744. Signé PHELYPEAUX.

ORDONNANCE DES OFFICIERS DE POLICE.

Vu la requête à nous présentée par les imprimeurs-libraires de cette ville de Clermont-Ferrand, le règlement du 28 février 1723 et l'arrêt du 24 mars 1744 et autres pièces jointes à la présente requête :

Nous, ouï le procureur du roi, ordonnons que les articles IV et V du titre II du règlement de la librairie du 28 février 1723 et l'arrêt du conseil du 24 mars 1744, et autres règlements rendus en conséquence, seront exécutés suivant leur forme et teneur, et en conséquence, faisons défense à tous merciers revendeurs, et généralement à toutes personnes de quelque qualité et condition qu'elles soient, qui ne seront point libraires et imprimeurs, de vendre et débiter en blanc ou reliés, gros ou petits, neufs ou fripés, aucuns livres, et de faire aucun commerce de livres, en vendre et débiter aucuns, d'en acheter pour revendre en gros et en détail, en chambre ou autres lieux, aux peines portées par les règlements, à l'exception néanmoins des A B C et de petits livres d'heures et prières non excédant deux feuilles d'impression, du caractère de cicéro, et cependant permettons aux suppliants de faire perquisition et descente partout où besoin sera, et de faire saisir et déposer au greffe les livres qui se trouveront entre les mains des contrevenants, pour y être statué, ainsi qu'il appartiendra, à la charge par les suppliants de s'assister d'un commissaire de police, et sera notre ordonnance exécutée nonobstant opposition ou appellation.

Fait ce onze août mil sept cent cinquante-un.

Signé LANGLOIS DU BOUCHET, lieutenant général, et DUFOUR, procureur du roi (1).

Après l'obtention de cette ordonnance, les imprimeurs et libraires de Clermont la firent publier et af-

---

(1) A Clermont-Ferrand, de l'imprimerie de Pierre Vialanes, imprimeur-libraire, 1751,

ficher pour prévenir les marchands merciers et les revendeurs de n'y pas contrevenir.

Les imprimeurs-libraires des villes de Clermont, Riom et Saint-Flour, dépendaient, suivant l'arrêt du 30 août 1777, de la chambre syndicale de Lyon.

Ce même arrêt de 1777 prescrit qu'aucun ne pourra tenir imprimerie ou boutique de librairie dans le royaume, ni même prendre le titre d'imprimeur ou de libraire, s'il n'a été reçu maître dans une chambre syndicale ; à laquelle maîtrise il ne pouvait être admis qu'après avoir fait un apprentissage pendant le temps et l'espace de quatre années entières et consécutives, et avoir servi les maîtres en qualité de compagnon, au moins durant trois années après le temps de son apprentissage achevé, être âgé d'au moins vingt ans accomplis, savoir le latin et savoir lire le grec ; pour les fils de maîtres, on n'exigeait pas le temps d'apprentissage et de compagnonnage.

Suivant leurs statuts, les imprimeurs seuls pouvaient avoir des presses et des caractères servant à imprimer. Défenses étaient faites à toutes autres personnes d'en avoir ou d'en tenir en quelque lieu que ce fût et sous quelque prétexte que ce pût être, à peine de punition exemplaire, de confiscation des presses et des caractères et d'amende (1).

---

(1) Une sentence fut rendue le 6 octobre 1614 contre le père François Lauriot, jésuite, par laquelle défense lui était faite, ainsi qu'aux prêtres et écoliers du collège de Clermont, de tenir aucunes presses, caractères et ustensiles de librairie, imprimerie et reliure, ni d'entreprendre à l'avenir sur l'art et confection desdits imprimeurs, libraires et relieurs de livres, à peine de confiscation et de trois mille livres d'amende.

La même défense a été renouvelée par des arrêts du conseil d'État des 6 octobre 1666 et 11 avril 1674.

Les imprimeurs et les libraires seuls avaient le droit de vendre des livres, du papier en rames, de vieux papiers et de vieux parchemins. Plusieurs édits et arrêts en on fait la défense aux marchands merciers (1).

Les imprimeurs, libraires, relieurs, doreurs de livres et tous autres ne pouvaient acheter des livres, du vieux parchemin, ou du papier des enfants ou des serviteurs des autres imprimeurs ou libraires, des écoliers, des serviteurs, domestiques, laquais ou autres personnes inconnues, s'ils n'en avaient le consentement par écrit de leurs maîtres, sous peine de confiscation et d'amende.

Les libraires et imprimeurs de Paris étaient tenus de faire visite chez les libraires et imprimeurs des villes de province, pour y rechercher les livres contrefaits ou diffamatoires, imprimés sans privilége, et les saisir.

Les imprimeurs de la ville de Clermont n'avaient pas de communauté particulière, ils étaient réunis aux libraires de la même ville (2).

(Voyez pl. 14, fig. 3.)

Ceux de la ville de Riom, aux tailleurs et aux libraires de la même ville.

(Voyez pl. 32, fig. 5.)

(1) Par sentence contradictoire du 30 janvier 1626, Blaise Paschal, marchand papetier d'Auvergne, fut condamné à remettre les exemplaires des livres et autres choses concernant la librairie, sur lui saisis, lesquels furent confisqués au profit de la communauté des libraires, et condamné aux dépens.

(2) Il n'y avait que deux libraires à Clermont en 1747, d'après le dénombrement des arts et métiers de cette même année.

JAUGEURS JURÉS (ART DE VELTER).

PATRON.........

Pour éviter les entraves du commerce dans les achats
et les ventes, plusieurs rois nommèrent des jaugeurs.
Sur les représentations des jaugeurs de Paris relativement aux mesures dont on se servait dans les provinces,
Henri II, par un édit du mois d'octobre 1550, créa des
offices pour cet art, qu'Henri IV confirma dans tout le
royaume, par édit de février 1596 ; et pour en faciliter
l'établissement il leur accorda des priviléges qui furent
renouvelés en 1601. Louis XIII, qui avait confirmé les
jaugeurs en 1618, et qui augmenta leurs droits ou sa-
laires en 1629, les supprima en 1630, lorsqu'il établit
le droit du huitième sur le vin.

Les plaintes des abus qui se commettaient dans le
commerce des vins ayant recommencé, Louis XIV, par
édit du mois de juillet 1656, rétablit les offices de jaugeurs dans les villes de province, puis les supprima et
en recréa de nouveaux en 1674, qui, eux-mêmes furent
supprimés en 1696 et recréés peu de temps après.
Louis XIV confirma leurs priviléges par des lettres patentes de 1732.

Les jaugeurs devaient imprimer leurs marques sur
les vaisseaux avec une rouannette et y mettre la lettre
B si la jauge était bonne ; la lettre M si elle était trop
faible ou moindre, et la lettre P si elle était plus forte,
avec un chiffre qui marquait le nombre de pintes en
moins ou en plus. Chaque jaugeur devait avoir sa
marque particulière. Ils percevaient, dans le principe,

sept deniers pour le jaugeage d'un muid et suivant les règlements que leur donna Henri IV et que Louis XIII a approuvés, cinq sous. Ces règlements, qui suivent, furent donnés au mois de novembre 1601, approuvés par arrêt du conseil d'Etat en 1618, et promulgués en 1629.

RÈGLEMENTS.

I. Les tonneliers prendront, par chacun an, du jaugeur de leur paroisse, échantillon, pour lequel ils payeront cinq sols, leur faisant sa dite majesté défense de faire aucune futaille neuve, ni en refaire de vieilles, qu'au préalable ils n'ayent pris ledit échantillon, qui sera marqué de la marque dudit jaugeur et de l'année ; lequel jaugeur, en leur baillant iceluy, les avertira du jable que les vaisseaux doivent avoir, selon qu'ils seront grands ou petits, sans lequel échantillon iceux tonneliers ne pourront travailler.

II. Sera permis aux dits jaugeurs aller ès maisons desdits tonneliers, marchands, et en tous autres lieux où se feront lesdits vaisseaux et futailles, pour les visiter si exactement, qu'il ne s'en puisse ensuivre aucun abus, à peine d'en répondre par lesdits jaugeurs, en leurs propres et privez noms, auxquels jaugeurs, à cette fin, les dits tonneliers, cabaretiers et marchands, seront tenus de faire ouverture de leurs caves, celliers, boutiques et maisons une fois le mois, pour en icelles jauger et marquer les futailles, pipes, muids, tonneaux, barriques et autres vaisseaux, tant vieils que neufs, pleins ou vides, qui s'y trouveront à l'instar des fermiers des huit et vingtième, pour être payez de leur droit ; faisant sa dite majesté défenses à toutes personnes de quelque qualité qu'elles soient, d'exposer en vente aucuns vaisseaux ou futailles, vieilles ou neuves, prêtes à mettre vin ou liqueurs, ou pleines, qu'elles n'ayent été jaugées et marquées, à peine de cinq écus d'amende, et si lesdits vaisseaux ne se trouvent de jauge, seront iceux confisquez, et le tonnelier condamné à l'amende.

III. Les vaisseaux qui auront été jaugez et marquez ès boutiques et maisons de tonneliers, marchands, ou autres lieux, où ils auront été faits et façonnez, et dont le droit de jauge aura été payé, ne pourront être une autrefois jaugez, au lieu où ils seront remplis, encore qu'ils fussent remplis en une autre paroisse, qu'en celle où ils auront été façonnez, pourvu qu'ils soient en la même élection et n'ayent changé de main.

IV. Mais s'ils avaient été façonnez hors l'étendue de l'élection, et amenez par eau, ou par terre, par tonneliers, marchands ou autres, seront de nouveau jaugez par les jaugeurs des lieux, pour éviter la fraude, à l'instant le droit à eux payé, encore qu'ils eussent jà été jaugez au lieu où ils avaient été façonnez, et sera en ce cas tenu le jaugeur les contremarquer de sa marque, et marquer le plus ou le moins, selon qu'ils se trouveront grands ou petits, ayant égard à la jauge du lieu où ils seront remplis.

V. Tous gentilshommes, bourgeois de ville, vignerons ou autres, faisant faire ou façonner vaisseaux neufs, et refaire les vieils en leurs maisons par tonneliers journaliers, seront tenus appeler le jaugeur du lieu où ils seront façonnez, pour les jauger et marquer après qu'ils seront faits, et lors le payer de son droit, faisant Sa Majesté défense à toutes personnes, de quelque qualité et condition qu'elles soient, de vendre ou

acheter, n'y enlever aucuns vins, cidres, verjus, vinai-
gres et autres breuvages et liqueurs, sinon à la charge
de la jauge du pays, et qu'icelle soit apposée par ledit
jaugeur, si auparavant n'a été et en l'année de ladite
vente, selon la qualité des vaisseaux, qui lors de ladite
vente seront marquez de la marque du jaugeur du lieu
où ils seront remplis, et de l'année, au cas qu'ils ne se
trouvent l'avoir été ès boutiques des marchands, ou tonneliers du lieu, à peine de pareille amende de cinq
écus; et à tous courtiers faisant vendre cidres et
autres breuvages, d'en acheter et faire enlever qu'ils ne
soient jaugez et marquez, et le droit dudit jauge payé,
ains avertir les marchands qu'ils mèneront de ladite
jauge, à peine de semblable amende, et d'être tenus du
déchet et défaut en leurs propres et privez noms.

VI. Lesdits jaugeurs, leurs commis ou fermiers, pourront aller aux étapes, caves, celliers, maisons et vaisseaux des marchands par terre, mers et rivières, jauger
et visiter les vins et vaisseaux, tant pleins que vides,
exposez en vente, et lors le jauger et marquer selon la
jauge du pays, pour laquelle jauge et marque leur
sera payé, à raison du droit cy dessus; faisant Sa dite
Majesté défense auxdits marchands d'en vendre, ny
acheter auxdits étapes, ou autres lieux, sinon aux conditions de ladite jauge, et à tous gourmets, courtiers,
tonneliers, de n'enlever iceux auparavant ladite jauge
et payer ledit droit au jaugeur du lieu, suivant et
conformément à ladite déclaration du 24 juin 1598,
vérifiée en ladite cour des aydes, et sur les peines que
dessus, lequel jaugeur marquera le plus ou moins,
dont il avertira lesdits acheteurs et vendeurs.

VII. Lesdits jaugeurs établiront un bureau en la prin-

12

cipale ville de chaque élection, et en l'une des paroisses
dont chacun office sera composé, pour être prêts, lorsqu'ils seront avertis, à faire le devoir de leurs charges,
à peine d'amende arbitraire.

VIII. Les procès et différends qui naîtront desdits offices de jaugeurs, circonstances et dépendances, appar-
tiendront en première instance aux éleus, et par appel
aux cours des aydes, chacun en leur ressort ; faisant Sa
dite Majesté très-expresse inhibition et défense à tous
baillifs, sénéchaux, et tous autres juges, d'en prendre
cour, juridiction, ou connaissance, à peine de quinze
cents livres d'amende, nullité des procédures, dépens,
dommages et intérêts des parties.

IX Fait aussi Sa Majesté inhibition et défense aux
tonneliers, jurez, faisant leurs visitations, d'exercer
ladite jauge, ny faire aucune entreprise sur l'attribution
faite auxdits jaugeurs par lesdits édits, déclarations et
jugements susdits, ains leur en laisser la libre fonction, à peine d'amende, à l'arbitrage des eslus, et de tous
leurs dépens, dommages et intérêts.

X. Les pourvus desdits offices de jaugeurs, ou leurs
commis et fermiers, jouiront des exemptions de toutes
commissions royales, et d'être assesseurs et collecteurs
des tailles, procureurs de ville, marguilliers, messiers
et autres immunitez à eux accordées par ledit édit et
déclaration, pourvu que le nombre des privilégiez n'ex-
cède le nombre des titulaires.

XI. Les jaugeurs prêteront le serment par-devant les
élus en l'élection desquels s'exercera l'office duquel il
seront pourvu, auxquels il sera mandé de ce faire, sans
que pour l'information sommaire et réception lesdits
élus puissent prendre plus grands droits que de soixante

sols ; le procureur du Roy, vingt sols ; et les greffiers pour ladite information et acte de réception, trente sols seulement.

XII. Ordonne Sa dite Majesté le présent règlement estre observé par tous les lieux et endroits de son royaume, et qu'à cette fin copie duement collationnée en soit envoyée aux élus de chacune élection, auxquels elle enjoint y tenir la main, et le faire publier en leurs sièges, l'audience tenant, à peine d'être tenus des contraventions en leurs propres et privés noms, et de plus grande peine, s'il y échet.

Fait au conseil d'Etat du Roy, tenu à Paris le 12 novembre 1618 (1).

Les jaugeurs jurés de Clermont obtinrent du lieutenant général, le 7 novembre 1760, une ordonnance qui les maintint dans leurs droits et possession de jauger et échantiller les vins dans l'intérieur de la ville et la banlieue, et fit défense à toutes autres personnes de délivrer des extraits de vente et réduction des vins.

Une communauté de jaugeurs était organisée à Clermont, elle avait pour bannière :

D'argent, à deux baguettes de sable posées en sautoir.

(*Voyez pl.* **14,** *fig.* **2.**)

(1) Voyez *Traité de la police* par Delamare, t. 3, p. 585.

JOUEURS D'INSTRUMENTS.

Les joueurs d'instruments, que nous appelons aujourd'hui *musiciens*, les joueurs de violon qui faisaient métier et profession de jouer pour faire danser, portaient anciennement le nom de *ménétriers*. Ils avaient fondé à Paris une confrérie en 1331, dont le but était de soulager les musiciens atteints d'infirmités ou tombés dans la misère. Suivant leurs statuts, chaque maître était tenu de payer, par forme de charité, un sol par semaine au maître ou à la veuve pauvre et incapable de gagner sa vie.

On sait qu'avant la restauration des arts, les joueurs d'instruments faisaient comme les poètes et les troubadours : ils parcouraient en société les provinces, et dépensaient dans une ville ce qu'ils avaient gagné dans une autre. Leur chef portait le titre de roi, suivant l'usage du temps.

C'est lui qui donnait les lettres de maîtrise en province comme à Paris, après expérience, en présence d'un certain nombre de maîtres.

Il fallait être maître pour pouvoir tenir en province salle ou école d'instruments, pour donner des sérénades ou des concerts aux noces ou assemblées publiques. Il leur était expressément défendu de jouer dans les cabarets, sous peine d'amende.

Un arrêt du parlement du 22 août 1639, confirma les statuts des joueurs d'instruments, mais un édit de 1773 supprima la place de roi des ménétriers.

Il était expressément défendu à tous les joueurs d'instruments, sous peine d'amende, de se livrer en même temps à deux métiers ; ils pouvaient seulement s'occuper de la fabrication des instruments. Il leur était aussi fait défense de faire danser chez eux ou ailleurs, les dimanches et fêtes, pendant les offices, sous peine de dix livres d'amende et les frais de saisie de leurs instruments.

Les personnes qui n'étaient pas du métier ne pouvaient jouer à aucune noce ou fiançaille sans être passibles d'une amende de cinquante livres et de la confiscation des instruments.

Comme dans les autres corps de métiers, ils ne pouvaient avoir qu'un apprenti, pour quatre années.

Les joueurs d'instruments de la ville de Riom n'avaient pas de communauté particulière, nous les voyons réunis aux orfèvres et à d'autres corps de métiers de la même ville.

(Voyez pl. 28, fig. 4.)

LIBRAIRES.

PATRON, SAINT JEAN-PORTE-LATINE (6 MAI).

Les libraires, marchands de livres, ne sont bien connus que depuis le règne de l'empereur Auguste. Alors
on voyait à Rome des boutiques remplies de livres, non
pas de livres reliés comme le sont les nôtres, mais de
rouleaux composés de plusieurs feuilles de papyrus (écorce d'arbre), attachées et collées les unes aux autres. Les
libraires affichaient à leurs portes les titres des livres
qu'ils avaient à vendre, afin que les savants vissent ceux
qui leur convenaient. Mais ces livres, fruit d'un travail
long et pénible, ne pouvaient jamais être nombreux et
se vendaient fort cher. L'acquisition d'un livre, la
copie d'un manuscrit un peu considérable, se traitait
comme celle d'une terre ou d'une maison, par acte
passé devant notaire.

Avant la découverte de l'imprimerie, les libraires
jurés de l'université de Paris faisaient transcrire les
manuscrits. Ils en apportaient les copies aux députés
des facultés de la science dont les livres traitaient, pour
être reçues et approuvées avant d'en afficher la vente.
Dans le moyen âge, les libraires étaient lettrés et même
savants. Ils portaient le nom de clercs-libraires; et comme
ils faisaient partie du corps de l'université, ils jouissaient de ses priviléges. Cette prérogative leur a été con-
firmée par plusieurs lettres patentes, édits et déclarations, ainsi que par règlement du 28 février 1723, qui,
par arrêt du conseil du 14 mars 1744, a été rendu
commun pour tout le royaume. A la naissance de l'im-

primerie, la librairie prit un très-grand essor, son
commerce s'étendit par les grandes et nombreuses entreprises de l'imprimerie.

Suivant leur règlement de 1723, commun à tout le
royaume, les libraires et les imprimeurs faisaient partie,
comme nous l'avons dit, du corps de l'université; ils
étaient séparés des arts mécaniques et exempts de toutes
contributions imposées aux arts et métiers.

Défense était faite à toutes personnes autres que les
libraires, de faire le commerce de livres, blancs ou reliés, gros ou petits, neufs ou vieux, à peine d'une forte
amende et d'une punition.

Nul ne pouvait tenir librairie s'il n'avait été reçu
maître, à laquelle qualité il était reçu après quatre années d'apprentissage, trois ans au moins de compagnonnage et avoir vingt ans accomplis, sachant le latin et
lisant le grec. Un maître ne pouvait avoir qu'un apprenti, si ce n'est avant la dernière année du premier.
Les gens engagés dans le mariage étaient exclus de l'apprentissage. L'apprenti qui s'absentait était tenu de
faire le double du temps de son absence, pour la première fois, et à la seconde il était déchu de son apprentissage, sans qu'il pût être reçu à l'avenir.

Les fils de maîtres étaient exempts de l'apprentissage
et du compagnonnage; mais il fallait qu'ils eussent les
qualités requises de ceux qui aspiraient à la maîtrise
et qu'ils apportassent comme les autres des certificats
de bonne vie et mœurs et qu'ils fussent de la religion
catholique.

Un libraire ne pouvait avoir plus d'une boutique ou
magasin ouvert, sur lequel devait être un tableau portant son nom. Défense était faite d'avoir aucun étalage ou

boutique portative sur les ponts, les places ou en quelque endroit que ce pût être. Les libraires avaient seuls le droit de faire les ventes, prisées et description de livres. Défense était faite aux huissiers priseurs et autres personnes de s'y ingérer.

La communauté des libraires-imprimeurs de la ville de Clermont (1) portait sur sa bannière :

De sable, à un livre d'or ouvert, bordé de gueules.

(*Voyez pl.* **14**, *fig. 3.*)

Les libraires de la ville de Riom étaient réunis aux tailleurs et aux imprimeurs de la même ville.

(*Voyez pl.* **32**, *fig. 5.*)

(1) D'après le dénombrement des arts et métiers de 1747, il n'y avait à cette époque que deux libraires à Clermont.

MAÇONS.

FÊTE : L'ASCENSION.

Dans d'autres provinces, saint Blaise.

Les premiers hommes ne tardèrent pas à s'apercevoir qu'ils n'avaient pas été mis au monde pour habiter des grottes, des cavernes et les bois, en sauvages et dans la solitude. L'amour de la société les fit s'unir et se rapprocher. Les livres saints, l'histoire des Juifs font mention de la première ville du monde que Caïn fit construire l'an 151 ; ce n'était peut-être qu'une réunion de cabanes rustiques, qu'il fit peupler d'habitants et renfermer d'une enceinte.

L'art de bâtir était déjà, dans la plus haute antiquité, en grande renommée chez les Egyptiens ; plusieurs de leurs gigantesques monuments sont encore sur pied, témoin les Pyramides, les murs de Babylone construits de briques et de bitume, le temple de Salomon, etc, etc. Les Romains tentèrent de dépasser les Egyptiens, mais dans l'élégance de leurs constructions seulement. La maçonnerie tenait chez ces peuples le premier rang entre les arts mécaniques qui servent à la construction des édifices.

Comme anciennement les hommes habitaient les bois et les cavernes, le bois avait d'abord paru plus commode pour bâtir, avant que l'on eût connu l'usage de tous les autres matériaux servant aujourd'hui à la construction.

En France, aux onzième, douzième et treizième siècles, partout on rivalisait d'ardeur et d'habileté, dans les constructions d'édifices religieux. C'est de ces époques que datent les belles églises et les monuments gothiques de l'Auvergne, dont la légèreté surprenante retrace moins les belles proportions de l'architecture qu'une élégance et une pratique inconnue jusqu'alors. Sous François Ier, par exemple, on chercha la solidité dans les édifices que l'on fit construire, et ce fut alors que l'architecture sortit du chaos où elle avait été plongée depuis plusieurs siècles. Mais ce fut sous Louis XIV que l'on joignit l'art de bâtir au bon goût de l'architecture.

Chez les anciens les murs construits en maçonnerie consistaient en deux parements de moellons de petite dimension ou de briques remplies par un blocage ou béton de fragments de pierre jetés sans ordre et unis entre eux par du mortier. De nos jours la maçonnerie la plus ordinaire est celle que l'on nomme *moellons piqués*.

On peut voir au surplus en Auvergne, où les matériaux sont de première qualité, de beaux exemples de constructions de tous les temps, depuis l'époque romaine jusqu'à nos jours ; mais ce que nous avons de plus remarquable ce sont nos monuments romans et gothiques.

Les maçons, réunis aux tailleurs de pierre, aux plâtriers et aux mortelliers, avaient depuis très-anciennement une communauté à Paris, et là, comme en province, suivant leurs statuts, ils ne pouvaient prendre qu'un seul apprenti pour six années, sous peine d'amende ; mais lorsque ce premier apprenti avait servi cinq années, si les besoins du service du maître exigeaient un second apprenti, il obtenait facilement des jurés l'autorisation de le prendre. En province on n'avait pas toujours égard à cette prescription ; il était rare qu'il y eût des apprentis en règle et par brevet. Les maîtres s'attachaient seulement à prendre parmi les manœuvres qu'ils payaient les plus capables, et les gardaient à titre d'apprentis pendant trois ou quatre ans, en augmentant un peu leur salaire.

Charles IX, Henri IV, Louis XIII et Louis XIV ont confirmé par divers arrêts et lettres patentes, les statuts des maçons pour à peu près tout le royaume.

Il leur était expressément recommandé par les ordonnances de police, ainsi qu'aux couvreurs et aux autres ouvriers qui travaillent sur les maisons et autres bâtiments, d'y mettre une enseigne, c'est-à-dire deux lates en croix au bout d'une corde pour avertir de se détourner.

Une communauté de maçons réunis aux tailleurs de pierre, aux couvreurs et aux paveurs, existait dans la ville de Riom.

Sa bannière portait pour armoiries :

> D'or, à une truelle de sable, manchée d'argent, posée en chef, et en pointe des ciseaux de sable, ouverts et posés en chevron.

(*Voyez pl.* **14**, *fig.* **4**.)

Une autre communauté de maçons, de couvreurs, de blanchisseurs, existait dans la ville de Saint-Flour ; sa bannière était :

> D'azur, à une truelle d'or, en fasce, accompagnée en chef de deux tuiles d'argent et en pointe d'une fontaine de même.

(*Voyez pl.* **14**, *fig.* **5**.)

Les maçons de la ville de Brioude étaient réunis aux menuisiers et aux charpentiers de la même ville.

(*Voyez pl.* 25, *fig.* 1re.)

Ceux de la ville d'Ambert, aux teinturiers de la même ville.

(*Voyez pl.* 34, *fig.* 1re)

Ceux de la ville de Montferrand, aux cordonniers, aux cardeurs et autres corps de métiers de la même ville.

(*Voyez pl.* 12, *fig.* 2.)

MARCHANDS.

PATRONNE, NOTRE-DAME DE FÉVRIER (2 FÉVRIER).

> De marchand à marchand la main suffit,
> les écrits sont superflus.

Dès le moment où l'homme s'est réuni en société, il ne fut pas longtemps à s'apercevoir qu'il avait besoin de ses semblables pour les choses nécessaires à la vie : les uns cultivaient la terre, d'autres élevaient des bestiaux, et d'autres s'occupaient des arts les plus utiles. La nécessité d'avoir des aliments, des habits, des armes, des outils, dans le temps où l'on ne se servait pas encore de monnaie et que l'on ne pouvait obtenir une chose qu'en échange d'une autre, fit naître le commerce entre les hommes.

Les objets nécessaires à l'homme, les innombrables produits des arts, employèrent dans le principe une grande partie de la population. Si l'on n'avait pas divisé les marchands proprement dits, s'ils n'étaient pas distingués de cette même société par une occupation spéciale, tous les hommes seraient titrés marchands, car il n'en est aucun qui ne transmette à ses semblables les produits de ses manufactures, de ses champs, de son intelligence ou de son industrie.

Tous les propriétaires sont marchands. Les plus grands seigneurs n'avaient pas de scrupule ni de honte pour vendre leur vin, d'ouvrir des tavernes et de se faire en quelque sorte cabaretiers; nos rois même, en accordant à tout le monde le droit de se faire tavernier, se le réservèrent pour eux-mêmes et en usèrent souvent pour les vins qu'ils recueillaient dans les vignobles de leurs domaines.

Quand le roi vendait son vin, toutes les tavernes étaient fermées, et les crieurs publics allaient, soir et matin, par les rues, crier *le vin du roi*. Une ordonnance de saint Louis, de 1268, le prescrit en ces termes : *Si le roys met vin à taverne, tuit li autre tavernier cessent, et li crieurs tuit ensemble doivent crier le vin du roy, au matin et au soir, par les carrefours de Paris.*

Lorsque les villes commencèrent à s'affranchir de la servitude féodale et à se former en communes, les citoyens se formèrent en communautés, par le moyen de leurs diverses professions.

L'origine des corps et communautés de marchands est due à la nécessité de réunir les gens experts, et de les classer suivant l'espèce de commerce ou selon l'exercice des arts qu'ils avaient adoptés. Dans les petites localités, les communautés n'ont pu s'y former que de marchands de toute espèce de productions des arts.

De tout temps les communautés ont eu des surveillants. Déjà, dès la seconde race de nos rois, comme nous l'avons dit dans l'introduction, on voit un *roi des merciers* qui, à Paris et dans toute la France, était le premier, ou, pour mieux dire, le seul officier qui veillât sur tout ce qui concernait le commerce et les arts et métiers. Quelques auteurs fixent au règne de Charlemagne la présidence d'un suprême magistrat des marchands, lequel jouissait des plus grands priviléges.

C'était le *roi des merciers* qui donnait le brevet d'apprentissage et les lettres de maîtrise. Il y avait pour les villes de la province des lieutenants remplissant les mêmes fonctions que lui à Paris. Henri IV détrôna le roi des merciers et abolit les charges de ses lieutenants.

Henri III donna, par son édit de décembre 1581, à l'institution des communautés, l'étendue et la forme d'une loi générale. Il établit les arts et les communautés dans toutes les villes et lieux du royaume. Il assujettit à la maîtrise et à la jurande tous les artisans. Un édit du mois d'avril 1597 a assujetti tous les marchands à la même loi que les artisans. L'édit de mars 1673, purement bursal, en ordonnant l'exécution des deux précédents, a ajouté au nombre des communautés déjà existantes, d'autres communautés jusqu'alors inconnues. La finance a cherché de plus en plus à étendre les ressources qu'elle trouvait dans l'existence de ces corps. Indépendamment des taxes des établissements de communautés et de maîtrises nouvelles, on a créé dans les communautés des offices sous différentes dénominations, et on les a obligées de racheter ces offices au moyen d'emprunts qu'elles ont été autorisées à contracter, et dont elles payaient les intérêts avec le produit des gages ou des droits qui leur ont été aliénés.

C'est sans doute l'appât de ces moyens de finance qui a prolongé l'illusion sur le préjudice immense que l'existence des communautés causait à l'industrie et sur l'atteinte qu'elle portait au droit naturel.

Les marchands, à eux seuls, forment un bon tiers de la population des villes. Aussi, dans le temps des associations de corporations, chaque corps de marchands était représenté et avait sa confrérie.

Les marchands en gros étaient, eux, plus particulièrement distingués. Nos rois considéraient le commerce en gros comme une profession honorable; on voulut la faire marcher de front avec la noblesse. Louis XIV, par un édit de décembre 1701, a mis fin aux préjugés de certaines familles qui pensaient déroger en se livrant au négoce. Voici cet édit :

Art. 1ᵉʳ. Tous nos sujets nobles par extraction, par charge ou autrement, excepté ceux qui sont actuellement revêtus de charge de magistrature, pourront faire librement toute sorte de commerce en gros, tant au dedans qu'au dehors du royaume, pour leur compte ou par commission, sans déroger à leur noblesse.

Art. 2. Voulons et entendons que les nobles qui feront le commerce en gros, continuent de présider en toutes les assemblées les autres négociants, et jouissent des mêmes priviléges attribués à la noblesse.

Art. 3. Permettons à ceux qui font le commerce en gros seulement, de posséder les charges de conseillers secrétaires de nos maison et couronne de France et de nos finances, et continuer en même temps le commerce en gros, sans avoir besoin pour cela d'arrêt ou de lettres de comptabilité.

Art. 4. Seront réputés marchands en gros tous ceux qui feront leur commerce en magasin, vendant leurs marchandises par balles, caisses ou pièces entières, et qui n'auront point de boutiques ouvertes, ni aucun étalage et enseignement à leurs portes et maisons.

Art. 5. Voulons que, dans les villes du royaume où jusqu'à présent il n'a pas été permis de négocier et de faire trafic sans être reçu dans quelques corps de marchands, il soit libre aux nobles de négocier en gros, sans être obligés de se faire recevoir dans aucun corps de marchands, ni de justifier d'aucun apprentissage.

Art. 6. Et afin que les familles des marchands ou négociants en gros, tant par mer que par terre, soient

connues pour jouir des prérogatives qui leur sont attribuées par ces présentes, et pour recevoir les marques
de distinction que nous jugerons à propos de leur accorder, nous voulons qu'ils soient détenus de faire inscrire leurs noms au tableau des juridictions consulaires
de leur ville.

Art. 7. Voulons et entendons pareillement que dans
les provinces, villes et lieux où les avocats, médecins et
autres principaux bourgeois sont admis aux charges
de maires, échevins, consuls, les marchands en gros
puissent être élus concurremment auxdites charges,
nonobstant tous usages contraires.

Art. 8. Entendons pareillement que les marchands
en gros puissent être élus consuls, juges, prieurs, pré-
sidents de la juridiction consulaire, ainsi que les marchands reçus dans le corps des marchands.

Art. 9. Et pour conserver autant que possible la
probité du commerce, déclarons déchus des honneurs
ci-dessus, ceux des marchands, quels qu'ils soient, qui
auront fait faillite ou passé des contrats d'atermoiemet
avec leurs créanciers.

Le même roi Louis XVI, voulant laisser aux commerçants la plus grande liberté, supprima, par un édit
du mois de février 1776, toutes les communautés de
Paris, pour les réorganiser, suivant de nouveaux statuts, en six grands corps, se réservant de régler plus
tard la position des communautés de la province.

Par une ordonnance de police du 5 novembre 1672,
il est fait défense aux marchands de la ville de Clermont
de tenir leurs boutiques ouvertes, d'exposer aucunes
marchandises, les dimanches et jours de fêtes, ni d'entrer ou sortir aucunes sortes de marchandises par des

13

portés de derrière pour les vendre et débiter, à peine
de trois livres d'amende pour la première fois, en laquelle ils seront condamnés sur-le-champ, et de confiscation de leurs marchandises et denrées pour la seconde.

Les marchands en gros ne formaient point communauté comme les autres corps de métiers, par la raison
que, leur commerce s'appliquant à tout en général, ils
ne pouvaient être règlementés par aucunes prescriptions
spéciales. Dans quelques villes cependant ils avaient
des confréries religieuses qui leur donnaient le moyen
de se réunir et de s'étendre; il n'en existait pas dans
notre province; mais en revanche les corporations des
autres marchands de toute espèce de choses étaient
nombreuses. Nous allons en donner la liste en faisant
connaître les armoiries qui ornaient la bannière de chacune d'elles.

L s marchands de la ville d'Allanche avaient pour
bannière :

D'azur, à un chef cousu de même, chargé de
trois fleurs de lis d'argent.

(*Voyez pl.* 15, *fig.* 1re.)

Ceux de la ville d'Ambert :

D'azur, à un saint Louis, roi de France, tenant
de la main droite le bâton royal, et de la
gauche la main de justice, le tout d'or.

(*Voyez pl.* 15, *fig.* 2.)

Ceux de la ville de Besse ,
Mêmes bannière que les précédents.

Ceux de la ville de Blesle, avaient deux communautés, l'une portant :

D'azur, fretté d'argent.

(*Voyez pl.* 15, *fig.* 3.)

L'autre portant :

D'argent, à un hêtre de sinople.

(*Voyez pl.* 15, *fig.* 4.)

Ceux de la ville de Brioude :

D'azur, à une Notre Dame de carnation, vêtue d'or et de gueules, tenant entre se bras le petit enfant Jésus de carnation.

(*Voyez pl.* 15, *f.g.* 5.)

Ceux de la ville de Chaudesaigues :

D'azur, à un lion d'argent, au chef de gueules, chargé de trois fleurs de lis d'or.

(*Voyez pl.* 16, *fg.* 1re.)

Ceux de la ville de Clermont :

Gironné d'or et d'azur de huit pièces.

(*Voyez pl.* 16, *fig.* 2.)

Ceux de la ville de Courpière :

D'azur, à une Notre-Dame d'or, tenant l'enfant Jésus sur le bras droit.

(*Voyez pl.* 16, *fig.* 3.)

Ceux de la ville d'Issoire :

De sinople, à une sainte Geneviève d'or gardant des brebis d'argent sur une terrasse de même.

(*Voyez pl.* 16, *fig.* 4.)

Ceux de la ville de Langheac :

D'or, à un chevron de gueules, au chef de même,
chargé d'une fleur de lis d'or.

(*Voyez pl.* 16, *fig.* 5.)

Ceux de la ville de Massiac :

Partie d'or et de sable, à un lion de même de
l'un en l'autre.

(*Voyez pl.* 17, *fig.* 1re.)

Ceux de la ville de Montaigut :
Même bannière que ceux de la ville d'Ambert.
(*Voyez pl.* 15, *fig.* 2.)

Ceux de la ville de Montferrand, où il existait deux
corporations, l'une portant :

Gironné d'argent et de gueules de dix pièces.

(*Voyez pl.* 17, *fig.* 2.)

L'autre :

D'azur, à un saint Joseph d'or, tenant en sa
main dextre un lis au naturel.

(*Voyez pl.* 17, *fig.* 3.)

Ceux de la ville de Murat :

Fascé d'azur et d'argent de six pièces.

(*Voyez pl.* 17, *fig.* 4.)

Ceux de la ville de Paulhaguet :
Même bannière que celle de la seconde communauté de Montferrand.

(*Voyez pl.* 17, *fig.* 3.)

Ceux de la ville de Pierrefort :

D'or, à deux clefs de sable passées en sautoir.

(*Voyez pl.* 17, *fig.* 5.)

Ceux de la ville de Pont-du-Château :

Gironné d'or et de gueules de huit pièces.

(*Voyez pl.* 18, *fig.* 1re.)

Ceux de la ville de Pontgibaud :

D'argent, parti de gueules, à trois fasces de
l'un en l'autre.

(*Voyez pl.* 18, *fig.* 2.)

Ceux de la ville de Saint-Amant-Tallende.

Fascé d'or et d'azur de six pièces.

(*Voyez pl.* 19, *fig.* 3.)

Ceux de la ville de Saint-Flour :

D'azur, à un navire d'argent.

(*Voyez pl.* 18, *fig.* 5.)

Les marchands et les autres arts et métiers de la ville
d'Arlanc portaient :

Gironné d'or et d'azur de dix pièces.

(*Voyez pl.* 18, *fig.* 5.)

Ceux de la ville d'Auzon :

D'azur, à une sainte Geneviève d'argent gardant
ses brebis de même.

(*Voyez pl.* 19, *fig.* 1re.)

Ceux de la ville de Cournon :

D'azur à une Notre-Dame d'argent.

(*Voyez pl.* 19, *fig.* 2.)

Ceux de la ville de Maurs :

D'or, à un navire de sable équipé d'azur.

(*Voyez pl.* 19, *fig.* 3.)

Ceux de la ville de La Motte :

Echiqueté d'or et d'azur, à un lion d'or brochant
sur le tout.

Voyez pl. 19, *fig.* 4.)

Ceux de la ville de Saint-Paulien :

De sinople, à trois croissants d'or, au chef de
gueules, chargé de deux fleurs de lis d'argent.

(*Voyez pl.* 19, *fig.* 5.)

Ceux de la ville de Saint-Germain-Lembron :

De gueules, à un saint Joseph d'or, tenant en sa
main dextre un lis au naturel.

(*Voyez pl.* 20, *fig.* 1re.)

Ceux de la ville de Saint-Germain-l'Herm :

Même bannière que celle de la seconde communauté des marchands de la ville de Montferrand.

(*Voyez pl.* 17, *fig.* 3.)

Ceux de la ville de Sauxillanges :

De sinople, à une sainte Geneviève d'argent
gardant ses brebis de même.

(*Voyez pl.* 20, *fig.* 2.)

Ceux de la ville de Vic :

> D'or, à trois fasces de gueules, chargées chacune
> sur le milieu d'une étoile d'or.
>
> (*Voyez pl.* 20, *fig.* 3.)

Ceux de la ville de Vic-le-Comte :

> De gueules, à trois chevrons d'or, au chef de
> même, chargé de trois fleurs de lis d'azur.
>
> (*Voyez pl.* 20, *fig.* 4.)

Ceux de la ville de la Voûte :

> Parti d'or et d'azur, à un chevron de l'un en l'autre.
>
> (*Voyez pl.* 20, *fig.* 5.)

Les marchands et artisans de la ville de Mauriac
portaient :

> Parti, au 1er de sable, au 2e d'azur, à trois fasces
> d'argent brochant sur le tout.
>
> (*Voyez pl.* 21, *fig.* 1re.)

Les marchands de draps, de soie, merciers, quincail-
lers, marchands de points et les orfèvres de la ville
d'Aurillac portaient :

> D'azur, à une aune d'argent posée en fasce et
> marquée d'or, accompagnée en chef de deux
> couteaux passés en sautoir de sable, les
> manches d'argent.
>
> (*Voyez pl.* 21, *fig.* 2.)

Les marchands de soie de la ville de Riom portaient :

> De gueules, à trois paquets de soie d'argent
> cordés d'or, posés 2 et 1.
>
> (*Voyez pl.* 21, *fig.* 3.)

Les marchands de la ville de Montaigut étaient réunis aux bouchers de la même ville.

(*Voyez pl. 6, fig. 3.*)

Nous serons agréables à un grand nombre de familles de Clermont et de Riom, nous le pensons au moins, en donnant ici la liste que nous avons pu former des juges et des consuls de la juridiction consulaire de ces deux villes; elles retrouveront leurs aïeux, leurs laborieux prédécesseurs, et même pour un grand nombre d'entre eux, l'indication des armoiries qu'ils furent autorisés à porter suivant l'édit de Louis XIV du mois de novembre 1696, lesquelles armoiries figurent dans l'*Armorial général de France*, déposé aux Archives impériales de Paris.

Nota. Nous avons déjà dit dans un autre ouvrage, le *Dictionnaire heraldique de l'Auvergne*, à propos des personnes et des communautés qui ont fait enregistrer leurs armoiries moyennant 20, 25 ou 50 livres, en vertu de l'édit du mois de novembre 1696, qu'on ne devait pas, pour ce fait, les considérer comme ayant acquis un titre de véritable noblesse.

LISTE DES JUGES ET DES CONSULS

De la jurdiction consulaire de Clermont de 1628 à 1789

ÉPOQUE DE LA RÉVOCATION (1).

Alleyrat, François	2e consul	1755
id. (2)	1er consul	1772
Amouroux, Laurent	2e consul	1764
id	1er consul	1786
Andrat, Claude	1er consul	1720
Andrat jeune, Jean	2e consul	1726
Andrat l'aîné, Claude	juge	1729
Andrat, Claude	2e consul	1746
Anthoine, Antoine	1er consul	1628
Ardillon, Hubert	1er consul	1697
id	juge	1707
Ardillon, Jean	2e consul	1703

(1) La juridiction consulaire a été établie à Clermont par édit de Charles IX, du mois d'avril 1565. Elle était composée d'un juge et de deux consuls, choisis chaque année dans le corps des marchands. Le juge devait avoir quarante ans et avoir passé consul, et le consul vingt-sept ans. On leur adjoignait trois anciens juges auxquels on donnait le nom de conservateurs. Ils étaient choisis par le corps lors de la nomination des juges et consuls, qui se faisait le jeudi le plus près de la fête de sainte Catherine.

Les listes de ces magistrats avant 1628 n'ont pu être retrouvées.

L'édit de création d'une semblable juridiction à Riom est du mois de mars 1567.

La ville de Thiers avait, depuis un édit de février 1565, une semblable juridiction.—Montferrand, de 1566 à 1731.—Billom, 1569, etc.

Les audiences de la juridiction avaient lieu à Clermont trois fois par semaine, de dix heures à midi.

(2) Barthélemy Alleyrat, bailli de Fernoel et de Giat, de la même famille, avait pour armoiries : *De sable, à trois lions d'argent couronnés d'or, posés 2 et 1.*

Arnaud, Michel................ 2e consul 1660

   id.................... juge   1668

Arnaud, Hugues.............. 2e consul 1690

Astier, Jacques (1) .... 2e consul 1706

Balbon, Antoine.............. 2e consul 1708

Balbon, Antoine.............. 1er consul 1732

Bancal, fils, N................ 2e consul 1783

Bancal...................... 1er consul 1784

Bancal...................... juge   1786

Baptiste, N. (2)............... 1er consul 1673

Bardonnaud l'aîné, Antoine....... 2e consul 1729

Bardonnaud, Gervais .... 1er consul 1751

Bardonnaud cadet, Antoine....... 1er consul 1760

Bardonnaud, Antoine........... juge   1769

Bec, Jean-Léon .... 2e consul 1763

Beille, Pierre................. 2e consul 1732

Beille, Pierre................. juge   1741

Beille, François.............. 1er consul 1761

Beille cadet, N................ 2e consul 1767

Beille aîné, François........... juge   1770

Beille, Gabriel............... 2e consul 1777

Beille aîné.................. 1er consul 1787

Bellaigue, Anne.............. 2e consul 1642

Bellaigue, N................. 1er consul 1668

Bellaigue, N................. 2e consul 1673

Bellaigue, Guillaume.......... juge   1686

De Benoist, N................ 2e consul 1667

De Benoist, Blaise............. juge   1678

---

(1) Guillaume Astier, notaire à Clermont : *D'azur, à la fasce d'or, accompagnée de trois étoiles de même, deux en chef, une en pointe.*
(2) André Baptiste, greffier de la ville de Clermont : *D'or, au griffon d'azur.*

Berard, Claude................	1er consul	1729
Beraud, Honoré (1)............	2e consul	1698
id.....................	juge	1713
Beraud, Jacques...............	2e consul	1722
id.....................	juge	1731
Bergonnioux, Annet (2).........	2e consul	1683
Bergonnioux, Jacques...........	1er consul	1686
Bergonnioux, Annet............	juge	1693
Bergonnioux, Etienne...........	1er consul	1704
Bergonnioux, Michel	2e consul	1711
Bernard, N....................	2e consul	1666
Bernard, N....................	juge	1683
Besse, Gabriel................	2e consul	1732
Besson, Antoine...............	2e consul	1689
Besson, Antoine (3)............	juge	1697
Besson, Georges	1er consul	1716
Besson, Jean-Pierre-Laurent......	1er consul	1767
Besson, Laurent...............	1er consul	1777
id.....................	juge	1778
Besson-Causse..	juge	1788
Blanzat, Pierre...............	1er consul	1725
Blanzat, Louis................	1er consul	1741
Blanzat, Louis................	juge	1733
Blanzat, Guillaume............	1er consul	1770
Blanzat, Guillaume............	1er consul	1782
Blanzat, N....................	juge	1784

(1) Honoré Beraud , marchand bourgeois de Clermont : *D'argent, au chevron de sinople.*

(2) Annet Bergonnioux, marchand de Clermont : *D'or, au chevron de gueules , au sanglier de sable en pointe*

(3) Antoine Besson, marchand de Clermont : *D'azur, à deux colombes affrontées d'argent..*

Blatin, Antoine................. 2ᵉ consul 1680

      id. (1)................. juge   1700

Blatin l'aîné, Georges............ 2ᵉ consul 1716

Blatin-Bretau, Antoine........... 1ᵉʳ consul 1740

Blatin, Antoine................. juge   1751

Blatin fils, N.................. 2ᵉ consul 1778

Blatin, N..................... 1ᵉʳ consul 1788,

Blondel, Blaise................. 1ᵉʳ consul 1657

Boisson-Imbert, François......... 2ᵉ consul 1762

Boisson-Gros, Pierre,............ 1ᵉʳ consul 1763

Boisson-Imbert, François......... 1ᵉʳ consul 1773

Boisson-Imbert, François......... juge   1777

Boisson, N.................... 1ᵉʳ consul 1789

Bompard, Amable .... 2ᵉ consul 1685

Bompard, François.............. 2ᵉ consul 1733

Bompard-Mosnier, Claude........ 1ᵉʳ consul 1748

Bompard-Mosnier, Claude........ juge   1758

Bompard, Adrien............... 2ᵉ consul 1765

Bompard-Mosnier............... 2ᵉ consul 1779

Bompard fils, N................ 1ᵉʳ consul 1789

Bonardel, Jacques.............. 1ᵉʳ consul 1703

Bondel, N.................... 1ᵉʳ consul 1698

Bonnadier.................... 2ᵉ consul 1787

Bonnefont, Jean .... 2ᵉ consul 1650

Bourlin, Barthélemy............ juge   1628

Bourlin, N.................... juge   1633

Bourlin, Martin................ 2ᵉ consul 1634

Bourlin, Michel................ 1ᵉʳ consul 1636

      id. .... juge   1640

(3) Antoine Blatin, marchaud de Clermont : *D'or, à trois épis de gueules, 2 et 1.*

Bourlin, François...............	1er consul	1743
Bourlin, Martin (1)...	juge	1644
Bourlin, Michel................	juge	1651
Boutaudon, Pierre (2)	1er consul	1735
Boyt, Antoine.................	2e consul	1652
Brioude, Pierre................	2e consul	1757
De Brion, Jean	2e consul	1636
De Brion, Guillaume...........	2e consul	1641
De Brion, Guillaume...........	juge	1643
De Brion, Jean	juge	1655
De Brion, Amable..............	1er consul	1713
id.....................	juge	1736
Brohet, Antoine.....	2e consul	1662
Brugheat, Jean (3)..............	2e consul	1695
Brun, Pierre..................	juge	1634
Brun, Antoine	1er consul	1640
Brun, Gilbert.................	2e consul	1644
id.....................	juge	1632
Brun, N. (4).................	1er consul	1679
Brun, Côme	1er consul	1708
Brun-Courty, Jean.............	1er consul	1714
Brun, Guillaume	2e consul	1719
Brunel, Gilbert................	1er consul	1631
id.....................	juge	1646
Brunel, Michel	2e consul	1655

(1) Plusieurs Bourlin de Clermont avaient des armoiries qui figurent dans l'*Armorial général de la généralité de Riom*.

(2) N. Boutaudon, imprimeur du roi à Clermont : *De sable, à une bannière d'argent.*

(3) Jean Brugheat, marchand bourgeois de Clermont : *D'or, au chevron d'azur.*

(4) Charles Brun, bourgeois de Clermont : *D'azur, à une colombe essorante d'argent.*

Brunel, Michel .... juge   1658

Bruslé, Claude .... 2ᵉ consul 1724

Bruslé, Joseph .... 2ᵉ consul 1734

Carraud, François .... 2ᵉ consul 1640

Cassière, Jacques (1) .... 1ᵉʳ consul 1690

Cellier, François, orfèvre .... 1ᵉʳ consul 1757

Cellier, François .... juge   1767

Chambéry, Claude .... 1ᵉʳ consul 1655

Champeix-Brun (2) .... 1ᵉʳ consul 1665

Charbonnier, Etienne .... juge   1733

Charbonnier, Michel (3) .... 1ᵉʳ consul 1744

Charbonnier, Michel .... juge   1757

Charles .... 2ᵉ consul 1788

Chassaigne, Jean (4) .... 1ᵉʳ consul 1692

Chassaigne, Jean .... 1ᵉʳ consul 1719

Chassaigne, Jean-Baptiste .... 1ᵉʳ consul 1771

Chausseyras, François .... 1ᵉʳ consul 1633

Chausseyras, François .... juge   1636

Cheix, François .... 2ᵉ consul 1714

Chesle, Antoine .... 1ᵉʳ consul 1699

Cohade, Jean .... 1ᵉʳ consul 1637

Concordant, Gervais .... 2ᵉ consul 1646

Concordant, Gervais .... juge   1634

Concordant, N .... 1ᵉʳ consul 1663

(1) Jacques Cassière, marchand bourgeois de Clermont : *D'argent, à l'agneau pascal de sable.*

(2) N. Champeix, bourgeois de Clermont : *D'azur, à un perroquet d'or.*

(3) Michel Charbonnier, marchand bourgeois, de Montferrand, de la même famille : *D'or, à la bande de sable, chargée de trois charbons d'argent, allumés de gueules.*

(4) Jean Chassaigne, marchand de Clermont : *D'or, au lévrier courant de gueules, colleté d'argent.*

Concordant, Michel	juge	1672
Concordant, N.	2e consul	1678
Concordant, Michel	juge	1688
Constant, Antoine	2e consul	1723
Cortigier, Jean	2e consul	1664
Cortigier, Jean	juge	1670
Cortigier, Pierre	1er consul	1691
Cort gier l'aîné, Jean	1er consul	1706
Cortigier l'aîné, Jean	jug⋅	1714
Coussayre, Jean	2e consul	1701
Coussayre, Jean	juge	1711
Cousty, Jean	2e consul	1688
Cousty l'aîné, Jean (1)	juge	1701
Dalbet, Jean	2e consul	1735
Dalmas, Jacques (2)	2e consul	1727
Daubusson, Joseph	2e consul	1769
Daubusson, Joseph	1er consul	1780
Daubusson, Joseph	juge	1783
David, Martial	2e consul	1656
David, Lazare	1er consul	1683
David, Etienne	1er consul	1688
David, Lazare	juge	1691
David, Jacques	1er consul	1694
David, Etienne (3)	juge	1698
Découte, Joseph	2e consul	1767

(1) Jean Cousty l'aîné, marchand de Clermont : *D'azur, au pal d'argent, accosté de deux merlettes de même.*

(2) Gilbert Dalmas, conseiller du roi, avocat général à la cour des aides de Clermont de la même famille : *D'azur au mât de navire d'argent, cordé et pavoisé de même, sur une mer aussi d'argent, à un croissant d'or en chef entre deux étoiles de même.*

(3) Etienne David, marchand de Clermont: *D'azur, à trois harpes d'or cordées d'argent, 2 et 1.*

Delaigue, Antoine...............	1er consul	1662
Delaigue, N...................	juge	1667
Delaigue, Antoine...............	2e consul	1684
Delarbre, Antoine..............	1er consul	1736
Delaymerie, Jean................	1er consul	1722
Desaumade, Jean-Baptiste........	2e consul	1761
Desaumade, Jean-Baptiste........	1er consul	1778
Desaumade, Jean-Baptiste........	juge	1779
Desanges, François.............	2e consul	1758
Desanges, François.............	1er consul	1775
Desanges, François.............	juge	1781
Deydier, Guillaume (1)..........	2e consul	1657
Deydier, N....................	juge	1666
Deydier, N....................	juge	1675
Deydier, Sébastien.............	2e consul	1692
Deydier, Sébastien	juge	1703
Domergue.	1er consul	1787
Ducrohet, Antoine (2)...........	2e consul	1681
Ducrohet, Jean	2e consul	1705
Ducrohet, Jean	juge	1721
Dufaud, Jean..................	2e consul	1699
Dufaud, Jean..................	juge	1710
Dufaud, Antoine...............	1er consul	1726
Dufaud jeune, Pierre............	2e consul	1728
Dufaud, Antoine...............	juge	1755
Dufaud cadet, Gilbert...........	2e consul	1754
Dufraisse, Guillaume	2e consul	1629
Dufraisse, Claude..............	2e consul	1655

(1) Guillaume Deydier, bourgeois de Clermont : *D'azur, à un paon rouant d'or*.

(2) Antoine Ducrohet, marchand de Clermont: *Fascé d'or et d'azur de quatre pièces.*

Dufraisse, Pierre................	2ᵉ consul	1643
Dufraisse, N...................	juge	1649
Dufraisse, Etienne.............	1ᵉʳ consul	1651
Dufraisse, Etienne.............	juge	1657
Dufraisse, Pierre..............	juge	1663
Dufraisse, Etienne (1)..........	juge	1671
Dufraisse l'aîné, N.............	juge	1677
Dufraisse, François............	2ᵉ consul	1679
Dufresne, Pierre..............	1ᵉʳ consul	1644
Dufresne, Pierre..............	juge	1650
Dulac, Matthieu...............	2ᵉ consul	1745
Dulac, Matthieu...............	juge	1752
Dulac cadet, N................	1ᵉʳ consul	1766
Dulac, Matthieu, aîné..........	juge	1772
Dulac cadet, François..........	2ᵉ consul	1773
Dulac cadet, François..........	juge	1776
Dulin, Julien.................	2ᵉ consul	1742
Dulin, Gabriel................	2ᵉ consul	1747
Dulin, Gabriel................	juge	1763
Dulin, Jean..................	2ᵉ consul	1768
Dulin fils, J.................	1ᵉʳ consul	1781
Dulin, J....................	juge	1782
Durand, Bertrand..............	juge	1629
Durin, Pascal (2)..............	2ᵉ consul	1707
Esseaume, Jean................	1ᵉʳ consul	1714
Faye (de la), Jean..............	2ᵉ consul	1651
Fontenille, Jacques (3)..........	1ᵉʳ consul	1759

(1) Etienne Dufraisse, bourgeois de Clermont : *D'or, au frêne de sinople , au chef d'azur chargé de trois étoiles d'or.*

(2) N. Durin, marchand bourgeois de Clermont : *D'azur, à un porc-épic d'or.*

(3) Pierre et Antoine de Fontenille, bourgeois de Clermont : *D'azur, au chevron d'or, accompagné de deux étoiles d'or en chef et d'un lion de même en pointe.*

14

Fournet, Jean .... 2e consul 1633
Fouquerouse, Georges .... 2e consul 1740
Fouquerouse, Georges .... juge 1746
Fressanges, Etienne .... 2e consul 1665
Fressanges, Antoine .... 2e consul 1741
Fuson .... 2e consul 1789
Galeix, Sébastien .... 1er consul 1655
Galeix, Sébastien (1) .... juge 1660
Garnaud, N .... juge 1657
Garrel, Etienne .... 1er consul 1630
Garrel, Etienne .... juge 1641
Garrel l'aîné .... 1er consul 1678
Gastepaire, François .... 2e consul 1654
Gaubert, Barthélemy .... 2e consul 1759
Gerard, N .... 1er consul 1674
Girard, Louis .... 1er consul 1646
Girard, N .... juge 1680
Girard, N .... juge 1684
Girard, Jean (2) .... 1er consul 1685
Girard, Louis .... 1er consul 1687
Girard, Louis .... juge 1694
Girard, Amable .... 1er consul 1711
Girard, Benoit .... 2e consul 1723
Giraud, Benoît .... juge 1732
Godheux, Pierre .... 1er consul 1747
Godon, Gilbert .... 2e consul 1712
Grimaud, Pierre .... 2e consul 1639
Grimaud, Pierre .... juge 1648

(1) N. Galeix, marchand bourgeois de Clermont : *D'argent à un épervier de sable, ayant deux grelots de même aux pattes.*

(2) Jean Girard, marchand de Clermont : *D'azur, à trois épis de blé d'or réunis à un croissant d'argent en pointe.*

Gros, Jean.....................	2ᵉ consul	1720
Gros, Jean.....................	2ᵉ consul	1738
Gros, Jean.....................	juge	1747
Gros, Charles	2ᵉ consul	1749
Gros, Charles..................	juge	1760
Gros l'aîné, N.................	1ᵉʳ consul	1765
Gros-Guillot, François..........	1ᵉʳ consul	1769
Gros l'aîné, N.................	2ᵉ consul	1774
Groslier, Nicolas..............	2ᵉ consul	1628
Groslier, Nicolas..............	juge	1659
Groslier, N	2ᵉ consul	1663
Groslier, N...................	juge	1669
Groslier, Michel..............	2ᵉ consul	1696
Groslier, Pierre..............	1ᵉʳ consul	1700
Groslier, Pierre..............	juge	1708
Guillot, Nicolas..............	2ᵉ consul	1730
Guillot, Nicolas..............	juge	1761
Guyot, Etienne................	1ᵉʳ consul	1660
Guyot, Hugues	2ᵉ consul	1661
Guyot, Pierre.................	2ᵉ consul	1687
Guyot l'aîné, Pierre..........	juge	1702
Guyot, Pierre	1ᵉʳ consul	1718
Guyot l'aîné, Austremoine........	1ᵉʳ consul	1724
Guyot cadet, Nicolas...........	1ᵉʳ consul	1738
Guyot Nicolas.................	juge	1768
Guyot fils, N.................	2ᵉ consul	1782
Guyot fils, N.................	2ᵉ consul	1784
Jaby, Matthieu	1ᵉʳ consul	1728
Jaby, Matthieu	juge	1740
Jaby, Benoît	1ᵉʳ consul	1736
Jaby, Benoît..................	juge	1764
Jacquard, Nicolas.............	2ᵉ consul	1670

Jarton, François.............. 1er consul 1759

Jeudy, N.................... 2^e consul 1659

Jeuneshommes, N............. 1er consul 1669

Jeuneshommes, N............. juge 1679

Jouvenceau, Claude........... 1er consul 1656

Juge, N.................... 2e consul 1675

Juge, J.-N.................. 1er consul 1681

Juge, Jean................... 2e consul 1709

Juge, Jean................... juge 1725

Juge, Jean................... 1er consul 1750

Julhes, Bertrand.............. 2e consul 1736

Julhes, Joseph-Bertrand........ juge 1744

Lacarrière.................. 1er consul 1788

Lafarge, N.................. 2e consul 1766

Lafarge, Alexandre........... 1er consul 1776

Laforie, Joseph.............. 1er consul 1745

Laforie, Joseph.............. juge 1755

Laporte, François............ 2e consul 1645

Laporte, Jean................ 2e consul 1749

Laporte, Jean................ juge 1759

Laporte fils, N.............. 2e consul 1776

Laporte fils, N.............. 1er consul 1783

Laporte .... juge 1785

Launegri, André............. 1er consul 1647

Lavaisse, François............ 2e consul 1693

Lavaisse, François............ juge 1709

Lavie .... 2e consul 1776

Legat l'aîné, Priest........... 2e consul 1748

Lelarge, François............. 2e consul 1691

Leriche, Pierre.............. 2e consul 1657

Lustrat.................... 2e consul 1785

Majour, Michel.............. 1er consul 1649

Majour, Michel................ juge   1661
Majour, N.................... 1er consul 1667
Majour, N.................... juge   1673
Majour, N.................... juge   1695
Mallet, Antoine.............. 1er consul 1675
Mallet, Antoine (1).......... juge   1687
Mallet, Martial.............. 1er consul 1707
Mallet, Antoine.............. 1er consul 1715
Mallet, Martial.............. juge   1716
Mallet, Ligier............... 2e consul 1721
Mallet, Antoine.............. juge   1723
Mallet, Ligier............... juge   1758
Mallet, François............. 1er consul 1753
Maloet, Jean................. 1er consul 1632
Maloet, Jean................. juge   1647
Maloet, Antoine.............. 1er consul 1680
Maloet, Antoine.............. juge   1689
Maloet, Jean................. 1er consul 1709
Maloet, Jean................. juge   1715
Maréchal, Philibert.......... 2e consul 1655
Maréchal, Philibert.......... juge   1662
Maritan, Jacques............. 1er consul 1659
Marnat, Jean................. 2e consul 1737
Marnat, Jean................. juge   1742
Marnat, Guillaume............ 1er consul 1764
Marnat, Guillaume............ 2e consul 1772
Martin, Etienne.............. 1er consul 1752
Martinat l'aîné.............. 1er consul 1727
Martinet, N.................. 1er consul 1676

(1) Antoine Mallet, troisième échevin de Clermont : *D'azur, à trois mains dextres d'argent surmontées chacune d'une étoile d'or.*

Massis, N.................... 1er consul 1671

Massis, N.................... juge   1674

Massis, N (1)................. juge   1692

Masson (le), Antoine........... 1er consul 1652

Masson (le), Claude........... 2e consul 1744

Masson (le), Claude........... juge   1754

Masson (le), Claude........... juge   1774

Mondeyrac, Jean............... 1er consul 1705

Mondeyras, Antoine........... juge   1717

Montchozon, Charles.......... 2e consul 1631

Montorcier, Jean.............. 2e consul 1649

Montorcier, Jean.............. juge   1659

Moret, Blaise................. 1er consul 1755

Mosnier, Thomas.............. 1er consul 1654

Mosnier, Thomas.............. juge   1656

Mosnier, Claude.............. 1er consul 1702

Neyrac, Antoine.............. 1er consul 1701

Neyrat, Antoine.............. 2e consul 1717

Neyrat, Antoine.............. juge   1727

Olivier, André.............. 1er consul 1642

Ozy, Jean-François........... 2e consul 1756

Pascal, Guillaume............ 1er consul 1737

Pascal, Guillaume............ juge   1748

Parrinet, Geraud............. juge   1631

Pelissier, Matthieu .... 2e consul 1650

Pelissier, Matthieu........... juge   1655

Perrier, Florin.............. 2e consul 1638

Perrier, Florin.............. juge   1653

Peschier, Joseph............. 2e consul 1770

---

(1) N. Massis, marchand bourgeois de Clermont : *D'azur, à une masse d'or.*

Petit, Guillaume............... 2e consul 1730
Petit, Guillaume.............. juge   1739
Pons, Jean........... .... 2e consul 1771
Pradette, Guillaume........... 1er consul 1641
Pradette, André.............. 1er consul 1661
Prevost, Antoine.............. 2e consul 1648
Prient, François............... 2e consul 1694
Prient, François.............. juge   1706
Pyrent, Michel, confiseur....... 1er consul 1738
Pyrent l'aîné, Michel.......... juge   · 1743
Pyrent cadet, Etienne.......... 1er consul 1746
Pyrent, Annet................. 1er consul 1768
Pyrent, Annet................. 1er consul 1779
Pyrent, Annet................. juge   1780
Pyrent, N..................... 2e consul 1785
Queyreaux, Jean............... 2e consul 1704
Queyreaux, Jean............... juge   1712
Queyreaux, Martial........... 2e consul 1715
Queyreaux, Martial........... juge   1726
Rabusson-Lamothe, Gilbert..... 2e consul 1743
Rabusson-Lamothe, Gilbert..... juge   1730
Ralus, Martin................. 1er consul 1659
Ralus, Martin................. juge   1665
Redon, Vincent............... 1er consul 1696
Redon, François.............. 1er consul 1717
Redon, François.............. juge   1728
Renoux, Pierre............... 2e consul 1658
Renoux, N.................... juge   1664
Renoux, Pierre............... 1er consul 1682
Renoux, Pierre............... juge   1690
Renoux, Annet-Nicolas........ 1er consul 1762
Renoux, Annet-Nicolas......... juge   1771

Richard, Pierre................ 1er consul 1684
Robin, Claude................ 1er consul 1645
Roi, Antoine................ 1er consul 1731
Rolland, Joseph (1)............. 2^e consul 1697
Rolland, Joseph.............. juge   1704
Rolland, Jacques.............. 2^e consul 1731
Rome, N (2).................. 2^e consul 1669
Rougier, Antoine.............. 2^e consul 1760
Rougier, Antoine.............. 1er consul 1774
Rougier, Antoine,............. juge   1775
Roux, Claude................ 2^e consul 1731
Roux, Claude................ juge   1762
Roux cadet, N................ 2^e consul 1781
Roux cadet, N................ 1er consul 1785
Ruchier, Pierre............... 1er consul 1638
Sablon, Jacques.............. 1er consul 1733
Sablon fils, Pierre-Nicolas....... 1er consul 1743
Sablon, Nicolas.............. juge   1756
Sablon, Pierre-Nicolas .... juge   1773
Sablon fils, Nicolas............ 2^e consul 1780
Salvagniac, N................ 2^e consul 1775
Sarsat, Maurice.,............. 1er consul 1629
Sauret, Simon................ 1er consul 1730
Sauret, Simon................ juge   1737
Savignat, Claude............. 1er consul 1635
Savignat, Claude............. juge   1642
Savignat, Claude............. 1er consul 1672
Savignat, Claude............. juge   1682

(1) N. Rolland, marchand de Clermont : *D'azur, à trois cors de chasse d'or*, 2 et 1.

(2) Jean Rome, procureur en la sénéchaussée et siége présidial de Clermont : *D'azur, à trois bourdons d'or en pal.*

Savignat, Pierre (1)	juge	1699
Savignat, Antoine	1er consul	1721
Savignat, Antoine	juge	1730
Solignat, Antoine	2e consul	1676
Solignat, Gabriel	2e consul	1702
Solignat, Gabriel	juge	1719
Solignat l'ainé, Antoine,	1er consul	1734
Solignat, Antoine	juge	1749
Solignat-Mosnier, Amable	2e consul	1753
Solignat, N	juge	1766
Taillandier, Victor	juge	1632
Tamen, Ligier (2)	2e consul	1686
Tamen, Ligier	juge	1705
Tamen, N	1er consul	1742
Taravand, Pierre	2e consul	1647
Teringaud, Martin	2e consul	1683
Teringaud, N	juge	1676
Teringaud, Jean	1er consul	1712
Teringaud, Jean	juge	1718
Téallier, Gabriel	2e consul	1718
Téallier, Gabriel	juge	1724
Thierry, Nicolas	1er consul	1664
Thierry, Nicolas (3)	1er consul	1693
Thierry, Michel	1er consul	1723
Thierry, Michel	juge	1734

(1) Pierre Savignat le jeune, marchand à Clermont : *D'azur, au chevron d'or, accompagné de trois feuilles de vigne de même.*

(2) Ligier Tamen, marchand à Clermont : *D'argent, à la bande de sable.*

(3) Nicolas Thierry, marchand bourgeois de Clermont : *D'argent, aux ombres du soleil d'azur.*

Un autre Nicolas Thierry, marchand à Clermont : *D'azur à la bande d'or, accompagnée de deux tierces-feuilles de même.*

Tissandier, Pierre..............	1er consul	1634
Tissandier, Pierre..............	juge	1645
Tronet, Jean..................	2e consul	1739
Tronet, Jean..................	juge	1745
Valleix, Claude................	1er consul	1650
Vallette, N...................	2e consul	1677
Vassadel, N..................	1er consul	1658
Vassadel, N..................	1er consul	1666
Vassadel, N..................	2e consul	1671
Vassadel, N..................	juge	1676
Vassadel, Antoine (1)..........	juge	1685
Vazeilles, N..................	2e consul	1674
Vazeilles, Ligier (2)............	1er consul	1689
Vazeilles, Jean-François (3)......	1er consul	1695
Vazeilles, Pierre..............	2e consul	1710
Vazeilles, Nicolas.............	2e consul	1713
Vazeilles, Pierre..............	juge	1720
Vazeilles, Nicolas	juge	1722
Vazeilles, Jean-Dominique.......	1er consul	1754
Vazeilles, N..................	juge	1765
Verdier, Michel...............	2e consul	1700
Vergnol, Jacques..............	1er consul	1648
Vigier, Bertrand..............	juge	1630
Vigier, N...................	juge	1638

(1) Jacques Vassadel, bourgeois de Clermont : *D'azur, au chevron d'or, accompagné d'une étoile d'argent entre deux croissants de même en chef et d'un vase de fleurs d'or contenant trois roses d'argent avec leurs tiges de même.*

(2) Ligier Vazeilles et François Vazeilles, marchands de Clermont : *D'azur, à trois merlettes d'argent.*

(3) Jean-François Vazeilles, marchand bourgeois de Clermont : *D'or, à la bande denchée d'azur.*

Vissaguet, N (1)............... 1er consul 1677
Volpilière (la), N............... 2e consul 1668
Volpilière (la), N............... juge   1681

JUGES ET CONSULS

De la juridiction consulaire de Riom,

DE 1633 A 1721.

Alexandre, François (2)......... 2e consul 1698
Alexandre, François........... 1er consul 1703
Alexandre, François........... juge   1709
Alexandre, François........... juge   1716
Almaric, N.................... 2e consul 1635
Almaric, N.................... 1er consul 1642
Almaric, N.................... juge   1649
Almaric, N.................... juge   1663
Amy, J....................... 2e consul 1639
Amy, N....................... 1er consul 1650
Amy, N....................... juge   1656
Amy, Antoine................. 1er consul 1678
Amy, N....................... juge   1688
Amy, Amable................. 2e consul 1719
Andrieux, Gilbert............. 2c consul 1700
Apret, N..................... 2e consul 1650
Apret, N..................... 1er consul 1660
Apret, N..................... juge   1670
Arvier, N.................... 1er consul 1640

(1) N. de Vissaguet, bourgeois de Clermont : *D'azur, à deux chevrons d'or.*
(2) François Alexandre, marchand épicier de Riom : *D'or, à un chevron de gueules.*

Arvier, Claude...............	juge	1642
Assolent, N...................	2ᵉ consul	1672
Assolent, N (1)...............	1ᵉʳ consul	1687
Assolent, Antoine.............	2ᵉ consul	1714
Assolent, Antoine (2)..........	1ᵉʳ consul	1719
Azan, Antoine................	2ᵉ consul	1633
Azan, Jean...................	2ᵉ consul	1634
Azan, Gilbert.................	1ᵉʳ consul	1646
Azan, Jean...................	1ᵉʳ consul	1648
Azan, Gilbert.................	juge	1653
Azan, Jean...................	2ᵉ consul	1663
Bauduy, Ligier...............	juge	1634
Baudry, Gilbert...............	1ᵉʳ consul	1643
Beauxamis, N,................	juge	1637
Beauxamis, N................	juge	1652
Beauxamis, N................	juge	1658
Bernard, N...................	1ᵉʳ consul	1635
Berthon, Jean................	2ᵉ consul	1715
Berthon, Jean................	1ᵉʳ consul	1720
Biorat, Jean..................	2ᵉ consul	1677
Biorat, Jean..................	1ᵉʳ consul	1686
Biorat, Jean..................	juge	1694
Bletterie, Antoine.............	2ᵉ consul	1685
Bletterie, Antoine.............	1ᵉʳ consul	1691
Bletterie, Antoine.............	juge	1698
Bletterie, Antoine.............	juge	1705
Bletterie, N.	2ᵉ consul	1662
Boisson, Nicolas..............	juge	1654

(1) François Assolent, marchand bourgeois de Riom : *De gueules, à trois soles d'or, les nageoires d'argent, posées 2 et 1.*

(2) Antoine Assolent, secrétaire de la ville de Riom : *D'azur, au chevron d'argent, accompagné de deux étoiles d'or en chef et d'un croissant de même en pointe.*

Boisson, Jean................... 2e consul 1666
Boisson, Jean (1).............. 2e consul 1693
Boisson, Joseph............... 1er consul 1701
Boisson, Joseph............... juge   1712
Bonnet, N.................... 2e consul 1641
Bonnet, M.................... 2e consul 1645
Bonnet, N.................... 2e consul 1692
Bonnet, Claude............... 1er consul 1698
Bordas, N.................... 1er consul 1672
Bordet, N.................... 2e consul 1656
Bordet, N.................... juge   1680
Bordet, Antoine.............. 2e consul 1681
Bourlin, N.................... 1er consul 1655
Bourlin, N.................... juge   1666
Bourlin, N.................... juge   1675
Bouteix, N.................... 2e consul 1649
Bouteix, N.................... 2e consul 1674
Bouteix, N. (2)............... 1er consul 1680
Brugeas, N .... juge   1635
Cardet, N.................... 2e consul 1668
Cardet, N.................... 1er consul 1677
Chaduc, N.................... juge   1664
Chassaignes, N............... 2e consul 1653
Chassaignes, N .... 2e consul 1655
Chassaignes, N............... 1er consul 1664
Chassaignes, N (3)........... juge   1674
Chaumard, N.................. 1er consul 1636

(1) Jean Boisson, marchand tanneur de Riom : *D'azur, au cep de vigne d'or, fruité de gueules et reposant sur une terrasse de sable.*

(2) Jean Bouteix, marchand de soie et bourgeois de Riom : *D'argent, à trois bouteilles d'azur posées 2 et 1.*

(3) Antoine Chassaigne, marchand épicier de Riom : *D'argent, à un châtaignier de gueules, fruité d'or.*

Chefdeville N....................	2e consul	1688
Chefdeville, N..................	1er consul	1695
Chefdeville, Antoine, (1).......	juge	1701
Chevalier, J...................	juge	1639
Chevalier, Antoine.............	1er consul	1652
Chevalier, N...................	juge	1660
Chevalier, N...................	juge	1669
Chevalier, N...................	juge	1676
Chevalier, N...................	2e consul	1691
Chevalier, Gilbert (2).........	1er consul	1696
Chevalier, Gilbert.............	juge	1702
Chevalier, Gilbert.............	juge	1714
Costeraut, N..................	2e consul	1651
Costeraut, N..................	1er consul	1658
Costeraut, N..................	juge	1665
Costeraut, Lib................	juge	1671
Costerolle, Pierre............	juge	1686
Déat N........................	2e consul	1638
Déat, N.......................	2e consul	1657
Déat, Jean...................	2e consul	1660
Déat, Antoine................	1er consul	1674
Déat, Pierre.................	1er consul	1675
Déat, Antoine................	2e consul	1676
Déat, Pierre.................	juge	1681
Déat, Pierre.................	juge	1687
Déat, N.......................	2e consul	1695
Déat, Antoine................	1er consul	1700
Déat, Antoine................	juge	1706
Deservat, Antoine............	2e consul	1715

(1) Antoine Chefdeville, marchand épicier de Riom : *D'or, à la fasce de sable, au chef de même, chargé d'une ville d'argent.*
(2) Gilbert Chevalier, marchand bourgeois de Riom : *D'argent, à la croix pattée d'azur.*

Ducrochet, N..............	2e consul	1721
Dubourg, N...............	2e consul	1669
Duroyat, Jean-Baptiste.........	2e consul	1708
Duvay, Jean-Baptiste..........	1er consul	1715
Faure, François.............	2e consul	1704
Fauret, Bernard.............	1er consul	1717
Forest, J..................	1er consul	1639
Forest, J..................	juge	1648
Frenaye, Amable.............	2e consul	1705
Frenaye, Amable.............	1er consul	1710
Frenaye, Amable.............	juge	1719
Fressanges, Jacques...........	2e consul	1642
Fressanges, Jacques...........	1er consul	1651
Fressanges, N..............	2e consul	1665
Fressanges, N..............	1er consul	1669
Fressanges, Antoine...........	1er consul	1673
Fressanges, J. Ap............	juge	1679
Fressanges, Antoine...........	juge	1683
Fressanges, Antoine...........	juge	1689
Fressanges, Louis............	2e consul	1697
Fressanges, Antoine...........	2e consul	1701
Fressanges, Antoine...........	1er consul	1707
Fressanges, Antoine...........	juge	1717
Gamy, N..................	2e consul	1644
Gaubert, N................	2e consul	1673
Gaubert père..............	juge	1693
Gaubert, Taurin.............	2e consul	1696
Gaubert, Taurin fils...........	1er consul	1704
Gaubert, Taurin.............	juge	1713
Gelly, Antoine (1)...........	2e consul	1707

(1) Antoine Gelly, marchand bourgeois de Riom : *D'or, au geai de sable.*

Gelly, Antoine................ 1er consul 1712

Gelly, Antoine................. juge   1718

Genebran, N................. 1er consul 1647

Gervais, Louis................ 1er consul 1656

Gravier, N.................... 1er consul 1657

Guimonneau, N.............. 1er consul 1637

Guimonneau, S.............. juge   1647

Guimonneau, N............. juge   1659

Imbert, N.................... 2^e consul 1679

Imbert, N.................... 1er consul 1688

Du Jouannet, N.............. 1er consul 1641

Du Jouannet, Antoine......... 1er consul 1644

Du Jouannet, M.............. 2^e consul 1646

Du Jouannet, N.............. juge   1657

Du Jouannet, N.............. juge   1667

De Lalande, N................ juge   1640

De Lalande, N................ juge   1668

Languaitte, N................ 2^e consul 1694

Languille, Blaise............. 1er consul 1702

Languille, Blaise............. juge   1711

Legay, P..................... 1er consul 1649

Legay, N..................... 1er consul 1661

Legay, Pierre................ 2^e consul 1683

Legay, Jean.................. 1er consul 1684

Legay, Amable............... 2e consul 1687

Legay, N..................... juge   1692

Legay, Antoine .... 1er consul 1693

Legay, Amable (1)............ juge   1700

Legay, Jean (1)............... juge   1704

Lamadon, J.................. 2e consul 1648

(1) Amable et Jean Legay, marchands épiciers de Riom : *D'or, à un geai de sable.*

Lemberteche, Gilbert..........	2ᵉ consul	1717
Malignet, N..................	1ᵉʳ consul	1694
Malignet, N..................	2ᵉ consul	1689
Mallet, Pierre................	2ᵉ consul	1684
Mallet, Pierre................	1ᵉʳ consul	1690
Mallet, Pierre (1).............	juge	1703
Mallet, Jacques (1)............	1ᵉʳ consul	1711
Mandon, Georges.............	2ᵉ consul	1709
Maubet, N...................	2ᵉ consul	1639
Maubet, Jacques.............	1ᵉʳ consul	1663
Maubet, Hugues.............	1ᵉʳ consul	1671
Maubet, Jean................	juge	1673
Maubet, Hugues.............	juge	1677
Maubet, Jean................	juge	1682
Maubet, Nicolas..............	1ᵉʳ consul	1685
Maubet, Hugues.............	juge	1684
Maubet, Antoine.............	1ᵉʳ consul	1687
Maubet, Nicolas, jeune........	2ᵉ consul	1686
Maubet, Jean................	juge	1690
Maubet, Nicolas.............	juge	1691
Maubet, Nicolas.............	juge	1935
Maubet, Noel (2).............	juge	1699
Maubet, Jacques (2)...........	2ᵉ consul	1703
Maubet, Amable (3)...........	juge	1707
Maubet, Jacques.............	1ᵉʳ consul	1709
Maubet, Hugues.............	2ᵉ consul	1710
Maubet, Hugues.............	1ᵉʳ consul	1716

(1) Pierre et Jacques Mallet, marchands tanneurs de Riom : *D'azur, à une main d'or posée en face.*

(2) Noël et Jacques Maubet, marchands épiciers et marchands de soie de Riom : *D'or, au lion de sable.*

(3) Amable Maubet, marchand de Riom : *De sable, à deux lances d'argent posées en sautoir et surmontées d'un casque aussi d'argent.*

15

Maubert, Hugues...............	juge	1721
Melayer, N....................	2e consul	1664
Meunier, Jean.................	2e consul	1643
de Montigny, N................	juge	1638
Moquet, N....................	juge	1633
Moquet, N....................	juge	1641
Moquet, N....................	juge	1650
Noualhat, N..................	2e consul	1637
Ollier, J.....................	2e consul	1640
Ollier, N....................	1er consul	1662
Paulet, N....................	1er consul	1653
Paulet, N....................	juge	1661
Pellabout, N.................	2e consul	1670
Ponteix, Jean................	1er consul	1706
Pourdige, Michel.............	2e consul	1711
Pradel, N....................	1er consul	1638
Pradel, N....................	juge	1655
Puray, J.....................	1er consul	1634
Puray, Louis.................	2e consul	1658
Puray, N	1er consul	1670
Puray, J.....................	2e consul	1678
Redon, N....................	2e consul	1667
Redon, N....................	1er consul	1682
Redon, Georges..............	2e consul	1702
Redon, Georges..............	1er consul	1708
Redon, Georges..............	juge	1715
Rochefort, N.................	1er consul	1634
Rochefort, N.................	juge	1643
Rochefort, N.................	juge	1651
Rochefort, N.................	juge	1662
Rollet, N....................	juge	1636
Rougier, Louis...............	2e consul	1675

Rougier, Jean.................. 2ᵉ consul 1716
Roux-Souareix, jeune.......... 2ᵉ consul 1652
Roux, N...................... 1ᵉʳ consul 1667
Roux, Jacques (1)............. 1ᵉʳ consul 1697
Roze, B...................... juge   1646
Sablon, Antoine.............. 1ᵉʳ consul 1645
Sablon, N.................... 2ᵉ consul 1647
Sablon, lib.................. 1ᵉʳ consul 1665
Sablon, N (2)................ 2ᵉ consul 1690
Sablon, Benoît.............. 1ᵉʳ consul 1705
Sauvageon, Antoine........... 2ᵉ consul 1720
de Servat, N................ 1ᵉʳ consul 1721
Solignat, Antoine............ 2ᵉ consul 1712
Solignat, Antoine............ 1ᵉʳ consul 1718
Sudre, N.................... 2ᵉ consul 1682
Sudre, Gilbert (3)........... juge   1696
Teillot, N.................. 1ᵉʳ consul 1692
Teillot, Charles,........... juge   1708
Titasson, Pierre............ 1ᵉʳ consul 1653
Titasson, Pierre............ juge   1644
Titasson, Michel............ juge   1645
Toreau, Claude.............. 2ᵉ consul 1718
Vaissier, N................. 1ᵉʳ consul 1679
Vallée, François............ 2ᵉ consul 1671
Vallée, François............ 1ᵉʳ consul 1681
Valleix, N.................. 2ᵉ consul 1655
Valleix, Antoine, jeune...... 2ᵉ consul 1654

(1) Jacques Roux, marchand cirier et bourgeois de Riom : *De sable, au chevron d'or.*

(2) Antoine Sablon, bourgeois de Riom : *D'or, au sabre à la lame de gueules, à la poignée d'or, posé en pal.*

(3) Gilbert Sudre, marchand bourgeois de Riom : *D'argent, à trois coquilles de gueules.*

Valleix, N..................... 1er consul 1666

Valleix, N..................... juge 1672

Vallet, Louis................. 2e consul 1661

Vallet, N..................... 1er consul 1668

Vallet, Antoine.............. juge 1678

Vallet, Antoine.............. juge 1685

Vallet, Pierre, fils (1).......... 1er consul 1699

Vallet, Jacques.............. 2^e consul 1706

Vallet, Jacques.............. 1er consul 1713

Vallet, Jacques.............. juge 1720

Vallette, N.................. 2^e consul 1680

Vallette, N.................. 1er consul 1989

Vallette, Gilbert (2)............ juge 1697

Vallette, Gilbert.............. juge 1710

Vayraud, N.................. 2e consul 1699

Vayraud, Gilbert.............. 1er consul 1714

Vigouroux, N................. 1er consul 1659

Vigouroux, N................. 1er consul 1676

(1) Pierre et François Vallet, marchands épiciers de Riom : *D'argent, à trois grenades de gueules.*

(2) Gilbert Valette, marchand épicier de Riom : *De sinople, à la bande d'or.*

MARÉCHAUX.

PATRON, SAINT ÉLOI (1er DÉCEMBRE).

Les maréchaux, qui portent aussi le nom de *tail-landiers* et qui ont aussi porté le nom de *fèvres-maré-chaux*, fabriquaient de gros outils de fer et les instruments de roulage, de charronnage et d'agriculture, tels que trains de carosses, de chariots, socs de charrues, hoyaux, fourches, etc. Ils faisaient aussi la grosse serrurerie et la grosse coutellerie. [Leurs] corporations en Auvergne comprenaient presque toujours [les maréchaux ferrants, les serruriers et les selliers.

Leurs statuts, revus et augmentés plusieurs fois, furent renouvelés en 1732, par Louis XV.

Un maître ne pouvait avoir plus d'un apprenti, sans compter ses enfants. L'apprentissage était de trois ans. Chaque maître devait avoir sa marque ou son poinçon pour marquer son ouvrage à chaud et à froid.

Les apprentis étaient obligés à un chef-d'œuvre pour être admis à la maîtrise, et ils ne pouvaient tenir boutique avant l'âge de vingt-quatre ans. Les fils de maîtres, dont les père et mère étaient morts, avaient la faculté d'ouvrir boutique à dix-huit ans. Aucun maître ne pouvait parvenir à la jurande, qu'il n'eût tenu boutique douze ans.

Les maréchaux ferrants, indépendamment de leur droit de ferrer les chevaux, les traitaient aussi dans leurs maladies et pansaient toutes leurs blessures. Ils étaient les seuls chirurgiens vétérinaires avant 1762, époque où l'art vétérinaire fut considéré comme une science.

Il n'appartenait qu'à eux seuls d'estimer les chevaux et bêtes de charge, de les faire vendre et acheter, sans pouvoir être troublés par d'autres.

Un arrêt du 3 septembre 1533 leur enjoignait de faire les saignées des chevaux en un vaisseau et d'en porter le sang dans les voiries hors la ville et les faubourgs.

Il leur était défendu, pendant les temps de maladies où de contagion, d'user du charbon de pierre ou de terre, à peine de prison ou d'amende arbitraire (1).

La corporation des maréchaux et des serruriers de la ville de Maringues, portait sur sa bannière :

> D'azur, à une clef d'argent posée en fasce,
> accompagnée de trois fers de cheval de même,
> posés 2 et 1.

> (*Voyez pl.* 21, *fig.* 4.)

La corporation des maréchaux, des forgerons, des serruriers, épingliers et bâtiers de la ville d'Ambert était régie par une convention du 10 janvier 1701, homologuée en la sénéchaussée d'Auvergne le 21 du même mois. Sa bannière était :

> D'azur, à un saint Éloi, évêque, crossé et mitré d'or,
> tenant en sa main dextre un marteau de même..

> (*Voyez pl.* 21, *fig.* 5.) '

Celle des maréchaux, serruriers, gainiers, couteliers, armuriers et fourbisseurs de la ville de Saint-Flour :

> D'argent, à un saint Éloi d'azur.

> (*Voyez pl.* 22, *fig.* 1ʳᵉ)

(1) *Traité de la police*, par Delamare, t. 1, p. 658.

Celle des maréchaux, selliers, bridiers et bâtiers de la ville de Riom :

> D'or, à une butte ou buttoir de sable, posée en chef et une bride de gueules, les rênes d'argent, posées en pal et en pointe.

(*Voyez pl.* **22**, *fig.* **2.**)

Les maréchaux de la ville d'Aurillac étaient réunis aux chaudronniers de la même ville.

(*Voyez pl.* **10**, *fig.* **3.**)

MATELASSIERS.

Les ouvriers occupés à la confection des matelas et des sommiers, n'ont jamais été bien nombreux dans nos villes. Nous ne voyons paraître qu'une seule fois les matelassiers de la ville de Riom, dans nos associations ; et comme ils n'avaient pas de communauté particulière, ils étaient réunis aux tisserands et aux cardeurs de la même ville.

(*Voyez pl.* 35 , *fig.* 2.)

Nous avons bien trouvé la mention que les matelassiers de Clermont, réunis aux sergers de la même ville, étaient en jurande par lettres patentes du 10 août 1669, enregistrées au parlement le 13 du même mois ; nous savons bien que les droits de réception à la maîtrise étaient de 45 livres pour les étrangers ; que les fils de maîtres ne payaient rien ; que le droit de boîte de la confrérie était de trois livres pour les apprentis ; mais nous n'avons pas pu découvrir l'existence réelle d'une communauté, et sa bannière nous est inconnue.

MÉDECINS.

PATRON, SAINT LUC (18 OCTOBRE).

Dans d'autres contrées, saint Côme et saint Damien.

> Il y a parmi les morts une honnêteté et une discrétion
> la plus grande du monde, jamais on n'en voit se plaindre
> du médecin qui l'a tué.
>
> MOLIÈRE

Il n'est pas possible de déterminer d'une manière précise l'origine de la médecine. Le plus grand nombre des auteurs conviennent que ce sont les animaux qui, par leur instinct, donnèrent aux hommes les premiers indices de la connaissance des propriétés de plusieurs végétaux purgatifs. Les Egyptiens, le peuple le plus ancien et le plus superstitieux, rapportent leurs premières connaissances en médecine à Ammon, roi d'Egypte.

Esculape, si on ne le considère pas comme un être allégorique, peut être regardé, sinon comme l'inventeur de la médecine, mais comme le premier fondateur d'une école médicale. Machaon et Podalyre, ses fils, exercèrent la médecine au siége de Troie.

Les plus célèbres écoles de médecine connues dans l'antiquité sont celle de Cnide, celle de Cos, qui a formé Hippocrate, et celle de Rhodes. On cite aussi celles de Cyrène et de Crotone, mais comme venant après.

Les Asclépiades, descendants d'Esculape, formèrent un ordre de prêtres qui se transmettaient la science par des traditions orales. Les temples qu'ils desservaient étaient placés près des villes, dans les lieux les plus agréables, où l'on respirait un air pur. Près de ces temples, des bâtiments, espèces d'hôpitaux, avaient été élevés pour recevoir les malades.

Hippocrate apporta une grande réforme dans la science médicale; il fonda le *dogmatisme*, et son école devint la plus célèbre du monde civilisé.

Erasistrate disséqua des corps humains; avant lui on se contentait d'examiner les animaux que l'on croyait le plus ressembler à l'homme par leur organisation. De son temps et du temps d'Hérophile, la médecine fut partagée, comme elle l'est de nos jours, en trois branches, aujourd'hui trois professions séparées, la médecine, la chirurgie, la pharmacie.

Sous les Romains, l'école la plus célèbre fut celle de Pergame; elle forma Galien, dont les écrits et les talents ont fait un second Hippocrate. Plus tard, l'Espagne devint le premier berceau de la médecine : Cordoue eut une école renommée. Celle de Salerne, devenue si célèbre, fut fondée par Constantin l'Africain. Au quatorzième siècle seulement, les écoles de médecine et les moyens d'instruction se répandirent en Europe. Il serait difficile et bien long d'énumérer toutes les célébrités qui ont concouru, depuis cette époque, au grand œuvre de la restauration des sciences et de la médecine.

Les corporations de médecins portaient le nom de collége, dans beaucoup de villes, à Clermont par exemple, comme on le verra dans les statuts et règlements que nous donnons ci-dessous. Les exigences de corporation étaient nombreuses; lors de leur serment, ils promettaient, au nom de Dieu, d'être fidèles aux lois de l'honneur et de la probité dans l'exercice de la médecine, et de donner leurs soins gratuitement à l'indigence. Admis dans l'intérieur des maisons, leurs yeux ne devaient pas voir ce qui s'y passait ; ils devaient conserver religieusement les secrets qu'on leur confiait. Leur profession ne devait pas servir à corrompre les mœurs ni à favoriser le crime.

Le costume des médecins dans les réceptions et dans les solennités publiques était riche et pompeux : une longue robe écarlate et une toque de même couleur. Dans les cérémonies ordinaires, la robe était grise, la ceinture noire et le chaperon noir.

STATUTS ET RÈGLEMENTS

De l'aggrégation des médecins résidants en la ville de Clermont, principale et capitale de la province d'Auvergne, en corps et forme de collége, en exécution des lettres patentes par eux obtenues de Sa Majesté, le 22 mars 1681, homologuées par arrêt du parlement, le 7 juin audit an, et enregistrées au greffe de la sénéchaussée et siége présidial d'Auvergne, à Clermont, le 3 décembre 1681.

Article I. Nul à l'avenir ne pourra s'ingèrer d'exercer la médecine dans la ville de Clermont, fauxbourgs, banlieue d'icelle, qu'il n'aye pleinement satisfait au désir des présens Statuts et Réglements, subi les examens en la forme prescrite par iceux, et qu'il n'aye été approuvé, reçu et aggrégé au Collége, à peine de cinquante livres d'amende pour chacune contravention.

II. Tous ceux qui voudront désormais être aggrégés audit Collége, seront obligés de justifier de leurs lettres obtenues dans quelque université fameuse de ce royaume, et qu'ils ont pratiqué ensuite la médecine pendant trois années dans quelque autre ville ou bourg, avant de pouvoir être reçus à faire les actes pour parvenir à l'aggrégation du Collége; et nul n'y pourra prétendre, s'il n'est de bonne vie et mœurs, exempt de toute note d'infamie.

III. L'aspirant ayant satisfait au désir du précédent article et ayant les qualités requises par icelui, présentera sa requête au doyen, syndic et collége, pour être reçu à faire les actes, et subir les examens conformément au présent règlement, à laquelle il attachera ses lettres de docteur, le certificat des juges des lieux où il aura pratiqué la médecine pendant trois années, et l'attestation de sa vie et mœurs.

IV. L'assemblée du collége sera convoquée par le mandement du doyen, ou en son absence par celui du syndic, qui sera porté par le bedeau ou serviteur du collége, dans laquelle, avant procéder à l'enregistrement de la requête de l'aspirant, se fera l'information de sa vie et mœurs, et l'examen de ses certificats, attestation et lettres de doctorat, lesquelles étant trouvées en bonne et due forme, sa requête sera transcrite dans le registre, et lui sera donné jour pour subir son premier examen.

V. Seront obligés tous aspirans de subir trois examens pendant trois jours différents, avant qu'ils puissent être aggrégés audit Collége : le premier, sur la physiologie ; le second, sur la pathologie ; et le troisième, sur la thérapeutique. Le dernier acte fini, le doyen, qui présidera et recueillera les voix, en commençant par le plus jeune des collégiés, conclura et prononcera, sur la pluralité d'icelles, au renvoi, ou au délai, ou à la réception du répondant.

VI. Le Collége étant satisfait des actes de l'aspirant,

le doyen, en présence du Collége, en recevra le serment,
dont il sera dressé un acte qui contiendra celui de sa
réception audit Collége.

VII. Payeront tous les aspirants pour chacun acte,
sçavoir : au doyen, un louis d'or; au syndic, autant; et
à chacun des docteurs aggrégés, deux écus; au greffier
ou secrétaire du Collége, quatre livres; au bedeau ou
serviteur, quarante sols; et un écu pour les frais communs de la chambre ou lieu d'assemblée dudit Collége.
Les fils de maîtres du Collége de cette ville ne payeront
que les frais de la matricule, et seront préférés, concurrence avenant, à tous autres aspirans, pour faire leurs
actes, et au moyen des droits ci-dessus attribués; il ne
pourra être pris aucune autre chose, ni par le greffier,
ni par le bedeau, sur peine, etc., à l'exception néanmoins du droit de la matricule, pour lequel il sera payé
une fois la somme de cinquante-trois livres pour les
affaires du Collége.

VIII. Le Collége s'assemblera le premier lundi de
chaque mois, à deux heures de relevée, au lieu qui sera
choisi par les aggrégés, pour traiter des affaires du
Collége, voir et visiter tous les pauvres malades qui s'y
présenteront, et nul des Collégues ne se pourra dispenser de se trouver dans cette assemblée et toutes autres
qui se pourront faire plus fréquemment, si besoin le
requiert, sans cause légitime qui sera jugée par les aggrégés présens, sous peine de cent sols d'amende contre
le défaillant, applicable aux besoins du Collége; et outre
ces assemblées particulières, le doyen en convoquera
une générale et solemnelle le jour de saint Luc, auquel
jour le Collége, assemblé extraordinairement, fera faire
un service solemnel, où tous les collègues se trouve-

ront, sous les mêmes peines contre les défaillans sans cause légitime.

IX. Et pour maintenir l'uniformité des sentimens entre les docteurs aggrégés, la paix et l'union qui doit être entre des personnes dont le ministère est également utile au public, pour l'honneur de la médecine, a été statué et particulièrement arrêté, que si quelqu'un des membres dudit Collége ne se comportoit point honnêtement, soit envers ledit Collége en général, ou envers quelqu'un des aggrégés en particulier, l'assemblée, extraordinairement convoquée par le doyen, ou en son absence par le syndic, en prendra connoissance, et le délinquant sera mulcté par la compagnie aux peines qu'elle jugera raisonnables, soit par amende pécuniaire, privation pour un temps de l'entrée du Collége, de ses rétributions et droits honorifiques, et même par exclusion des consultations ès rencontres particulières avec les docteurs aggrégés, jusqu'à ce que, par sa conduite et sa modération, il donne lieu au Collége de changer ses délibérations, et en prendre de plus favorables pour sa réhabilitation.

X. Il a été arrêté que, pour prévenir les différends et contestations qui pourroient naître pour les rangs et séances, soit dans les rencontres particulières ou publiques entre les docteurs aggrégés, qu'on se régira à l'instar de Moulins et de Lyon, et que le rang se prendra du jour de l'aggrégation audit Collége, et non pas par ancienneté de doctorat.

XI. Le Collége élira chaque année deux lecteurs publics, un pour la chirurgie, et l'autre pour la pharmacie; et pour y parvenir plus heureusement, et que le public puisse en tirer plus d'avantage, le Collége emploiera ses offices envers Messieurs les magistrats, pour avoir un corps pour sujet d'anatomie, qui sera disséqué et démontré publiquement par les maîtres chirurgiens que la Communauté sera obligée de nommer à cet effet, sous la conduite, direction et dépendance du docteur en exercice.

XII. Pour éviter une infinité d'abus qui se sont glissés dans la vente et distribution des drogues et dans l'administration des médicaments et autres remèdes composés, le Collége dressera un formulaire de drogues et compositions que chaque Maître apothicaire sera obligé de tenir dans sa boutique, afin qu'un chacun en aye connoissance; et pour tenir la main à un règlement dont le public peut recevoir tant d'utilité, le Collége députera deux docteurs aggrégés qui s'assisteront du maître garde dudit état pour faire la visite du moins une fois l'année chez tous les apothicaires, en se faisant payer du droit qui leur est acquis; et au cas que les drogues en composition ne soient pas trouvées bonnes et de la qualité requise par ledit formulaire, elles seront confisquées, et le contrevenant au présent règlement sera condamné à l'amende de vingt livres.

XIII. Et comme sous le nom spécieux de médecins chimiques et spargiriques, il s'est intrus plusieurs fois des empiriques hasardeux, contre lesquels la Cour de parlement a si souvent rendu des arrêts pour en réprimer les entreprises, et dont la pratique téméraire a fait voir en tant de lieux de si funestes exemples, pour en prévenir désormais les dangereuses conséquences, il est très-expressément défendu aux apothicaires d'exécuter leurs ordonnances, et de ne point donner et administrer de leur chef aucun remède interne, laxatif ou altératif, sans l'ordonnance expresse et ponctuelle des docteurs médecins aggrégés, à peine de vingt livres d'amende.

XIV. La médecine, qui est constamment une science spéculative et practique, ayant sous soi deux arts ses ministres, sçavoir, la chirurgie et la pharmacie, il est d'une conséquence infinie dans le public d'établir la correspondance et l'harmonie qui doit être entre des parties d'un même tout, pour éviter le désordre qui est inséparable des divisions, et afin de maintenir le lustre et la dignité de la médecine dans toutes ses parties, établir tout l'ordre possible, en ce qui regarde la vie des hommes, et conserver chacune de ses parties respectivement dans son rang, les chirurgiens par leurs jurés, et les apothicaires par leurs maîtres gardes comparoîtront, à peine de deux écus d'amende contre chacune communauté défaillant, le lendemain de saint Luc de chaque année, par-devant le doyen et Collége assemblé ce jour-là pour recevoir les avis, conseils paternels, en ce qui regarde leur subordination, et reconnoître la supériorité de la médecine, dont ils sont les disciples.

XV. Les chirurgiens et apothicaires exécuteront ponctuellement les ordonnances des médecins, et ne traiteront aucune maladie interne, sans l'avis et présence du médecin, à peine de cinquante livres d'amende.

XVI. Nul qui aura fait apprentissage de pharmacie et chirurgie, ou fait acte public pour se faire recevoir maître à l'un ou à l'autre art en cette ville de Clermont, ou toute autre du royaume, même qui aura

exercé ledit art de pharmacie ou chirurgie dans les
villes, bourgs et bourgades, icelui ne pourra au-
cunement être aggrégé audit Collége, quelques lettres
qu'il ait obtenues de quelque université que ce soit par
surprise ou autrement.

XVII. Quoique la chirurgie soit une des principales
et plus nécessaires parties de la médecine, elle consiste
néanmoins toute dans l'opération ; et comme dans les
plaies compliquées et les cures importantes, elle a
besoin du secours de la partie supérieure de la médecine, parce que la connoissance de l'état d'un malade,,
de la qualité et maturité des humeurs, de l'ardeur de
la fièvre et des autres, contribue infiniment à juger
avec certitude si l'on doit différer ou entreprendre une
opération, il est défendu aux maîtres chirurgiens de
ladite ville d'en faire aucun notable, sans l'avis et conseil des médecins aggrégés, sur peine de répondre de
l'événement de la maladie, et de cinquante livres
d'amende.

XVIII. Et parce que l'expérience, aussi bien que
l'autorité de l'oracle de la médecine, nous apprend que
le jugement et le pronostic des maladies est incertain,
et l'événement douteux, principalement dans les maladies aiguës, les docteurs aggrégés se feront une loi
d'avertir au plus tôt leurs malades de se faire administrer les sacremens, et de donner ordre à leurs affaires
temporelles.

XIX. Pour les papiers, titres, registres et documens
du Collége, ils seront mis dans un coïfre qui fermera
à deux différentes clefs, dont l'une sera donnée au
doyen, et l'autre au syndic ; et au cas de contravention
aux présens Réglemens et Statuts, se pourvoiront lesdits

collégiés par-devant M. le Lieutenant Général, et tout
ce qui sera par lui ordonné, sera exécuté par provision, nonobstant opposition ou appellation quelconque,
sans préjudice d'icelles. Fait et arrêté le dernier jour
du mois d'août mil six cent quatre-vingt. Et signés,
Bompart, Laporte, Chantelou, Bompart, J. Paulet,
Rahon, D. Chabrol, Chabrol, Malassaigne.

Registré, pour être reçu selon sa forme et teneur,
aux charges portées par l'arrêt de ce jour, à Paris, en
Parlement, le sixième juin mil six cent quatre vingt-
un. Signé, Jacques.

Collationné sur l'original par moi conseiller et secrétaire du Roi, maison-couronne de France et de ses
finances (1).

En Auvergne, où nous avions douze corporations de
cette honorable profession, les médecins étaient toujours
réunis aux chirurgiens et aux apothicaires. A Brioude
seulement les perruquiers et les barbiers furent admis
dans leur corporation.

Voici pour chacune des villes les armoiries que portaient leurs bannières.

A Allanche :

> D'argent, à deux lancettes de sable posées en
> fasce et accompagnées en chef d'une étoile
> d'azur et en pointe de trois tourteaux de
> gueules, 2 et 1.
>
> (*Voyez pl. 22, fig. 3.*)

(1) De l'imprimerie de Pierre Boutaudon, imprimeur du roi.

A Ambert :

> D'azur, à un saint Côme et un saint Damien d'or, tenant l'un une boîte, et l'autre un scalpel fermé.

> (*Voyez pl. 22, fig. 4.*)

A Blesle :

> D'or, à un mortier de sable, surmonté d'une lancette de même.

> (*Voyez pl. 22, fig. 5.*)

A Brioude :

> D'or, à un saint Côme et un saint Damien de carnation, vêtus de leurs longues robes de sable, tenant, celui de droite, une spatule ouverte d'argent, celui de gauche une boîte couverte de gueules.

> (*Voyez pl. 23, fig. 1re.*)

A Chaudesaigues :

> D'argent, à une fiole d'azur, entortillée d'une vipère de même.

> (*Voyez pl. 23, fig. 2.*)

A Issoire :

> D'azur, à une tortue d'or.

> (*Voyez pl. 23, fig. 3.*)

A Langheac :

Même bannière que celle de Blesle.

> (*Voyez pl. 22, fig. 5.*)

A Montaigut :

> D'azur, à un saint Côme et un saint Damien d'or.

> (*Voyez pl. 23, fig. 4.*)

A Murat :

> D'azur, à un mortier d'or, au chef d'argent,
> chargé d'une fleur de lis d'azur.
>
> (*Voyez pl. 23, fig. 5.*)

A Pierrefort :

> D'azur, semé de besants d'or, au chevron d'ar-
> gent, brochant sur le tout.
>
> (*Voyez pl. 24, fig. 1ʳᵉ.*)

A Saint-Germain-Lembron :

> D'azur, à un saint Côme et un saint Damien d'or,
> ayant la tête nue.
>
> (*Voyez pl. 24, fig. 2.*)

A Sauxillanges :

Même bannière que la précédente.

> (*Voyez pl. 24, fig. 2.*)

MENUISIERS.

PATRONNE, SAINTE ANNE (26 JUILLET).

Suivant un arrêt de la Cour, du 4 septembre 1382, le nom de menuisier a été donné aux ouvriers qui amenuisent ou amincissent le bois par le secours de la scie, de la varlope et du rabot, et qui font des ouvrages *menus*, délicats. C'est l'art de débiter, de dresser, de corroyer, d'assembler, d'orner de moulures, de coller, enfin de polir les différentes espèces de bois servant tant aux bâtiments et appartements qu'aux meubles d'utilité et d'ornement, sans cependant anticiper sur l'art de l'ébénisterie. Avant cet arrêt, on les nommait *huchers* ou *huissiers*, de la *huche*, de *l'huis*, ou porte, que les menuisiers confectionnaient.

On distingue la menuiserie d'assemblage de la menuiserie de rapport, de la marqueterie, du placage et de l'ébénisterie, et encore la menuiserie d'assemblage se divise-t-elle en deux, en menuiserie dormante et mobile : par l'une, on entend toutes les sortes de revêtissements propres aux appartements, comme les cloisons, les parquets, les lambris, et généralement tous les ouvrages qui sont faits pour rester en place; l'autre comprend les ouvrages ouvrants et fermants, comme portes, croisées, volets, contrevents, etc, etc.

Il faut encore distinguer qu'il existait des menuisiers en bâtiments, en meubles, en voitures et en treillages de jardins. La menuiserie diffère essentiellement de la charpenterie, en ce que la première emploie des bois secs d'une médiocre épaisseur, corroyés avec la varlope et le rabot, au lieu que la seconde fait usage de gros bois ordinairement verts, qui sont charpentés ou écarris avec la coignée, et réparés avec la besaiguë.

Les statuts des communautés de menuisiers furent donnés, la première fois, par Charles VI, en septembre 1396, confirmés en avril 1580 par Henri III et par les rois ses prédécesseurs. Louis XIII les confirma, au mois d'août 1645. Louis XV approuva de nouveaux statuts par ses lettres patentes du mois de mars 1744.

Les lettres de Louis XIV, données au mois de juin 1660, aux menuisiers de la ville de Clermont pour la confirmation de leurs statuts, et dont nous possédons l'original, nous paraissent assez remarquables pour les reproduire textuellement ici (1) :

Louis, par la grace de Dieu, roy de France et de Nauarre, à tous présents et aduenir, salut. Nos bien amés les marchands menuisiers de notre ville de Clermont en Auuergne, nous ont faict remonstrer, qu'antérieurement leur art et mestier auoit esté créé juré, et estoit exercé en ladite ville auec toutte sorte d'integrité et fidélité au contantement des habitans de ladite ville; mais par la négligence de leurs predecesseurs audit art, leurs papiers et tiltres ont esté perdus, et s'est commis tant d'abus et maluersations audit art par personnes inconnues et estrangers ignorant ledit mestier, que plusieurs habitans s'en sont plaints. Pour faire cesser lesquels abus, quantité des anciens dudit mestier viuant avec integrité et fidélité audit art, désirant faire cesser lesdits abus, se sont assemblés, et par aduis commun se

(1) Nous devons cette pièce à la complaisance de M. Emile de Moré.

sont retirés par devant le lieutenant général en la sénéchaussée de ladite ville, juge politicque d'icelle, et en présence de notre procureur en ladite sénéchaussée, ont dressé des articles et statuts que ledit lieutenant général a trouvés justes et raisonnables, et du consentement de nostre dit procureur les a renvoyés par-devant nous pour en obtenir lettres à ce requises et nécessaires, que lesdits exposans noùs ont très-humblement supplié leur accorder. Sçavoir faisons, qu'après auoir fait voir en notre conseil lesdits articles et statuts en datte du quatre juin mil six cent cinquante neuf, ci-attachés soubs le contre-scel de notre chancelerye, de nostre grâce spéciale, pleine puissance et aucthorité royale, nous auons dict et déclaré, disons et déclarons, ordonnons et establissons par ces présentes, ledict art et mestier de menuisier. Ce faisant auons confirmé et confirmons par ces dites présentes lesdits articles statuts et règlemens; voulons et nous plaist qu'ils soient à l'aduenir entretenus, gardés et observés par les maistres menuisiers de ladite ville de Clermont et tous autres qu'il appartiendra, sans qu'il y soit contrevenu en aucune sorte et manière que ce soit. Si donnons en mandement à notre sénéchal d'Auuergne ou son lieutenn... audit Clermont, que le ces présentes nos lettres de concession et confirmation ils fassent jouir et user lesdits maitres menuisiers et leurs successeurs audit art et mestier pleinement, paisiblement et perpétuellement, sans qu'il y soit contreuenu, contraignant à ce faire tous ceux qu'il appartendra par touttes voyes dües et raisonnables, car tel est notre plaisir. Et affin que ce soit chose ferme et stable à toujours, nous auons faict mettre nostre scel à ces dites présentes, sauf en autres choses nostre droit et l'autruy en touttes. Donné à Paris au mois de juin de l'an de grâce mil six cent soixante, et de nostre règne le dix-huitième. *Par le roy*, signé : DELAGRANGE

Registré au greffe des expéditions de la chancellerie de France, par moi conseiller secrétaire du Roy, greffier desdites expéditions, A Paris, ce 5 juin 1660, signé : PINSON.

Les maîtres menuisiers et sculpteurs de la ville de Clermont, obtinrent, le 25 mai 1750, une ordonnance de M. le lieutenant général, pour faire défense aux charpentiers et à tous ceux qui ne sont pas reçus maîtres, de travailler dans leurs maisons ni ailleurs de la profession de menuisier et sculpteur, à peine de confiscation des ouvrages et de cinquante livres d'amende. Autorisation leur était donnée de s'assister d'un commissaire de police et de faire visiter tant chez les bourgeois que chez les charpentiers, même dans les maisons religieuses, pour s'assurer et visiter si personne ne contrevenait à leurs prérogatives et statuts.

Suivant les ordonnances de police de Clermont, du 5 novembre 1672, et 4 octobre 1674, les menuisiers et charpentiers, charrons et autres ouvriers en bois et revendeurs, ne pouvaient acheter aucun bois de charpente ni de menuiserie, soit de noyer, chêne, peuplier, hêtre ou autre propre à mettre en œuvre, que ledit bois n'ait demeuré exposé à la place, en vente pendant vingt-quatre heures, à peine de dix livres d'amende et de confiscation.

Pour l'administration des affaires de chaque communauté, on procédait tous les ans, après la fête de sainte Anne, à l'élection d'un syndic et de trois jurés. Le syndic devait être choisi parmi les anciens jurés, et ne pouvait prolonger ses fonctions plus d'un an, sous quelque prétexte que ce soit, et les jurés devaient être d'une probité, d'une conduite et d'une capacité reconnues et avoir au moins dix ans de réception à la maîtrise. Ils étaient en exercice pendant deux ans. Le droit de confrérie était de dix sols par an, et à tour de rôle chaque maître était tenu de donner les dimanches et le jour de sainte Anne le pain à bénir.

Comme dans beaucoup d'autres métiers, le maître menuisier ne pouvait avoir qu'une boutique ou atelier, et devait habiter dans le même lieu. Il était obligé d'avoir sa marque particulière et de la poser sur ses ouvrages, sous peine de confiscation et d'amende. Il ne pouvait avoir qu'un apprenti à la fois et pour six années.

Nul ne pouvait tenir boutique de la profession de menuisier, ni travailler pour son compte en chambre ou autrement, qu'il n'eût été reçu maître, et aucun n'était reçu sans avoir fait dans la maison de l'un des jurés en charge le chef-d'œuvre qui lui était prescrit, tant en dessin, assemblage, liaison, contour, moulures et profils, qualité et force des bois, etc.

Nul ne pouvait parvenir à la maîtrise dudit art de menuisier, s'il ne faisait profession de la religion catholique, apostolique et romaine, et s'il n'était né Français.

L'apprenti, après son apprentissage, était tenu de servir les maîtres en qualité de compagnon pendant trois ans au moins, avant de parvenir à la maîtrise.

Les ouvrages du métier de menuisier devaient être faits suivant l'art, de bon bois, sain, sec, sans aubier, nœuds vicieux, piqures de vers ni pourriture, sous peine

d'être lesdits ouvrages saisis et confisqués comme contraires au règlement. Ceux qui réuniraient plusieurs défauts prohibés, étaient estimés de nulle valeur, et étaient
brûlés devant la porte de l'ouvrier qui les avait faits,
et lui-même condamné à l'amende pour la première
fois, et à une plus grande peine en cas de récidive.

Défenses très-expresses étaient faites à tous maîtres,
faux ouvriers ou marchands, de livrer aucun ouvrage
la nuit ou fête et dimanche, à peine de confiscation
desdits ouvrages et de condamnation à l'amende.

Lorsqu'un maître ou un ouvrier blasphémait le nom
de Dieu, il était condamné à une amende au profit de
la communauté, et en cas de récidive l'amende aug-
mentait progressivement; ceux du métier qui enten-
daient le propos, étaient tenus de le révéler aux jurés,
sous peine d'amende.

Les menu siers et sculpteurs de la ville Clermont, qui
avaient à se plaindre, dès 1748, des charpentiers travaillant chez les bourgeois le la ville ou dans leurs
maisons, à des ouvrages de menuiserie, obtinrent une
ordonnance de M. le lieutenant général de police, le
25 mai 1757, faisant défense de contrevenir aux articles
2, 12 et 14 le leurs statuts, dont voici le texte :

« Art. 2. Nul ne sera maître qu'il ne soit juré en la-
» dite ville et qu'il n'ait vu les maîtres et bailes jurés
» dudit art et métier, par-devant lesquels tous compa-
» gnons qu voudront être reçus, seront tenus se pré-
» senter pour chef-d'œuvre dudit métier et prendre
» pièce à faire, telle qu'il sera advisé par lesdits bailes
» et maîtres, laquelle, ayant été faite et reçue, sera pré-
» sentée par-devant M. le sénéchal audit Clermont, ou
» son lieutenant, pour, selon l'avis et rapport desdits

» bailes et maîtres, être procédé à la réception d'iceluy
» qui aura fait ledit chef-d'œuvre, M. le procureur
» du roy ouy. »

» Art. 12. Ne sera permis à aucuns charpentiers de
» travailler en menuiserie, soit portes, croisières,
» châssis, tables, scabots, cabinets, garde-robbe et
» autres choses de noyer ou chêne, concernant ledit
» métier, ny d'en vendre dans ladite ville et fauxbourgs,
» à peine de confiscation et d'amende. »

» Art. 14. Item sera permis ausdits bailes et gardes
» qui seront nommés par les maîtres jurés, d'entrer et
» sortir aux maisons et atteliers où l'on fera la menui-
» serie pour voir si les ouvrages sont bons et bien faits
» et bien conduits, et si les maîtres sont étrangers ou
» de cette ville, pour le découvrir et rapporter audit
» sieur sénéchal, ou son lieutenant, pour en ordonner
» ce que de raison. »

Les menuisiers et les sculpteurs de la ville de Clermont, dont les statuts ont été confirmés, comme nous
l'avons dit, par lettres-patentes de Louis XIV, du mois
de juin 1660, enregistrées au greffe de la police de
Clermont le 9 juillet de la même année, étaient en jurande. Suivant ces statuts, l'admission à la maîtrise
coûtait, pour les fils de maîtres, cent francs, et pour
les étrangers, deux cents francs. Le droit de boîte pour
la confrérie était de cinq francs.

La bannière de la communauté des menuisiers et des
sculpteurs de Clermont était :

D'argent, à un rabot de gueules posé en fasce
et accompagné en chef d'un burin de même,
posé en pal.

(*Voyez pl. 24, fig. 4.*)

La communauté des menuisiers de la ville de Riom, réunie aux charpentiers, aux vinai riers, aux chaudronniers et aux charrons, avait de statuts autorisés par lettres patentes du mois d'avril 1715, enregistrées à la chambre de police le 7 mai de la même année. Sa bannière était :

> D'argent, à un rabot d'azur en fasce, accompagné en chef d'une brouette de sable, chargée d'un tonneau de même et un chevron d'or brochant sur le tout.

(*Voyez pl.* 24 , *fig.* 5.)

Celle de la ville de Brioude, qui comprenait les menuisiers, les maçons et les charpentiers, portait :

> D'azur, à un rabot d'or posé en fasce, accompagné en chef d'un marteau de maçon d'argent, et en pointe d'une hache couchée de même.

(*Voyez pl.* 25, *fig.* 1re.)

Les menuisiers de la ville de Montferrand étaient réunis aux apothicaires de la même ville.

(*Voyez pl.* 1re, *fig.* 4.)

Ceux de la ville d'Ambert, aux bouchers de la même ville.

(*Voyez pl.* 5, *fig.* 3.)

Ceux de la ville de Maringues, aux charrons de la même ville.

(*Voyez pl.* 10, *fig.* 2.)

Ceux de la ville d'Issoire, aux sculpteurs et aux charpentiers de la même ville.

(*Voyez pl.* 30, *fig,* 2.)

MEUNIERS.

Comme dans aucun temps les peuples ne mangèrent
en substance le grain sec et couvert de son enveloppe,
on le torréfiait ou on le séchait au feu, dans les temps
anciens, pour en séparer la pellicule, et, suivant le rapport de Pline, pour le faire cuire dans l'eau. On se servit
aussi de mortiers et de pilons pour le piler ; mais comme
par cette manière il fallait beaucoup de temps pour réduire le grain en farine, on imagina dès la plus haute
antiquité deux pierres ou meules; l'une, la pierre in-
férieure, était fixe ; l'autre, on la faisait mouvoir à force
de bras par des serviteurs, des esclaves ou des condamnés, même pour les plus légers crimes, et plus tard
par des chevaux ou des ânes (1). Chaque famille avait
son moulin, qui faisait partie des meubles ou ustensiles
portatifs de la maison. Homère en fait mention dans son
Odyssée.

Les Romains furent si satisfaits de cette découverte,
qu'ils avaient faite en Asie, et les avantages qu'ils en
retiraient leur parurent si grands et si supérieurs à celui des pilons dont ils se servaient dans le principe,
qu'ils poussèrent leur gratitude jusqu'à rendre aux moulins un culte religieux. Ils en firent l'une de leurs di-
vinités tutélaires sous le nom de déesse Mola et de ses
sœurs, qu'ils faisaient descendre de leur dieu Mars. Ils
instituèrent aussi une fête à cette intention, qu'ils solen-

---

(1) Ces meules étaient plus particulièrement faites avec des laves
volcaniques. On en trouve très-fréquemment en Auvergne. ·

nisaient tous les ans le 9 juin conjointement avec celle de Vesta.

Le génie de l'homme se perfectionnant, et la farine étant devenue très en usage, on construisit en France, vers le commencement du septième siècle des moulins mus par l'eau, comme en avaient déjà les Romains dès le temps d'Auguste. Quelques siècles plus tard on inventa les moulins à vent, puis les tamis, puis les bluteaux pour séparer la farine du son. Dans les premiers temps on faisait le blutage en faisant passer le blé pilé dans des tamis ou paniers d'osier. Par la suite on perfectionna ces machines, on fit des tamis avec des joncs, avec du fil et enfin avec des crins de chevaux, et en définitive on employa la soie.

Par une ordonnance du 30 mars 1635, il était défendu aux meuniers et à leurs serviteurs de conduire dans les villes leurs blés ou leurs farines les dimanches et les jours de grandes fêtes solennelles, à peine de confiscation et d'amende ; défense leur était faite aussi de faire courir leurs chevaux ou leurs mulets dans les villes, et d'avoir des fours pour cuire du pain et de nourrir chez eux des porcs, de la volaille et des pigeons.

D'autres ordonnances de police, du 5 novembre 1672 et du 4 octobre 1674, reproduites en 1730, défendaient aux meuniers de Clermont et des foubourgs de tenir aucuns chevaux, mulets, chars, charrettes et tombereaux aux avenues du marché. — Ils ne pouvaient non plus que les boulangers étrangers ou forains, entrer dans le marché avant deux heures après midi, à moins qu'ils n'y apportassent du blé pour le marché, et en ce cas ils étaient obligés d'en sortir immédiatement après qu'ils l'avaient déchargé sur la place, à peine d'amende pour la première fois, et du pilori en cas de récidive.

De grandes discussions se sont élevées et ont été de longue durée entre les meuniers et les boulangers. Les premiers, comme nous l'avons dit à l'article Boulangers, se prévalant des ordonnances du roi Jean du 30 janvier 1350, et de Charles VII du 19 septembre 1439, qui fixent les droits de mouture en argent, donnaient l'option aux boulangers de le payer en blé. Des arrêts du parlement des 11 février et 28 mars 1419, avaient aussi ordonné que les moutures seraient payées en argent par les particuliers, et non en blé.

Les meuniers percevaient une coupe de blé pour la mouture d'un septier, et il leur était accordé une seconde coupe pour porter le blé au moulin et rapporter la farine chez le particulier, ce qui faisait un quinzième de septier. Mais ils ne se contentaient pas de ce droit à l'égard des boulangers; ils exigeaient beaucoup plus d'eux; à raison de ce qu'ils étaient obligés de cribler et de laver le blé que leur remettaient les boulangers, qu'ils fournissaient les sacs et qu'ils étaient obligés de passer la farine au bluteau chez les boulangers, ils augmentaient leurs droits de deux coupes.

Il était défendu aux meuniers de rendre les farines humides, d'y faire aucun mélange, comme aussi de mêler le blé déposé chez eux par les boulangers et autres.

Nous voyons peu de meuniers en Auvergne figurer dans les communautés; ceux de la ville de Montferrand seulement faisaient partie de la communauté des apothicaires et des chirurgiens de la même ville.

(Voyez pl. 1re, fig. 4.)

NOTAIRES.

PATRON, SAINT JEAN-PORTE-LATINE (6 MAI).

Et dans quelques contrées, sainte Catherine.

L'origine des notaires (1) est à peu près la même que celle de la société. Autrefois on appelait les notaires *Cursores, Logographi, Notarii, Tabelliones, Argentarii, Actuarii Scribæ*. Chez les Romains leurs fonctions étaient remplies et par la plus haute noblesse et par des esclaves, des affranchis intelligents, habiles dans l'art d'écrire. Il y avait à Rome un lieu public consacré à l'exercice des fonctions de notaire; c'était là qu'ils rédigeaient entre tous les citoyens les actes et les contrats. C'étaient eux qui recevaient habituellement les dispositions testamentaires, les conventions écrites; c'est en leur présence que se faisaient les emprunts et les payements; c'est à leur garde qu'étaient confiées les archives publiques, ainsi que les sommes d'argent mises en consignation. Les empereurs Arcadius et Honorius, reconnaissant que ces fonctions étaient trop importantes et trop incompatibles avec la servitude, déclarèrent qu'à l'avenir elles ne pourraient être exercées que par des hommes libres.

L'empereur Justinien traça par une constitution les devoirs des tabellions ou notaires; il voulut qu'avant de passer les actes, ils fussent parfaitement instruits de l'intention des parties. Ils devaient également mesurer

(1) L'étymologie du titre de notaire vient du mot latin *notæ*, qui signifie marques ou notes.

les droits de l'un et de l'autre ; se servir dans leurs rédactions de termes précis, afin d'éviter les procès, faire autant que possible tout par eux-mêmes.

L'origine des notaires date en France du commencement de la monarchie (1) ; mais son organisation était incomplète. Les conventions verbales qui, pendant longtemps réglaient le commerce et les affaires entre les hommes, devaient être remplacées par des conventions écrites. Charlemagne le reconnaissait. Dans ses capitulaires, il donne la véritable définition du notaire qu'il voulait créer, de ce juge volontaire dont la présence et la signature impriment aux actes passés devant lui le caractère, la force et les effets d'un jugement en dernier ressort. Les grandes idées de Charlemagne sur le notariat ne reçurent pas d'exécution, comme toutes ses autres ingénieuses conceptions ; elles furent, pour ainsi dire, ensevelies dans sa tombe et y restèrent oubliées pendant plusieurs siècles.

Saint Louis, à son avènement au trône, trouva toutes les parties du gouvernement dans la plus complète anarchie ; le droit de rendre la justice, comme le notariat, s'adjugeait au plus offrant enchérisseur. Pour mettre fin à cette anarchie, il commença ce qu'on appela plus tard les *établissements de saint Louis*. Il nomma un prévôt pour rendre la justice, et créa à Paris soixante notaires et les institua en titre d'office, pour recevoir les actes de la juridiction volontaire et donner à ces actes le caractère de l'autorité publique. Ces officiers

(1) Grégoire de Tours nous dit (liv. ix, chap. 26) que la reine Ingoberge, veuve du roi Charibert, qui commença à régner en 564, fit son testament devant un notaire.

17

devaient toujours être deux pour recevoir leurs actes,
les porter ensemble à l'officier chargé d'y apposer les
sceaux de la justice. Plus tard, comme nous le verrons,
des notaires furent créés à l'instar de ceux de Paris, dans
tous les domaines de la couronne, exerçant de même et
donnant à leurs actes le même caractère.

Avant saint Louis, les notaires ne conservaient pas
de minutes de leurs actes, il n'y avait aucun contrat en
forme authentique; tous les procès ne consistaient qu'en
question de fait, ou en point de coutume; l'une et l'autre se prouvaient par enquête, procès-verbaux et in-
terrogatoires sur faits.

Au milieu du huitième siècle, les actes publics étaient
plus particulièrement rédigés par les membres du clergé
et par les nobles. Au treizième siècle apparaissent les
notaires apostoliques, nommés par l'évêque ou l'archevêque (1), et à côté de ces officiers il en existait d'autres
chargés de dresser les actes civils, les notaires royaux (2),
qualifiés de *clercs notaires du roi*, et les notaires seigneuriaux (3). Philippe le Bel établit dans tous ses do-

(1) Les notaires apostoliques étaient attachés à l'officialité de
l'évêque. Leurs fonctions principales consistaient à rédiger les actes
émanés de l'autorité ecclésiastique, les contrats ayant pour objet
les fonctions religieuses, les donations en faveur des pauvres, des
églises et des monastères.

Les notaires apostoliques mettaient toujours dans leur paraphe
deux clefs. Il est peu d'actes du quinzième siècle où on ne les voie
figurer.

Ce n'est que depuis la loi du 25 ventôse an XI, et suivant l'article 27 de cette loi, que les notaires sont tenus d'avoir un cachet ou
sceau particulier portant leurs noms, qualité et résidence. Anciennement, pour qu'un acte eût le caractère légal, il fallait qu'il fût re-
vêtu du sceau de la juridiction.

(2) Les notaires royaux, recevant leurs provisions du roi, pouvaient instrumenter sur tout le territoire du royaume.

(3) Tout seigneur châtelain avait, sous le nom de droit de sceau,

maines, en 1302, des notaires créés à l'instar de ceux de
Paris, et défendit aux juges de se servir de leurs clercs
et greffiers pour notaires comme ils l'avaient fait jusqu'alors. Par une autre ordonnance donnée à Amiens,
au mois de juillet 1304, il régla tous les devoirs et les
obligations du notaire. Philippe le Long déclara par un
édit de 1319, que les greffes et tabellionnages appartien-
draient au domaine du roi. Plus tard, les rois donnèrent
aux notaires un rang des plus honorables; ils en firent
des secrétaires du roi, des secrétaires du grand conseil.
Charles VIII, par ses lettres patentes du mois de février
1484, confirma les clercs, les notaires et les secrétaires
de sa maison et couronne de France dans tous les priviléges qui leur avaient été accordés par les rois ses prédécesseurs, et les anoblit ainsi que leurs enfants et
postérité mâle et femelle, nés et à naître en légitime mariage; les déclara capables de recevoir tous ordres de chevalerie, comme si leur noblesse était ancienne, sans être
tenus de payer aucune finance. Ces priviléges conti-
tinuèrent pour les notaires secrétaires près du grand
conseil jusque vers le milieu du dix-huitième siècle;
mais les notaires ordinaires, avant 1360, étaient censés
avoir dérogé à la noblesse, et exerçaient une profession
qualifiée roturière (1). A Paris, les notaires obtinrent, à

le pouvoir d'instituer des notaires dans l'étendue de sa juridiction.
Les notaires seigneuriaux, qualifiés aussi de notaires subalternes,
pouvaient passer et recevoir des actes et contrats seulement dans
l'étendue de la seigneurie, entre les domiciliés et sujets, pour
leurs biens situés sur le territoire et ailleurs; mais les contrats qu'ils
passaient n'emportaient pas d'exécution. contre les obligés qu
étaient hors de cette circonscription Ces dispositions furent main-
tenues à diverses époques par des édits, des ordonnances de nos
rois et par des arrêts du conseil d'Etat et du parlement.

(1) Cette question de dérogeance a été pendant longtemps dis.

partir de 1673 , moyennant l'énorme somme de 450,000 livres , des lettres patentes portant *que le titre et les fonctions de notaire de Paris ne pourraient être imputés à dérogeance à la noblesse.* Dès lors les notaires ajoutèrent à leurs titres celui de conseillers du roi.

Il faut faire une différence entre les notaires, les tabellions, et les gardes-notes. Les premiers recevaient et rédigeaient les conventions des parties, les actes qui les contenaient étaient ensuite remis par le notaire , à l'officier nommé tabellion, pour les expédier en forme exécutoire ; après quoi , la minute était confiée à la garde d'un autre officier appelé garde-notes. De sorte que l'on pourrait presque dire qu'au milieu du seizième siècle, les notaires n'étaient en province que les clercs des tabellions.

Peu à peu les notaires se séparèrent des tabellions.

Par une ordonnance du mois d'avril 1411, Charles VI autorisa les notaires à placer sur leurs demeures des panonceaux aux armes de France, comme sauvegarde et marque d'honneur.

François Ier, par un édit de 1542, créa des tabellions et des notaires dans toutes les juridictions du royaume, et leur accorda le droit de délivrer des grosses. Les notaires furent successivement chargés de recevoir les actes. Ils devaient, suivant les prescriptions du même souverain, rédiger leurs minutes, ainsi que les autres actes , en *langage maternel français ;* et lorsqu'ils pas-

cutée et contestée par des auteurs éminents, tels que Delaroque , *Traité de la Noblesse* , chap. 148 ; L'Evêque , *Discours préliminaire* de son *Recueil de chartes,* imprimé en 1623 ; de Ferrière , *Dictionnaire de droit ;* Langlais , *Traité des droits des Notaires,* ch. 8, etc. —Le plus grand antagoniste des notaires a été Denisard, dans sa *Collection de jurisprudence.*

saient un acte, ils devaient e faire deux notaires présents ou un notaire en présence de deux témoins.

L'article 84 de l'ordonnance du mois de janvier 1560, rendue aux états d'Orléans, obligeait les notaires à faire signer par les parties et les témoins les actes qu'ils recevaient.

Charles IX supprima les tabellions; les boutiques des notaires, comme on les appelait alors, prirent le nom d'études.

Une ordonnance de 1560 réduisit le nombre des offices de notaires, et fixa à vingt-cinq ans, l'âge exigé pour l'investiture. Une autre ordonnance, donnée à Moulins en 1566, apporta de grandes réformes dans l'administration de la justice, et un arrêt de règlement de 1567, défendit expressément aux notaires de se dessaisir de leurs minutes, sous aucun prétexte.

Pour assurer l'entière exécution de cet arrêt, Henri III créa par un édit de 1573, *des offices de notaires garde-notes* dans tous les bailliages, sénéchaussées, prévôtées et autres siéges royaux pour recevoir et conserver les minutes, et en délivrer des expéditions au besoin. Par le même édit, les notaires furent exemptés du logement des gens de guerre et de toutes tutelles, curatelles, établissement de commissaires et autres charges publiques. En 1597, Henri IV, par un édit, réunit à son domaine et supprima les offices des notaires, tabellions et gardes-notes qui étaient alors donnés à ferme, et institua des *notaires, tabellions gardes-notes héréditaires*, réunissant dans les mêmes mains des fonctions inutilement divisées.

Ces fonctionnaires publics perdirent à la révolution de 1789 d'honorables privilèges; mais la loi du 25 ventôse an XI leur rendit le rang qu'ils devaient occuper dans la société (1).

Un long procès fut intenté par les notaires de Clermont contre le lieutenant général, le lieutenant particulier, les assesseurs, les conseillers et greffiers de la sénéchaussée, relativement aux inventaires à dresser après scellés requis. D'un autre côté, les maires et les échevins de la même ville avaient prétendu, suivant des lettres patentes qui leur furent données par Catherine de Médicis, le 15 février 1577, dresser aussi des inventaires; mais ils perdirent leur procès le 12 août 1698. Pour mettre fin à ces contestations, il fut décidé que les inventaires seraient faits conformément à la volonté des défunts ou des parties intéressées.

Dans leurs communautés et confréries, qui étaient distinguées des autres, les notaires se sont souvent réunis aux procureurs; nous en avons beaucoup d'exemples en Auvergne.

Des communautés de notaires seuls existaient :

A Aurillac, et portaient sur leurs bannières :

D'argent, à deux plumes de sable passées en sautoir.

(*Voyez pl.* 25, *fig.* 2.)

A Clermont :

D'azur, à un chevron d'or, accompagné en chef de deux étoiles d'argent et d'un croissant renversé de même en pointe.

(*Voyez pl.* 25, *fig.* 3.)

(1) Voyez l'*Essai sur l'institution du Notariat*, par M. Rochon du Verdier, Paris, 1847.

Nous signalons aussi à nos lecteurs un travail remarquble sur l'origine et l'institution du notariat, par M. Euryale Fabre, notaire à Clermont-Ferrand (Voyez les *Annales de l'Académie de Clermont*, année 1849, page 17).

A Maringues :

>De sable, à trois plumes à écrire d'argent, posées
>en fasce, l'une sur l'autre.

(Voyez pl. 25, fig. 4.)

A Mauriac :

>D'azur, à une fasce d'or, chargée d'une fleur
>de lis d'azur.

(Voyez pl. 25, fig. 5.)

A Riom, où les notaires se qualifiaient de notaires royaux et apostoliques, leur bannière était :

>D'or, à deux écritoires de sable posées en sautoir,
>et une plume d'argent posée en pal et brochant
>sur le tout.

(Voyez pl. 26, fig. 1re.)

A Saint Amant-Tallende :

>D'argent, à une foi d'azur, chaque bras chargé
>d'une fleur de lis d'or.

(Voyez pl. 26, fig. 2.)

A Allanche :

>D'argent, à deux plumes de sable en sautoir, semblables
>à la bannière des notaires d'Aurillac.

(Voyez pl. 25, fig. 2.)

A Besse :

>D'azur, à deux écritoires d'argent passées en
>sautoir, accompagnées en chef d'une bourse
>d'argent couchée en fasce.

(Voyez pl. 26, fig. 3.)

A Cournon :

>D'or, au chef de gueules, chargé de trois fleurs
>de lis d'argent.

(Voyez pl. 26, fig. 4.)

A Courpière :

De sable, à trois plumes à écrire d'argent posées
en fasce l'une sur l'autre.

(Voyez pl. 26, fig. 5.)

A Chaudesaigues :

D'argent, à un saint Yves de sable, tenant de la
main droite une bourse de même.

(Voyez pl. 27, fig. 1re.)

A Issoire :

D'or, à deux plumes d'argent posées en sautoir
et accompagnées de trois bonnets carrés de
sable, deux en chef et un en pointe.

(Voyez pl. 27, fig 2.)

A Montaigut :

De sable, à trois mains de carnation tenant chacune
une plume à écrire d'argent, posées 2 et 1.

(Voyez pl. 27, fig. 3.)

A Murat :

De sable, à trois plumes coupées à écrire d'argent,
péries en barre, posées 2 et 1.

(Voyez pl. 27, fig. 4.)

A Pont-du-Château :

D'azur, à un chef de gueules, chargé de trois
fleurs de lis d'or.

(Voyez pl. 27, fig. 5.)

A Saint-Flour :

D'argent, à deux plumes adossées de sable, ac-
costées de deux bonnets carrés de même.

(Voyez pl. 28, fig. 1re.)

A Sauxillanges :

Mêmes armoiries que celles de la communauté de Murat.

(*Voyez pl. 27, fig. 4,*)

A Vic en Carladès :

D'or, à deux écritoires de sable posées en sautoir.

(*Voyez pl. 28, fig. 2.*)

Les notaires de la ville de Brioude étaient réunis aux avocats de la même ville.

(*Voyez pl. 4, fig. 5.*)

Ceux de la ville de Maurs, aux avocats de la même ville.

(*Voyez pl. 5, fig. 2.*)

Ceux de la ville de Blesle, aux avocats de la même ville.

(*Voyez pl. 4, fig. 4.*)

Ceux de la ville d'Ambert, aux avocats de la même ville.

(*Voyez pl. 4, fig. 3.*)

Ceux de la ville de Langeac, aux avocats de la même ville.

(*Voyez pl. 5, fig. 1re.*)

Ceux de la ville d'Ennezat, aux procureurs de la même ville.

(*Voyez pl. 29, fig. 5.*)

Ceux de la ville de Vic-le-Comte, aux procureurs de la même ville.

(*Voyez pl. 30, fig. 1re.*)

ORFÈVRES.

PATRON, SAINT ÉLOI (1er DÉCEMBRE.)

Ailleurs, sainte Anne.

L'art de travailler l'or et l'argent était établi en Asie et en Egypte, suivant les écrits de Moïse et d'Homère, dès les temps les plus reculés. On peut dire avec certitude qu'on a commencé de travailler l'or avant le fer. Moïse dit que Jacob engagea les personnes de sa suite à se défaire de leurs pendants d'oreilles. Juda donna en gage à Thamar son bracelet et son anneau. Homère, dans *l'Odyssée*, parle des présents que Ménélas reçut en Egypte, consistant en ouvrages d'orfèvrerie dont le goût et le travail annoncent beaucoup d'adresse et d'intelligence.

Il faut remarquer que les plus beaux bijoux donnés par les grands personnages étaient toujours mélangés d'or et d'argent.

A l'époque de la guerre de Troie, l'orfèvrerie était parvenue à un grand degré de perfection chez tous les peuples de l'Asie. Le bouclier d'Achille, ce remarquable travail, qui donne une si haute idée du progrès de l'art, était gravé et ciselé; les objets qu'il représentait portaient des couleurs obtenues par l'impression du feu. De l'Asie l'art de travailler l'or et l'argent a passé en Europe, et a continué ses progrès chez les Romains et chez les peuples qui leur ont succédé. Les empereurs romains et les impératrices avaient des orfèvres en titre attachés à leur service pour l'ornement des édifices et des instruments consacrés au culte, pour la décoration des palais et pour l'ornement de l'habillement. Rome, la maîtresse du monde, était la ville de l'orfèvrerie par excellence. Dans le moyen âge, la stagnation du commerce et le dépérissement des arts ont beaucoup nui à l'orfèvrerie.

Philippe de Valois, pour dédommager les orfèvres de certains avantages dont il les avait privés, leur délivra des lettres de demi-noblesse, en leur concédant le droit d'armoiries.

On remarque néanmoins dans les différents siècles de l'époque du moyen âge, des vases, des châsses et autres ustensiles d'église, d'un travail délicat et recherché, mêlé de pierres de couleurs et de perles (1). Le style gothique a eu aussi son beau temps ; mais ce n'est que vers le milieu du dix-septième siècle, où les richesses firent naître le goût du luxe, que l'orfèvrerie reprit une nouvelle perfection, et qu'elle a conservé en France une grande supériorité sur celle des autres pays.

L'association des orfèvres en corps régulier, remonte à une époque au-delà de 1260. Il en est question sous la première race de nos rois.

Les orfèvres de Clermont, Marc Brierre et Antoine Donce, bailes et gardes en charge de la communauté, présentèrent à la cour des monnaies de Lyon requête relativement aux abus qui s'étaient introduits dans la ville de Clermont, et en obtinrent, le 11 juillet 1744, les statuts qui suivent et qui furent approuvés par le roi

---

(1) Les pierres précieuses que les anciens employaient étaient plus particulièrement les émeraudes et les opales. Ils connaissaient le diamant, mais ils en faisaient peu de cas, ne sachant pas lui donner le brillant par la taille et par l'art de le monter.

Avant le règne de Louis XIII on en faisait très-peu d'usage ; ce n'est que sous Louis XIV que l'on a commencé à y attacher un grand prix.

le 26 septembre 1745. Ces statuts étaient communs aux orfèvres de Moulins.

LETTRES PATENTES

Qui approuvent et confirment les statuts et règlements par la cour des monnaies de Lyon pour les orfèvres de Clermont-Ferrand (1).

Louis, par la grâce de Dieu, roi de France et de Navarre, à nos amés et féaux conseillers les gens tenant notre cour des monnaies à Lyon, salut. Après avoir fait examiner en notre conseil les statuts et règlements que sous notre bon plaisir vous avez donnés aux orfèvres de la ville de Moulins, par arrêt du 26 juin 1737, pour être par eux et leurs successeurs en ladite ville observés et exécutés ainsi qu'ils sont contenus audit arrêt en trente deux articles, nous les avons agréés et confirmés par nos lettres patentes données à Versailles le 3 mars 1739, registrées où besoin a été. Depuis Marc Brierre et Antoine Donce, bailes et gardes en charge de la communauté des marchands et maîtres orfèvres de la ville de Clermont-Ferrand, se seraient pourvus par devers vous par requête contenant que les abus qui s'étaient introduits dans ladite ville de Clermont, par rapport au commerce et à l'art de l'orfèvrerie, avaient fait souhaiter depuis longtemps à ceux qui exercent cet art qu'il vous plût de fixer les règlements qui doivent être observés, et de réprimer et prévenir ces abus par des règlements précis. Par arrêt du 11 juillet 1744, vous

(1) Imprimerie de Pierre Vialanes à Clermont-Ferrand, 1768. (Bibliothèque de Clermont.)

avez ordonné que l'arrêt en forme de règlement pour les
maîtres orfèvres de Moulins, du 26 juin 1757, serait
déclaré commun avec la communauté des orfèvres de la
ville de Clermont-Ferrand, pour être par eux et leurs
successeurs exécutés suivant sa forme et teneur, aux
peines y portées, à l'exception néanmoins de l'article
premier, suivant lequel le nombre des maîtres orfèvres
de Moulins est fixé à dix, lequel nombre sera et demeurera fixé à huit maîtres orfèvres pour la ville de Clermont-Ferrand, et ledit règlement sera gardé et observé
dans tout son contenu par lesdits orfèvres de Clermont.
Et sur le rapport qui nous a été fait qu'ils sont conformes à ce qui a été prescrit par les anciennes ordonnances et par les nouveaux règlements, nous avons lesdits statuts et règlements par vous ordonnés aux orfèvres
de Clermont-Ferrand par ledit arrêt du 11 juillet 1744,
dont expédition est ci-attachée sous le contre-scel des
présentes, agréés, approuvés et confirmés, et par ces
présentes, signées de notre main, les agréons, confirmons et approuvons, voulons et nous plait qu'ils soient
exécutés selon leur forme et teneur, car tel est notre
plaisir.

Donné à Versailles, le vingt-sixième jour de septembre, l'an de grâce mil sept cent quarante-cinq, et de
notre règne le trente-unième. Signé, Louis. Par le Roy :
signé, Phelypeaux.

Extrait des registres de la cour des monnaies de Lyon.

Vu par la cour la requête à elle présentée par Marc
Brierre et Antoine Donce, bailes et gardes en charge de
la communauté des marchands et maîtres orfèvres de la

ville de Clermont-Ferrand, contenant que les abus qui
s'étaient introduits dans ladite ville de Clermont par
rapport au commerce et à l'art de l'orfèvrerie, avaient
fait souhaiter depuis longtemps à ceux qui exercent cet
art, qu'il plût à la cour de fixer les règles qui doivent
être observées, et de réprimer et prévenir ces abus par
des règlements précis ; que dans cette idée les huit
maîtres qui composent la communauté s'étaient assemblés le 25 juillet 1743 ; que dans cette assemblée, l'un
desdits bailes et gardes en charge, ayant produit les règlements qu'il avait plu à la cour de rédiger pour les
orfèvres de la ville de Moulins, après l'examen que la
communauté en fit, elle reconnut que tous les articles
qui composent ce règlement pouvaient, à quelques légers changements près, convenir aux orfèvres de ladite
ville de Clermont-Ferrand, et qu'ils ne pouvaient choisir
un modèle plus parfait que celui dont la province du
Bourbonnais était redevable à la sagesse de la cour ; et
par une délibération formée dans cette même assemblée,
il fut arrêté que trente-un articles puisés dans le règlement fait pour ladite province de Bourbonnais seraient
observés par la communauté, qui se soumit à leur exécution, avec pouvoir au bailes d'en demander l'homologation, tant par-devant les officiers de la monnaie de
Riom qu'en la cour ; que, quoiqueles suppliants n'igno-
rassent pas qu'il est réservé à la cour de leur prescrire
les règles qu'ils doivent suivre, soit pour le commerce de
l'orfèverie, soit pour la police de la communauté, ils
avaient cru que, les articles dont il s'agissait étant
émanés de l'autorité de la cour, elle ne désapprouverait
pas qu'ils fussent homologués par les juges, gardes de la
monnaie de Riom, pour servir de règle aux orfèvres

pour la ville de Clermont-Ferrand, et qu'en effet les
dits juges gardes, par leur jugement du 10 décembre
dernier, n'en avaient ordonné l'homologation que sous
le bon plaisir de la cour, à l'autorité de laquelle ils avaient
recours ; et à ces causes requéraient qu'il lui plût, vu
lesdits articles de règlement, et l'acte de délibération
de la communauté desdits orfèvres de Clermont, ordonner que lesdits articles seraient homologués pour
être exécutés suivant leur forme et teneur, sauf les changements ou modifications qu'il plairait à la cour ordonner, et subsidiairement que les règlements rédigés
par les arrêts de la cour pour les orfèvres de Moulins,
le 26 juin 1737, seraient déclarés communs avec les
suppliants, et exécutés suivant leur forme et teneur, sauf
aussi les changements et modifications qu'il plairait à la
cour de faire, ladite requête signée de Besson l'aîné,
procureur ; Vu aussi la délibération prise dans l'assemblée desdits maîtres orfèvres de la ville de Clermont-
Ferrand, tenue le 25 juillet 1743, l'arrêt de la cour, en
forme de règlement, fait pour les maîtres orfèvres de la
ville de Moulins le 26 juin 1737, composé de trente-
deux articles, et les lettres patentes de confirmation
d'iceux, du 3 mars 1739, l'avis des officiers de la monnaie de Riom, et les conclusions du procureur général
du roi ; Ouï le rapport de Me Antoine-François de
Regnauld, conseiller, à ce commis ; Tout vu et considéré ; *La Cour*, faisant droit sur la dite requête, a
ordonné et ordonne que l'arrêt en forme de règlement rendu pour les maîtres orfèvres de Moulins,
le 26 juin 1737, dont copie collationnée sera attaché sous le contre-cel du présent arrêt, et dès à présent déclaré commun avec la communauté des orfè-

vres de Clermont-Ferrand, pour être par eux et leurs successeurs exécuté suivant sa forme et teneur, aux peines y apportées, à l'exception néanmoins de l'article premier, suivant lequel le nombre des maîtres orfèvres de Moulins est fixé à dix, lequel nombre sera et demeurera fixé à huit maîtres orfèvres pour la ville de Clermont-Ferrand ; au surplus, ledit règlement sera gardé et observé dans tout son contenu par lesdits orfèvres de Clermont, et à cet effet enregistré, ainsi que le présent arrêt, au greffe de la monnaie de Riom, à la diligence du substitut du procureur général, qui en certifiera la cour au moins.

Fait à Lyon, en la cour des monnaies, le 11 juillet 1744. Collationné et scellé. Signé, Labory. Par la cour des monnaies, signé : Teissier.

La Cour, sur le bon plaisir du roi, a ordonné ce qui suit :

STATUTS.

Article premier. Le nombre des maîtres orfèvres de la ville de Moulins demeurera fixé à celui de dix, sans y comprendre les veuves de maîtres, lesquelles, après le décès de leurs maris, auront la faculté de tenir boutique ouverte et de faire travailler en orfèvrerie sous les conditions qui seront ci-après exprimées, et le susdit nombre de dix ne pourra être augmenté dans la suite, sous quelque raison et prétexte que ce soit, et celui de Clermont sera fixé à huit.

II. Nul ne pourra être reçu maître orfèvre, qu'il n'ait fait apprentissage chez un maître dudit art pendant l'espace de dix-huit années entières et consécutives dans

la ville de Clermont ou dans une autre ville du royaume,
et qu'il n'ait servi pendant deux ans en qualité de compagnon, et qu'il ne sache lire et écrire.

III. Nul ne sera admis audit apprentissage au-dessous
de l'âge de dix ans accomplis ni au-dessus de seize ans,
à l'effet de quoi l'acte baptistaire de l'apprentif sera
apporté et représenté lors de son brevet d'apprentissage
qui sera passé par-devant notaire, lequel fera mention de
ladite représentation, et ensuite le dit brevet d'apprentissage sera enregistré au greffe de la monnaie de Riom,
et sur le livre de la communauté des orfèvres de Clermont, le tout dans la quinzaine de la date dudit brevet,
à peine de nullité.

IV. Les apprentifs, lors de l'enregistrement de leurs
brevets, seront tenus de payer entre les mains du premier juré des orfèvres, la somme de douze livres, pour
subvenir aux charges de la communauté; les fils de
maîtres ne payeront que la moitié de ladite somme,
dont les jurés se chargeront pour en rendre compte à la
fin de leur jurande.

V. Le maître avec lequel l'apprentif aura été engagé
venant à décéder avant la fin de l'apprentissage, l'apprentif pourra continuer son temps chez un autre
maître, et sera l'acte de continuation passé par-devant
notaire, et enregistré à la forme de l'article précédent,
sans frais néanmoins à l'égard de la communauté.

VI. Si pendant le cours dudit apprentissage l'apprentif s'absente volontairement, ou discontinue le
travail, le maître sera tenu quinzaine après d'en faire
sa déclaration au juré, qui en fera note au bas de l'expédition de son engagement sur le livre de la communauté; et en cas de retour, si l'apprentif convient de

continuer son apprentissage avec son premier maître,
ou même avec un autre, s'il y a cause légitime, et
qu'il soit ainsi décidé par les jurés de la communauté,
audit cas, ladite continuation sera de même notée sur
le livre de la communauté, et ledit apprentif obligé de
remplacr le temps de son absence.

VII. Après que les huit années d'apprentissage seront
accomplies, les brevets en seront certifiés et quittancés
par-devant notaire, par les maîtres orfèvres chez lesquels les apprentifs auront travaillé en ladite qualité,
avec défense auxdits maîtres, à peine de faux, de certifier lesdits brevets que leurs apprentifs n'ayent travaillé chez eux durant les huit années entières et consécutives prescrites par les règlements.

VIII. Ne pourront lesdits maîtres, tenir qu'un seul
apprentif à la fois, ni en prendre un second que le
temps de l'apprentissage du premier ne soit expiré,
quand même le second serait fils de maître.

IX. Vacance arrivant de place de maître par mort ou
autrement, le plus ancien fils de maître qui aura les
qualités requises, y sera reçu préférablement aux autres
compagnons; à la charge néanmoins, qu'après qu'on
aura reçu deux fils de maîtres la troisième place vacante sera accordée au plus ancien compagnon non fils
de maître (si aucun il y a), à condition qu'il aura de
même les qualités requises; et il en sera usé ainsi alternativement et consécutivement à l'avenir; et au cas où il
arriverait qu'un apprentif étranger viendrait à se présenter pour être reçu maître à une place vacante dans
ladite ville de Clermont, s'il y a des fils de maîtres ou
apprentifs de la dite ville en état de parvenir à la maîtrise et de remplir ladite place vacante, ils seront pré-

férés à l'apprentif étranger, quoiqu'il eût d'ailleurs
toutes les qualités requises.

X. Ceux qui voudront se faire recevoir à la maîtrise,
lorsqu'il y aura une place vacante, présenteront leur
brevet d'apprentissage duement quittancé, et leur cer
tificat de service aux juges gardes de la monnaie de
Riom, lesquels les trouvant en bonne forme, l'aspirant
sera par eux renvoyé par-devant les jurés-gardes de
la ville de Clermont, qui lui donneront le chef-d'œuvre
qu'ils trouveront à propos, auquel il procèdera dans
la chambre commune, en cas qu'il y en ait une,
sinon dans la maison du garde en charge, et en
présence de deux anciens maîtres qui auront exercé la
jurande, duquel chef-d'œuvre lesdits jurés feront leur
rapport, qui sera par eux envoyé au greffe de ladite
monnaie de Riom, pour, en cas que par icelui l'aspirant
ait été reconnu capable, être examiné à la forme des
ordonnances par lesdits officiers, et ensuite reçu à la
maîtrise dudit art, toutefois à condition qu'il aura vingt
ans accomplis, et en donnant pour lui caution jusqu'à
concurrence de la somme de cinq cents livres; prêtant le serment accoutumé par-devant lesdits officiers,
et faisant insculper au greffe de ladite monnaie le
poinçon dont il voudra se servir pour marquer ses ouvrages sur la table de cuivre qui y est déposée, sur
laquelle sera gravé son nom.

XI. Ne pourra néanmoins ledit maître nouvellement
reçu ouvrir boutique ni exercer la maîtrise, qu'il n'aye
fait registrer sur le livre de la communauté sa réception
et payé, savoir, les fils de maître la somme de cinquante
livres, et les autres compagnons, non fils de maîtres,
celle de cent livres, pour être, lesdites sommes, em-

ployées par les jurés et gardes aux affaires de la communauté, et sans que, sous prétexte de ladite réception, non plus qu'à l'occasion des brevets d'apprentissage, quittances ou certificats de survie, il puisse être exigé plus grandes sommes que celles ordonnées par les présents règlements, ni qu'il soit fait aucun festin, banquets, ni autres dépenses à ce sujet, aux peines de droit.

XII. Chaque maître aura son poinçon particulier, dont il sera tenu de marquer tous les ouvrages d'or et d'argent qui seront susceptibles de marque, et qui pourront souffrir le poinçon (1), tant aux pièces principales d'applique et de garnison qu'au corps des ouvrages ; qu'il sera pareillement tenu de faire contremarquer du poinçon commun, avec défense à tous lesdits maîtres d'avoir dans leurs maisons ou boutiques, aucuns ouvrages montés et assemblés, frappés en bord ou planès, qu'ils n'ayent été préalablement marqués et contremarqués, le tout, à peine de confiscation des ouvrages non marqués, et de l'amende de cinquante livres pour la première fois, de cent livres pour la seconde, et de plus grande, même d'interdiction, en cas de récidive.

XIII. Ne pourront, les veuves de maîtres, continuer les apprentissages qui auront été passés par leurs maris,

---

(1) C'est, suivant une ordonnance de Philippe-le-Bel donnée à Pontoise, au mois de juin 1313 que ce poinçon fut ordonné. Il est dit à l'article 10 de cette ordonnance : « Voulons et ordonnons que » en chacune ville où il y a orfèvres, ait un seing propre pour » seingner les ouvrages qui y seront faits, et sera gardé par deux » prud'hommes establis et esleus à ce faire, et que un seing ne » ressemble à l'autre. Et qui sera trouvé faisant le contraire, il » perdra l'argent et sera puni de corps, etc. »

Telle est l'origine du poinçon commun, dont l'empreinte répond de la bonté du titre des ouvrages d'orfèvrerie sur lequel elle est apposée. (NOTE DE L'AUTEUR.)

prendre aucun apprentif, ni avoir de poinçon à l'avenir ; à elles enjoint de rapporter leurs poinçons, dans la quinzaine du décès de leurs maris, au bureau ou chambre des orfèvres, pour y être rompus et brisés, autrement déchues de leurs privilèges ; leur sera néanmoins loisible de continuer le commerce des ouvrages d'orfèvrerie et de joaillerie en boutiques ouvertes, de tenir un compagnon, et de faire travailler sous le poinçon d'un maître orfèvre tenant actuellement boutique, lequel maître sera obligé de marquer lesdits ouvrages de son poinçon et de les faire contremarquer, et demeurera aussi responsable des abus qui s'y pourraient trouver, tant au titre qu'autrement.

XIV. Les maîtres auront leurs forges et fourneaux scellés en plâtre dans leurs boutiques, sur rue et en vue du public, avec injonction de fondre et travailler seulement dans leurs dites boutiques, et aux heures prescrites par les règlements, et non à heure indue, le tout à peine de l'amende de cinquante livres pour la première fois, et de plus grande en cas de récidive.

XV. Auront les dits maîtres et veuves un tableau dans leurs boutiques en lieu éminent, contenant la valeur des matières d'or et d'argent, lesquelles ils ne pourront vendre ni acheter à plus haut prix que celui porté par le arrêts et par les tarifs arrêtés par la cour ; donneront aux marchands, lorsqu'ils en seront requis, des bordereaux signés d'eux, contenant distinctement le prix de la matière par eux vendue et livrée, et celui de la façon de chacune des pièces ; et se tiendront fournis de balances trébuchées et poids de marc ajustés et étalonnés sur le poids original de la monnaie de Riom.

XVI. Seront lesdits maîtres et veuves, obligés de

tenir un registre parapœe par un des juges gardes de la
monnaie de Riom, pour y écrire la qualité et le poids des
matières qu'ils achètent, le nom des vendeurs et le jour
de l'achat, sans pouvoir acheter de la vaisselle qui leur
aura été recommandée, ou qui sera armoriée, dont
les armoiries paraîtront effacées, que des propriétaires
qui leur seront connus, ou dont le nom et la qualité leur
ont été certifiés par des personnes de probité dont ils
feront mention sur lesdits registres ; et à l'égard des
ouvrages qu'ils vendront, ils seront de même écrits sur
leur livre avec le nom de ceux qui les achèteront,

XVII. Ecriront pareillement sur leur livre le poids
et la qualité des vaisselles qui leur seront remises pour
être réparées ou raccommodées, et recevront les recom-
mandations par écrit ; et en cas qu'il leur fût présenté
des ouvrages ou matières d'or ou d'argent par des
personnes inconnues ou suspectes, quand même les
ouvrages ne seraient pas armoriés, ils les retiendront
jusqu'à ce que les particuliers qui les auront apportés
se soient fait connaître ; et s'ils ne sont réclamés, un
mois après, ils seront remis au greffe de la monnaie
de Riom pour y être pourvu ainsi qu'il appartiendra
par les officiers de la dite monnaie.

XVIII. Défenses très expresses sont faites auxdits orfèvres d'acheter, fondre ni déformer aucunes espèces
d'or ou d'argent, décriées ou ayant cours, légères, sou-
dées, altérées ou autres, pour employer en leurs ouvrages
ou autrement, sous peine de confiscation de corps et
de biens, conformément aux ordonnances.

XIX. Défenses sont aussi faites auxdits orfèvres, de
faire aucuns ouvrages d'or ou d'argent, qu'au titre réglé par les ordonnances, à peine de confiscation et

amende pour la première fois, et en cas de récidive, de privation de la maîtrise et de châtiment arbitraire, s'il y échoit, comme aussi d'employer ou de faire travailler aucun compagnon hors de l'ouvroir desdits maîtres et veuves, et auxdits compagnons de travailler en leur particulier, sous peine de confiscation des ouvrages et de l'amende.

XX. Pareilles défenses sont faites auxdits maîtres et veuves, de contracter aucune société pour fait d'orfèvrerie avec lesdits compagnons ni autres personnes, qu'entre lesdits maîtres et veuves, sous peine de deux cents livres d'amende pour la première fois, et de plus grande en cas de récidive. Ne pourront en outre, lesdits maîtres, prêter, louer ni confier leurs poinçons à personne, même à leurs compagnons, et seront tenus de marquer eux-mêmes leurs ouvrages, ainsi que ceux des veuves, conformément à l'article XIII du présent règlement.

XXI. La cour fait aussi défense à tous marchands, artisans et autres personnes, de quelque qualité et condition qu'ils soient, autres que les maîtres orfèvres et leurs veuves, de faire aucun commerce de marchandises d'orfèvrerie, à peine de confiscation et de deux cents livres d'amende, applicable, un tiers au profit de Sa Majesté, un tiers à ladite communauté, et un tiers au dénonciateur.

XXII. Pourront néanmoins les marchands merciers de ladite ville de Clermont, vendre et débiter les petits ouvrages ou bijoux d'or et d'argent, pourvu qu'ils ayent été achetés d'un maître orfèvre de ladite ville, du poinçon duquel ils seront marqués, leur faisant défense d'en exposer d'autres en vente sous peine de confiscation et d'amende.

XXIII. Nul compagnon ne pourra quitter la boutique de son maître pour rentrer dans celle d'un autre sans cause légitime, auquel cas, à défaut par le maître de donner un billet de congé, le compagnon se retirera devers les maîtres jurés, lesquels, après avoir entendu les raisons du maître et du compagnon, pourront, en connaissance de cause, décider la difficulté par provision seulement, et jusqu'à ce que, en cas de contestation, les officiers de la monnaie de Riom y ayent pourvu.

XXIV. Le dernier maître reçu sera obligé de porter les billets de convocation d'assemblée, lorsqu'il en sera requis par les jurés du métier; et après que les maîtres auront été avertis, ils seront tenus de se trouver à l'assemblée, sous peine de trente sols d'amende pour chaque fois qu'ils y auront manqué sans un légitime empêchement; et sera ladite amende applicable au profit de la communauté.

XXV. Et d'autant que, pour entretenir la discipline dans une communauté et pour y faire observer les règles, il est nécessaire qu'il y ait des préposés qui y tiennent la main, et que, suivant les anciennes ordonnances, et notamment celle de François Ier du mois de septembre 1544, l'état d'orfèvrerie doit être juré dans toutes les villes du royaume, il y aura à cet effet, à perpétuité deux jurés-gardes de la communauté des orfèvres de la ville de Clermont, à l'élection desquels il sera procédé annuellement, à la pluralité des voix, le lendemain de la fête de saint Eloi.

XXVI. La jurande s'exercera pendant deux ans par le même maître, mais on ne nommera chaque année qu'un juré, en sorte que des deux jurés qui seront en place il y en aura toujours un ancien et un nouveau.

XXVII. Dans la même assemblée où l'on procèdera à l'élection des jurés, les maîtres orfèvres nommeront deux de ceux qui auront exercé la jurande pour examiner et régler les comptes du juré qui sortira de charge, lequel sera tenu de les rendre dans la quinzaine après sa sortie ; et en cas de contestation sur l'apurement du dit compte, et pour le payement des sommes qui se trouveront dues, les parties se pourvoiront par-devant les officiers de la monnaie de Riom, sauf l'appel en la cour des monnaies de Lyon.

XXVIII. Le juré nouvellement élu ne pourra exercer ses fonctions qu'après avoir prêté le serment en tel cas requis par-devant les officiers de la monnaie de Riom, ce qu'il sera tenu de faire dans la quinzaine, à compter du jour de son élection ; et en même temps il fera insculper sur la table de cuivre qui est au greffe de ladite monnaie, le poinçon qu'il aura choisi pour marquer les ouvrages qui seront portés dans le bureau ou chambre commune pendant le temps de sa jurande, et celui du juré qui sortira de charge sera par lui représenté pour être biffé, dont sera dressé procès-verbal.

XXIX. Les jurés-gardes feront leurs visites lorsqu'ils le jugeront à propos, et au moins une fois chaque mois dresseront leurs procès-verbaux des contraventions qu'ils auront trouvées et des saisies qu'ils feront, et remettront le tout au greffe de la monnaie de Riom incessamment, et pour le plus tard dans la huitaine, pour y être pourvu par les officiers de ladite monnaie, ainsi qu'il appartiendra.

XXX. Tiendront bureau un jour fixé et marqué de chaque semaine, au lieu et en la manière accoutumés, pour y être, les ouvrages qui leur seront représentés et qui pourront souffrir le poinçon, contremarqués du poinçon de jurande, tant au corps qu'aux principales pièces d'applique et de garnison, après qu'ils en auront fait l'essai.

XXXI. Veilleront au surplus à tout ce qui concerne la police de leur communauté, et à ce que les présents règlements, ensemble les ordonnances, arrêts et autres règlements de la cour, concernant leur art et métier, soient exactement et fidèlement observés.

XXXII. Et seront, les présents règlements, gardés, exécutés et observés de point en point selon leur forme et teneur, et à cet effet registrés au greffe de la monnaie de Riom, à la diligence du substitut du procureur général, qui en certifiera la cour au moins : iceux lus dans la chambre commune des maîtres orfèvres de la ville de Clermont, qui seront à ce sujet convoqués et ensuite imprimés, et copies données aux maîtres, veuves, et compagnons dudit art, même publiés et affichés dans ladite ville, à la diligence des jurés en charge, lesquels en feront lecture toutes les années dans l'assemblée qui sera tenue pour l'élection du nouveau juré, et en présence des maîtres appelés pour ladite élection, dont sera fait mention sur les livres de la communauté.

Fait et arrêté à Lyon, en la cour des monnaies, le 26 juin 1637. Extrait collationné. Signé Legros, greffier.

A la suite de ces statuts se trouve la liste générale des noms, surnoms et demeures des maîtres et marchands orfèvres - joailliers en exercice.

*Maîtres et Marchands composant le nombre de huit
Orfèvres fixé par les règlements.*

Mars 1722. Pascal - Chappel père, doyen, reçu par
arrêt des monnaies de Lyon, rue des Notaires.

Juin 1742. François Cellier, apprentif, rue des Notaires.

Décembre 1748. André Chelles, apprentif, et par cession
d'une lettre de création de 1745, rue Saint-Pierre.

Octobre 1749. Claude Dulaure l'aîné, apprentif, rue
des Notaires.

Mars 1752. Pierre Chappel, fils de maître, place de De-
vant-Clermont.

Mars 1762. Claude Dulaure cadet, par cession d'une lettre de création de 1745, rue des notaires.

Décembre 1753. François Brierre, fils de maître, rue des
Notaires.

Août 1763. Claude Redon, apprentif, place de Devant-
Clermont.

Maîtres surnuméraires et privilégiés.

Août 1752. Laurent Amouroux, surnuméraire et par
cession d'une lettre des orfèvres, rue des Notaires.

Juin 1761. Louis Desbans, par privilége, rue des Notaires.

Veuve.

Juillet 1750. Marie Bréghot, rue des Notaires.

Le 17 janvier 1702, les orfèvres de Riom obtinrent
une ordonnance du Roi, faisant défense aux marchands
de soie, drapiers mêlés, merciers, frippiers, colporteurs, arquebusiers, chaudronniers, revendeurs, hor-

logers et autres, qui trafiquaient l'orfèvrerie et travaillaient l'or et l'argent sans être maîtres orfèvres, et sans
avoir de lettres ni provisions, de travailler l'or, l'argent, de faire aucun commerce d'orfèvrerie, ni d'acheter l'argent cassé, sous peine de confiscation et de 300
livres d'amende.

Dans la suppression des communautés d'arts et métiers ordonnée par l'édit de Louis XVI enregistré le 12
mars 1776, les orfèvres de Paris ne furent pas compris,
ils furent au nombre des six communautés réservées.
Plus tard, au mois d'août de la même année, et mieux
encore le 25 avril 1778, lorsque par une déclaration
toutes les communautés furent rétablies, les orfèvres
continuèrent à fonctionner comme dans le principe en
communauté avec les lapidaires, les joailliers et les
horlogers.

L'édit du mois de mars 1776 ne concernait pas les
communautés organisées dans les provinces, quoique
soumises à la même discipline, tandis que la déclaration
du 25 avril 1778, qui embrassait toutes les villes du ressort du parlement de Paris, et où se trouvaient les deux
villes principales, Clermont et Riom, et les villes de
second ordre, Aurillac et Thiers, leur prescrivait le
règlement suivant :

Art. 1er. Les communautés d'orfèvres et autres ouvriers employant des matières d'or et d'argent, ci-devant
établies dans les différentes villes du ressort de notre
parlement de Paris, demeureront supprimées.

Art. 2. Les professions d'orfèvres, lapidaires, joailliers et horlogers demeureront réunies, et ne formeront
à l'avenir qu'une seule communauté, dans les villes dont
l'état est attaché sous le contre-scel des présentes.

Art. 3. Lesdites communautés seront soumises aux officiers de police des lieux, tant pour l'admission à la maîtrise que pour leur régime et police et l'administration de leurs affaires, et elles seront soumises à notre cour des monnaies et aux officiers ressortissant de notre dite cour, pour tout ce qui peut avoir rapport à la vente, achat, emploi et fabrication des matières d'or et d'argent.

Art. 4. Voulons, en conséquence, que ceux qui voudront à l'avenir se faire recevoir maîtres dans lesdites communautés d'orfèvres, lapidaires, joailliers et horlogers, soient tenus de se présenter d'abord aux officiers de police, pour être admis s'il y a lieu, en justifiant de leurs bonne vie et mœurs, et qu'ils soient tenus ensuite de se retirer par-devant notre cour des monnaies ou par-devant les officiers qui ressortissent de notre dite cour, pour, après avoir fait certifier leur chef-d'œuvre par les orfèvres nommés à cet effet, et subi examen sur le titre et l'alliage, être reçus, s'il y a lieu, en ladite qualité, en prêtant le serment en tel cas requis, faisant insculper leurs poinçons, et donnant caution, le tout en la manière accoutumée.

Art. 5. Ne pourront pareillement les syndics et adjoints des communautés d'orfèvres, exercer leurs fonctions qu'après avoir prêté serment en notre dite cour des monnaies, ou par-devant les officiers de nos monnaies dans le ressort desquelles ils seront domiciliés, et y avoir fait insculper leur poinçon; et pour assurer le service des essais dans les lieux où il y a maison commune, voulons qu'il y ait toujours dans lesdits lieux un des syndics ou adjoints choisi parmi les orfèvres, et que les contestations qui pourraient naître lors de l'élection des syndics et adjoints, et qui seraient relatives au service des essais, soient portées en notre cour des monnaies ou par-devant les juges y ressortissants, comme par le passé.

Art. 6. Les maîtres desdites communautés, et généralement tous les ouvriers qui emploient les matières d'or et d'argent, seront tenus de se conformer aux ordonnances et règlements, pour tout ce qui concerne l'achat, l'emploi, la vente et le titre desdites matières ; et ils continueront d'être soumis à cet égard à la juridiction privative de notre cour, et à celle des juges qui y ressortissent, ainsi que par le passé, conformément aux édits de 1551 et 1645 et autres règlements, notamment à l'arrêt du 20 janvier 1703 et à la déclaration d 1er février 1710.

Art. 7. Voulons en outre que ceux qui se présenteront pour être reçus à la maîtrise dans lesdites communautés d'orfèvres, lapidaires, joailliers et horlogers réunies, puissent y être reçus sans avoir égard au nombre d'orfèvres ci-devant fixé pour chacune desdites villes, et ce jusqu'à ce qu'il en ait été par nous autrement ordonné, à la charge toutefois par eux de justifier qu'ils ont satisfait à ce qui est prescrit par les règlements, en ce qui concerne le genre de profession qu'ils voudront embrasser, et particulièrement à ce qui concerne le temps de leur apprentissage ; à l'effet de quoi les brevets d'apprentissage seront enregistrés dans trois mois de leur date, aux greffes de notre cour des monnaies ou des juges y ressortissants, comme aussi après avoir fait les chefs-d'œuvre relatifs à chacune desdites professions ; sans néanmoins que l'usage du poinçon puisse être accordé qu'à ceux des maîtres desdites com-

munautés, lesquels, après avoir satisfait aux formalités
ci-dessus prescrites, seront jugés capables de travailler
aux ouvrages d'orfèvrerie.

Art. 8. Les anciens statuts et règlements desdites
communautés, continueront d'être exécutés par provision, et ce jusqu'à ce qu'il y ait été par nous autrement
pourvu, sur les mémoires qui nous seront remis par les
syndics, gardes et adjoints desdites communautés; et
cependant défendons de cumuler avec ladite qualité
d'orfèvres, joailliers, lapidaires et horlogers, aucune
autre profession.

Art. 9. N'entendons au surplus rien innover en ce
qui concerne la juridiction privative et cumulative de
notre cour des monnaies, et des juges y ressortissants.
Voulons que nos ordonnances et règlements soient exécutés en tout ce qui n'est pas contraire à nos présentes.
Si donnons en mandement à nos amés et féaux conseillers
les gens tenant notre cour des monnaies, que ces présentes ils aient à faire lire, publier et registrer, et le
contenu en icelles garder, observer et exécuter selon
leur forme et teneur, car tel est notre plaisir; en témoin
de quoi nous avons fait mettre notre scel à ces présentes. Donné à Versailles, le vingt-cinquième jour
d'avril, l'an de grâce 1778, et de notre règne le quatrième. Signé : Louis. Et plus bas : Par le Roi : Signé :
Amelot. Vu au grand conseil : Phelypeaux. Et scellé
du grand sceau de cire jaune.

Les corporations des orfèvres étaient soumises par
leurs statuts à de minutieuses prescriptions sur leur
commerce, à de grandes obligations et à une grande
surveillance. Leurs ateliers devaient être placés en un
lieu apparent sur la voie publique. Dans la confection

de leurs ouvrages, ils ne devaient employer l'or et l'argent qu'aux titres prescrits par la loi. Avant de vendre leurs ouvrages, les orfèvres devaient les porter à la maison commune pour y être vérifiés, essayés et contre-marqués du poinçon de la corporation. Lorsqu'un maître cessait de tenir boutique ouverte, il était obligé de rapporter au corps de métier le poinçon qui lui avait été confié le jour de sa réception à la maîtrise. Ils ne pouvaient acheter ni vendre les matières d'or et d'argent à un plus haut prix que celui fixé au change de la monnaie, sous peine d'amende et de confiscation. Ils devaient, pour éviter toute supercherie, exposer dans l'endroit le plus apparent de leurs ateliers, un tableau contenant la valeur du marc d'or et d'argent. Les acheteurs recevaient une quittance de vente sur laquelle étaient exactement indiqués, sous peine d'amende, la valeur de la matière employée dans l'ouvrage et le tarif du prix de façon, quittance dont les orfèvres gardaient une copie sur un registre soumis à l'inspection des gardes. Ils ne pouvaient acheter des objets d'or ou d'argent que des personnes connues. Toute inobservance de ces prescriptions était sévèrement punie.

Les orfèvres de Paris, comme ceux de la province, devaient, comme aujourd'hui, lorsqu'un particulier leur présente une pièce, un objet, un bijou d'or, d'argent ou de pierres précieuses trouvés, le retenir et le déposer entre les mains de l'autorité, qui prend les mesures d'usage pour en disposer. Cette mesure est avantageuse au public, car elle fait souvent découvrir des choses volées. Ils sont tenus d'avoir un registre sur lequel ils inscrivent les matières et ouvrages d'or et d'argent qu'ils achètent ou qu'ils vendent; ils doivent écrire la qualité et la quantité desdites marchandises, avec le nom et la demeure de ceux à qui ils les vendent, ou de qui ils les achètent.

De tous les corps de métiers, les orfèvres furent ceux qui perdirent le plus à la révolution de 1789, ce fut pour eux un véritable naufrage qui les engloutit en même temps que la royauté, la religion et la fortune publique. Que pouvaient faire des orfèvres dans un temps où l'on brisait sceptres et couronnes, où l'on fondait l'or et l'argenterie des églises, où l'on déposait joyaux et bijoux sur l'autel de la patrie, où la monnaie d'or et d'argent était remplacée par la monnaie de métal de cloche et par du papier, des assignats?

Comme les perles, les pierres fines et les pierreries entrent très-fréquemment dans les ouvrages des orfèvres, on les appelait autrefois, comme on les appelle encore aujourd'hui, orfèvres-joailliers, orfèvres-bijoutiers.

La communauté des orfèvres de Clermont (1) avait pour bannière des armoiries à peu près semblables à celles de la ville; ces armoiries étaient :

> D'azur, à une croix cantonnée aux 1er et 4e d'une fleur de lis, et au 2e et 3e d'une coupe couverte, le tout d'or.
>
> (*Voyez pl.* 28, *fig.* 3) (2).

Celle de la ville d'Aurillac était réunie aux mar-

---

(1) D'après le dénombrement des arts et métiers de 1747, Clermont avait alors cinq orfèvres.

(2) Les corporations des orfèvres d'Angers, de Besançon, de Cambrai, de Dieppe, de Saint-Jean-d'Angély, de Soissons, avaient les mêmes armoiries que celles de Clermont.

chands de draps, de soie, aux merciers, quincailliers
et marchands de pointes de la même ville (1).

(*Voyez pl.* **21**, *fig.* **2.**)

Les orfèvres de Maringues étaient réunis aux épiciers
de la même ville.

(*Voyez pl.* **13,** *fig.* **1re.**)

Une communauté a été fondée à Issoire en 1766, nous
ne connaissons pas le blason de sa bannière.

Dans la ville de Riom, les orfèvres avaient formé une
communauté de corps de métier tout-à-fait hétéro-
gène; ils étaient avec les horlogers, écrivains, sculpteurs, peintres, vitriers, joueurs d'instruments et tapissiers de la même ville, et avaient pour armoiries :

**D'azur, à une croix d'or, au chef de même, chargée
d'une croix losangée de sable.**

(*Voyez pl.* **28,** *fig.* **4.**)

Les orfèvres de Brioude, réunis aux armuriers,
maréchaux, cloutiers et serruriers de la même ville,
portaient sur leur bannière les mêmes armoiries que
les maréchaux de la ville d'Ambert.

(*Voyez pl.* **21**, *fig.* **5.**)

Les orfèvres de la ville de Saint-Flour, organisés en
1785, étaient réunis aux sculpteurs, aux peintres et
aux horlogers de la même ville.

(*Voyez pl.* **30,** *fig.* **3.**)

---

(1) Le poinçon de la communauté des orfèvres d'Aurillac était une
botte éperonnée.
Celui de Clermont était un *arbre* .
Celui d'Issoire, un *gland de chêne* auquel tient une feuille.
Celui de Riom, une croix ancrée, avec un anneau à la base.
Celui de Saint-Flour, un écureuil.

PAPETIERS.

PATRON, SAINT PIERRE (29 JUIN).

Après l'art de la parole, l'homme découvrit l'art aussi sublime de la peindre et de la transmettre par le moyen de caractères ou de lettres, sur des substances propres à contenir la pensée qu'il voulait conserver. D'abord il la grava ou la traça sur des écorces, des tablettes enduites de cire, comme nous le verrons plus loin ; et plus tard, lorsqu'il devint plus ingénieux, il substitua des feuilles minces tirées de différentes substances sur lesquelles il écrivit.

Suivant Pline, les anciens ont écrit d'abord sur des feuilles de palmier. Les Egyptiens se servirent dans le principe de la membrane du roseau appelé en latin *papyrus*, d'où est venu le nom de *papier* (1) ; d'autres peuples employèrent l'écorce intérieure de certains arbres nommée *liber* chez les Latins, et de là l'étymologie du nom livre (2). On se servit ensuite de tablettes enduites de cire, sur lesquelles on traçait les caractères avec un poinçon appelé *style*, dont l'un des bouts était

(1) Pour fabriquer ce papier on séparait les lames minces qui composent les tiges du roseau qui croît sur les bords du Nil ; plus elles approchaient du centre, plus leur finesse et leur blancheur les faisaient estimer. Ces feuilles, étendues, étaient imbibées de l'eau trouble du Nil, qui servait de colle, et recouvertes d'autres feuillets posés en travers. En continuant d'en unir ainsi plusieurs ensemble, on formait une pièce de papier que l'on faisait sécher au soleil et que l'on mettait en presse où que l'on battait avec un marteau.

(2) Les bois les plus propres à fournir les pellicules dont on fabriquait ce papier étaient l'érable, le platane, le hêtre, l'orme et surtout le tilleul.

aigu pour écrire, et l'autre plat pour pouvoir effacer. Enfin l'on introduisit l'usage du papier. Les Indiens fabriquaient du papier avec du coton. Les Chinois en faisaient avec la soie ou avec l'écorce du bambou. C'est à un roi de Pergame, en Asie, que nous devons la préparation de la peau de mouton en parchemin. En Europe, on prépara par imitation la peau de veau, qui fit le vélin. Vers la fin du douzième siècle, on inventa le papier de chiffon, qui, par son bas prix, prit le dessus et fit promptement oublier les autres. Vers le milieu du treizième siècle, il était devenu d'un usage général.

Nous devons le dire avec un certain orgueil, plusieurs auteurs font honneur de la belle invention du papier de chiffon à l'Auvergne. Ce que l'on peut assurer au moins, c'est que de tous les établissements de papeterie de la France, ceux de notre province sont toujours cités comme les plus anciens. On croit que c'est de l'Auvergne que sont sortis les papiers qui s'établirent dans le Limousin, l'Angoumois, le Velay, etc.

Bien longtemps avant le voyage que Michel de Montaigne fit à Thiers, en 1581, et où il y visita les différentes fabriques, les papiers de cette ville et de celle d'Ambert avaient déjà une grande réputation dans les imprimeries, par leur blancheur et leur bonne préparation.

La tradition rapporte qu'autrefois il existait dans la ville d'Ambert, pour les ouvriers papetiers, apprentis ou compagnons, une grande confrérie remontant au quinzième siècle et ayant saint Pierre pour patron, laquelle n'admettait comme confrères que ceux qui comptaient quatre générations directes de papetiers. Nous en avons

encore trouvé plus tard quelques légères traces. Dans le
siècle dernier nous trouvons les maîtres papetiers de la
même ville régis conformément à l'arrêt du conseil du
30 décembre 1727, comme les communautés qui n'a-
vaient pas de statuts reconnus par le roi, voilà tout
ce que nous en savons. Quelques recherches que nous
ayons pu faire, il nous a été impossible de découvrir
les armoiries qui composaient leur bannière.

La ville de Thiers a été aussi, depuis plus de trois siècles, très-renommée par ses fabriques et son important
commerce de papier et par ses cartes à jouer, qui avaient
une grande renommée, non-seulement dans toute la
France, mais encore dans les pays étrangers; elle occupait une quantité considérable d'ouvriers. En 1680,
époque à laquelle le ministre établit des droits nouveaux
sur le papier, ce qui occasionna un grande cessation de
travail dans les fabriques des deux villes, nous voyons
cependant qu'on se remit à l'œuvre, puisque les ouvriers
de Thiers furent organisés en jurande par des statuts
revêtus de lettres patentes enregistrées au parlement,
au mois de mars 1681. En 1738, Thiers avait pour ses
fabriques de papiers cent cinquante-sept roues et cent
quatorze cuves rapportant en argent 811,600 livres,
lorsque l'année suivante un règlement donné par le ministre vint de nouveau diminuer près d'un tiers la fabrication. Avant 1789 on comptait encore à Thiers une
vingtaine de fabricants entretenant au moins cinq cents
personnes tant hommes que femmes ou enfants.

Un arrêt du 18 septembre 1741 fixa la largeur et la
longueur de son papier, ainsi que celui des fabriques
d'Ambert.

Nous n'avons pas pu non plus découvrir les armoiries
qui composaient la bannière des papetiers de Thiers.

PATISSIERS.

Les anciens avaient, à ce qu'il paraît, des pâtissiers, car Winkelmann nous apprend que le cabinet de Portici renferme une grande quantité de moules propres à faire de la pâtisserie : plusieurs ont la figure d'une coquille striée, et d'autres celle d'un cœur; ils ont été tirés d'Herculanum.

La pâtisserie n'est qu'un progrès de l'art du boulanger associé à l'art culinaire. Les produits des pâtissiers sont des pains plus délicats, pétris avec des œufs, du beurre, de la crème, du miel, des fruits, des confitures, de la viande cuite, etc. Anciennement on faisait beaucoup de pâtisseries grasses, des pâtés de viande. Les moines exigeaient de leurs vassaux, à titre de redevance annuelle, de ces sortes de pâtés. Nous voyons qu'au neuvième siècle les villages et les fermes relevant de l'abbaye de Fontenelle devaient payer deux fois par an, le jour de la Nativité et le jour de Pâques, à l'abbé, trente-huit pâtés d'oie et quatre-vingt-quinze poulets. Un état des revenus de l'abbaye de Saint-Régnier, au neuvième siècle, fait mention de douze fours banaux appartenant à cette abbaye, lesquels lui rapportaient par an trois cents flans chacun.

Avant saint Louis, les pâtissiers ne formaient pas encore de corps de métier dans les villes; leurs pâtisseries se débitaient chez les cabaretiers qui donnaient à manger et à boire.

Les statuts que ce roi leur accorda en 1270, leur permettaient même de travailler de leur état tous les jours de l'année, tandis que tout travail était interdit aux boulangers pendant une trentaine de jours des fêtes de l'Eglise.

Dans les premiers temps du quinzième siècle le chapitre de la cathédrale de Clermont avait le droit d'exiger chaque année des pâtissiers de la ville qui vendaient de la viande, un quartier d'oie cuit, toutes les fois que la fête de l'assomption de la Vierge tombait un jour où il était permis de manger de la viande. On peut voir aux archives de la Préfecture du Puy-de-Dome (armoire 5, sac C, cote 3) deux sentences de Guy Constant, damoiseau, gouverneur de la juridiction et justice temporelles de Clermont, du même jour, 31 août 1436, qui condamnent, l'une, André le Large, pâtissier de la paroisse Saint-Pierre, par toutes les voies de droit, à donner un quartier d'oie cuit au chapitre, parce que la fête de l'Assomption a été célébrée un jour gras; l'autre, Jean Redon, dit Marchand, pâtissier de la paroisse Saint-Genès, à donner aussi un quartier d'oie cuit le jeudi après la décollation de saint Jean-Baptiste venant après les jours de vendredi, samedi, dimanche, lundi, mardi et mercredi fériés, savoir : le vendredi, à cause de la fête de saint Barthélemy ; le samedi, à cause de celle de saint Louis ; le dimanche, à cause de la sainteté du jour ; le lundi, à cause de la fête de saint Augustin ; le mardi, à cause de celle de saint Julien, et le mercredi, à cause de la décollation de saint Jean-Baptiste. Une autre pièce, du 12 septembre 1436, jointe à ces deux sentences, est la reconnaissance par-devant notaire d'André le Large de cette obligation.

Les pâtissiers ne furent érigés en communauté particulière qu'au milieu du seizième siècle.

Nos pâtissiers en communautés pouvaient seuls employer les œufs et le beurre pour la confection des gâteaux, des tourtes, des pâtés, des tartelettes et des craquelins. Les boulangers pouvaient employer des œufs et du beurre pour des gâteaux, mais seulement aux fêtes des Rois et de Pâques.

Les pâtissiers, qui étaient anciennement cabaretiers, rotisseurs et cuisiniers, ne devaient pas travailler les jours des onze grandes fêtes de l'année, Pâques, la Pentecôte, la Fête-Dieu, l'Assomption, la Saint-Michel (leur patron), la Toussaint, la Noël, la Nativité de Notre-Dame, l'Ascension, la Conception et l'Annonciation.

Quatre jurés régissaient la corporation; deux étaient élus tous les ans, pour une fois seulement.

L'apprentissage était de cinq ans. Trois mois d'absence contre la volonté du maître cassaient et annulaient le brevet.

Le maître ne pouvait avoir plus de deux apprentis à la fois, et devait faire enregistrer leur brevet un mois au plus tard après la passation d'iceux.

Les compagnons devaient demeurer chez les maîtres tout le temps dont ils étaient convenus, et ne pouvaient sortir qu'après un an expiré, suivant une déclaration du roi du mois de mai 1633; ils ne pouvaient sortir de chez leurs maîtres sans les avoir avertis quinze jours à l'avance, à peine de payer la dépense par eux faite au logis.

Pour arriver à la maîtrise de pâtissier, le chef-d'œuvre était obligatoire à tout aspirant, soit fils de maître, apprenti ou compagnon. Le chef-d'œuvre consistait en cinq plats, préparés et cuits en un seul jour à la direction des jurés.

Les veuves jouissaient des mêmes droits que leurs maris défunts, excepté celui de faire des apprentis.

La communauté des pâtissiers est peut-être une des plus anciennes qui aient été formées à Paris. Elle existait sous Philippe Ier en 1060. Tous les rois ses successeurs confirmèrent ou augmentèrent ses statuts, et donnèrent aux pâtissiers des priviléges que n'avaient pas les autres corps de métiers.

Deux principales communautés de pâtissiers existaient à Clermont et à Riom.

Celle de Clermont était en jurande par des statuts revêtus de lettres patentes du mois de mars 1595, enregistrées au greffe de police de Clermont.

Le droit de réception à la maîtrise était, pour les étrangers, de deux cents livres, les fils de maîtres étaient reçus gratis. Les apprentis payaient à leur entrée en apprentissage, pour le droit de la boîte de la confrérie, trois livres.

La communauté avait pour armoiries :

D'or, à trois pâtés de gueules, 2 et 1.

(Voyez pl. 28, fig. 5.)

Celle de Riom :

D'azur, à trois pâtés d'or, posés 2 et 1.

(Voyez pl. 29, fig. 1re.)

Les pâtissiers de la ville d'Aurillac étaient réunis aux bouchers de la même ville.

(Voyez pl. 5, fig. 4.)

Ceux de la ville d'Ambert, aux boulangers de la même ville.

(Voyez pl. 7, fig. 1re.)

Ceux de la ville de Saint Flour, aux boulangers de la même ville.

(Voyez pl. 8, fig. 3.)

Ceux de la ville d'Issoire, aux boulangers de la même ville.

(Voyez pl. 7, fig. 4.)

Ceux de la ville de Montferrand , aux boulangers de la même ville. Ils avaient une bannière semblable à celle des boulangers de Montaigut.

(Voyez pl. 8, fig. 1ʳᵉ.)

PAVEURS.

PATRON, SAINT ROCH (16 AOUT).

Suivant Isidore, les Carthaginois ont été les premiers qui pavèrent et leurs villes et leurs grandes routes.

Les Romains firent d'abord paver leurs routes, puis les rues de Rome et de quelques grandes villes de l'Empire. Leur début fut la voie Appienne, qui fut revêtue de dalles épaisses jusqu'à Capoue. Sous Jules César, les principales villes de l'Italie communiquaient avec la capitale par des chemins pavés. Cordova en Espagne fut la première ville moderne qui ait eu des rues pavées, dès l'an 850.

Philippe Auguste, qui avait à cœur l'embellissement de Paris, s'adressa vers l'an 1185, pour la confection du pavé de sa capitale, au prévôt et aux bourgeois de cette ville, qui, à ce qu'il paraît, payèrent tous les frais de l'entreprise; mais, suivant Dulaure, dans son *Histoire de Paris,* il n'y eut de pavées que les rues qui formaient ce qu'on nommait la *croisée de Paris,* deux rues qui se croisent.

Chaque maître ne pouvait avoir qu'un apprenti à la fois, dont l'apprentissage était de trois ans, après lequel temps l'aspirant à la maîtrise pouvait être reçu moyennant le chef-d'œuvre, dont étaient exempts les fils de maîtres.

Les paveurs de la ville de Riom figuraient dans la corporation des maçons de la même ville; voyez leur bannière :

(*Pl.* 14, *fig.* 4.)

PEIGNEURS DE CHANVRE.

On sait que le chanvre est originaire de la Perse, d'où il passa en Egypte; mais on ignore l'époque et le nom de celui qui en a introduit la culture en Europe; on sait seulement que l'on s'occupait de cette culture dans les Gaules. Pline cite Bourges comme étant la ville autour de laquelle venait de son temps le plus beau chanvre. On est resté bien longtemps avant d'en faire du linge de corps, car on cite, sous Henri II, comme une nouveauté, deux chemises de toile de chanvre que possédait Catherine de Médicis.

Le Dictionnaire de Trévoux nous dit que « chez les » Romains le chanvre nécessaire aux emplois de la » guerre, s'amassait par les ordres des empereurs, » seulement en deux villes de l'empire d'Occident, à » Ravenne en Italie et à Vienne dans les Gaules. Celui » qui en avait l'intendance en-deçà des Alpes, était » appelé le procureur du linifice des Gaules et avait » son établissement à Vienne. »

L'Auvergne, pays renommé par la beauté de son chanvre, en exportait beaucoup dans le moyen âge. Comme c'était aussi un pays de grande confection de toiles, les peigneurs y ont été de tout temps très-nombreux; nous ne les voyons figurer cependant qu'une seule fois dans les corporations. Ceux de la ville de Riom n'avaient pas de communauté particulière; ils étaient réunis aux potiers d'étain, aux chapeliers et aux teinturiers de la même ville.

(*Voyez pl.* **29**, *fig. 4*).

PEINTRES A L'HUILE.

PATRON, SAINT LUC (18 OCTOBRE).

Très-anciennement on ne peignait qu'à fresque et à la détrempe, et cependant ce genre de peinture resta longtemps encore enseveli, en Occident, sous les ruines de l'empire romain. Vers 1250, Cimabué le fit revivre à Florence. Jean de Bruges (Jean Van Eyck) arriva (1415), et trouva le secret de peindre à l'huile (1). Depuis ce temps, la peinture a été exercée en France et en Italie, et depuis le règne de François Ier, le restaurateur des sciences et des beaux-arts, la peinture s'y est perfectionnée et s'y est élevée à un haut point de goût et de génie.

Il y a, comme on le sait, plusieurs sortes de peintures, peintures à la détrempe, en émail, à l'huile, en miniature, à la mosaïque, au pastel, à l'encaustique, sur verre, sur étoffes, sur papier, etc.

A Clermont, depuis une époque très-reculée, les peintres à l'huile et les peintres vitriers formaient une seule et même corporation.

Des lettres du roi Charles VII, de l'année 1430, exemptaient les peintres de toutes tailles, subsides et subventions, guet et gardes, et autres charges. Les rois successeurs de Charles VII confirmèrent ces exemptions.

Nous donnons ici les statuts des *peintres et vitriers*

(1) Jean Van Eyck, dit Jean de Bruges, naquit à Maeseyck, petite ville dependant de l'évêché de Liége, en 1370. Il fixa son domicile, en 1426, dans la ville de Bruges, d'où lui vient son nom.

associés aux peintres à l'huile ; nous les devons à la complaisance de M. Desbouis, bibliothécaire de la ville de Clermont.

STATUTS

Des Peintres et Vitriers de la ville de Clermont.

Ce sont les statuz et règlements des paintres et vitriers jurés de la ville et cité de Clermont, principalle et capitalle d'Auvergne, et suyuant lesquels ils se doibuent régir en l'exercisse et fonction desdits mestiers.

Premièrement que nul ne porra fere et exercer lesdits mestiers ou lung deulx soict de paincture ou vitreryer, qu'il ne soiet juré bien experimenté audit art de painture ou vitrerye, homme de bonne vie et meurs et conuersation catholique, apostolique et romaine.

Item. Que cell ou ceulx qui vauldront estre receuz jurés ausdit mestier ou à l'un deulx, seront tenuz se présenter pardevant les bailles et maîtres jurés desdits mestiers ou cellui qui sera commis à leur réception, pardevant lequel ils se feront attester de la qualité susdite pour estre par apprès escripz et immatriculés au nombre desdits maitres jurés et des confrères de la confrèrye, que ce fet et cellebre par lesdits paintres et vitriers, en l'honneur de monsieur sainct Luc, en lesglize Notre-Dame-du-Port.

Item. Seront tenuz lesdits maîtres jurés adcister en propres personnes chacun an et à chacun jour et feste de sainct Luc à la messe et diuin service que ce fait et cellebre annuellement et à chacun desdits jours en

ladite esglize, en l'honneur dudit sainct, avec torches
allumées, et contribuer pour leur propre part et por-
tion auxdits fraiz et dépens qu'il conuient fere par
lesdits paintres et vitriers, en la cellebration de ladite
messe que ce faict à diacre et soubz-diacre.

Item. Seront tenuz de suiure la prossession auec dé-
uotion, que ce faict par les chanoines et de ladite esglize
dans lensaincte de la paroisse du Port, appres ladite
messe, en l'honneur et mémoire dudit sainct, à peyne
pour cellui que défauld d'adcister à ladite messe et
prossession, de payer aux bailles de ladite confrerye,
une liure circ pour la lumière, s'yl ny a cause légitime pour laquelle ils nayent pu adcister.

Item. Que lesdits jurés contribueront auxdits frais
d'une messe basse qui se dict en l'austel dudit sainct
Luc de quinze en quinze jours, laquelle messe ce cellebre le dimanche.

Item. Que pour l'entretenement de ladite confrerye,
ils seront tenuz chacun deulx bailher, chacun an, au
jour et feste dudit sainct Luc, quatre sols et six deniers
aux bailles, pour le droict de dite confrerye.

Item. Seront tenuz d'adcister toutes fois et quantes
que l'occasion se presentera, aux funerailles et en-
terremens de cellui ou ceulx desdits paintres et vitriers
jurés ou de leurs femmes et consortes que decedderont,
avec torches allumées, faisant prieres et oraisons pour
le salut de leurs âmes, aulx peines ci-devant appliquées
contre les absents, si tant est qu'ils nayent cause légitime de leur absence.

Item. Que nul desdits painctres et vitriers ne pourra
tenir en sa maison aulcun compaignon, seruiteur ou
apprentif qui ne soit de bonne vye, meurs et conver-

sation catholique , appostolique romaine, et que ne soict de ladicte confrerye.

Item. Que lesdicts seruiteurs et compaignons, demeurant en ladite ville, au seruice desdits maîtres jurés, paintres ou vitriers, seront tenuz bailher, pour le droict de ladite confrerye, chacun moys, auxdits bailles, douze deniers pour hommes, et à chacune fin d'année, audit jour de sainct Luc, deux sols et six deniers tournois.

Et lesdits apprentifs bailheront d'entrée de leur apprentissage, pour l'entretenement de ladite confrerye, vn escu sol et vne liure cire, sans qu'ils soient tenuz bailher autre chose durant le temps de leursdits apprentissages et du payement desdites sommes. Lesdits paintres et vitriers leurs maîtres, en seront responsables en leurs noms privés.

Item. Que nul desdits compaignons ou aprantifs, ne porra sortir de la compaignye de son maître, pour aller demeurer cheux vn autre maître juré de ladite ville, qu'il naye acheuué son temps, que ce ne soict par le congé et liccence de son dit maître et de son volloir et consentement , sinon qui y eust cause légitime , et de ce·sera tenu cellui desdits maîtres jurés qui le vouldra prandre, s'en informer de son dit maître auparavant que de le recepuoir en sa maison, à peyne de tous dépens, dommaiges intérest.

Item. Que aulcun desdits maîtres jurés desdits mestiers, venant à décéder , ne sera permis et loizible à la veufve, tenir boutique ne fere exercer lesdits mestiers ou lun deulx en sa maison , que durant l'an du deul seulement, ou que ce ne soit par autre maître juré de ladite ville.

Sensuiuent les autres statuz et règlements que doibuent estre obserués par lesdits paintres et vitriers, tant
en leur réception auxdits mestiers que en l'exercisse et
fonction d'iceulx.

Assauoir que nul ne porra estre reçeu et juré auxdits
mestiers, ou à l'un deulx, qu'il naye faict son apprentissage, en la compaignye et soubz les preceptes et en-
seignemens d'autre maître painctre ou vitrier juré,
dont il sera tenu fere apparoir les lettres, lequel apprentissage sera attesté estre de cinq ans continuels et
consecutifs sans interruption.

Item. Qu'il naye servi les bons maîtres et frequenté
les bonnes villes l'espace de cinq ans, apprès ledit apprentissage, continuels et consecutifs, à compter du
jour qu'il aura esté reçeu apprantif, et de ce fault qu'il
en face apparoir auxdits bailles et maîtres jurés par
acte d'attestation ou autrement.

Item. Pour plus ample tesmougnage de leur cappa-
cité et industrye auxdits mestiers ou de l'ung d'iceuls,
seront tenuz auant leur réception fere un chef-d'heuure
de pain**c**ture ou vitrerye, tel que leur sera préfix par
lesdits bailles et maîtres jurés.

Lequel chef-d'heuure ce fera en la présance desdits
bailles et maîtres jurés, dans la maison et lieu que
pour cest effect ils choisiront, lesquels ayant jugé
ledit chef-d'heuure soict de pain**c**ture ou de vitrerye
süffizant, ils recepuront ledit painctre ou vitrier qui
l'aura faict, au nombre desdits maîtres jurés, en pres-
tant par lui le serment au fait requis.

Apprès lequel serement, ainsi fait et presté, sera ledit
painctre ou vitrier descript et immatriculé au rolle et
immatricule desdits maîtres painctres et vitriers jurés,

en payant par lui la somme de dix escuz pour une foys, pour le droit de la boitte de la confrerye de monseigneur saint Luc, et le banquet ordinaire desdits maîtres jurés de ladite ville.

Et affin que ladite ville et le publiq puisse retirer proffict et commodité de la juration desdits mestiers et en ensuyuant estre mieulx seruys, seront tenuz lesdits maîtres jurés, faire ouverture de leurs bouthiques publiquement pour le service d'un chacun, et en icelles tiendront de bonnes painctures, estophes et autres choses concernant ledit mestiers.

Lesquels mestiers, ils porront fere et exercer par ensemble ou lung deulx comme bon leur semblera, pourveu qu'ils en scachent fere lung ou l'autre, en tenant dans leurs maisons, des serviteurs et compaignons qui scachent fere l'ung et l'autre bien proprement et fidellement, selon qu'il est requis en l'ung et en l'autre desdits arts.

Item. Que tous leurs ouurages, tant de paincture que vitrerye seront utils, proffitables et entiers, auec autant d'artiffice que lesdits ouurages le requerront, et selon l'intention de ceulx qui les y emploieront.

Item. Qu'ils uandront leursdits ouurages et pris faitz, à un pris honneste et selon les matières et estoffes qu'ilz y mectront, sans exiger personne, se contentens d'un proffit médiocre.

Item. Seront tenuz de randre leurs ouurages ou pris faictz, telz et de telle matière, façon et artiffice qu'ils auront promis, comme promettant de fere images, portrais ou histoires en huilles, seront tenuz y apporter les plus belles et fines coulleurs que fere se porra, comme cendre d'azur de roche, laque fine de Florance et de

Venize, sans y apporter aulcun fard pour les fere ressembler telz.

Item. Ayant promis fere images, portraiz ou histoires en destrampe, seront tenuz y apporter les plus belles et viues colleurs que sont requises en tel ouurage, comme azur desmal, cendre de vert, d'azur, vert de terre et aultres.

Item. Qu'ayant promis estopher leursdits images et priffaictz, ils les estopheront de telle estophe qu'ils auront promis, comme ayant promis estopher d'or fin, seront tenuz y mettre de l'or fin et non de l'or veil, et si d'azur fin, y mettront de l'azur fin, et ainsi de telles autres colleurs qu'ils auront promis, et ce à peyne de les reffaire à leurs propres couts et dépens, et de suspension de l'exercisse de leursdits mestiers, voire d'amande extraordinaire s'il y eschet.

Le semblable sera desdits vitriers, desquels aussi les prix faicts et ouvrages seront utiles et agréables au publiq, profitables et entièrement composés de telle verre et en telle forme et manière qu'ils auront promis.

Item. Si ils ont promis fere ledits vitres d'apprest reçuit, seront tenuz d'y mettre telles figures ou armoiryes qu'ils auront promis, desquelles les colleurs seront recuites et fondues au feu, les plus vives et nettes que fere se porra, sans qu'il y aye aulcun fard ne simulation par huilles, verny ne autrement, et ce soubz les mesmes paines que dessus.

Tous les susdits articles, statutz et règlements auront lieu, et seront gardés et obserués selon leur forme et teneur, tans en ladite ville de Clermont que fauxbourg d'icelle, saufs toutefoys que les enfans masles desdits maîtres jurés desdits painctres et vitriers que feront profession de l'un ou de l'autre, comme aussi leurs gendres si aulcun ils en ont, se volant fere recepuoir en ladit mestrize, ne seront tenuz fere aulcun chef-d'heuure de paincture ou vitrerye, ains seront reçeuz jurés, pourveu qu'il apparoisse seullement auxdits bailles et maîtres qu'ils ayent fait leurs apprentissages et toujours continué ladite profession aulx charges d'entretenir ce que dessus. Signé : Charbonnel.

Comme on le voit par ces statuts, les peintres à l'huile étaient réunis, à Clermont, aux peintres sur verre, et célébraient leur patron, saint Luc, dans l'église du Port, chaque année, le 18 octobre.

Les armoiries de leur bannière nous sont inconnues.

Les peintres de la ville de Riom n'avaient pas de communauté particulière; ils étaient réunis aux orfèvres et à d'autres corps de métiers de la même ville.

(*Voyez pl.* **28**, *fig.* **4**.)

Ceux de la ville Saint-Flour, aux sculpteurs et à d'autres corps de métiers de la même ville.

(*Voyez pl.* **30**, *fig.* **3**.)

PEINTRES VERRIERS.

PATRON, SAINT LUC (18 OCTOBRE).

La peinture sur verre, qui doit son origine à la mosaïque, a pris naissance en France et est passée, vers le septième siècle, en Angleterre, en Italie, et se répandit successivement dans le reste de l'Europe. L'emploi du verre aux fenêtres des édifices paraît dater seulement des troisième et quatrième siècles. On s'en servit d'abord, suivant saint Jérôme, en 440, pour les églises. Grégoire de Tours et Fortunat de Poitiers en font aussi mention. Ces divers auteurs parlent de verres de couleurs, dont les morceaux, de nuances diverses, formaient de petites marqueteries qui rappelaient les belles mosaïques des anciens. De ces essais, sortit peu à peu la peinture sur verre qui ne produisit des ouvrages de quelque prix que vers le onzième siècle. Cet art ne fut en honneur que dans le douzième siècle, au temps de l'abbé Suger, régent du royaume de France, sous Louis VII, lequel appela à Saint-Denis plusieurs faiseurs de vitres pour orner l'église de l'abbaye, dont il était archidiacre. Dans le seizième siècle, cet art parvint à son plus haut degré de splendeur; il le dut à l'émulation que fit naître la renaissance des arts en Europe; mais, comme l'ont dit MM. Cadet et Darcet, dans un rapport à l'Académie des sciences, en 1787, le goût de cette époque ne fut pas de longue durée. Ceux qui excellaient dans la peinture sur verre prenaient pour modèle les cartons de Jean de Bruges, Michel Ange, Raphaël, Jules Romain, etc.; et lorsque les tableaux de ces grands maîtres furent répandus, le bon goût qu'ils ramenèrent, éclipsa bientôt un art qui se bornait à copier ces grandes compositions.

On ne tarda pas à s'apercevoir que ce genre de munificence, très-multiplié alors pour les vitraux des églises, était trop chargé de bleu foncé et donnait une trop grande obscurité; on s'en dégoûta et l'usage en fut diminué. Le célèbre Palissy même renonça à en faire, et se livra à la peinture sur faïence.

Il faut le reconnaître, les vitraux peints avec goût et intelligence font un très-bel effet et ajoutent quelque chose à la majesté des édifices religieux, principalement lorsque les rayons d'un brillant soleil les font flamboyer sous les voûtes des temples.

Depuis une vingtaine d'années, on s'est remis avec une grande activité à la fabrication des vitraux.

La ville de Clermont-Ferrand, à elle seule, a quatre ou cinq fabriques de peinture sur verre, dont deux, celles de MM. Thibaud et Thevenot, ont exécuté de très-importants travaux.

La peinture sur verre est un art qui nécessite la connaissance du dessin et de la peinture. On employait anciennement trois principales manières de peindre sur verre. La première était la teinture des verres colorés en substance; la seconde, l'application des émaux; la troisième, la peinture en apprêt fixée sur le verre par l'action du feu.

Plusieurs édits et règlements de nos rois permettent aux gentilshommes d'exercer les travaux de la verrerie sans déroger à la noblesse.

On a vu dans l'article qui précède les statuts des peintres vitriers ou verriers de Clermont, réunis aux peintres à l'huile de la même ville, dont nous ne connaissons pas la bannière.

PELLETIERS.

PATRON, SAINT JEAN-BAPTISTE (24 JUIN).

Ailleurs, la Nativité de la Vierge.

Ce sont les sauvages qui donnèrent, dans le principe, l'idée de se servir de peaux d'animaux pour vêtements. Ils les préparaient à peu près comme on le fait aujourd'hui. Ils les faisaient macérer dans l'eau assez longtemps, les raclaient ensuite et les assouplissaient à force de les manier et de les passer. Pour les adoucir davantage, ils les frottaient avec de la graisse. Ils n'avaient pas comme nos pelletiers-fourreurs d'aujourd'hui, le secret de teindre à froid le poil de toutes sortes d'animaux et de le lustrer au moyen de la noix de galle et de la couperose verte.

Les pelletiers, occupés plus particulièrement de la confection des fourrures et des ornements de toilette en peau de castor, de martre et d'autres animaux rares, étaient généralement peu nombreux dans chacune de nos principales localités. Philippe-Auguste leur accordait beaucoup de bienveillance en 1183.

Dans son ordonnance de 1294, Philippe-le-Bel défendit aux bourgeois et aux bourgeoises de porter l'hermine. Il la défendit aussi aux clercs qui n'étaient pas prélats, il ne la toléra qu'aux chapeaux.

Suivant les statuts des pelletiers, accordés par Louis XIV, en 1648, il fallait avoir quatre années d'apprentissage, et avoir passé quelques autres années comme compagnon, pour arriver à la maîtrise, après chef-d'œuvre. Chaque maître ne pouvait avoir qu'un apprenti à la fois. Il lui était défendu de mêler du vieux avec du neuf, de fourrer des manchons pour les merciers, de fourrer et travailler pour les fripiers et de faire le courtage de marchandises de pelleterie.

Une corporation de pelletiers existait dans la ville d'Ambert ; elle était réunie aux gantiers, aux tanneurs et aux blanchisseurs de la même ville, et portait sur sa bannière :

D'azur, à une toison d'argent étendue en fasce.

(Voyez pl. 29, fig. 2.)

Les pelletiers de la ville de Brioude étaient réunis aux tanneurs et à d'autres corps de métiers de la même ville.

(Voyez pl. 33, fig. 2.)

Ceux de la ville de Saint-Flour, aux tanneurs et aux corroyeurs de la même ville, et portaient une bannière semblable à celle des tanneurs de la ville de Maringues.

(Voyez pl. 33, fig. 4.)

Ceux de la ville de Clermont (1), aux tanneurs de la même ville.

(Voyez pl. 33, fig. 3.)

(1) D'après le dénombrement des arts et métiers de 1747, Clermont avait sept pelletiers, chamoiseurs ou gantiers.

PERRUQUIERS.

PATRON, SAINT LOUIS (25 AOUT).

Les anciens Egyptiens se rasaient habituellement la tête. Toutes les classes de la société étaient tenues de se soumettre à cet usage. Les enfants des nobles, nous dit Lucien, portaient les cheveux longs, tressés et liés par derrière avec des rubans d'or, d'argent et de soie.

Dans l'antiquité, les peuples d'Afrique avaient adopté la chevelure longue, presque toujours frisée. Chez les Gaulois, la longue chevelure était un signe de l'honneur et de la liberté.

A Rome, la mode de Titus fut généralement adoptée par les hommes seulement, les femmes conservèrent toujours leurs longs cheveux noirs; mais, pour ne pas imiter les dames gauloises, qui préféraient être brunes, elles se donnaient beaucoup de peine pour rendre leurs cheveux blonds, par des cosmétiques tinctoriaux.

La perruque, dont on ne saurait assigner la date, même approximative, de son origine, était peu en usage chez les Grecs et chez les Romains; ce ne fut que vers les derniers temps de la république que la mode s'introduisit à Rome; les chauves s'en servirent plutôt que les autres. Les femmes, qui avaient très-grand soin de leurs ornements de tête, portaient le plus ordinairement des chevelures postiches. Une des particularités qui contribuèrent le plus à l'adoption des perruques par les dames de Rome, fut le goût assez singulier qu'on avait à cette époque pour les fronts étroits. Comme le goût

des cheveux de teinte claire était en grande vogue, il en
fut de même pour les perruques; plus les femmes
étaient brunes, plus elles recherchaient le blond, parce
que les cheveux blonds étaient rares en Italie. Une
chevelure blonde et nuancée de reflets dorés, passait
pour une des plus rares beautés qu'on pût admirer
chez une femme. On regardait autrefois, en France,
la longue chevelure comme une marque de dignité
suprême.

L'usage des faux cheveux et des cheveux teints, était
connu cependant chez les Mèdes, les Perses, les Lydiens
et les Cariens. Suivant Cléarque, disciple d'Aristote, les
Japygiens, peuple livré au luxe, furent les premiers
qui se couvrirent la tête de faux cheveux; Tite Live et
Suidas s'accordent à dire que les Carthaginois connaissaient aussi les perruques. Annibal en avait, suivant eux,
un grand nombre : perruques de jeune homme, perruques de vieillard, perruques négligées, perruques d'ap-
parat, et il en changeait souvent dans ses campagnes
contre les Gaulois, afin de n'être pas reconnu d'eux et
d'échapper, à l'aide de ce déguisement facile, aux em-
bûches qu'ils ne cessaient de lui tendre.

Il paraît évident que c'est la calvitie qui fut une des
principales causes pour lesquelles on adopta la perruque. Dans le principe, les femmes en portèrent aussi
bien que les hommes; quelques auteurs ont même pensé
que ce sont elles qui les adoptèrent les premières (1), et

(1) On pouvait dire de ces femmes ce qu'on a dit du jeune Alette :

> On dit que le jeune Alette
> Porte les cheveux d'autrui :
> Moi qui sais qu'il les achette,
> Je soutiens qu'ils sont à lui.

que les hommes n'ont fait que suivre en cela leur exemple.

L'art de faire des perruques n'est pas fort ancien en France, et ne remonte pas plus haut que le règne de Louis XI. Le premier qui porta perruque fut un abbé nommé La Rivière.

Molière fait dire à Sganarelle :

> Je veux une coiffure en dépit de la mode,
> Sous qui toute ma tête ait un abri commode.

Coquillart, poète, qui vivait à la fin du quinzième siècle, est le premier qui se soit servi du mot *perruque*, pour exprimer cet ornement de la tête, qu'il nommait aussi *calvarienne*. Vers 1520, on abandonna les grandes calottes garnies d'un double rang de cheveux légèrement frisés, lorsqu'on parvint à copier une chevelure entière, une perruque, assez bien pour pouvoir la suppléer au défaut des cheveux naturels. La découverte des calottes parut si bonne et si secourable, que Louis XIV créa quarante-huit charges de barbiers-perruquiers suivant la cour, et en même temps il fut aussi créé en faveur du public deux cents autres charges. En 1656, les belles perruques, les perruques de Binette, fameux perruquier, coûtaient jusqu'à trois mille francs. En 1673, deux cents nouvelles charges de perruquiers furent créées.

Colbert, le grand ministre, s'apercevant que des sommes considérables sortaient du royaume pour acheter des cheveux chez l'étranger, il fut délibéré d'abolir les perruques et de se servir de bonnets. Il en fut essayé devant le roi plusieurs modèles ; mais le corps des perruquiers, sentant bien qu'il allait être anéanti, présenta au conseil un mémoire accompagné d'un tarif bien circonstancié, qui faisait voir qu'étant les premiers qui exerçaient cet art nouveau, lequel n'avait point encore passé dans les états voisins, tels que l'Espagne, l'Italie, l'Angleterre, etc., les envois de perruques qu'ils faisaient, surpassaient de beaucoup la dépense et faisaient rentrer dans le royaume des sommes bien plus considérables qu'il n'en sortait pour l'achat des cheveux (1); ce qui fut cause que le projet des bonnets fut abandonné. Sous Louis XIV, on diminua les grandes perruques, qui ne furent plus de mode que pour les gens de robe. On les remplaça par des perruques à bourse, qu'on appelait *perruques à la régence*. On vit successivement varier ce genre de coiffure, de même que son nom. On porta d'abord des perruques nouées, nouées à oreilles, carrées, carrées à oreilles, naturelles à oreilles et à deux queues, rondes, à trois marteaux, à la brigadière, etc. L'usage de porter les cheveux courts, vint avec la révolution, et depuis plus de ces grandes perruques.

Les perruquiers avaient le droit de faire le commerce des cheveux en gros et en détail, comme aussi il leur était permis de faire et de vendre de la poudre, de la pommade, des opiats pour les dents, et en un mot tout ce qui peut servir à la propreté de la tête et du visage, ce qui plus tard fut attribué aux parfumeurs.

(1) Le commerce des cheveux, qui continue encore dans nos foires et dans les marchés de nos bourgs et villages, avait une grande importance anciennement. Pour un morceau d'indienne ou de mousseline, les filles de nos campagnes cèdent leurs superbes cheveux.

Le rasoir étant considéré comme un instrument de chirurgie, les chirurgiens pouvaient faire la barbe.

Pour distinguer ces deux corps d'état, les chirurgiens devaient avoir pour enseigne des bassins de cuivre jaune et ne pouvaient peindre le devant de leurs boutiques qu'en rouge ou en noir ; au lieu que les perruquiers avaient, suivant leurs statuts, des bassins blancs d'étain et pouvaient peindre le devant de leurs boutiques en toutes autres couleurs.

Ce qui constituait particulièrement l'art du perruquier, était celui de faire les cheveux, c'est-à-dire de les étager, pour leur donner un aspect agréable, celui de construire toutes espèces de perruques et parties de perruque, comme tours, toupets, chignons, etc., pour homme et pour femme. Ils avaient aussi, comme les barbiers, le privilége de tenir des bains et des étuves.

La poudre à cheveux était inconnue de nos ancêtres. L'Etoile, le premier qui en ait parlé dans son *Journal* de l'an 1593, dit l'effet qu'elle produisit à Paris, la première fois qu'on la vit. Louis XIV ne s'en servit qu'à la fin de son règne.

Plusieurs ordonnances de police défendent aux perruquiers de travailler de leur métier, tant dans leurs boutiques et maisons que chez les particuliers, les dimanches et fêtes, pendant la messe de paroisse, c'est-à-dire depuis huit heures du matin jusqu'à dix heures. Leurs boutiques devaient être fermées pendant toute la journée, aux jours de grandes fêtes solennelles.

Les statuts des perruquiers, composés de trente-six articles en 1674, et soixante-neuf articles en 1718, ne présentent rien de bien particulier.

La ville de Riom avait une communauté particulière de perruquiers, dont les statuts, du mois de février

1725, ont été enregistrés au parlement le 28 juin, et à la chambre de police le 3 septembre 1748. Elle portait sur sa bannière :

D'argent, à une perruque de sable posée de front.

(Voyez pl. 29, *fig.* 3.)

Les perruquiers de la ville de Brioude étaient réunis aux médecins et aux chirurgiens de la même ville.

(*Voyez pl.* 23, *fig.* 1re.)

Nous trouvons bien la mention que les perruquiers de Clermont étaient en jurande par statuts et lettres patentes du 6 février 1725, homologuées au parlement le 28 juin de la même année; mais leur bannière nous est inconnue.

Le droit de réception qu'ils payaient à la maîtrise, était de 50 livres, et celui de la boîte de la confrérie de 23 livres, y compris celui que l'on payait au lieutenant du premier barbier du roi.

POINTS DE FRANCE [1].— DENTELLES.

On ne peut faire que des conjectures incertaines sur le lieu et l'époque de l'invention de la dentelle. Gênes, Venise (2), la France et l'Allemagne en revendiquent la découverte. Au temps de Charles VII elle était déjà connue en France, même sous Charles V, de 1364 à 1380, on voit que la dentelle faite à l'aiguille servait à orner les vêtements dans les classes élevées de la société. A la cour de Louis XIII, la dentelle n'était pas seulement une parure, elle était un signe de distinction.

Ce fut Colbert qui, le premier, établit des manufactures de dentelles à Aurillac. Il les encouragea par des prêts sans intérêt, par des exemptions et par des distinctions particulières.

La fabrication des dentelles de fil, façon de Flandre et d'Angleterre, appelée *points de France ou points d'Aurillac*, a été le sujet d'un grand commerce en Auvergne, notamment à Aurillac, à Murat, à la Chaise-Dieu (3), à

(1) On donnait plus particulièrement le nom de *point* ou de *pointes* aux dentelles fabriquées à l'aiguille.

(2) Quelques auteurs croient que l'invention de la dentelle à l'aiguille, le *point*, est dû à Venise, et que c'est à Bruxelles qu'a été inventée la dentelle aux fuseaux.

(3) Dans la Haute-Loire, dont la Chaise-Dieu fait partie aujourd'hui, on compte 70,000 ouvrières occupées à la fabrication de la dentelle dans les campagnes plutôt encore que dans les villes où elle est une industrie plus lucrative.

Au musée du Puy, une galerie particulière, fondée et enrichie par les soins généreux de M. T. Falcon, permettra bientôt de voir des dentelles de toutes les époques provenant des fabriques de la Haute-Loire.

Allanche, à Viverols et dans beaucoup d'autres villes, bourgs et villages. A Aurillac et aux environs, on dépensait autrefois de six à sept cent mille livres par an pour le salaire des ouvrières occupées de la fabrication des dentelles. De nombreux marchands de Clermont et du Puy en Velay, les achetaient et les débitaient dans tout le royaume. On évalue que dans le principe, les dentelles produisaient aux habitants d'Aurillac seulement, un revenu annuel de soixante à quatre-vingt mille livres. A la fin du dix-septième siècle, la fabrication était beaucoup moins considérable parce qu'on en portait beaucoup moins ; le salaire des ouvrières n'était plus alors, à Aurillac et dans les environs, que de 50,000 livres.

Les fabricants de dentelles de la ville d'Aurillac n'avaient pas de communauté particulière ; ils étaient réunis aux marchands de draps de la même ville.

(*Voyez pl.* **21,** *fig.* **2.**)

POTIERS D'ÉTAIN.

PATRON SAÏNT FIACRE (30 AOUT).

Il fut une époque, peu éloignée de nos jours, où la vaisselle d'étain était en grande mode, malgré que ce métal fût très-pernicieux à la santé par l'arsenic qu'il contient. Les monastères, très-nombreux alors, ne connaissaient pas d'autre mobilier de table. La faïence et la porcelaine sont venues le remplacer.

Pour être reçu maître potier d'étain, après chef-d'œuvre, il fallait avoir fait six années d'apprentissage et avoir travaillé trois autres années en qualité de compagnon.

Les fils de maîtres étaient exempts de tous droits et n'étaient pas tenus à l'apprentissage non plus qu'au chef-d'œuvre. Il leur suffisait d'avoir travaillé pendant trois années chez leur père ou sous quelque autre maître de la communauté.

Les potiers d'étain, comme les orfèvres, étaient tenus d'avoir leurs poinçons ou marques particulières pour l'appliquer sur leurs ouvrages et d'avoir des livres pour écrire leurs achats. Ils ne pouvaient acheter que des gens connus et non suspects.

Une communauté de potiers d'étain réunis aux peigneurs de chanvre, aux chapeliers et aux teinturiers, était organisée à Riom ; sa bannière portait pour armoiries :

D'azur, à une aiguière d'argent, posée en pal, accostée de deux paquets cordés de chanvre de même et accompagnée en chef d'un chapeau d'argent.

(*Voyez pl. 29, fig. 4.*)

21

Les potiers d'étain de la ville d'Issoire étaient réunis aux chapeliers de la même ville.

(*Voyez pl. 9, fig. 4.*)

Ceux de la ville de Saint-Flour, aux chapeliers de la même ville.

(*Voyez pl. 9, fig. 5.*)

PROCUREURS.

PATRON, SAINT YVES (19 MAI).

Les officiers établis pour agir en justice et pour instruire les procès de ceux qui plaidaient, portaient le nom de *procureurs*. Anciennement on les appelait *procureurs aux causes;* depuis la révolution de 1789, on leur donna le nom d'avoués (1).

Les Romains avaient dans leur loi des douze tables des formes judiciaires qu'ils avaient empruntées des Grecs. Ces formes étaient des plus singulières; ainsi par exemple, avant de commencer une procédure, les parties devaient se présenter devant le préteur; là, dans la position de deux personnes qui se battent, elles croisaient deux baguettes qu'elles tenaient entre les mains : c'était là le signal des procédures qui devaient suivre. C'est ce qui a fait penser à quelques auteurs que les Romains vidaient leurs procès à la pointe de l'épée. Les formules de la loi des douze tables furent pour la plupart abrogées par Théodose le Jeune, et à mesure qu'elles tombèrent en désuétude, on en introduisit de nouvelles plus simples et plus claires. Il y avait des appariteurs qui faisaient les actes que font aujourd'hui les huissiers et des procureurs *ad lites,* que l'on appelait *cognitores juris,* et des avocats.

---

(1) Il y avait très-anciennement des avoués des villes et des provinces qui avaient le gouvernement général, ou qui étaient seulement les défenseurs de toutes les églises ou abbayes qui y étaient situées. On n'est pas parfaitement d'accord sur l'origine de leur institution; les uns la font remonter au quatrième siècle, les autres la placent au huitième siècle.

Dans les premiers temps de la monarchie, la justice se rendait militairement ; il y avait pourtant quelques formes pour l'instruction, mais elles étaient fort simples et en même temps fort grossières. Il y avait des avocats et des sergents, mais on ne se servait point du ministère des procureurs. Le roi seul plaidait par procureur, et avait même étendu ce privilège à la reine. Les parties étaient obligées de comparaître en personne. Ce ne fut que du temps de saint Louis, à partir de 1270, que l'on commença à permettre aux parties de plaider par procureur. Ces permissions devinrent fréquentes, et enfin on établit des procureurs en titre d'office, par un édit de 1572.

Suivant leur règlement ils devaient s'assembler chaque année le 19 mai, jour de leur fête, assister à la messe, où l'on présentait, chacun à son tour, un pain à bénir, et à l'issue de la messe, tenir séance pour régler les affaires de la corporation et procéder à la pluralité des voix à la nomination du syndic et d'un secrétaire de trois ans en trois ans.

L'article 3 leur prescrivait de ne se présenter au barreau, comme au parquet, qu'en habit décent, et de plaider avec modestie, sans s'interrompre les uns les autres ni s'invectiver, à peine de quatre sols d'amende.

Nous avons vu aux articles *Avocats* et *Notaires* que dans beaucoup de villes les procureurs se sont réunis aux membres des corporations de fonctionnaires de ces noms. Ici nous allons donner les bannières d'autres communautés de procureurs auxquelles se sont réunis les notaires.

A Clermont, les procureurs avaient une bannière

semblable à celle de la corporation des notaires de la même ville.

(*Voyez pl.* 25, *fig.* 3.)

A Aurillac, les procureurs portaient une bannière semblable à celle des procureurs de la sénéchaussée et siége présidial de Riom et des notaires et des procureurs de Chaudesaigues.

(*Voyez pl.* 27, *fig.* 1re.)

A Ennezat, la communauté des procureurs et des notaires royaux portait une bannière :

> D'or, à un saint Yves de sable, tenant une bourse de même de la main droite, au chef cousu d'or, chargé de deux plumes de sable passées en sautoir.

(*Voyez pl.* 29, *fig.* 5.)

A Vic-le-Comte, la communauté des procureurs et des notaires avait une bannière :

> Fascé d'or et d'azur de six pièces, et deux plumes d'or passées en sautoir, brochant sur le tout.

(*Voyez pl.* 30, *fig.* 1re.)

Les procureurs de la ville de Brioude étaient réunis aux avocats de la même ville.

(*Voyez pl.* 4, *fig.* 5.)

Ceux de la ville de Maurs, aux avocats de la même ville.

(*Voyez pl.* 5, *fig.* 2.)

Ceux de la ville de Blesle, aux avocats de la même ville.

(*Voyez pl. 4, fig. 4.*)

Ceux de la ville d'Ambert, aux avocats de la même ville.

(*Voyez pl. 4, fig. 3.*)

Ceux de la ville de Langheac, aux avocats de la même ville.

(*Voyez pl. 5, fig. 1re.*)

Ceux de la ville de Vic, aux notaires de la même ville.

(*Voyez pl. 28, fig. 2.*)

Ceux de la ville de Besse, aux notaires de la même ville.

(*Voyez pl. 26, fig. 3.*)

Ceux de la ville d'Allanche, aux notaires de la même ville, et portaient une bannière semblable à celle des notaires de la ville d'Aurillac.

(*Voyez pl. 25, fig. 2.*)

Ceux de la ville de Saint-Flour, aux notaires de la même ville.

(*Voyez pl. 28, fig. 1re.*)

Ceux de la ville de Montaigut, aux notaires de la même ville.

(*Voyez pl. 27 fig. 3.*)

Ceux de la ville de Sauxillanges, aux notaires de la

même ville, et portaient une bannière semblable à celle des notaires et procureurs de la ville de Murat.

(Voyez pl. 27, fig. 4.)

Ceux de la ville d'Issoire, aux notaires de la même ville.

(Voyez pl. 27, fig. 2.)

Ceux de la ville de Pont-du-Château, **aux notaires de la même** ville.

(Voyez pl. 27, fig. 5.)

Ceux de la ville de Cournon, aux notaires de la même ville.

(Voyez pl. 26, fig. 4.)

Ceux de la ville de Courpière, **aux notaires de la même** ville.

(Voyez pl. 26, fig. 5.)

Ceux de la ville de Murat, aux notaires de la même ville.

(Voyez pl. 27, fig. 4.)

Ceux de la ville de Chaudesaigues, aux notaires de la même ville.

(Voyez pl. 27, fig. 1re.)

REGRATTIERS.

Les marchands de petites denrées revendues en détail, appelés regrattiers, ont été de tout temps très-surveillés par la police, qui leur prescrivait de ne jamais acheter des marchandises avant que les bourgeois ne soient fournis. Ils ne pouvaient pas faire de provisions pour les tenir en magasin. Il leur était interdit d'aller au-devant des marchands et d'acheter ailleurs que sur les marchés. Déjà dès Louis XI, par les priviléges donnés aux consuls de Clermont en 1481, défense était faite par cris ou autrement, à tous regrattiers, regrattières et revendeurs d'acheter des marchandises avant que les habitants ne soient premièrement fournis, et l'heure de midi passée.

Suivant le règlement de police de Clermont du 4 octobre 1674, défenses leur étaient faites d'acheter aucun beurre, fromage, huile, chandelles et autres denrées qu'ils vendent en détail, dans leurs boutiques, soit au poids de la ville, ou aux places publiques, les jours de marché avant dix heures, et les autres jours, qu'elles n'aient demeuré exposées en vente à la place pendant deux heures au moins. Il leur était défendu aussi de mettre ou de sortir hors de leurs boutiques aucunes détrempes, barriques de marée, ni autres choses pouvant embarrasser ni occuper les rues où ils étaient logés.

Une sentence de police de Clermont, du 3 avril 1731, leur faisait aussi défense de vendre aucune sorte de compositions, drogues onguents, sirops et eaux de distillation, concernant la pharmacie, à peine d'amende, de confiscation et autres peines de droit.

Les regrattiers de la ville d'Aurillac, n'avaient pas de communauté particulière; ils étaient réunis aux épiciers et aux marchands de fromage de la même ville.

(Voyez pl. **12,** *fig.* **5.)**

SAVETIERS.

> Newton a dit : « Je préfère à un mauvais poète,
> « à un méchant comédien, le savetier; il est plus
> « utile à la société. »

Il est à présumer que, depuis l'invention des souliers, il a existé des savetiers pour le raccommodage de ces sortes de chaussures, de même que pour les bottes, les pantoufles, etc.

Les savetiers, qui ont porté aussi pendant longtemps, dans le moyen âge, les noms de *courvoisiers* et de *sueurs en vieil*, pouvaient faire sous un auvent de petits souliers en cuir de basanne et non autrement. Ils pouvaient aussi faire des souliers pour le public, mais à la condition qu'un tiers au moins serait de vieux cuir. Pour eux, pour leurs femmes et leurs familles, ils avaient la faculté de faire des souliers neufs. Un arrêt contradictoire du Parlement de Paris, du 6 mai 1516, les y autorisait.

Défenses étaient faites à toutes personnes étrangères d'acheter pour revendre, aucunes vieilles marchandises en cuir, soit bottes, bottines et autres, concernant ledit métier.

Défenses étaient aussi faites aux savetiers d'exposer et de mettre en vente leurs marchandises les jours de fêtes et de dimanches.

Lorsqu'un fils de maître prêtait serment pour arriver à la maîtrise, il était exempt de faire chef-d'œuvre; il payait seulement aux gardes la rétribution convenue, et donnait vingt sous à la confrérie.

L'apprenti devait rester quatre ans, quelquefois trois ans, pour son apprentissage. Nul apprenti ne pouvait sortir de chez son maître avant le temps expiré, pour aller chez un autre maître, à moins d'y être autorisé par justice, à ses frais, à peine d'être déchu de son apprentissage.

Le maître ne pouvait garder chez lui un apprenti au-delà de quinze jours sans prêter serment, sous peine d'être poursuivi.

Les contestations, les luttes entre les cordonniers et les savetiers ont été sans nombre. Le privilége du neuf et du vieux fut une source féconde de rixes interminables et de procès ruineux. Une empeigne, une semelle, devenaient souvent l'occasion de luttes entre les deux corps de métiers, quoique faisant partie de la même corporation. Les cordonniers, se croyant supérieurs aux savetiers, affectaient envers eux des airs de la plus insolente hauteur. Les savetiers, se croyant les égaux de leurs adversaires, leur rendaient mépris pour mépris.

Le savetier et le maçon se renvoient assez fréquemment les reproches qu'ils font à leurs apprentis. Le savetier dit : C'est travailler en maçon, en véritable goujat. Le maçon dit de son côté à son apprenti : Tu travailles comme un véritable savetier. Ce n'est certainement pas pour ces honnêtes artisans que Boileau a dit :

> D'un seul nom quelquefois le son dur et bizarre
> Rend un poème entier ou burlesque ou barbare.

En Auvergne, où les savetiers résidants et ambulants étaient très-nombreux, on ne les voit figurer cependant qu'une seule fois, à Brioude, comme faisant partie d'une corporation ; et comme ils n'avaient pas de communauté particulière, ils étaient réunis aux tanneurs, aux cordonniers et à d'autres corps de métiers de la même ville.

(*Voyez pl.* 33, *fig.* 2.)

SCULPTEURS.

PATRON, SAINT LUC (18 OCTOBRE).

Par le moyen de la matière solide et du dessin, l'art du sculpteur consiste à imiter les objets palpables de la nature. Les sculpteurs commencèrent d'abord à travailler sur la terre et sur la cire, puis ils employèrent le bois (1), la pierre, le marbre, l'ivoire et les métaux, tels que l'or, l'argent et le bronze. Ils sculptent aussi les pierres précieuses et dures, comme les agates, les cornalines, etc. L'origine de la sculpture comme celle de la peinture remonte à la plus haute antiquité. Suivant la Genèse, l'art de fondre les métaux et de les faire servir à des imitations de la nature fut connu des Israélites dans des temps très-reculés. Les Phéniciens ont été habiles dans l'art de la sculpture. Les Grecs fixèrent cet art chez eux, et il y fit des progrès successifs. Dans leurs premiers essais ils n'employèrent que la terre, la cire et ensuite le bois ; ils divisèrent leurs ouvrages en quatre styles différents : le style ancien, le grand style, le style de la grâce, enfin le style d'imitation. Le premier ne se distingue ni par la beauté de la forme ni par la proportion de l'ensemble. Le second se distingue par la grandeur ; mais il est dépourvu de grâce, ce qui donne le charme à la beauté. Le troisième se distingue par la

---

(1) Les premiers sculpteurs sur bois employèrent d'abord le citronnier, le cyprès, le palmier, l'olivier, l'ébène, etc., comme n'étant pas sujets à se corrompre ni à être endommagés par les vers. On employa aussi le chêne et le châtaignier pour les grands morceaux, le cormier et le poirier pour les moindres, le tilleul et le buis pour les ouvrages délicats.

grâce. Le quatrième, qui nous fait connaître les œuvres
admirables d'Appèles et de Praxitèle, n'a pu être sur-
passé par leurs successeurs; ceux-ci bornèrent seulement leur ambition à les imiter. Après ces grands maîtres, l'art marcha, mais retourna sur ses pas, au lieu
d'avancer. On n'a pas de données suffisantes sur l'époque précise de la splendeur de l'art à Rome. On signale
de beaux ouvrages du temps de Néron. Les chefs-d'œuvre produits sous Trajan et sous Adrien sont plus particulièrement attribués à des artistes grecs.

Au moyen âge, c'est la Toscane qui donna les plus
habiles sculpteurs.

Au quinzième siècle, Michel-Ange vint rappeler chez
les modernes le talent de Praxitèle.

De notre temps Canova, surnommé le Delille de la
sculpture, fit des ouvrages rappelant le style antique.

Pendant que l'art de la sculpture florissait à Rome et
à Florence, la France ne restait pas en arrière. François Ier et Louis XIV favorisèrent les progrès de cet art,
et de nos jours beaucoup de grands artistes se sont si-
gnalés, et leur nom passera à la postérité.

Les sculpteurs sur pierre principalement ont exécuté
en Auvergne quelques monuments remarquables; sans
parler de nos monuments religieux, on peut voir à
Clermont la gracieuse fontaine de la place Delille,
style de la Renaissance, due à la munificence de Georges
d'Amboise, un de nos évêques, la tour de l'horloge de
Riom, et beaucoup d'autres.

Les sculpteurs, peu nombreux en Auvergne, s'asso-
cièrent à d'autres corps d'état pour former des communautés; c'est ce que l'on voit à Issoire et à Saint-
Flour.

A Issoire les sculpteurs étaient réunis aux menuisiers et aux charpentiers.

Leur bannière portait pour armoiries :

> D'azur, à un saint Joseph d'or, tenant en sa main
> dextre un lis au naturel.

(Voyez pl. 30, fig. 2.)

A Saint-Flour, les sculpteurs étaient réunis aux peintres, aux orfèvres et aux horlogers de la même ville.

Leur bannière était :

> D'or, à un saint Louis, roi de France, d'azur.

(Voyez pl. 30, fig. 3.)

Les sculpteurs de la ville d'Ambert n'avaient pas de communauté particulière ; ils étaient réunis aux bouchers de la même ville.

(Voyez pl. 5, fig. 3.)

Ceux de la ville de Thiers, aux charpentiers de la même ville.

(Voyez pl. 10, fig. 1re.)

Ceux de la ville de Clermont, aux menuisiers de la même ville.

(Voyez pl. 24, fig. 4.)

Ceux de la ville de Riom, aux orfèvres et à d'autres corps de métiers de la même ville.

(Voyez pl. 28, fig. 4.)

SELLIERS.

PATRON, SAINT ÉLOI (1ᵉʳ DÉCEMBRE).

L'invention de la selle date des temps modernes, à ce que pensent quelques auteurs. Les Grecs et les Romains ne s'en servaient pas pour se tenir à cheval, ils n'avaient pas non plus d'étriers. Les Romains cependant plaçaient sur leurs chevaux, pour être moins durement assis, une espèce de couverture. L'histoire nous apprend que Constance, qui combattait contre son frère Constantin, en 340, pour lui ôter l'empire, pénétra jusqu'à l'escadron où il était en personne et le renversa de dessus sa selle.

Dans l'ancien temps, où les voyages de long cours ou de pur agrément se faisaient uniquement à dos de cheval ou de mulet, le commerce de la sellerie devait avoir une certaine importance. Les plus hauts personnages montaient de préférence sur des mules. Nous en voyons un exemple dans le président de Longeville, qui, passant un bail avec son fermier, stipule qu'il devra lui amener un ânon ou une ânesse pour faire monter sa dame ; tandis que lui monterait sa mule, son clerc marcherait à pied, à ses côtés.

Ce fut en 1380 que les dames commencèrent à monter à cheval sur des selles en travers (1).

Les selliers, pour leur réception à la maîtrise, étaient

(1) Nous avons entendu à l'Académie de Clermont, en 1854, la lecture d'un travail bien remarquable sur la sellerie et le harnachement, par M. le général Jacquemin ; il est à désirer que ce travail reçoive bientôt de la publicité.

obligés de faire pour chef-d'œuvre, une garniture complète de selle.

La communauté des selliers, bridiers, bâtiers et cordiers de la ville de Clermont, était en jurande par lettres patentes du mois d'octobre 1690, enregistrées au greffe de police de la ville, le 29 août 1698. Pour les réceptions les fils de maîtres ne payaient que trente livres et les étrangers cent cinquante livres. Le droit d'apprentissage pour la boîte de la confrérie était de deux livres. Cette communauté avait pour armoiries sur sa bannière :

D'azur, à un cheval d'argent. sellé bridé et houssé d'or.

(*Voyez pl.* 30, *fig.* 4.)

La communauté des selliers, cordiers, bridiers et bâtiers de la ville de Brioude :

D'or, à un cheval de sable, sellé, bridé et houssé d'argent.

(*Voyez pl.* 30, *fig.* 5.)

Celle des selliers, bâtiers et chaudronniers de la ville de Saint-Flour :

D'or, à un collier de cheval de sable, accompagné en chef d'un chaudron de même

(*Voyez pl.* 31, *fig.* 1re.)

Les selliers de la ville d'Issoire étaient réunis aux chapeliers de la même ville.

(*Voyez pl.* 9, *fig.* 4.)

Ceux de la ville d'Ambert, aux cordonniers et aux

22

bridiers de la même ville ; ceux-ci étaient régis par une convention du 7 mai 1659 , homologuée en la sénéchaussée d'Auvergne le 10 du même mois.

(*Voyez pl.* 12, *fig.* 1re.)

Ceux de la ville de Riom, aux maréchaux de la même ville.

(*Voyez pl.* 22, *fig.* 2.)

Ceux de la ville d'Aurillac, aux teinturiers et à d'autres corps de métiers de la même ville.

(*Voyez pl.* 34, *fig.* 2.)

SERGERS.

FÊTE, LE JOUR DE LA VISITATION DE LA SAINTE VIERGE
(2 JUILLET).

La serge est une étoffe de laine croisée, commune et légère, dont on connaît la bonté par la croisure. Elle est plus particulièrement employée pour les habillements des gens de la campagne. On fabrique aussi des serges de soie fort luisantes.

A Maringues, trois maîtres sergers étaient nommés chaque année jurés, pour visiter de mois en mois les marchandises des maîtres du même métier, les saisir et les remettre à la justice, dans le cas où elles étaient mal confectionnées. Ces maîtres jurés étaient aussi, avec deux autres maîtres sergers, juges pour interroger les aspirants à la maîtrise et pour voir et visiter leurs chefs-d'œuvre. Chaque maître ne pouvait avoir qu'un seul apprenti et une seule boutique; il lui était interdit de prendre un apprenti ou un compagnon sortant de la maison d'un autre, sans qu'au préalable il en eût prévenu le maître, et que l'apprenti ou le compagnon eût complètement achevé l'ouvrage commencé.

Des lettres patentes du 10 août 1669, enregistrées au parlement et au greffe de la ville de Clermont, établissent pour cette ville une jurande de sergers, cardeurs, tireurs et filateurs de laine et matelassiers. Ces lettres ont été l'occasion d'une longue discussion, de 1703 à 1707, entre le maire, les échevins et habitants d'un côté, et les officiers de police de l'autre; ces derniers, dans le but probablement d'étendre leur autorité et d'augmenter les émoluments de leurs charges,

prétendaient que les sergers, cardeurs, fileurs et matelassiers de Clermont devaient être érigés en jurande et
avoir des gardes et des bailes, puisque leurs statuts
étaient approuvés par ordonnance et enregistrés au
greffe. Les maire, échevins et habitants, dans l'intérêt
des ouvriers de ces métiers qui travaillaient librement,
sans être passibles des droits de visite et de réception
à la maîtrise, prétendirent le contraire. M. d'Ormes-
son, intendant, débouta ces derniers par une ordonnance que le roi approuva. Depuis nous n'avons plus
retrouvé de traces de cette corporation en jurande, de
même que nous n'avons pu découvrir la composition
de sa bannière.

Les sergers de la ville de Maringues, réunis aux teinturiers et aux tisserands, avaient pour armoiries sur
leur bannière :

D'azur, à un saint Maurice d'or.

(*Voyez pl.* 31, *fig.* 2.)

Ceux de la ville de Saint-Flour étaient réunis aux
tisserands de la même ville.

(*Voyez pl.* 35, *fig.* 3.)

Les sergers de Riom étaient assujettis au règlement
général de 1669, enregistré pour eux en la chambre
de police le 28 avril 1738. Leur bannière nous est inconnue.

SERRURIERS.

PATRON SAINT PIERRE-ÈS-LIENS (1er AOUT).

Ailleurs, *saint Éloi*.

Dans les temps les plus reculés on ne fermait pas les portes des maisons au moyen de serrures ; un morceau de corde suffisait. Plus tard on imagina les verroux de bois, puis les verroux de fer perfectionnés, qu'on désignait sous le nom de lacédémonienne ; une espèce de clef soulevait le verrou. Dans la suite on perfectionna encore la serrure lacédémonienne, en plaçant le verrou dans une capsule de fer pour la mettre mieux en sûreté ; elle avait quelque ressemblance avec nos serrures.

Dans le treizième siècle, au temps de saint Louis, la serrurerie avait acquis une grande renommée. Au seizième siècle les ouvriers ornaient leurs diverses serrures de petits ornements et de figurines du goût le plus recherché. Les heurtoirs ou marteaux des portes, surtout, étaient très ornés. Dans le dernier siècle l'art de la serrurerie et l'art de travailler le fer furent encore perfectionnés.

L'art du serrurier s'appliqua à une multitude d'autres parties, il est peu d'arts où les objets soient aussi variés. Le serrurier fabrique tous les ouvrages de fer forgé que l'on emploie dans les bâtiments, tous ceux qui entrent dans la construction des machines de toute espèce, et presque tous les ustensiles qui sont d'usage dans les arts et métiers. Pour les ouvrages qui demandent du goût et du génie, la connaissance du dessin lui est nécessaire.

Les serruriers français se sont toujours distingués dans l'exécution des grilles, des balustrades et des balcons, où la richesse des ornements et des décorations se trouve réunie à la solidité.

La profession de serrurier était une profession de confiance ; aussi trouve-t-on quelquefois sur des objets de serrurerie une estampille ou cachet portant ces mots : *Fidélité et secret*, que des maîtres y apposaient.

Leurs statuts défendaient aux maîtres et aux compagnons d'ouvrir une serrure en l'absence de son possesseur, ou de faire des clefs sur des moules de cire ou de terre, sous peine de punition corporelle et d'amende.

Les serruriers étaient établis à Paris en corps de jurande, depuis l'année 1411 sous le règne de Charles VI. Leurs statuts, renouvelés par Louis XIV, en 1652, portent entre autres prescriptions que la communauté sera gouvernée par quatre jurés et un syndic, lequel avait une inspection sur les jurés mêmes, dont les visites d'obligation étaient de cinq par an.

L'apprentissage était de cinq ans et le compagnonnage du même nombre d'années, mais pour la province l'un et l'autre n'étaient que de huit années. Les maîtres serruriers de Paris avaient droit de maîtrise dans toutes les villes de France en faisant enregistrer leurs lettres au greffe du lieu où ils voulaient exercer. Les veuves, les fils et les gendres des maîtres jouissaient des mêmes privilèges que dans les autres communautés.

Les serruriers de Clermont-Ferrand étaient en jurande par statuts homologués en la sénéchaussée le 11 juin 1603, et par le lieutenant général, du consentement des échevins, le 30 juin de la même année. Le droit de réception à la maîtrise était de 250 fr. pour les

étrangers. Le droit de boîte pour les apprentis n'était
que de trois livres.

Nul ne pouvait, suivant ces statuts, vendre serrures si
elles n'étaient garnies de toutes gardes.

Nulles serrures ne devaient être d'un demi-tour, à
moins que la bouterolle ne fût rivée par le milieu.

Nulles serrures ne devaient avoir de clefs pertuisées
ou creuses, à moins que la branche ne fût rivée en
couverture et que les rivets ne tinssent à la branche
même.

Aucunes serrures ne devaient être étamées ou blan-
chies à moins qu'elles ne fussent garnies et accomplies de
toutes leurs gardes.

Tout serrurier ne pouvait, sous peine d'amende,
faire une clef sans que la serrure ne fût en sa possession, ou qu'elle ne lui fût commandée par le propriétaire de la serrure.

Trois gardes étaient élus chaque année pour visiter
les maîtres et pour faire respecter les statuts.

Une communauté de serruriers réunis aux armuriers,
aux épiciers et aux couteliers, existait dans la ville de
Riom. Ses statuts furent autorisés par lettres patentes
du mois de décembre 1715, enregistrées au parlement
le 5 septembre 1716, et en la chambre de police le
14 mai 1717. Elle portait sur sa bannière :

> D'or, à une chausse-trape de sable posée en chef,
> accostée de deux molettes d'éperon de même,
> au chef de gueules, chargé à dextre d'un pis-
> tolet d'or, et à sénestre d'un coutelas de
> même.

(*Voyez pl.* **31**, *fig.* **3.**)

Les serruriers de la ville d'Aurillac, étaient réunis aux chaudronniers de la même ville.

(Voyez pl. 10, fig. 3.)

Ceux de la ville de Maringues, **aux maréchaux de la même ville.**

(Voyez pl. 21, fig. 4.)

Ceux de la ville d'Ambert, réunis aux maréchaux de la même ville, étaient régis par une convention du 10 janvier 1701, homologuée en la sénéchaussée d'Auvergne le 21 du même mois.

(Voyez pl. 21, fig. 5.)

Ceux de la ville de Brioude, aux armuriers, aux maréchaux, aux cloutiers et aux orfèvres de la même ville. Leurs armoiries étaient les mêmes que celles des maréchaux de la ville d'Ambert.

(Voyez pl. 21, fig. 5.)

Ceux de la ville d'Issoire, aux maréchaux, aux armuriers, aux fourbisseurs et cloutiers de la même ville. Leur bannière était semblable à celle des maréchaux de la ville d'Ambert.

(Voyez pl. 21, fig. 5.)

Ceux de la ville de Saint-Flour, aux maréchaux de la même ville.

(Voyez pl. 22, fig. 1re.)

La bannière des serruriers de Clermont, dont nous vons parlé plus haut, nous est inconnue.

TAILLEURS D'HABITS.

PATRON SAINT DOMINIQUE (4 AOUT).

Ailleurs , la Trinité.

La forme si variée des vêtements et les différents noms qu'ils portèrent dans les siècles passés firent donner à ceux qui les façonnaient diverses qualifications ; ainsi on les nommait *tailleurs de robes, pourpointiers, doubletiers, culottiers, couturiers.*

Les tailleurs avaient exclusivement le droit de confectionner et de vendre les habits d'hommes, de femmes, d'enfants, de valets et de laquais ; les costumes de ballets et de tragédies, les toges des gens d'église ou du palais. Le luxe des habits devint tellement somptueux vers la fin du quinzième siècle, que le roi Charles VIII fut obligé, par ses lettres du 17 décembre 1485, de défendre aux personnes qui n'étaient pas nobles les étoffes d'or, d'argent, et de soie, en robes ou doublures. Les chevaliers jouissant de deux mille livres de rente, pouvaient porter des draps de soie, et les écuyers ayant aussi deux mille livres de rente , des draps de damas, satin ras et satin à figures.

Au quinzième et au seizième siècle, il n'y avait que les clercs et les nobles qui pussent porter de la soie ; parmi les clercs il n'y avait que es prélats , et parmi les nobles il n'y avait que les hauts gentilshommes ou les gens de guerre qui pussent porter soie sur soie. La couleur et les étoffes distinguaient les états.

La soie était aussi exclusivement réservée pour les femmes nobles.

Sganarelle, suivant Molière, ne s'attachait pas à ces prescriptions; il disait, lui : Je veux

Un bon pourpoint, bien long et fermé comme il faut,
Qui pour bien digérer tienne l'estomac chaud.

L'aspirant à la maîtrise était obligé de connaître parfaitement la coupe et la couture. Une fois maître, il lui était enjoint de couper les habits dans une boutique, au rez-de-chaussée, en vue du public, pour être mieux surveillé et pour empêcher la fraude. De tout temps le public a reproché aux tailleurs de butiner sur les pièces, les morceaux, les retailles, et de demander à leurs clients plus d'étoffe qu'il n'en fallait pour les vêtir.

Défense était faite aux tailleurs, sous peine d'amende, de travailler le samedi depuis le moment où l'on allume la chandelle, jusqu'au dimanche, non plus qu'aux cinq fêtes des apôtres, aux jours de Toussaint, de Noël, de Pâques, de l'Ascension et de la Pentecôte, excepté pour achever des vêtements de seigneurs et de dames du sang royal, ou pour des obsèques ou des noces, et enfin pour rétrécir ou élargir des vêtements imparfaits.

La réception des compagnons tailleurs, suivant les statuts de plusieurs villes, est assez singulière pour que nous la reproduisions telle que nous la trouvons dans l'histoire des anciennes corporations par M. Ouin-Lacroix (page 150) :

« Les réceptions des compagnons de la couture se passaient en cette forme :

» Ils choisissaient un logis dans lequel étaient deux chambres contiguës ; en l'une des deux ils préparaient une table, une nappe à l'envers, une salière, un pain, une tasse à trois pieds à demi pleine, trois pièces de monnaie et trois aiguilles. Cela fait, celui qui devait passer compagnon jurait sur l'Evangile ouvert de ne rien révéler des pratiques du compagnonnage, pas même à l'heure de la confession. Après ce serment, il prenait un parrain et on lui apprenait l'histoire des trois premiers compagnons. »

Les tailleurs d'habits de Clermont furent établis en jurande par statuts revêtus de lettres patentes du mois de février 1599. Ces statuts, approuvés par Louis XIV, en 1697, furent homologués par le sénéchal en présence des échevins.

Le droit de réception à la maîtrise était de soixante-douze livres pour les fils de maîtres et de deux cents livres pour les étrangers ; de plus, huit livres pour le droit de boîte de la confrérie.

Ceux de la ville de Riom étaient aussi en jurande suivant des statuts du 4 janvier 1698, autorisés par lettres patentes du mois de septembre de la même année, enregistrées au Parlement le 28 mars 1699.

Ceux d'Ambert étaient régis par convention du 19 juillet 1590, homologuée en la sénéchaussée d'Auvergne, le 26 du même mois.

Ceux de Thiers, étaient régis par des conventions particulières faites entre eux, et homologuées par le châtelain de la ville, le 14 décembre 1717.

Les villes d'Ambert, d'Aurillac, de Clermont, de Cournon, d'Issoire et de Saint-Flour, avaient des communautés de tailleurs seuls. A Brioude et à Riom, les communautés comprenaient d'autres corps d'état.

La communauté d'Ambert avait pour bannière :

D'azur, à des ciseaux d'or ouverts, en sautoir.

(*Voyez pl.* **31**, *fig.* **4.**)

Celle d'Aurillac :

D'or, à une paire de ciseaux ouverts, en forme
de chevron d'azur.

(*Voyez pl.* **31**, *fig.* **5.**)

Celle de Clermont :

D'azur, à des ciseaux d'argent ouverts, en sautoir.

(*Voyez pl.* **32**, *fig.* **1re.**)

Celle de Cournon :

D'azur, à une Notre-Dame d'argent.

(*Voyez pl.* **32**, *fig.* **2.**)

Celle d'Issoire :

D'azur, à une paire de ciseaux ouverts et posés
en forme de chevron d'or.

(*Voyez pl.* **32**, *fig.* **3.**)

Celle de Saint-Flour :

D'argent, à une paire de ciseaux d'azur, les
pointes en haut.

(*Voyez pl.* **32**, *fig.* **4.**)

A **Brioude** les tailleurs réunis aux cadissiers, aux
teinturiers, aux chapeliers et aux tisserands, portaient
les mêmes armoiries que la communauté des tailleurs
de la ville de Cournon.

(*Voyez pl.* **32**, *fig.* **2.**)

A Riom, les tailleurs, réunis aux libraires et aux imprimeurs, avaient pour bannière :

D'azur, à un livre ouvert d'or et posé de front, et une paire de ciseaux d'argent ouverts, posés en chevron et brochant sur le tout.

(*Voyez pl. 32, fig. 5.*)

TAILLEURS DE PIERRES.

A toutes les époques, depuis que l'on construit des maisons et des édifices, le tailleur de pierre a été un artiste indispensable. Après que la pierre est tirée de le carrière, le tailleur de pierre la dresse, la façonne après que l'appareilleur la lui a tracée, ou qu'il l'a tracée lui-même sur les dessins, cartons et panneaux qu'on lui a fournis.

A partir du douzième siècle, époque où l'on a commencé à se servir de la lave de nos volcans modernes, l'industrie de la taille de la pierre a beaucoup occupé les habitants de l'un de nos bourgs populeux, Volvic près Riom. La pierre de Volvic est très renommée, non-seulement dans notre province, mais encore dans les provinces voisines.

Nous avons signalé dans un autre ouvrage les carrières de la cheire de Côme, près de Tournebise, à côté de Pontgibaud, comme ayant fourni les pierres nécessaires à la construction de la cathédrale de Clermont.

Les tailleurs de pierre de la ville de Riom n'avaient pas de communauté particulière, ils étaient réunis aux maçons de la même ville.

(*Voyez pl.* **14**, *fig.* **3**.)

TANNEURS.

PATRON, SAINT MARTIN (11 NOVEMBRE).

Ailleurs, Saint Barthélemy, Sainte Catherine, Saint Simon, Saint Blaise, etc.

L'art du tanneur consiste à préparer les cuirs par le moyen du *tan* et de quelques autres drogues.

La peau des animaux a été la matière la plus universellement employée, dans les premiers temps, pour les vêtements et les chaussures des hommes. Il s'écoula des siècles avant que l'on connût parfaitement l'art de préparer les cuirs et de les rendre durables et d'un meilleur service par le moyen des apprêts convenables. Les sauvages, comme nous avons déjà eu occasion de le dire, pour préparer les peaux dont ils se servaient pour se vêtir, commençaient par les faire macérer dans l'eau assez longtemps ; les raclaient ensuite et les assouplissaient à force de les manier et de les battre avec des pierres ; pour les adoucir, ils les frottaient avec de la cervelle de chevreuil, et pour leur donner du corps et les empêcher de se retirer ils les exposaient à la fumée.

Les tanneurs de l'Auvergne ont une réputation de longue date. Pendant longtemps nos gros cuirs, dont on faisait et dont on fait encore un grand commerce, ont eu de tout temps une grande renommée, et étaient fort recherchés. Le tan, l'écorce du jeune chêne réduite en poudre, indispensable aux tanneurs, et dont on fait aussi un grand commerce en Auvergne, fixa plusieurs fois l'attention de nos rois, qui crurent devoir en assurer les approvisionnements abondants et faciles. Louis XIV, en 1701, en défendit la sortie hors du royaume par un édit renouvelé en l'année 1720.

Suivant le règlement qui fut donné aux tanneurs de Paris et des autres villes, par Philippe VI, le 6 août 1345, et renouvelé, à ce que l'on croit, en 1741 ou 1754, il était prescrit que nul ne pouvait être tanneur s'il n'était fils de maître, ou s'il n'avait été apprenti et compagnon pendant un temps déterminé et après avoir été examiné par les maîtres jurés dudit métier. .

Chaque tanneur pouvait avoir un ou deux apprentis, dont la durée d'apprentissage était de quatre ans au moins ou de cinq ans au plus.

Les bouchers et autres marchands qui étaient dans l'habitude de vendre des cuirs en poil et de les mouiller pour augmenter le poids, étaient passibles d'une amende de la moitié de la valeur des cuirs envers le roi, les tanneurs et la communaute des tanneurs, et en cas de récidive ils étaient punis civilement.

Le tanneur qui achetait de tels cuirs était tenu par serment de le déclarer sous peine des mêmes amendes.

Les tanneurs, compagnons ou apprentis, ne pouvaient travailler de nuit. Ils devaient commencer leur journée à la pointe du jour et la terminer à la tombée de la nuit ; ils ne pouvaient non plus ouvrir leurs boutiques les dimanches et jours de fêtes.

Chaque tanneur devait avoir son sceau pour marquer ses cuirs.

Les maîtres jurés de la corporation étaient tenus de visiter les cuirs tannés deux ou trois jours après leur confection et avant qu'ils soient mis en vente. Ils devaient les marquer de leur marque particulière.

La communauté des tanneurs, des gantiers et des corroyeurs de la ville d'Aurillac, portait sur sa bannière :

De gueules, à trois gants d'argent 2 et 1, et une toison d'or brochant sur le tout.

(*Voyez pl.* 33 , *fig.* 1re.)

La communauté de la ville de Brioude, où les tanneurs étaient réunis aux gantiers, aux pelletiers, aux cordonniers et aux savetiers, avait pour bannière :

De gueules, à une toison d'or étendue en pal.

(*Voyez pl.* 33, *fig.* 2.)

La communauté des tanneurs et des pelletiers de Clermont n'était point en jurande et n'avait pas de statuts, elle n'existait que suivant l'autorisation du lieutenant de police (1); sa bannière portait :

D'or, à une dépouille ou toison d'azur posée en pal.

(*Voyez pl.* 33, *fig.* 3.)

La communauté des tanneurs de Maringues portait :

D'azur, à une toison d'or.

(*Voyez pl.* 33, *fig.* 4.)

Celle de Riom :

D'azur, à une dépouille de lion d'or.

(*Voyez pl.* 33, *fig.* 5.)

La communauté des tanneurs, des pelletiers et des corroyeurs de la ville de Saint-Flour, avait une bannière

(1) D'après le dénombrement des arts et métiers de 1747, Clermont avait douze tanneurs.

23

nière tout-à-fait semblable à celle des tanneurs de la ville de Maringues.

(Voyez pl. 33, fig. 4.)

Les tanneurs de la ville d'Ambert étaient réunis aux pelletiers, gantiers et blanchisseurs de la même ville.

(Voyez pl. 29, fig. 2.)

Ceux de la ville de Thiers, aux teinturiers de la même ville.

(Voyez pl. 34, fig. 3.)

TAPISSIERS.

L'usage des tapisseries est fort ancien. Les Perses empruntèrent aux Mèdes ce luxe d'ameublement et le transmirent aux Grecs, qui eux-mêmes le passèrent aux Romains. Lorsque sous le règne de Charles Martel les Sarrazins firent une irruption en France, quelques-uns de leurs ouvriers s'y établirent et y fabriquèrent des tapis à la manière de leur pays. C'est surtout en Flandre que, dans le quinzième et le seizième siècle, on a exécuté de très-belles tapisseries. Sully, le digne ministre d'Henri IV, encouragea beaucoup la fabrication des tapisseries, en créant une grande manufacture de tapis, façon Flandre, dans le faubourg Saint-Germain. Colbert lui accorda aussi sa puissante protection en plaçant en 1667 la fabrique aux Gobelins, sous la protection spéciale du roi, et en l'employant uniquement à son service.

Nous n'avons jamais eu en Auvergne de fabriques de tapisseries; nous n'avons eu que des marchands-fabricants de meubles, préparant les ameublements. Ce que l'on appelait *Tapisseries d'Auvergne* venait des manufactures d'Aubusson et de Felletin.

L'art du tapissier, si sujet aux variations de la mode, consiste principalement à bien connaître les propriétés des étoffes, la préférence qu'elles ont les unes sur les autres, le parti que l'on peut tirer de chacune, leur distribution dans les meubles, etc., etc.

Un maître ne pouvait engager qu'un seul apprenti pour six ans, lequel ne pouvait arriver à la maîtrise qu'après avoir travaillé trois ans comme compagnon, et fait, comme dans les autres corps de métier, le chef-d'œuvre. Les fils de maîtres y étaient aussi obligés.

Les tapissiers de la ville de Riom n'avaient pas de communauté particulière; ils étaient réunis aux orfèvres et à d'autres corps de métiers de la même ville.

(Voyez pl. **28**, *fig. 4.)*

TEINTURIERS.

PATRON, SAINT MAURICE (22 SEPTEMBRE).

Ailleurs, l'Assomption.

Les travaux de teinture ont peu occupé les écrivains de l'antiquité. Ils ont négligé d'en rendre compte, connaissant cependant une grande partie des substances tinctoriales, de sorte que nous n'en avons eu que très-peu de détails (1). Quoi qu'il en soit, l'art de la teinture semble avoir fait des progrès dans les temps les plus anciens, dans les Indes, en Perse et en Syrie.

La Genèse parle d'un fil écarlate attaché au poignet de l'un des enfants de Thamar ; Homère cite les étoffes de toutes couleurs fabriquées à Sidon ; Salomon faisait venir de Tyr des étoffes teintes en pourpre, en bleu, en écarlate, en cramoisi. Du temps de Moïse, les Egyptiens connaissaient la couleur pourpre et les étoffes teintes en bleu céleste et en écarlate, les peaux de mouton teintes en orangé et en violet.

La couleur pourpre, que les Phéniciens retiraient des mollusques habitant leurs côtes (2), était en grande

_____

(1) C'est à Venise que parut, en 1449, le premier recueil des procédés de teinture.

(2) La pourpre antique était un liquide sécrété par un organe particulier de deux mollusques à coquille, la petite massue d'Hercule, *Murex brandaris*, et le buccin *purpura capillus*. Ce liquide, incolore, si on l'expose à la lumière, teint d'abord en jaune citron, ensuite en vert clair, vert émeraude, azur, rouge, et enfin au bout de quarante-huit heures, en très-beau pourpre ; mais il ne parcourt ces nuances que si on l'empêche de se dessécher. La couleur ainsi obtenue est très-solide, et résiste à l'action des alcalis caustiques. Il n'y a guère que l'acide azotique concentré et le chlore qui l'attaquent.

estime ; elle était consacrée au service de la divinité et était la marque des dignités importantes. Homère donne à entendre que cette couleur n'appartenait qu'aux princes.

Les anciens employaient certaines substances tinctoriales dont nous nous servons encore, comme le kermès pour l'écarlate et la pourpre, le pastel pour le bleu ; l'orseille, la garance, le bois de sappare.

La teinture a été imparfaite tant que la chimie, qui nous a aidés à surpasser les anciens, ne lui a pas prêté son concours ; mais elle a fait un pas immense vers sa perfection depuis que les principes de cette science ont été appliqués à la composition des couleurs et à leur combinaison avec les matières qu'elles doivent colorer.

Après la découverte de l'Amérique, lorsque l'indigo fut importé en Europe, il fut le sujet d'une grande répulsion, notamment de la part des cultivateurs du pastel, dont on se servait pour les nuances bleues. Partout on se liguait contre l'indigo. En Angleterre la reine Elisabeth défendait son usage à peine des plus fortes amendes. En France, Henri IV prononçait la peine de mort contre ceux qui l'emploieraient. En Allemagne on l'appelait l'aliment du diable. L'interdit ne fut enfin levé en Europe que vers le milieu du dix-huitième siècle ; son emploi était entièrement permis en France en 1757, après les essais et les succès de Dufay.

De graves abus s'étaient glissés dans la pratique de l'art des teinturiers ; Colbert, le grand ministre de Louis XIV, entreprit de règlementer les teinturiers de tout le royaume par des statuts généraux. Ces statuts désignaient des teinturiers de trois ordres : teinturiers du grand teint, teinturiers du petit teint, teinturiers pour la soie, les laines et les fils, troisième ordre qui se divisait encore en trois catégories ; tous ne formaient cependant qu'une seule corporation régie par une administration commune. Il fallait que le teinturier optât pour l'une ou l'autre de ces parties ; s'il la voulait changer, il devait en demander l'autorisation au juge de police. Son choix fixé, il ne pouvait travailler dans un autre genre sans encourir des amendes, des confiscations et même la privation de la maîtrise.

En résumé l'histoire de la teinture se divise en trois époques : l'époque de l'empirisme, qui comprend l'antiquité et le moyen âge ; l'époque de la teinture par les matières végétales découvertes avec le nouveau monde ; et à partir du moment où la chimie moderne est constituée, l'époque de la teinture par les matières minérales.

Le roi fit, en l'année 1669, des règlements en forme de statuts pour les manufactures et teintures de draps, de serges et autres étoffes de laine, pour être observés par tous les marchands, ouvriers et teinturiers du royaume. Ces règlements furent mis à exécution à Clermont avec des instructions de Colbert, en 1672, quoique dans la ville même il n'y eût pas de corporation proprement dite de ce corps de métier, qui n'y était exercé qu'en vertu des ordonnances du lieutenant général de police.

Le chef-d'œuvre de l'aspirant à la maîtrise du grand teint consistait à préparer en six jours, dans une cuve, quatre balles de pastel et à en obtenir sur des étoffes la teinture du bleu, depuis la nuance la plus foncée jusqu'au bleu clair. On attachait moins d'importance à l'expérience du petit teint sur les soies, les laines et les fils.

Les trois communautés de teinturiers que nous connaissons en Auvergne avaient avec elles d'autres corps d'état.

Les teinturiers d'Ambert, réunis aux maçons, étaient en jurande par lettres patentes du 29 janvier 1737, et par règlement du 15 du même mois, enregistré au bailliage de la ville, le 4 mai 1737. Leur bannière était :

> D'or, à un saint Maurice d'azur.
>
> (*Voyez pl.* 34, *fig.* 1re.)

Les teinturiers de la ville d'Aurillac, réunis en confrérie avec les cordonniers, les selliers et les bâtiers, portaient :

> D'argent, à une botte éperonnée de sable, accompagnée à dextre d'une pièce d'étoffe de soie de gueules et d'azur, et à sénestre, d'une selle ou bât de sable.
>
> (*Voyez pl* 34. *fig.* 2.)

Les teinturiers de la ville de Thiers, réunis aux tanneurs, étaient régis par un règlement de police en forme de statuts, homologué par le châtelain de la ville, le 17 décembre 1711. Ils portaient :

> De sable, à un pal gironné d'or et de gueules.
>
> (*Voyez pl.* 34, *fig.* 3.)

Les teinturiers de la ville de Montaigut étaient réunis aux bouchers de la même ville.

> (*Voyez pl.* 6, *fig.* 3.)

Ceux de la ville de Saint-Flour, aux cardeurs de la même ville.

(Voyez pl. 8, fig. 5.)

Ceux de la ville de Riom, aux potiers d'étain et à d'autres corps de métiers de la même ville.

(Voyez pl. 29, fig. 4.)

Ceux de la ville de Brioude, aux tailleurs et à d'autres corps de métiers de la même ville.

(Voyez pl. 33, fig. 2.)

TISSERANDS.

PATRONNE, SAINTE BARBE (4 DÉCEMBRE).

Ailleurs, saint Blaise, saint Sévère, sainte Lucie, etc.

La grande quantité de chanvre que produit l'Auvergne, a dû dans tous les temps occuper un grand nombre de tisserands. Aussi voyons-nous dans les villes d'Ambert, d'Aurillac, d'Issoire, de Riom, de Saint-Flour, des communautés de tisserands seuls ou associés à d'autres corps de métiers, indépendamment d'autres communautés, à Montferrand, à Maringues, à Brioude où figurent des tisserands. Quant à ceux qui existaient à Clermont, nous trouvons bien qu'ils étaient en jurande par statuts conformes à ceux rédigés pour la ville de Paris en exécution de lettres patentes du mois d'octobre 1579, enregistrées en la sénéchaussée d'Auvergne le 27 mai 1602; nous savons bien aussi que le droit de réception à la maîtrise était de trois livres pour les fils de maîtres et de quarante-cinq livres pour les étrangers; mais nous n'avons pu découvrir la bannière de leur communauté.

On sait les efforts successifs que fit Colbert, en arrivant au ministère, pour établir des fabriques de toiles en France et pour appeler des tisserands de la Hollande. On sait qu'il leur fit des avances, qu'il donna des primes d'encouragement pour consolider la fabrication. Dans le principe, pour exciter l'émulation, il fit acheter beaucoup de chanvre et beaucoup de toiles des fabriques de Clermont, pensant que l'Auvergne, par la richesse de ses cours d'eau et de ses belles chutes , rivaliserait avec les provinces du Nord.

Suivant les statuts donnés par Louis XI aux tisserands, nul ne pouvait faire le métier sans acheter l'autorisation du roi et sans travailler de sa propre main. Chaque tisserand pouvait avoir chez lui trois métiers, deux larges et un étroit. Le fils de maître non marié pouvait avoir aussi dans la maison de son père, deux métiers larges et un étroit, s'il voulait travailler de sa main, sans être tenu d'acheter la maîtrise du roi. Les maîtres avaient la faculté d'avoir chez eux un frère, un neveu, et trois métiers pour chacun d'eux sans rien payer au roi.

Les toiles devaient être faites tant en chaîne qu'en trame de bon chanvre, sans mélange ni altération, à peine de confiscation et de cinquante livres d'amende par chaque pièce. Les lisières devaient aussi être de même fil que le corps de la toile.

Les tisserands devaient lisser au moins deux fois leur fil pour qu'il n'y restât ni crasse ni bois.

Les toiles qui devaient avoir une aune et demie de large en blanc, devaient porter sur le métier une aune et demie et demi-quart; celles de cinq quarts, quatre tiers, etc.

Il était expressément défendu, sous peine de confiscation et d'amende, de fabriquer des toiles autres que celles dont les largeurs étaient déterminées par les règlements.

Chaque tisserand était tenu de marquer sa toile avec du noir et de l'huile avant de la livrer; sa marque, comme dans les autres corporations, devait être déposée entre les mains des gardes ou jurés de la communauté, ou au greffe des officiers de la police.

Défense était faite à tous marchands d'acheter sur les marchés aucunes toiles non marquées, à peine de cinq livres d'amende.

Les tisserands d'Ambert étaient régis par une convention suivant traité, du 9 septembre 1671, confirmé par ordonnance du juge de la ville, du 22 du même mois.

Leur bannière était :

> D'argent, à une navette de gueules posée en fasce.
>
> (*Voyez pl.* 34, *fig.* 4.)

Les tisserands d'Aurillac, réunis aux foulons, portaient :

> D'azur, à une navette d'or posée en fasce.
>
> (*Voyez pl.* 34, *fig.* 5.)

Les tisserands d'Issoire portaient :

> D'azur, à une navette d'argent posée en fasce, accompagnée de trois étoiles d'or, deux en chef et une en pointe.
>
> (*Voyez pl.* 35, *fig.* 1ʳᵉ.)

Les tisserands de la ville de Riom, réunis aux cardeurs et aux matelassiers, portaient :

> D'or, à trois bâtons de sable posés en fasce, au chef d'azur, chargé à dextre d'une navette d'or et à sénestre d'une étoile de même.
>
> (*Voyez pl.* 35, *fig.* 2.)

Ceux de la ville de Montferrand étaient réunis aux

cordonniers, aux cordiers et à d'autres corps de métiers.

(Voyez pl. 12, fig. 2.)

Les tisserands et les sergers de la ville de Saint-Flour,
portaient :

D'argent, à une navette de sable posée en pal.

(Voyez pl. 35, fig. 3.)

Les tisserands de la ville de Maringues étaient réunis
aux sergers de la même ville.

(Voyez pl. 31, fig. 2.)

Ceux de la ville de Brioude, aux tailleurs et à d'autres
corps de métiers de la même ville, et portaient une
bannière semblable à celle des tailleurs de la ville de
Cournon.

(Voyez pl. 32, fig. 2.)

TONDEURS DE DRAPS.

PATRONNE, NOTRE-DAME (15 AOUT).

Ailleurs, *saint Nicolas*.

Pour rendre les draps et les étoffes de laine plus unis, des ouvriers spéciaux travaillant dans les manufactures de lainage et portant le nom de tondeurs, les suivent, les peignent avec des chardons, afin de faire ressortir les poils inutiles, qu'ils enlèvent au moyen de ciseaux qu'on nomme *forces à drapiers*. Pour cette opération le tondeur étend son étoffe sur des tables rembourrées et disposées à peu près comme le siège d'un sopha matelassé. On prolonge plus ou moins longtemps l'opération suivant la nature des draps. Les draps ne sont bien garnis que lorsqu'on les voit également couverts de laine dans toute leur étendue et que la chaîne est exactement couverte.

On reconnaît que les draps sont bien tondus, lorsqu'on ne relève le poil qu'avec peine, et qu'il est suffisamment et également court dans toute la pièce.

Les communautés de tondeurs de draps existaient depuis le milieu du quatorzième siècle, à Paris et dans les principales villes de province. On les appelait *tondeurs de drap à la table sèche*, parce qu'il leur était défendu par leurs statuts de tondre aucunes étoffes de laine lorsqu'elles étaient encore mouillées.

Il leur était interdit aussi, par leurs statuts, de se servir de cardes et d'en avoir même dans leurs maisons. Ils étaient obligés d'avoir un morceau de fer tranchant par l'un des bouts, espèce de poinçon servant à mar-

quer les étoffes qu'ils tondaient ou qu'ils faisaient tondre par leurs compagnons.

L'apprentissage était de trois ans, le chef-d'œuvre
était requis pour parvenir à la maîtrise. Les fils de
maîtres étaient exempts de l'un et de l'autre.

Les tondeurs de la ville de Saint-Flour étaient réunis
aux cardeurs de la même ville.

(*Voyez pl.* 8 , *fig.* 5.)

TRIPIERS.

Les tripiers achètent des bouchers les entrailles des animaux, porcs, moutons, veaux, etc., que ceux-ci tuent. Ils les nettoient, les font cuire et les mettent dans le commerce, en boudins, en saucisses, en fraises, etc. Ils nettoient aussi les pieds et les têtes des mêmes animaux. Anciennement il leur était expressément défendu de débiter aucunes tripes que celles provenues de l'abat des bouchers, à peine d'amende.

Les tripiers, en général, faisaient partie des communautés de bouchers.

Ceux de Maringues étaient réunis aux bouchers de la même ville.

(*Voyez pl.* **6,** *fig.* **2.**)

VINAIGRIERS.

Les anciens ont fait un grand éloge du vinaigre. Ils ne tarissent pas sur les nombreux avantages qu'il présente comme rafraîchissant, excitant l'appétit et aidant à la digestion, en en usant modérément.

On sait assez qu'avec du vin, du cidre, de la bierre, et même du lait, on fait du vinaigre blanc ou rouge, par le moyen de fermentation acéteuse. Comme l'art de faire du vinaigre est entièrement chimique, le talent du vinaigrier est d'être bon distillateur et d'obtenir du bon acide de vinaigre. Cet acide, dont on fait un grand usage dans les préparations de chimie et de pharmacie, est connu sous le nom de *vinaigre distillé*. L'on aromatise le vinaigre, en mettant dedans, infuser au soleil, quelques fleurs odorantes, comme des roses, des œillets, de la fleur d'oranger, de sureau ; ce dernier est fort agréable, très-sain et fort à la mode.

Il a régné pendant longtemps dans le public le préjugé que les vinaigriers avaient un secret pour faire le vinaigre, et que ce secret n'était communiqué aux apprentis que lors de leur réception à la maîtrise ; rien de vrai, seulement quelques vinaigriers, pour donner plus de force à leur vinaigre, y ajoutaient certaines matières âcres et piquantes, telles que le poivre de Guinée, le gingembre et d'autres substances à peu près de même nature. Le vinaigre d'Orléans a joui pendant longtemps d'une grande réputation, parce qu'il était plus particulièrement fabriqué avec de la lie de vin. Depuis l'année 1780 on est parvenu à extraire du bois

24

l'acide acétique, dont on fait un vinaigre employé avec avantage dans les arts,

Les vinaigriers ont eu de fréquentes contestations avec les apothicaires et les épiciers, concernant la vente du vinaigre simple et du vinaigre composé ; plusieurs cours souveraines ont eu à les juger.

Les marchands de vin ont fait pendant longtemps le commerce du vinaigre, mais depuis un arrêt du parlement, du 13 décembre 1647, le négoce du vinaigre a été attribué aux vinaigriers de profession.

Une communauté de maîtres vinaigriers fut organisée à Paris dès le quatorzième siècle ; ses premiers statuts lui furent donnés en 1394 ; ils furent augmentés en 1514, et servirent de modèle pour les villes du royaume. Quatre jurés la gouvernaient. Nul n'était admis à la jurande qu'il n'eût au moins dix années de réception. Les visites avaient lieu six fois par an. L'apprentissage était de trois ans et le compagnonnage était de deux. Tout aspirant à la maîtrise devait faire chef-d'œuvre ; les fils de maîtres ne donnaient qu'une simple expérience. Les veuves jouissaient de tous les priviléges des maîtres, excepté qu'elles ne pouvaient avoir qu'un seul compagnon criant le vinaigre dans la ville.

Diverses ordonnances de police font défense aux marchands forains et autres étrangers de débiter dans la ville de Clermont aucun vinaigre et eau-de-vie, hors le temps des foires.

Les vinaigriers de la ville de Riom n'avaient pas de communauté particulière ; ils étaient réunis aux menuisiers, charpentiers, chaudronniers et charrons de la même ville.

(*Voyez pl.* 24, *fig.* 5.)

VITRIERS.

PATRON, SAINT LUC (18 OCTOBRE).

La profession de vitrier se divisait autrefois en deux branches bien différentes ; l'une consistait dans l'emploi du verre en table réduit en vitres, c'est, de celle-ci que nous allons parler ; l'autre était l'art du peintre sur verre et dont les maîtres prenaient, suivant leurs statuts, le nom de *peintres vitriers*. (Voyez ces statuts , page 302.)

L'art du vitrier se réduit à débiter les plats ou tables de verre en carreaux de grandeur convenable, et de les appliquer sur des panneaux de plomb, des châssis de bois, des cadres de croisées, de fenêtres, etc.

Déjà, dès l'an 1640 avant Jésus-Christ, nous voyons dans l'histoire que les Troyens fabriquaient du verre. Les Romains excellèrent dans l'art de fabriquer avec du verre des pierres factices très-brillantes.

Le nom de celui qui employa le premier le verre pour obtenir de la lumière dans les appartements et les tenir clos contre les vents froids, est ignoré. Berneton de Perin, dans son *Art de la verrerie*, dit que les Français employèrent le verre de vitres pour se mettre à l'abri des intempéries de l'air, dans leurs maisons, dès le treizième siècle, et que cet usage était assez fréquent.

Nos aïeux ne cherchaient pas seulement dans l'usage des vitres blanches un abri contre les injures de l'air, ils y cherchaient aussi dans leur arrangement une récréation pour la vue. Les vitriers faisaient aux croisées et aux fenêtres différentes figures au moyen de compartiments qu'ils façonnèrent successivement en leur donnant différents noms. Les plus anciennes de ces figures furent *la pièce carrée* et la *losange*. Il y en eut par la suite d'autres qu'on appela *bornes en pièces couchées, bornes en pièces carrées, doubles bornes, triples bornes*, soit en *pièces carrées*, soit en *bornes couchées* ou *tranchoir pointu, boues longues, tranchoir en losange* ou *miramondès, tranchoirs pointus en trainglettes doubles, trainglettes en tranchoir, chaînons debout et chaînons renversés, moulinets en tranchoirs simples, moulinets à tranchoirs évidés, moulinets doubles, moulinets en tranchoirs pointus, à la table d'attente, croix de Lorraine, molettes d'éperons, feuilles de laurier, bâtons rompus, du dé simple, du dé à la table d'attente, de la façon de la reine, de la croix de Malte, de la rose de Lyon, de la façon du vol de grâce*, etc.

De tous ces vitrages, les plus solides étaient ceux où il y avait des croix de plomb, soit en sautoir, soit debout, parce que les quatre branches de plomb, qui formaient la croix, aboutissant l'une à l'autre, arrêtées et réunies par une soudure bien fondue et bien liante, avaient toujours plus de force et une plus grande solidité que les autres jointures de plomb, qui n'étaient composées que de la réunion de deux ou trois bouts de plomb soudés ensemble.

On sait que l'usage du verre pour se mettre à l'abri de l'air extérieur est de beaucoup postérieur à celui de se clore avec la corne bouillie, le parchemin huilé, la pierre spéculaire ou le papier d'Egypte ; mais ce que beaucoup de personnes ignorent, c'est que c'est avec du papier d'Auvergne que pendant plusieurs siècles on fermait les fenêtres dans presque toute la France. Ce papier, parfaitement confectionné, recevait très-bien sa préparation d'huile d'œillet ou de suif de mouton, pour la transparence.

On commença sous Louis XIV à placer de plus grands carreaux, qu'on encadra dans le bois d'abord avec le plomb comme autrefois, plus tard avec le mastic à l'huile. Vers 1760 on augmenta encore la dimension des carreaux, devenue prodigieuse aujourd'hui dans les splendides magasins de nos marchands.

Les vitriers de la ville de Saint-Flour n'avaient pas de communauté particulière; ils étaient réunis aux chapeliers de la même ville.

(*Voyez pl. 9, fig. 5.*)

Ceux de la ville de Thiers, aux charpentiers de la même ville.

(*Voyez pl. 10, fig. 1re.*)

Ceux de la ville de Riom, aux orfèvres et à d'autres corps de métiers de la même ville.

(*Voyez pl. 28, fig. 4.*)

En 1700, la ville de Clermont n'avait que quatre vitriers. Nous voyons dans un mémoire de cette époque dressé par les maires et les échevins contre les officiers de police, relativement aux jurandes, que ceux-ci voulaient établir que, pour la réparation des vitres de l'Eglise cathédrale, le chapitre fut obligé de faire venir des vitriers étrangers. (*Archives de la ville de Clermont.*)

Indépendamment des corps de métiers en communautés dont nous possédons les bannières et dont nous avons donné l'histoire aussi détaillée qu'il nous a été possible de le faire, avec les rares documents conservés, il est encore quelques confréries ou corporations que nous ne devons pas omettre dans cet ouvrage, quoique ne connaissant pas la bannière autour de laquelle se réunissaient leurs membres. Nous voulons parler de la COMPAGNIE DU NOBLE JEU DE L'ARC ;

Des ORPAILLEURS DE LA VILLE D'AURILLAC.

Des JARDINIERS ;

Des VIGNERONS ;

De la SOCIÉTÉ DES PAYSANS DE BRIOUDE ;

Du TRAITÉ D'ALLIANCE ENTRE DIVERS SEIGNEURS D'AUVERGNE.

COMPAGNIE DU NOBLE JEU DE L'ARC

POUR LA VILLE DE CLERMONT-FERRAND.

PATRON, SAINT SÉBASTIEN (20 JANVIER).

Vers la fin du moyen âge, chaque ville un peu importante avait des corporations d'archers, d'arbalétriers ou d'arquebusiers. Comme ces corporations étaient dans le principe semi-militaires, semi-civiles ; qu'elles étaient instituées pour défendre le sol de la patrie, pour protéger la famille, elles contribuèrent beaucoup au maintien de nos libertés. Leur histoire

premiers règlements arbalétriers sont complè les plus anciens documents qui nous sont restés, traitant de ces associations, ne remontent que vers le milieu du quatorzième siècle; ils nous apprennent que l'existence de confréries ou de corporations d'archers et d'arbalétriers composées de bourgeois et autres habitants des villes est ancienne, et que ces corporations étaient tout à la fois des institutions d'utilité et d'amusement.

Les rois, appréciant les avantages qu'on pouvait retirer de l'usage de l'arquebuse pour la défense des villes, proposèrent des prix aux bourgeois qui s'exerceraient à en tirer. Ces prix, que l'on nommait prix de l'arquebuse, consistaient en différents droits ou exemptions. Chaque ville du royaume eut sa compagnie d'arquebuse autorisée à s'assembler pour tirer l'oiseau. Celui qui abattait l'oiseau pendant trois années consécutives, jouissait, sa vie durant, et sa veuve pendant sa viduité, de l'exemption de toutes tailles, subsides et autres impositions, assiette, tutelle, logements de guerre, etc. D'autres fois le prix était payé en argent.

Ceux qui voulaient être admis à tirer l'oiseau prêtaient à la compagnie le serment prescrit par le Roi, suivant les arrêts du conseil des 27 juillet 1671 et 21 août 1677, et devaient s'exercer un jour par mois à tirer de l'arquebuse dans le lieu destiné à cet exercice et avoir à eux, en propriété, une bonne arquebuse, deux livres de poudre et deux livres de balles.

Vers le milieu du dernier siècle, un grand élan fut

donné aux sociétés des archers ou du noble jeu de l'arc, mais plus particulièrement pour en faire une société de plaisir et de réjouissance par le tir de l'oiseau. Chaque principale ville de France reçut un règlement arrêté à Soissons en 1733. Ce règlement très-curieux, fut adopté pour la ville de Clermont en 1763. Nous croyons devoir le reproduire en entier, comme l'histoire complète de la corporation.

STATUTS ET RÈGLEMENTS GÉNÉRAUX

DU NOBLE JEU DE L'ARC,

Pour la compagnie de la ville de Clermont-Ferand, et pour toutes les compagnies du noble jeu de l'arc et confréries de Saint-Sébastien dans le royaume de France, mis en ordre sous le règne de M. Gilbert Moranges, par les soins de B. Chinon, procureur de la compagnie, en l'année 1763.

Art. 1er. Il n'y aura et on ne reconnaîtra dans chaque ville, bourg ou village, qu'une seule compagnie et un seul jardin (1); et chaque compagnie sera seulement composée d'un Roi, première personne du jardin, et de trois officiers en chef, savoir : un capitaine connétable, un lieutenant et un enseigne; sans qu'il soit permis à aucune compagnie de créer aucun autre officier, sous quelque titre que ce soit, comme de colonel, major ou autre, et les compagnies qui en auraient actuellement sous ces noms, les supprimeront.

Art. 2. Personne ne sera reçu chevalier qu'il ne soit de la religion catholique et romaine, de bonne vie et

---

(1) Le mot *jardin* est ici une personnification de la corporation.

bonnes mœurs. Avant de prêter serment, qu'il fera entre les mains du roi et du capitaine connétable de la compagnie, on lui fera lecture des présents statuts et règlements; et immédiatement après sa réception de chevalier il se fera enregistrer dans la confrérie de Saint-Sébastien, s'il y en a une établie dans le lieu, suivant les règles canoniques, sinon dans la plus prochaine, ou dans l'abbaye de Saint-Médard, chef-lieu.

Art. 3. Tous les officiers et chevaliers reconnaîtront M. l'abbé de Saint-Médard-les-Soissons pour grand maître du noble jeu de l'Arc et de la confrérie de Saint-Sébastien, et en son absence du R. P. grand prieur de ladite abbaye, son vicaire général.

Art. 4. Chaque compagnie reconnaîtra pour roi du jeu celui qui aura abattu l'oiseau, lequel aura soin que le capitaine et autres officiers veillent à l'exécution des présents statuts et qu'aucun chevalier ne s'en dispense. Il donnera sa voix le premier dans les assemblées tenues pour affaires de la compagnie; et si les voix se trouvent égales, il pourra décider après avoir reçu l'avis des officiers en chef. Les jugements rendus par la compagnie contre les chevaliers pourront être modérés par le roi et le capitaine, ensemble et non séparément.

Art. 5. Le capitaine sera chargé de la conduite des autres officiers et chevaliers, lesquels seront tenus de lui obéir en tout ce qu'il leur recommandera et défendra, conformément aux présents statuts. En l'absence du Roi et du capitaine, le même pouvoir sera dévolu aux autres officiers en chef selon leur rang, soit pour la réception, soit pour le commandement des chevaliers.

Art. 6. Lorsque la compagnie de quelque endroit que ce soit, sera obligée de sortir en ordre, on n'ira point chercher le Roi chez lui, ni le capitaine, ni aucun officier, non pas même le drapeau ; mais tous les officiers seront obligés de se trouver dans la salle du jardin, où ils recevront les honneurs, et on ne leur fera aucune conduite ailleurs que dans la salle du jardin. Lorsque la compagnie montera à cheval, l'enseigne portera l'étendard, s'il y en a un dans la compagnie au lieu du drapeau, sans créer pour cela aucun autre officier.

Art. 7. Il y aura dans chaque compagnie trois officiers subalternes, savoir : un receveur, un procureur et un greffier. Le receveur tiendra registre de la recette et de la dépense, qui regarde seulement la compagnie et l'entretien du jardin. Lorsqu'il s'agira de dépenses pour un seul article, la somme de dix livres et au-dessus pour les compagnies des villes, celle de cent sols pour les compagnies des bourgs, et celle de trois livres pour les compagnies des villages, il en donnera avis à sa compagnie. Tout ce qui sera au-dessous de ces sommes sera abandonné à sa sage conduite, et rendra ses comptes tous les ans le lendemain du jour que l'oiseau aura été abattu, ou le jour dont sa compagnie conviendra dans une assemblée générale, à laquelle tous les officiers et chevaliers seront invités par une semonce à l'ordinaire.

Art. 8. Lorsqu'il sera nécessaire de procéder contre quelques officiers ou chevaliers au sujet des présents statuts, et généralement dans tous autres différends entre chevaliers, ou autres affaires qui intéresseraient la compagnie, le procureur en fera rapport à sa compagnie assemblée, laquelle, ayant entendu les raisons des parties, en décidera, et le jugement rendu sera exécuté. En cas d'appel, il sera interjeté devant les officiers de la plus prochaine ville; et s'il y a encore appel de leur jugement, il ne pourra être porté en dernier ressort que par-devant M. l'abbé de Saint-Médard, grand maitre, et en son absence par-devant M. le R. P. grand-prieur de ladite abbaye.

Art. 9. Le greffier portera exactement sur un registre qui restera entre ses mains tous les actes, jugements et autres délibérations concernant la compagnie; ordonnera les expéditions nécessaires; gardera aussi les archives, titres et papiers concernant la compagnie, qui resteront enfermés dans un coffre fermant à deux clefs, dont le roi en aura une et le capitaine l'autre. Le sceau et le joyau appartenant à la compagnie resteront en dépôt entre ses mains, pour les représenter quand besoin sera; et lorsqu'il recueillera les voix, la compagnie nommera un contrôleur qui l'accompagnera dans cette fonction.

Art. 10. En telle occasion que ce soit, tous les chevaliers tiendront chacun leur rang de réception après les officiers en chef; ils porteront honneur et respect au Roi et à tous les officiers, à qui ils obéiront en tout ce qui leur sera commandé ou défendu, suivant les présents statuts et les usages particuliers de chaque compagnie, s'il y en a d'approuvés par les supérieurs.

Art. 11. Lorsqu'une personne désirera se présenter pour être reçue chevalier, elle sera obligée de fréquenter le jardin et la compagnie autant de temps que le Roi et les officiers le jugeront à propos; elle sera présentée à la compagnie par un chevalier. Sa réception

sera indiquée par une semonce faite par le concierge
chez tous les officiers et chevaliers, et se fera dans cette
assemblée générale à la pluralité des voix. Il sera payé
pour chaque réception le prix que chaque compagnie
aura fixé une fois pour toutes. Duquel prix sera fait
acte sur le registre des délibérations pour faire loi. Les
fils de chevaliers ne paieront que moitié du prix fixé,
si leurs pères ont payé régulièrement leur frérie et
autres frais ; faute de ce, ils paieront comme les autres
particuliers. Nul ne sera reçu chevalier qu'il ne soit
marié ou âgé de vingt-cinq ans. Si par quelque consi-
dération on en recevait au-dessous dudit âge, le nouvel
élève ne pourra prendre aucun rang qu'il n'ait atteint
vingt-cinq ans accomplis, et il donnera jusqu'à cet âge
un répondant solvable qui sera choisi dans la compagnie, son rang ne pouvant courir que du jour de sa ma-
jorité, et il sera de plus payé par le nouveau reçu dans
le moment de sa réception, le prix de la médaille ordonnée à tous les officiers et chevaliers, qu'il recevra
des mains du Roi ou de l'officier qui présidera à sa réception. Et si quelque chevalier n'étant pas majeur
venait à être roi, il jouirait de tous les honneurs attribués au Roi du jeu ; mais quant aux actes et délibéra-
rations, il ne pourra donner sa voix que du consentement de son répondant, lequel signera lesdits actes et
délibérations au nom du Roi. L'acte de réception de
chaque nouveau chevalier sera inscrit sur le registre et
signé des officiers et chevaliers en plus grand nombre
que faire se pourra.

Art. 12. Le dernier dimanche du mois de juin, le
Roi fera faire assemblée générale de tous les officiers
et chevaliers en la salle du jardin à l'issue des vêpres

de la paroisse où est situé le jardin de chaque compagnie, pour prendre jour pour tirer l'oiseau, qui doit se tirer ordinairement le premier jour ou le premier dimanche du mois de juillet, à moins que la compagnie ne jugeât à propos de le différer, auquel cas il sera dressé acte des raisons, et motifs de délai, et sera de nouveau indiqué assemblée générale afin de prendre jour pour le tirer, ce qui s'observera toutes les fois que la compagnie différera de le tirer. Lorsqu'on ira tirer l'oiseau, les officiers et chevaliers seront tenus de s'assembler dans la salle du jardin, à l'heure qui leur sera indiquée, l'épée au côté, la médaille à la boutonnière ; et nul ne pourra se dispenser, sans cause légitime qu'il exposera à la compagnie, d'accompagner le drapeau depuis le jardin, et de marcher en bon ordre par rang de réception, portant son arc, flèches et autres armes, si la compagnie le décide, jusqu'à l'endroit destiné pour tirer l'oiseau, à peine de l'amende décernée sur cela par chaque compagnie. Aucune ne se mettra en marche que tous les différends entre les officiers ou les chevaliers au sujet du jeu ou tirage de l'oiseau ne soient terminés, et qui que ce soit ne sera admis à tirer, qu'il n'ait entièrement payé entre les mains du Receveur de la compagnie, avant qu'elle se mette en marche, les amendes ou autres frais de compagnie qu'il pourrait devoir.

Art. 13. Le présent que chaque officier ou chevalier fait au Roi en cette occasion, appelé ci-devant le joyau du Roi, sera de la somme dont chaque compagnie conviendra par acte de délibération qui sera enregistré et ne pourra plus varier dès qu'il sera une fois fixé, et sera payé entre les mains du Receveur de la compagnie par tous les officiers et chevaliers, avant le départ de la compagnie pour aller tirer l'oiseau ; et aussitôt qu'il sera abattu , le Receveur mettra cette somme entre les mains du nouveau Roi avec les marques d'honneur que chaque compagnie aura.

Art. 14. L'oiseau ,sera tiré dans l'ordre suivant. Le Roi tirera le premier, et après lui les officiers en chef et subalternes suivant leur rang; les chevaliers tireront suivant le rang que le sort leur aura donné sans pouvoir le changer, à peine de nullité des coups. A cet effet on disposera et on tirera des billets avant que la compagnie se mette en marche pour aller tirer l'oiseau. Le greffier en dressera un rôle , sur lequel il appellera chaque chevalier au premier coup seulement.

Art. 15. Lorsque l'oiseau sera abattu, la compagnie s'en retournera dans le même ordre en la salle du jardin , sans qu'aucun officier ni chevalier puissent s'absenter à peine de dix sols d'amende. Le même jour, s'il est possible, l'on fera la nomination ou confirmation des officiers à la pluralité des voix ; ceux qui seront nommés aux offices seront obligés de les accepter. Les chevaliers qui auront été Rois pourront s'en dispenser. L'on ne pourra aussi nommer pour officiers que ceux qui auront tiré l'oiseau et qui seront assidus aux jeux. Il est aussi défendu à un chevalier, dans quelque assemblée que cela soit, après avoir donné son avis, d'interrompre un autre chevalier, sous peine de cinq sous d'amende, qu'il paiera sans réplique, sous peine de plus forte.

Art. 16. L'oiseau sera fait de bois, avec défense absolue d'y mettre aucun fer ni laiton qui puisse porter préjudice à l'abat de l'oiseau. Il ne suffira pas d'en abattre la tête, les ailes ou la queue pour être Roi; il faut abattre le corps entier en le frappant avec la flèche; celui qui abattra l'oiseau par l'ébranlement de la perche sur laquelle il est posé, qu'il aurait frappée, ne serait pas Roi, et il faudrait remettre l'oiseau; mais celui qui le jettera à bas en le frappant à la tête, ou au col, ou à l'œil, ou à la queue, sera déclaré et reconnu Roi de la compagnie.

Art. 17. S'il arrive qu'un officier ou chevalier de la compagnie abatte l'oiseau trois années de suite, il sera déclaré et reconnu pour Empereur dans la compagnie, et aura pendant sa vie le premier pas et la première voix en tout et pour tout avant le Roi et les autres officiers.

Art. 18. L'officier ou chevalier qui n'aura pas tiré à l'oiseau, et qui se présentera pour tirer au prix du Roi et autres, sera obligé de payer sa part tant du joyau ou présent que frais de l'oiseau, sans quoi il en sera déchu.

Art. 19. Le Roi présentera son prix à la compagnie le dimanche suivant que l'oiseau aura été abattu. Les officiers en chef et subalternes présenteront les leurs chacun suivant leur rang, les dimanches suivants, et ne pourront s'en dispenser; les chevaliers sont libres d'en présenter ou non, mais ils ne le seront que chacun dans le rang où ils seront adressés après avoir tiré un billet; et cependant ceux qui n'en présenteront point ne tireront point aux prix des officiers ni des autres chevaliers. Les prix des uns et des autres seront de la valeur en usage dans chaque compagnie, ou seront fixés une fois pour toutes. Les cartes des prix des quatre chefs seront ornées de quelques peintures honnêtes, et celles des subalternes et simples chevaliers seront sans peinture. Toutes les cartes seront marquées au-dessus de la lettre A, au-dessous de la lettre B, à la droite de la lettre C, et à la gauche de la lettre D.

Art. 20. Dans la compagnie de Soissons les quatre joyaux d'argent seront portés en marque d'honneur, tant auprès du roi que des trois officiers en chef par les quatre chevaliers qui auront fait les quatre plus beaux coups, et dans cette compagnie, comme dans toutes les autres, les officiers et chevaliers auront à la boutonnière la médaille de saint Sébastien, suivant le modèle, ce qui s'observera du moins toutes les fois que chaque compagnie s'assemblera pour quelque fête ou cérémonie, sous peine de cinq sols d'amende.

Art. 21. Le prix du Roi et ceux des officiers en chef seront tirés sur douze balles de suite, faisant vingt-quatre coups chacun. Ceux des officiers subalternes et des chevaliers seront tirés sur dix balles jusqu'au premier jour de septembre, et ensuite ils ne seront tirés que sur huit balles.

Art. 22. Chaque prix sera composé du nombre de prix que chaque compagnie aura une fois réglé, qui seront gagnés à la maîtresse broche, qui sera de fer, et tous les coups seront rapportés d'un but à l'autre. Il n'y aura qu'un seul noir et cordon à chaque carte qui sera du cercle égal et non en carré ni ovale de toute la largeur de la carte, à un pouce près de chaque côté laissé en dehors. Tous les prix seront gagnés en dedans du cordon et non en dehors ; chaque chevalier n'en pourra gagner qu'un entre le coups égaux. Le dessus gagnera le dessous, le dessous la droite, et la droite la gauche.

25

Art. 23. S'il arrive qu'après un bon coup fait, un autre tire dans le même trou, sans que l'on puisse remarquer aucune inégalité, le premier fait sera préféré, ce qui s'observera dans toutes sortes de prix sans distinction.

Art. 24. Celui qui fera un coup favorable, prendra l'échantillon du pied de la broche au pied de la flèche, faisant toujours poser l'échantillon de toutes parts contre la franchise. Les échantillons seront levés par deux chevaliers non intéressés, qui garderont moitié desdits échantillons fendus en deux et donneront l'autre à ceux qui auront fait les coups, pour être rejoints ensemble et présentés à la fin du prix, s'il en est besoin.

Art. 25. Aucun officier ni chevalier ne tirera aucun prix, ni même en partie, qu'il n'ait arc et flèches encornés ou ferrés par les bouts, à moins qu'il n'en ait obtenu la permission du Roi et du capitaine ou de deux officiers, sinon les coups seront nuls.

Art. 26. Aucun officier ni chevalier ne pourra tirer qu'il n'ait la tête couverte d'un chapeau ou bonnet, ni en chemise, ou tout à fait déboutonné, à peine de nullité des coups.

Art. 27. Aucun artificier ni chevalier ne tirera qu'il ne dise, à chaque coup, avant le départ de la flèche, le mot de *Gare*, d'une voix intelligible, faute de quoi son coup sera nul et responsable de tout ce qui pourrait s'en suivre, s'il blessait quelqu'un.

Art. 28. Aucun officier ni chevalier ne passera le pas marqué pour tirer, à peine de perdre son coup. Tous les coups dont des flèches toucheront les gardes-buttes, arbres, charpentes, ou en terre avant que d'arriver au bas, quand même par faveur de quelque frottement ils iraient à la broche, tels qu'ils puissent arriver, seront déclarés nuls.

Art. 29. Tout officier ou chevalier étant en tour pour tirer, dont l'arc, la corde ou la flèche viennent à casser, ou dont la flèche vienne à tomber par une fausse décoche, son coup est réputé tiré.

Art. 30. Aucun ne tirera avec l'arc de son confrère sans permission des officiers, et tous seront obligés de marquer leurs flèches pour les reconnaître; si quelqu'un tire avec celle de son confrère, son coup sera déclaré nul.

Art. 31. Aucun officier ni chevalier ne transportera les flèches qui auront été tirées dedans ou proche les cartes, tant en prix qu'en partie, et ceux qui les lèveront de terre les transporteront dans les extrémités des buttes, et les placeront de manière qu'elles ne puissent être endommagées par le tireur, à peine d'amende et de payer lesdites flèches.

Art 32. Nul ne tirera avec son confrère partie ni défi dans les temps que l'on tirera les prix, à peine de nullité desdites parties et défis, et de deux sols d'amende pour chaque contrevenant.

Art. 33. Défenses sont faites à tous officiers et chevaliers et autres de jouer à tel jeu que ce soit dans la salle et jardin, le jour de Noël, Pâques, Pentecôte, Assomption, Toussaint et patron de la paroisse sur laquelle ledit jardin et salle se trouveront situés, de même que pendant la messe de paroisse, sermons, vêpres de paroisse de tous les dimanches et fêtes de l'année, et généralement pendant tous les offices divins et salut du Saint-Sacrement, qui se célèbreront dans ladite paroisse, à peine d'amende considérable que chaque compagnie décrètera une fois pour toutes.

Art. 34. Personne, sans distinction, ne restera au jardin après dix heures du soir en été et huit heures en hiver, à peine d'amende, à moins que l'on ne soit au nombre de six.

Art. 35. Celui qui jurera le saint nom de Dieu, pour la première fois, payera trente sols d'amende, la seconde fois trois livres, la troisième fois sera chassé de la compagnie sans y pouvoir jamais rentrer.

Art. 36. Défenses à tous officiers, chevaliers et autres personnes étant au jardin, de proférer aucune injure, paroles et chansons déshonnêtes, ni en général aucun jurement de quelque espèce que ce soit, à peine d'amende considérable.

Art. 37. Il ne sera fait aucun bruit par les officiers ni chevaliers sous les buts, lorsque l'on tirera les prix ou parties, et le tireur ne sera point interrompu; tous seront obligés de garder le silence qui leur sera imposé, à peine de six deniers d'amende.

Art. 38. Il est défendu à tous, sans distinction, de boire au jardin avec excès et de s'y présenter en pareil état à peine d'amende.

Art. 39. Les officiers et chevaliers ne pourront tirer en partie pour leur récréation plus haut que de six sols par chaque tireur.

Art. 40. Dans les défis qu'on va se faire d'un lieu à un autre on n'emportera jamais les cartes; mais, les défis finis, on les déchirera en présence des parties intéressées.

Art. 41. Le Roi, capitaine, lieutenant, enseigne,

receveur-procureur, auront seuls le pouvoir de faire assembler la compagnie; et lorsqu'il y aura sujet, la semonce se fera par le concierge. Aucun officier ni chevalier ne se dispensera d'y assister sans causes légitimes. Il ne s'y fera aucune délibération qu'il n'y ait au moins un des quatre chefs ou le plus ancien chevalier à la tête des deux tiers de la compagnie ; et chacun, pour éviter la confusion, ne parlera qu'à son rang de réception sous peine de cinq sols d'amende.

Art. 42. Un officier ou chevalier qui ira demeurer dans un autre lieu sera toujours regardé comme officier ou chevalier, en remplissant les fonctions de sa charge quand il faudra, et payant sa part des frais de la compagnie, ainsi que les autres, jusqu'à démission.

Art. 43. Aucun officier ni chevalier ne sera en même temps de deux jeux d'arc, ou en cas de prix généraux provinciaux, ou autres assemblées comme défis, il sera obligé de se rendre à la compagnie du lieu où il fait sa résidence ordinaire.

Art. 44. L'officier ou chevalier qui renoncera à la compagnie sera obligé de le faire par un acte en forme, sur le registre, qu'il signera, et paiera pour sa renonciation la somme qui sera décrétée une fois pour toutes par chaque compagnie.

Art. 45. Au décès du Roi et des officiers en chef, la compagnie se trouvera à l'enterrement, l'épée au côté, marchant en bon ordre, tambour battant lugubrement, et observera les anciens usages de chaque compagnie dans ces tristes conjonctures, sans introduire de nouvelles pratiques ni cérémonies. Après la mort du Roi personne ne jouira de cette qualité ni de ses prérogatives et pouvoirs. La couronne et autres marques d'hon-

neurs dont il jouissait seront mis en dépôt entre les
mains du capitaine, jusqu'à ce que la compagnie ait tiré
l'oiseau et qu'elle ait reconnu un roi. A l'égard des
officiers en chef, la compagnie, après leur mort, en
fera une nouvelle nomination dans l'ordre prescrit
par l'article 15, et sans qu'il soit besoin d'attendre le
jour de l'oiseau. L'on fera dire une messe pour chaque
chevalier défunt.

Art. 46. Le dimanche ou fête qui précèdera de huit
jours au moins la fête de saint Sébastien, il y aura
dans la salle du jardin de chaque compagnie, avant ou
après les vêpres de la paroisse, une assemblée générale
de tous les officiers et chevaliers, convoquée à l'ordinaire, à laquelle tous sans exception seront obligés de
se trouver à peine de deux sols et six deniers d'amende,
s'il n'y a cause légitime, qu'il faudra porter ou faire
porter à la compagnie pour délibérer tous ensemble sur
l'ordre que l'on tiendra pour la solennité de la fête de
ce saint patron, en ce qui regarde la compagnie seulement.

Art. 47. A l'occasion de cette fête ni d'aucune autre,
ou de quelque cérémonie que ce soit, on ne prendra
jamais sur les fonds et revenus de la compagnie, les
dépenses pour les repas ou collations que les chevaliers
voudront faire ensemble par forme de récréation; mais
tout se fera à frais communs, chacun payant sa quote
part de ses propres deniers. Il est aussi défendu aux
Rois, capitaines, officiers et chevaliers de donner aucun
repas ni collation à leur réception; mais dans ces occa-
sions, si la compagnie veut se récréer, ce sera aussi à
frais communs.

Art. 48. Les compagnies étant mandées à quelque

prix général ou provincial, les rois et capitaines feront assembler leurs compagnies respectives et leur communiqueront le mandat, pour délibérer, à la pluralité des voix, si on y ira ou non, et faire réponse à la compagnie qui aura fait l'invitation. Lorsqu'une compagnie aura décidé d'y aller, aucun des officiers et chevaliers qui la composent ne pourra s'en dispenser, et ceux qui n'iront pas, même pour cause légitime, paieront par forme de contribution, pour aider aux frais de la compagnie, telle somme que chaque compagnie taxera une fois pour toujours. On nommera dans la même assemblée des députés, qui n'excèderont point le nombre de trois, compris le capitaine, qui est député né. Quelque nombreuse que soit la compagnie, celle qui n'aura que dix tireurs ne pourra avoir que deux députés, et celle qui n'en aura que quatre, n'en aura qu'un.

Art. 49. Chaque compagnie allant à ces prix portera son registre pour lever toutes les difficultés qui pourraient être formées; ce registre sera cacheté et déposé au greffe du prix en y arrivant, et sera rendu fidèlement dans le même état. Le prix fini, la compagnie qui n'observera point le présent article, ne sera point admise à tirer.

Art. 50. Aucune compagnie, de quelque lieu que ce soit, ne pourra demander, et encore moins recevoir, le bouquet d'un prix, soit général ou provincial, qu'elle n'ait auparavant obtenu les permissions nécessaires par écrit des gouverneurs, magistrats, seigneurs des lieux ou autres personnes ayant droit de le permettre; et aucune compagnie ne donnera le bouquet, qu'elle n'ait vu lesdites permissions en bonne forme et dûment enregistrées au greffe de la compagnie.

Art 51. Les compagnies qui rendront des prix généraux ou provinciaux, auront soin d'envoyer les mandats un mois au moins avant l'ouverture du prix, et d'y marquer toutes conditions et usages ordinaires sous lesquels les compagnies mandées doivent assister et y tirer, et elles indiqueront aussi les portes et les entrées par lesquelles on les recevra.

Art. 52. Toutes les compagnies qui assisteront à ces prix y arriveront en bon ordre, enseigne déployée, tambour battant, avec arc et flèches, suivant les statuts, et sans armes à feu.

Art. 53. On tirera au billet le rang et le pas que chaque compagnie aura à la parade, au tirage et à l'offrande, indépendamment de toutes prétentions et priviléges au contraire; à cet effet, et avant toute autre action, tous les députés s'assembleront dans une maison dont on sera convenu, pour y nommer un président et quatre conseillers, qui outre cela jugeront et décideront aussi avec eux de tous les faits et différends qui pourraient arriver pendant le cours et au sujet des prix.

Art. 54. Le greffier de la compagnie qui rendra le prix, fera la fonction de greffier du prix général, excepté lorsqu'il faudra marquer et garder les échantillons des coups faits par les chevaliers de sa compagnie; le conseil en nommera un pour cette fonction.

Art. 55. Personne ne pourra tirer au prix qu'il n'ait été reçu chevalier, dans les formes, avant le départ des compagnies du lieu de leur demeure, à peine de nullité des coups qu'il ferait.

Art. 56. Les compagnies ou brigades seront obligées

de se rendre au jeu prêtes à tirer selon leur rang,
à peine contre les absentes d'être remises à tirer les
dernières.

Art. 57. Si quelque compagnie arrivait après que
les billets auront été tirés, elle marchera la dernière à
la parade et à l'offrande; elle tirera aussi après les
autres, et cependant avant celles qui auraient laissé
passer leur rang dans le cours du tirage.

Art. 58. Si pendant la durée du prix l'arc ou la
flèche de quelque chevalier se casse, il lui sera libre
de se servir des arcs ou flèches de l'un des chevaliers de
sa compagnie pour achever ses altes.

Art. 59. Celui qui aura fait un coup à prendre
échantillons, restera sans passer le pas, à peine de le
perdre, jusqu'à ce que l'échantillon soit fait, alors on
lui en donnera le double après qu'il aura été levé, fendu
en deux, et enregistré au greffe.

Art. 60. Tous les officiers, députés et chevaliers
ayant intérêt au rapport d'un échantillon qui se fera
en présence des députés, seront obligés de se retirer
et ne pourront être présents au jugement de leurs
coups, à peine de les perdre.

Art. 61. On ne pourra commencer à tirer qu'au soleil levant, on finira au soleil couchant; les cartes seront toujours tirées et levées en présence des députés.

Art. 62. Il est absolument défendu de boire et manger dans le jeu, à quelque heure que ce soit, tant que
dureront ces prix, à peine d'amende qui sera décrétée
par le conseil.

Art. 63. Pendant que l'on tirera ces prix, il y aura
au moins deux huissiers du jeu pour faire ranger les

assistants, en sorte que personne ne soit exposé à être blessé.

Art. 64. Les prix et pentons seront fidèlement distribués à ceux qui les auront gagnés.

Art 65. Comme il y a qu'un prix général dans le royaume, qui se rend par permission du Roi, et que l'on n'y appelle que les jeux des villes, les députés qui donneront ordinairement le bouquet dans le conseil à la pluralité des voix, observeront de ne le point donner deux fois de suite dans une même généralité.

Art. 66. Les députés des prix provinciaux des villes suivront les mêmes statuts dans leur prix et observeront de ne donner le bouquet qu'aux villes de leur généralité.

Art. 67. Les jeux des villes et des bourgs n'iront point aux prix provinciaux des villages. On pourra en rendre un tous les ans, pourvu qu'il n'y en ait qu'un seul dans chaque jardin. Le bouquet de ces sortes de prix sera donné à la volonté de chaque compagnie qui le rendra, et cependant de concert avec les députés. Si on y admet quelques autres compagnies d'une autre élection, elles n'y auront ni voix, ni députés, ni entrée dans les assemblées, et ne pourront demander ni recevoir le bouquet, mais seulement le prix qu'elles auraient gagné.

Art. 68. En quelques lieux que les compagnies de l'arc soient assemblées pour le fait du jeu, elles observeront les présents statuts avec la même exactitude et sous les mêmes peines que si elles étaient chacune dans leur jardin.

Art. 69. Lorsque l'on aura posé l'arc encoché d'une flèche sur la borne, personne ne pourra tirer; toutes contestations doivent aussi finir lorsque l'on vous présentera ledit arc ; et si l'on ne cesse sur-le-champ, l'on paiera cinq sols d'amende pour la première fois.

Art. 70. Il est défendu à tous officiers et chevaliers de parler ni gêner en aucune façon celui qui sera à la borne pour tirer; l'on doit lui laisser la longueur d'un arc, tant derrière qu'à ses côtés, sous peine d'amende.

Art. 71. Les parties seront tirées au hasard, en mêlant les flèches ou en tirant des billets de deux couleurs; ceux qui auraient donné leur flèche ou tiré un billet, et qui ne voudraient pas tenir la partie, paieront cinq sols d'amende outre la valeur de la partie, attendu que c'est le seul moyen de conserver la paix.

Art 72. Personne ne doit se mêler de jeter les flèches sans le consentement du Roi ou d'un officier, comme aussi il doit avant que de mêler les flèches ou billets, les compter, pour qu'il n'y ait point d'erreur, sous peine d'amende.

Art. 73. Pour qu'un coup de carton soit bon, il faut qu'il soit franc, c'est-à-dire que les bords du carton se joignent, la flèche étant dans le carton; alors le coup vaudra deux points, et dans la franchise quatre.

Art. 74. Lorsque l'on mesurera les flèches soit dans la franchise du carton, ou même dans le cercle, l'on mesurera du pied de la broche au clou, en faisant poser l'échantillon sur la franchise ou sur le carton; celui qui contestera cette mesure, paiera six deniers.

Art. 75. Lorsque l'on aura tiré sa flèche, l'on doit s'en aller, crainte d'incommoder ceux qui doivent tirer, sous peine de trois deniers.

Art. 76. La boucle servant à armer l'arc doit être en haut, sous peine de trois deniers.

Art 77. Vous ne tirerez à la flèche en aucun endroit que de butte en butte, pas même de moitié jeu, sous peine d'amende.

Art. 78. Aucun chevalier ne pourra tirer lorsque l'on tirera le prix du Roi, que ceux qui auront mis leur enjeu ; ledit prix doit se tirer au moins toutes les fêtes et dimanches, et autres jours, si le Roi l'ordonne, attendu que ce sont ses prérogatives.

Art. 79. Lorsque l'on tirera ledit prix, ou même partie générale, aucun chevalier ne pourra tirer d'autre partie, sous peine de six deniers d'amende ; l'on peut cependant tirer au coup de carton.

Art. 80. Lorsque la flèche sera dans le carton, vous ne pourrez la tirer sans la permission du Roi ou de celui qui se trouvera le premier à la tête de la compagnie ; et avant de la tirer, l'on doit saluer la compagnie et dire d'une voix intelligible : Honneur au Roi et braves chevaliers! sous peine de perdre le coup et de mettre trois deniers à la boîte.

Art. 81. Celui qui abattra la première pièce de l'oiseau, sera franc de sa mise ; si l'on l'abat du premier coup, personne ne pourra demander à tirer son enjeu.

Art. 82. Lorsque l'on fera une fausse décoche, ou que l'on ne passera pas le milieu du jeu, le coup sera réputé tiré et paiera trois deniers.

Art. 83. Le secrétaire tiendra une liste de tous les officiers et chevaliers suivant leur rang. Il aura soin de les nommer à toutes les assemblées, cérémonies, marches et bouquets. Chacun tiendra son rang; celui qui prendrait le rang d'un autre paiera l'amende.

Art. 84. A toutes les cérémonies où l'on marchera tambour battant, drapeau déployé, l'on marchera aussi à son rang avec l'arc sur l'épaule et une flèche à la main gauche. Ceux qui ne se trouveront point au jardin au départ de la compagnie, ne pourront tirer l'oiseau ; et s'ils rencontraient la compagnie chemin faisant, ils marcheraient à la queue. Cet article aura lieu pour toutes les assemblées, et nul ne pourra marcher en corps qu'autant qu'il aura son arc et autres armes convenables.

Art. 85. Quoiqu'un chevalier abattît l'oiseau, il ne sera point exempt de payer la somme ordinaire pour sa réception de franc-archer ; mais l'oiseau abattu lui tiendra lieu de fanchise, et le coup l'exemptera de visites, attendu que toute la compagnie doit y être.

Art. 86. Le chevalier qui aura fait le coup favorable à être reçu franc-archer, se fera recevoir dans le mois, après néanmoins être convenu du jour le plus commode à la compagnie, et paiera la rétribution avant que d'entrer dans la salle, après avoir fait toutes les visites chez les francs-archers seulement qui auront payé leur frérie et autres frais portés par les règlements généraux.

Art. 87. Le secrétaire tiendra un registre où il écrira par dates les noms de ceux qui n'auront pas payé la frérie et autres frais ordonnés, et les reliquataires ne pourront tirer, se présenter, être mandés, ni assister à aucune assemblée ou cérémonie, qu'ils n'aient payé toutes les années de frérie qu'ils n'ont pas payées et autres frais.

Art. 88. Tous les chevaliers auront leur arc, flèche,

bien garnie de corne, corde, plumeret, fer et leur médaille à la boutonnière, et ce toutes les fois que l'on sera assemblé, sous peine de cinq sols d'amende pour la première fois.

Art. 89. Lorsqu'un chevalier présentera la boîte pour faire payer l'amende, l'on payera sur-le-champ, sans réplique, sous peine de plus forte, suivant que l'exige le cas, sauf à ceux de s'expliquer à la compagnie après avoir payé, et l'on fera restituer ladite amende à celui qui l'aura fait payer à tort.

Art. 90. S'il arrivait qu'un chevalier s'ingérât de prendre arc, ou flèche, ou corde, ou fer, ou autres, il paiera cinq sols d'amende pour la première fois, et paiera la valeur de ce qu'il pourrait avoir cassé ou perdu; en cas de refus, il sera exclu de la compagnie.

Art. 91. Lorsqu'il y aura un particulier qui se présentera pour être reçu, il pourra se proposer à un officier, et il ne pourra être reçu qu'après avoir été accepté dans une assemblée générale qui se fera tous les mois, à jour copté, où l'on donnera sa voix par scrutin; et s'il y a un quart de voix contraires, il ne pourra pas être reçu jusqu'à une nouvelle assemblée générale des mois, ou extraordinaire, suivant que le Roi l'ordonnera; et l'officier qui l'aura proposé, si le sujet est accepté, sera comptable de la rétribution.

Art. 92. Aucun chevalier qui ne sera pas franc-archer, ne pourra assister à aucune délibération et ne pourra donner son avis en aucune façon et sur aucun sujet concernant le jeu, sous peine de cinq sols d'amende.

Art. 93. Tout chevalier qui n'observera pas ponctuellement les règlements tant généraux que particuliers, et qui les interprètera mal, paiera douze sols d'amende pour la première fois.

Art. 94. Ceux qui manqueront à la messe le jour de la fête, paieront douze sols d'amende, et ceux qui manqueront à la messe du lendemain, comme aussi aux messes qui se diront après le décès des chevaliers, paieront cinq sols.

Art. 95. Tous chevaliers qui tireront au nombre de quatre doivent avoir toujours la boîte; et s'ils ne l'ont pas posée à la borne, et qu'un autre chevalier arrive et qu'elle n'y soit pas, tous ceux qui tireront, paieront chacun un sol d'amende.

Art. 96. Lorsque l'on tirera des prix, l'on mettra six deniers chacun à la boîte, et à l'oiseau deux sols.

Art. 97. Si un chevalier cassait son arc malicieusement, il paiera trois livres; sa flèche, douze sols; et s'il le fait avec jurement, il sera exclu.

Art. 98. Il est défendu à tous chevaliers de quitter l'assemblée lorsqu'on y sera pour délibérer, sous peine de cinq sols d'amende; l'on peut cependant demander l'agrément au Roi de sortir.

Art. 99. Lorsqu'un chevalier n'aura pas assisté à une assemblée générale qui aura été convoquée, et qui dans une autre assemblée demandera ou à vérifier les comptes ou à contrarier ce qui aura été déjà délibéré, paiera douze sols d'amende pour la première fois.

Art. 100. Chaque chevalier sera obligé non-seulement de suivre tous articles contenus dans le présent livre, mais même de suivre ceux que l'on pourrait avoir oublié de transcrire, et qui se trouveront dans autres livres et règlements, et de se soumettre à ce que les officiers leur diront, attendu que l'on doit tendre au bon ordre.

Art. 101. Tous les officiers subalternes et les chevaliers de chaque compagnie seront obligés de prêter la main aux officiers en chef, tant pour l'exécution des présents statuts et des usages approuvés et enregistrés au greffe de leur compagnie, que pour les jugements qui interviendront contre ceux de leurs confrères qui voudraient faire les mutins et les révoltés, en quelque circonstance et conjoncture que ce puisse être, et cela en conséquence du serment qu'ils ont prêté à leur réception, sous peine contre chaque contrevenant de dix sols d'amende pour la première fois, de vingt sols pour la seconde, et d'être retranché de la compagnie à la troisième.

———

Henri-Charles Arnauld de Pomponne, conseiller d'Etat ordinaire, commandeur chancelier des ordres du Roi, abbé de l'abbaye royale de Saint-Médard-lez-Soissons, et en cette qualité grand maître et juge souverain du noble jeu de l'arc et des confrères de Saint-Sébastien, après avoir lu et examiné les statuts et réglements consistant en cent et un articles, nous n'y avons rien trouvé qui ne soit conforme aux bonnes mœurs, règlements et lois du royaume; c'est pourquoi nous enjoignons et ordonnons à tous archers ou chevaliers et leurs officiers composant les différentes compagnies du jeu de l'arc, de s'y conformer et de les observer en tout, sous les peines portées par lesdits statuts; et à cet effet, cassons et annulons tous autres

qui auraient paru ci-devant, quoique avec notre approbation réelle ou supposée.

Donné en notre dite abbaye, le 29 novembre 1733,
et nous avons signé et fait apposer le sceau de nos
armes, et contresigné par notre secrétaire, et enfin
signé : Henri-Charles Arnauld de Pomponne; plus bas :
Par Monseigneur : Triballet; et scellé de cire rouge.

A la suite de ces statuts et sur le même registre, qui
est conservé à la bibliothèque de Clermont, se trouvent
plusieurs procès-verbaux qui ont de l'intérêt, parce
qu'ils reproduisent les usages de la corporation, et
qu'ils nous font connaître les noms des membres les
plus actifs. Nous les reproduisons textuellement.

Nous soussignés, roi, officiers, chevaliers, après
avoir pris lecture tant des règlements généraux que
particuliers, et n'y ayant rien trouvé de contraire à la
religion et aux lois du royaume, nous nous soumettons
et nous nous obligeons de les suivre à la lettre, sous
les peines y portées, en foi de quoi, pour attester notre
soumission, nous avons tous signé :

MORANGES, roi; MARNAT, connétable; MORANGES,
capitaine; PETIT, enseigne; AMOUROUX, lieutenant;
CELLIER, trésorier; B. CHINON, procureur; CHASSAI-
GNE, secrétaire; A. BLATIN père; de SAULNADE; BRI-
GNON; MOREL; GUILLOT; DOURRET; GAUBERT; TAILLARDAT;
SAUVAT; BRANDELY; BARDONNAUD aîné; BLATIN fils;
BRUSLÉ fils; BEILLE cadet; ANDRAUD; PYRENT; HUGUET;
GIRARD; CHAUDESSOLLES; PESCHIER; CHELLE aîné; REDON;
DESANGES fils; DESANGES; CHELLE cadet; FARGEON; LA-
PORTE fils; F. BEILLE fils; POUGET; FAYOLLE cadet,

26

ASTIER ; DESHOULIÈRES ; ROUX aîné ; DAVID ; ASTIER ;
J. DULIN ; CALVINHAC ; CELLIER ; CHASSAIGNE ; BOUTAUDON ;
DELBECE ; d'AUBUSSON ; JUILLARD.

Aujourd'hui dimanche 20 juin 1784, le Roi a con-
voqué la compagnie pour délibérer sur le tirage de
l'oiseau, et après avoir pris l'avis de tous les chevaliers,
il a été unanimement délibéré que l'oiseau sera tiré le
dimanche 1ᵉʳ juillet prochain, en la manière ordinaire,
et que ledit jour, tous les chevaliers se rendront au
jardin sur les dix heures du matin, pour de là aller en
corps à la messe, tambour battant, drapeau déployé ; et
attendu que le Roi ne peut y assister par des circonstances qui nous privent de le voir présider, la compagnie sera présidée, tant à la messe qu'au tirage de
l'oiseau, par le chevalier Montorcier, capitaine de la
compagnie, et ce conformément aux règlements. La
quotité pour les frais du tirage ou bouquet du jour, sera
de quatre livres quatre sols, laquelle sera payée par
tous les chevaliers avant de procéder au tirage de l'oiseau, sans qu'aucun puisse s'en dispenser pour quelque
raison que ce soit ; et si aucuns des chevaliers qui n'ont
pas paru au jeu depuis un an, se présentent pour tirer
l'oiseau, ils n'y seront admis qu'après avoir payé leur
contribution annuelle, ainsi que la paient les autres
chevaliers, et les quatre livres ci-dessus. Fait et arrêté
lesdits jour et an. Signés :

N. GUYOT, roi ; de MONTORCIER, capitaine ; POUJET
jeune ; DOULCET ; POUJET fils ; MORANGES ; MORANGES aîné ;
CHABROL ; de SURMES ; DESCURIAT ; ALBARÈDE fils ; ALBA-
RÈDE père ; FONFREYDE ; PYRENT ; G. BLETERIE ; de MORET.

Aujourd'hui dimanche 4 juillet 1784, il a été délibéré que la compagnie devant au chevalier Desanges, comme empereur, une croix en forme de distinction, suivant l'usage, elle sera en conséquence commandée le plus tôt possible afin de l'en décorer, et qu'on remettra au chevalier Sauvat, aussi empereur, celle qu'il avait bien voulu porter à la compagnie pour en décorer le chevalier Desanges.

Fait et arrêté lesdits jour et an que dessus. De MONTORCIER, capitaine ; DESANGES fils, lieutenant ; MORANGES, ancien roi ; DOULCET ; LAMBERT ; de SURMES ; DOMERGUE aîné ; ALBARÈDE père ; FONTFREYDE ; CHABROL ; POUGET ; CUAREN.

Et à l'instant ont été reçus chevaliers francs-archers les sieurs Charren, Descusin et Furme, qui ont payé chacun leur rétribution, qui est de douze livres pour chacun.

De MONTORCIER, capitaine ; DESANGES père, empereur ; PYRENT ; MORANGES, ancien roi ; ALBARÈDE père ; DOULCET ; LAMBERT ; de SURMES ; MORANGES ; DESANGES fils, ancien roi ; LAMBERT ; d'ESCURIAT ; CUAREN.

Aujourd'hui, 10 juillet 1784. La compagnie convoquée par invitation du roi et assemblée, le chevalier de Montorcier, roi, a déclaré vouloir procéder à la nomination de ses officiers, et la compagnie y ayant adhéré, M. de Montorcier, roi, a nommé ses officiers ainsi qu'il suit :

Capitaine connétable : M. le chevalier DOMERGUE.

Lieutenant : M. DESCUSIN.

Enseigne : M. ALBARÈDE fils.

Procureur : M. MORANGES oncle, et inspecteur des bâtiments.

Secrétaire : M. MORANGES.

Attendu qu'il a été arrêté, par une précédente délibération, que le trésorier de la maçonnerie serait le même que celui de la flèche pour éviter une double manutention, le chevalier Domergue, trésorier actuel de l'une et de l'autre compagnie, ayant accepté la charge de capitaine, se démet de celle de trésorier, à laquelle il sera nommé à la première assemblée.

Fait et arrêté lesdits jour et an, 9 juillet 1784.

De MONTORCIER, roi; MORANGES, ancien roi; DOMERGUE aîné, ancien roi; ALBARÈDE père; PYRENT; LAMBERT; d'ESCURIAT; FONTFREYDE; BLETTERIE; ALBARÈDE fils; MORANGES fils.

Aujourd'hui lundi, 20 juin 1785, les chevaliers de la flèche généralement convoqués et présidés par le Roi, ont unanimement délibéré et arrêté qu'à toutes les assemblées publiques où le Roi sera décoré de son cordon, tous les chevaliers seront tenus d'être aussi décorés d'une médaille, à peine de 24 sols d'amende, qui sera payée sur-le-champ.

La compagnie a arrêté aussi que le cordon royal demeurera à la compagnie et non au Roi; elle a aussi fixé l'heure de la messe à dix heures précises, heure à laquelle tous les chevaliers seront rendus, décorés comme il est dit ci-devant, pour accompagner le Roi.

La compagnie a encore arrêté que le prix du globe,

ainsi que celui du cœur, sera une médaille pour chaque prix, et qu'on emploiera à ces deux objets la
somme de 72 livres.

Le chevalier Albarède père, ainsi que le chevalier
Guyot, ont proposé à la compagnie les sieurs Collan-
gettes et Mazelier, eux retirés; et les suffrages recueillis,
les deux sujets ont été unanimement agréés, et le jour
de leur réception a été fixé au 24 du présent mois. Fait
et arrêté lesdits jour et an que dessus.

De même que pour les autres corporations la révolution de 1789 a été fatale à la corporation des chevaliers du noble jeu de l'arc de Clermont.

Après la tourmente révolutionnaire, vers 1804, la
corporation se reconstitua parmi les membres de la
loge des francs-maçons, et a continué jusque vers
le milieu de 1817, mais sans exemptions, sans priviléges. Elle n'avait plus ni pavillons ni costume
comme autrefois. Leur seule distinction était un cordon, composé de trois couleurs, rouge, verte et blanche, ayant à chaque bout une houppe des mêmes couleurs, et que chaque membre portait en sautoir sur
l'épaule, de droite à gauche.

C'est dans le clos des Buges, au nord de Clermont,
que la corporation se réunissait pour le tir de l'oiseau.
Elle avait au bois de Cros, près de la place Jaude, un
lieu pour ses séances et pour ses exercices.

Les statuts des archers, modifiés en 1813, contenaient beaucoup de clauses occultes ayant beaucoup
d'analogie avec celles de même nature mystérieuse de
la franc-maçonnerie. Cela n'a pas suffi aux archers,

car ils attribuèrent à tout ce qui concernait leurs exercices des significations secrètes, ignorées du vulgaire
et des profanes. Chaque partie de l'arc, des flèches, de
la cible, représentait un emblème dont la signification n'était connue que des adeptes.

Le jardin du jeu ou des exercices renfermait aussi
des buttes de terre, des ronds, des carrés qui avaient
une signification mystérieuse.

ORPAILLEURS DE LA VILLE D'AURILLAC.

La ville d'Aurillac, s'il faut s'en rapporter à une légende du dixième siècle, a eu des argentiers, formant une société d'orpailleurs qui cessa vers 1775. Cette légende, aussi invraisemblable que la plupart des légendes, rapporte que la rivière de·Jordane, coulant près de la ville d'Aurillac, charriait autrefois des richesses métallurgiques, des paillettes d'or, dont le produit donnait à vivre à une certaine quantité de personnes qui les cherchaient dans le sable. Voici, suivant M. Henri Durif (1), ce que dit la légende :

« Il est peu de personnes qui ne connaissent
» l'histoire merveilleuse du pape Gerbert (Sylvestre II).
» Un jour, pendant qu'il habitait encore l'abbaye de
» Saint-Géraud d'Aurillac, il vint à Belliac, lieu de
» sa naissance, accompagné du doyen de son monas-
» tère, qu'il voulait convertir au paganisme. Tous
» deux restèrent ensemble plusieurs heures dans la
» maison paternelle, discutant à haute voix, et même
» se querellant. Enfin, Gerbert, ne pouvant réussir
» par ses raisonnements à perdre ce digne homme,
» lui demanda s'il voulait être témoin d'un miracle.
» Le doyen ayant dit oui, et qu'à cette condition il
» vendrait son âme, Gerbert le conduisit au bord de
» la rivière, qui coulait non loin de là. Après avoir
» tracé d'innombrables cercles et prononcé une foule
» de mots bizarres, le jeune nécromancien frappa tout

(1) *Dictionnaire statistique et historique du Cantal,* par M. Dé-
ribier du Châtelet, t. 2, pages 313 et 314.

» à coup les ondes de la Jordane avec une baguette de
» coudrier qui, au dire du doyen, paraissait enflam-
» mée. Soudain les eaux, de bleues et claires qu'elles
» étaient, se changèrent en flots d'or; de sorte que,
» pendant un instant, l'or coula par larges nappes
» entre les deux rives, comme s'il se fût échappé en
» fusion d'une fournaise ardente. Le doyen, épou-
» vanté, se jeta à genoux, priant Dieu mentalement,
» et le charme cessa. »

Depuis ce temps, disent quelques habitants, la Jordane a roulé des paillettes précieuses, et la ville en a
pris le nom d'Aurillac *(auri lacus), Lac doré.*

Cette légende est, comme on nous le dit, du dixième
siècle. A cette époque, on le sait, on était très-crédule.

Par la nature du terrain, rien ne semble annoncer
qu'il existe des gisements d'or dans la chaîne volca-
nique du Cantal ; néanmoins il paraît, suivant la tradition, qu'on recherchait dans les sables de la rivière de
Jordane des paillettes d'or, et que cela fut une industrie qui n'a cessé que vers 1775 (1).

Nous ne connaissons ni les statuts ni la bannière de
cette société ; nous ignorons même si elle a formé une
corporation ; nous en doutons.

(1) Voyez, nous dit encore M. Henri Durif, les *Lettres de Charles VII* du 3 mai 1432, aux archives de la ville d'Aurillac. —
Brieude, *Topographie médicale de la haute Auvergne*, 2e édition,
1822, p. 52. Voyez aussi le *Dictionnaire statistique et historique
du Cantal*, déjà cité.

JARDINIERS.

Nous ne pouvons pas nous dispenser de dire dans
cet ouvrage quelques mots des jardiniers, quoique nous
n'ayons trouvé aucune trace d'une communauté régulièrement organisée dans notre province.

Il existe des jardiniers dans tous les pays, et dans
beaucoup de pays il a existé des communautés de jardiniers et des confréries de Saint-Fiacre. En Auvergne,
et particulièrement à Clermont, où de tout temps les
jardiniers se sont réunis et se réunissent encore, le
jour de la fête de leur patron, nous ne les voyons
associés à aucun corps de métier; nous savons seulement qu'on exigeait quatre années d'apprentissage, et
que, avant de passer maître, les aspirants devaient
encore travailler deux ans chez les maîtres comme
compagnons, et faire le chef-d'œuvre; que, suivant
des ordonnances de police et des arrêts, il était interdit
aux jardiniers de fumer les terres de leurs jardins avec
des immondices, des fientes de pourceaux et des matières fécales.

Il y avait autrefois, comme aujourd'hui, des jardiniers fleuristes, des jardiniers maraichers s'occupant de
la culture des plantes potagères, des jardiniers marchands d'arbres (1) et des jardiniers planteurs.

_____

(1) On dit que ce fut une chèvre qui donna l'idée de tailler la
vigne. Cet animal ayant brouté un cep, on remarqua que l'année
suivante il donna du fruit plus abondamment que de coutume : on
profita de cette découverte pour étudier la manière la plus avantageuse de tailler la vigne (*Dictionnaire des arts et métiers*).

L'art du jardinier chez les anciens était véritablement très-considéré; il anoblissait les personnes qui l'exerçaient. On ne l'envisageait pas seulement comme un travail de mains; l'esprit y avait la principale part. Un bon jardinier devait connaître ce qui se passait dans la végétation, étudier les natures de terre et les maladies des végétaux, pour y apporter les remèdes nécessaires.

Plusieurs princes ont honoré cette profession en s'appliquant souvent eux-mêmes à dresser ou à cultiver les jardins de leurs palais.

Les anciens avaient des jardins élevés sur les voûtes des édifices, et y plantaient des arbres de toute espèce. Ceux de Babylone ont été les plus considérables.

VIGNERONS.

PATRON, SAINT VERNY (19 AVRIL).

Dans tous les pays vignobles, en Auvergne comme ailleurs, les vignerons ont eu de temps immémorial des confréries, des réunions le jour de la fête de saint Verny, leur patron.

Dans toutes les églises de notre belle et riche Limagne, on voit des statues de saint Verny que l'on expose à la vénération des habitants, ou que l'on porte processionnellement le 19 avril ; et cependant nous pensons qu'il n'y a jamais eu en Auvergne de corporation de vignerons organisée régulièrement, avec statuts. Nous croyons devoir néanmoins en faire mention ici ; peut-être que plus tard on trouvera des traces plus évidentes de leur organisation. On sait que saint Verny vivait au commencement du treizième siècle ; que c'était le fils d'un vigneron, vigneron lui-même dans le diocèse de Trèves. Il fut massacré à l'âge de 13 ans par des Juifs, en haine de la religion chrétienne, qu'il pratiquait fidèlement (1).

Sur les bannières que portent nos vignerons dans les processions, saint Verny est représenté tantôt cueillant des raisins, tantôt tenant une serpette et placé près d'un cep de vigne, et ayant un chien pour attribut.

---

(1) *Dictionnaire iconographique*, par L. J. Guenebault.

SOCIÉTÉ DES PAYSANS DE BRIOUDE.

Il paraît, suivant une ordonnance de Louis XIV,
qu'il a existé dans la ville de Brioude, avant la seconde
moitié du dix-septième siècle, une confrérie appelée
la *Grande fête des Paysans*. Nous n'en avons trouvé
des traces que dans l'ordonnance dont nous parlons,
laquelle en ordonne la dissolution. Cette ordonnance
existe aux archives de la préfecture du Puy-dé-Dôme;
nous la reproduisons ici :

DE PAR LE ROI.

« Sa Majesté étant informée qu'il y a dans l'église pa-
roissiale de Notre-Dame de la ville de Brioude une confrairie dont on ne connaît ni l'origine ni l'institution,
appelée la Grande Fête des Paysans, et composée de deux
cent quarante personnes de cet état, laquelle est dirigée
d'une manière abusive et entièrement opposée au bien
de l'ordre public ; qu'elle entretient dans ceux qui la
composent un esprit d'indépendance et de mutinerie
dont ils donnent quelquefois des preuves ; qu'elle occa-
sionne une perte considérable de journées et de travail, et que, d'ailleurs, cet établissement n'est point
autorisé par lettres patentes :

» Elle a trouvé convenable de remédier à de pareils
abus, et a pour cet effet supprimé et supprime ladite
confrairie, appelée la Grande Fête des Paysans. Faisant
défense, sous peine de désobéissance, à tous paysans
et autres qui la composent, de continuer à s'assembler comme ils ont fait jusqu'à présent, sous prétexte

de cette prétendue confrairie, ni autres semblables. Enjoint Sa Majesté au sieur intendant et commissaire départi en la province d'Auvergne, de tenir la main à l'exécution de la présente ordonnance, laquelle sera lue, publiée et affichée partout où besoin sera, à ce que personne n'en ignore.

» Fait à Versailles, le quinze janvier mil sept cent cinquante.

» Signé : LOUIS.

» Et plus bas :

» PHELYPEAUX. »

TRAITÉ D'ALLIANCE OU DE FRATERNITÉ D'ARMES

DIVERS SEIGNEURS DE LA PROVINCE D'AUVERGNE

DU 2 JANVIER 1394.

Une copie contemporaine, sur parchemin, de ce traité d'alliance entre plusieurs gentilshommes d'Auvergne, existe aux archives de la préfecture du Puy-de-Dôme *(G. 9, Cathédrale de Clermont, armoire 18, sac C)*. Nous en donnons la copie textuelle, que nous devons à la complaisance de M. Cohendy, archiviste :

« Se sont les choses et alliances fetes par seus qui sont nommés en sete lettre, le premier jour de l'an, en la ville de Clermont en Auvergne, l'an que hom conte mil trois sens catrevins et XIIII : Premièrement Monsr de Listenois, Messire Erart de Chastel de Montaigne, Mess. Hemdin de Saligny, Mess. Monnet de la Roche, Mess. Loys d'Aubière, Mess. Guillaume de la Faurest, Mess. Michel d'Isserpans, Mess. Jehan de Bonnebaut, Lepetit Hermite de la Faie, Guillaume de Vendat, Charleton, Guillaume Boullier, Jehan Lachassagne, Jehan Dubois, et tous seus ysi nommés ont promis et juré sur le sainctes Évengille de Dieux, set assavoir ledict iour premier de l'an, d'estre bon et léauls amis et vrais ensamble, et de servir l'un l'autre envers tous et contre tous, exceptés ceulx qui sensuyvent, set assavoir le Roy et nos Seigneurs des flours de lis (les princes du sang), Monseig^r le conestable et Messeigneurs les mareschauls et mons^r Lamyrant (l'amiral), et Monsr le maistre des arbalestriers ; item a esté esepté par les dessus dis en se fet tout linaige (lignage) jusqu'à cousin tiers et cosine; item a esté esepté du linaige de sa feme jusques à cousin germain ; item a esté esepté le mary de sa fille et le mary de sa sœur et de sa niesse et de sa cousine germaine. Item a esté ourdené et juré comme dessus pour les dessus dis, que se aucuns de seus de la liansse et do serment avoyent aucun debbat l'un à l'autre, de quelque chose que se fut aut et bas, en seront creus (crus) catre du dict serment et allianse, set assavoir Mess. Jehan de Bonnebaut, mess. Loys d'Aubière, mess. Guillaume de la Faurest, et Jehan Duboys ; et ont juré et promis, les catre, que, pour linaige ne pour nulle chose quelconque, ils ne feront ne ourdeneront chous du dict debbat, s'il avenait que ne soit à l'onneur et preffit des parties d'un cousté et d'autre a leur pouvoir ; et, en cas que les catre dessus dis ne pourroyent estre ensamble, que les trois en puissent autant comme les catre, ou les deux comme les trois. Item, se les catre dessus nommés avoyent aucun debbat entreux ou l'un à l'autre, que Mess. de Listenois puisse prendre deux de seus de la liansse, lesquieux que li plaira, et qu'il puisse ourdener du debbat, s'il avenait, aut et bas, à sa volonté. Y a jurè mon dit seigneur de Listenois de le fere bien et loyalement pour les deux parties asson (à son) pouvoir ; et tous les autres juré à l'en croire à qui le debbat toucherait. Item ont ourdené les dessus dicts d'être ensamble tous seux qui seront au pais, ou en lieux qu'ilz y puissent estre le iour de Nostre-Dame de mars ; a qucet et seux qui auront lial enssoyne qui n'y porront estre, ils feront assavoir à la dicte journée

leur esqusacion, et feront chanter seux qui se trouveront ensamble devant Nostre-Dame. Item ont ourdené les dessus dicts que tanstost qu'ilz sauront la
mort d'un de seux de la liansse, que un chacun fera
chanter trois messes et donra à trois pauvres se qui
li plaira, tantost qu'il sera en heux. Item ont ourdené
tous ensamble et volu y accordé que monsʳ de Listenois soit chiefz de la dicte alianse fete et ourdené
comme dessus et dit.

» Item se l'on se trouve à la dicte journée, jusques au nombre six ou plus, que ils puissent mettre
à la dicte alianse seux que bon leur samblera à l'onneur et bien de la dicte compaignie. Item a esté promis
et ourdené de tous ensamble pourter un ourdre, set
assavoir une pome d'or en un sercle ou aura escript :
La plus belle me doit avoir. Item ont ourdené les dessus
dicts que le nombre des gens de cette alianse puisse
alar jusques à trente. Et toux seux ysi nommés ont
promis et juré a mettre leurz sceaulx pour plus de
seuretté.

» Escript à Clermont le IIᵉ (deuxième) jour de l'an
et du mois de janvier mil CCC XCIV (1394). Ainsi
signé en marge : Guillaume de Lamote.

 » Fecte collation avec le original,
par moy, Faucon. »

FIN.

FÊTES PATRONALES

DES COMMUNAUTÉS DES ARTS ET MÉTIERS DE L'AUVERGNE.

6 janvier....	les Rois..................	Fête des Cartiers.
10 *id.*	St Guillaume	des Armuriers.
20 *id.*	St Sébastien	Compagnie du jeu de l'arc.
25 *id.*	St Paul..................	Fête des Cordiers.
2 février....	N. Dame de février........	des Marchands.
19 mars.....	St Joseph................	des Charpentiers.
19 avril......	St Verny	des Vignerons.
6 mai	St Jean-Porte-Latine......	des Ecrivains.
id.	*id.*	des Imprimeurs.
id........	*id.*	des Libraires.
id........	*id.*	des Notaires.
16 *id.*.......	St Honoré	des Boulangers.
19 *id.*.......	St Yves..................	des Avocats.
id........	*id.*	des Procureurs.
mai.......	L'Ascension..............	des Couvreurs.
id........	*id.*	des Maçons.
24 juin	St Jean-Baptiste	des Fourbisseurs.
id	*id.*	des Pelletiers.
29 *id*	St Pierre.................	des Papetiers.
2 juillet	La Visitat. de la Ste-Vierge	des Sergers.
26 *id* ...	Ste Anne	des Menuisiers.
1er août......	St Pierre-ès-liens..........	des Serruriers.
4 *id*	St Dominique.............	des Tailleurs d'habits.
15 *id*	N. Dame.................	des Tondeurs de drap.
16 *id*	St Roch.................	des Paveurs.
24 *id*	St Barthélemy	des Bouchers.
25 *id*	St Louis.................	des Barbiers.
id	*id.*	des Perruquiers.
28 *id*	St Julien	des Hôteliers.
30 *id*	St Fiacre	des Jardiniers.
id	*id.*	des Potiers d'étain.

27

7 septembre	St Cloud..................	Fête des Cloutiers.
8	*id.*	La Nativité de la Vierge ...	des Epingliers.
22	*id.*	St Maurice	des Cardeurs.
	id.	*id.*	des Teinturiers,
27	*id.*	St Côme et St Damien.....	des Chirurgiens.
29	*id.*	St Michel................	des Pâtissiers.
18 octobre ...	St Luc....................	des Médecins.
id ...	*id.*	des Peintres à l'huile.
id ...	*id.*	des Peintres verriers.
id ...	*id.*	des Sculpteurs.
id ...	*id.*	des Vitriers.
25	*id* ...	St Crépin, St Crépinien...	des Cordonniers.
id ...	*id.* *id.* ...	des Savetiers.
28	*id* ...	St Simon	des Corroyeurs.
11 novembre.	St Martin................	des Aubergistes.
id.	*id.*	des Cabaretiers.
id.	*id.*	des Chamoiseurs.
id.	*id.*	des Gantiers.
id.	*id.*	des Meuniers.
id.	*id.*	des Tanneurs.
1er décembre.	St Eloi..................	des Charrons.
id.	*id.*	des Chaudronniers.
id.	*id.*	des Couteliers.
id.	*id.*	des Eperonniers.
id.	*id.*	des Forgerons.
id.	*id.*	des Horlogers.
id.	*id.*	des Orfèvres.
id.	*id.*	des Selliers.
id.	*id.*	des Maréchaux.
4	*id.*	Ste Barbe................	des Chapeliers.
id.	*id.*	des Tisserands.
6	*id.*	St Nicolas	des Apothicaires.
id.	*id.*	des Epiciers.

TABLE DES MATIÈRES.

FIN DE LA TABLE.

Clermont, typ. Hubler.

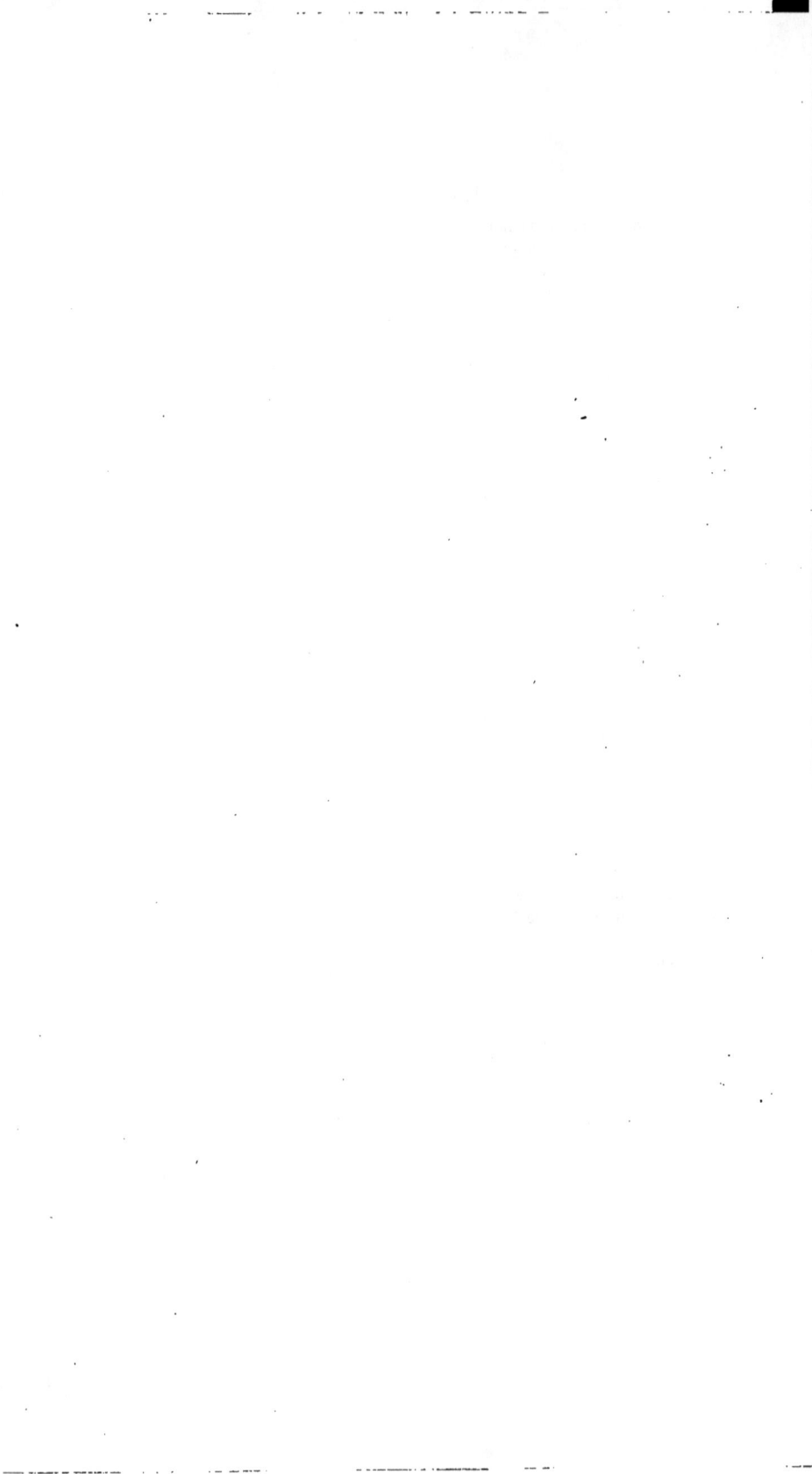

BANNIÈRES DES COMMUNAUTÉS
des Arts et Métiers de l'Auvergne.

Pl. I.

1.
Apothicaires
de Clermont-Ferrand.

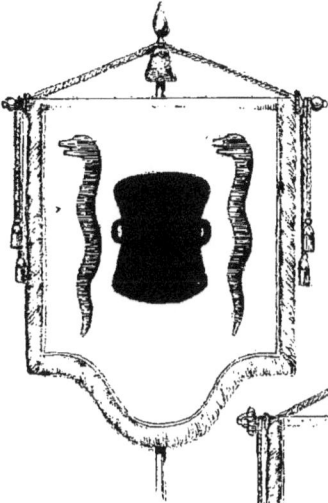

2.
Apothicaires
de Riom.

3.
Apothicaires
d'Aurillac.

4.
Apothicaires
Chirurgiens et Meuniers
de Montferrand

5.
Arts et Métiers
d'Allanche.

BANNIÈRES DES COMMUNAUTÉS
des Arts et Métiers, de l'Auvergne.

Pl. 2.

1.
Arts et Métiers
de Billom.

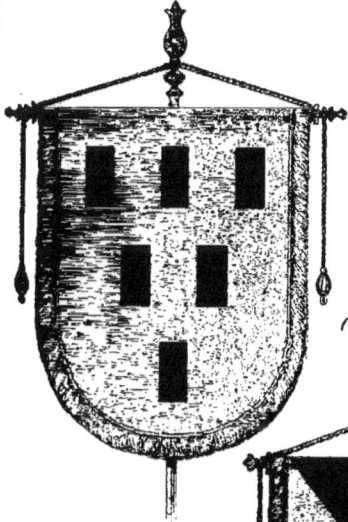

2.
Arts et Métiers
de Clermont, de Cournière
et de St Germain Lembron.

3.
Arts et Métiers
de
Chaudesaigues.

4.
Arts et Métiers
d'Ennezat.

5.
Arts et Métiers
de Montferrand.

BANNIÈRES DES COMMUNAUTÉS
Des Arts et Métiers de l'Auvergne.

Pl. 3.

1.
Arts et Métiers
de Murat.

2.
Arts et Métiers
de Pierrefort.

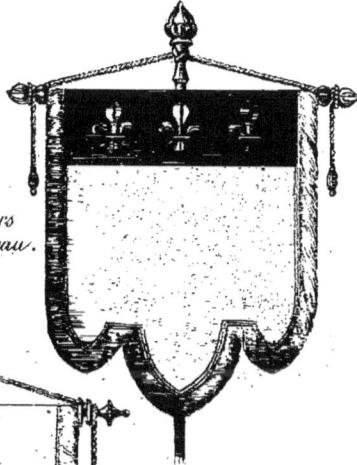

3.
Arts et Métiers
de Pont-du-Château.

4.
Arts et Métiers
de Pontgibaud.

5.
Arts et Métiers
de St Amand-Tallende.

J. Bouillet direxit.

Alexeline del & lith 1856.

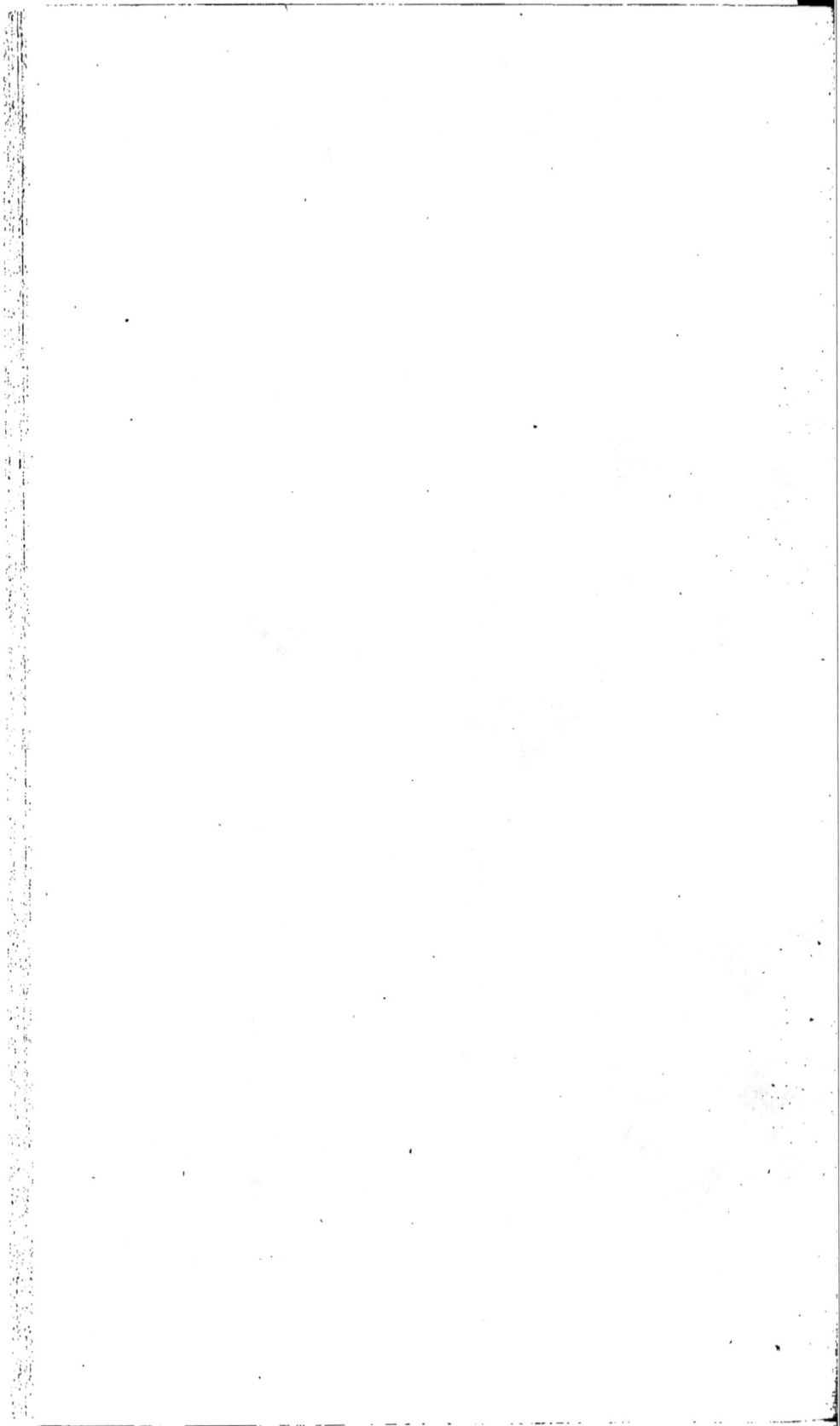

BANNIÈRES DES COMMUNAUTÉS
des Arts et Métiers de l'Auvergne.

Pl. 4.

1.
Aubergistes et Hôteliers
d'Ambert.

2.
Aubergistes
de Brioude.

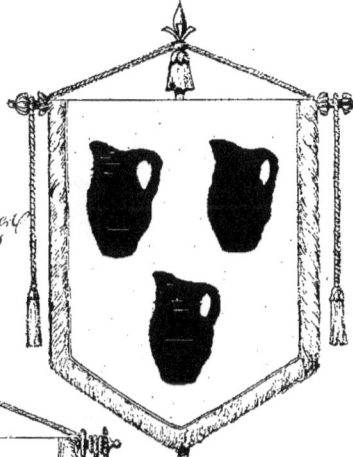

3.
Avocats, Notaires
et Procureurs
d'Ambert.

4.
Avocats, Notaires
et Procureurs
de Blesle.

5.
Avocats, Notaires
et Procureurs
de Brioude.

F. Bouillet direxit.
Alexeline del E lith. 1836

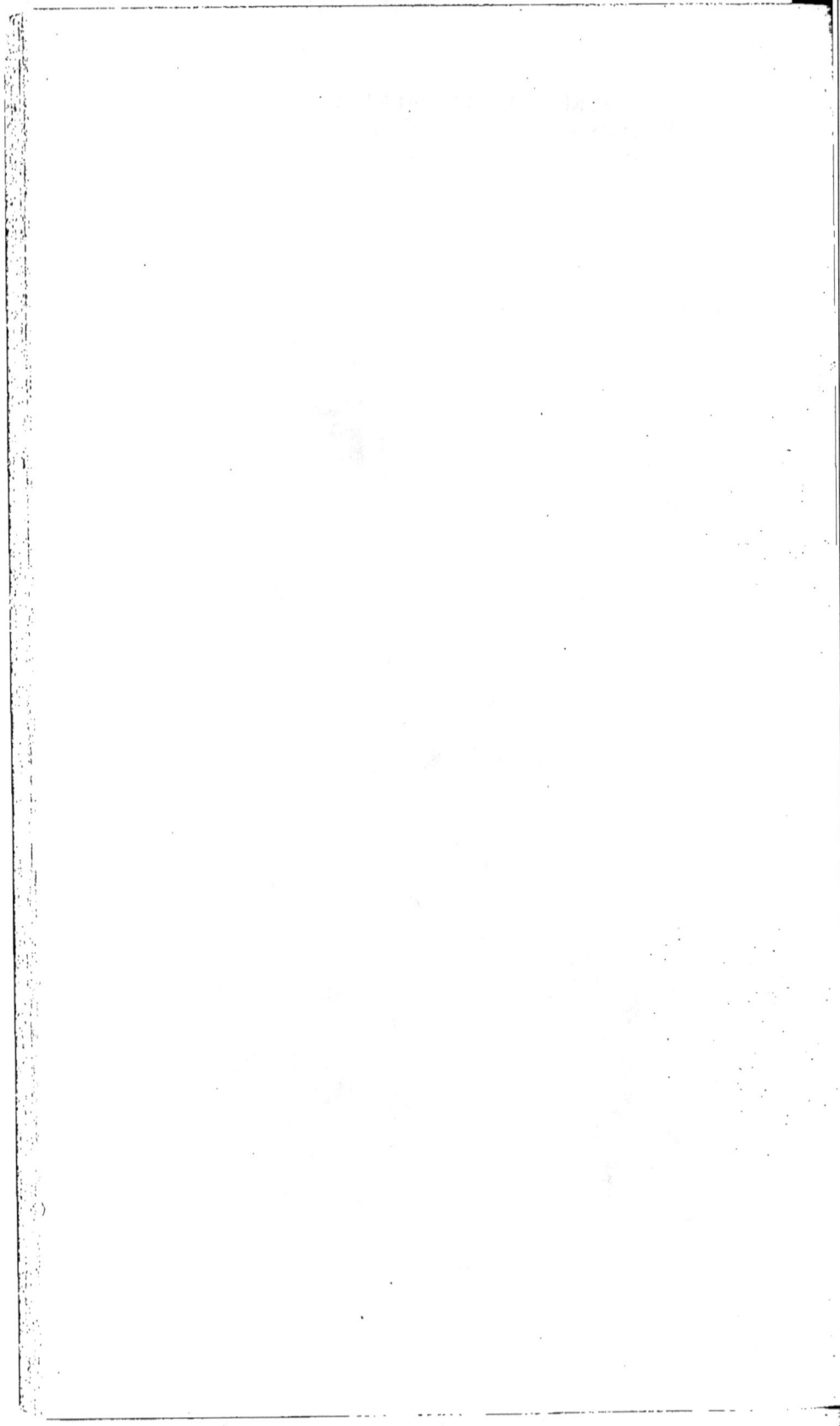

BANNIÈRES DES COMMUNAUTÉS
des Arts et Métiers de l'Auvergne.

Pl. 5.

1.
Avocats, Notaires
et Procureurs
de Langhac.

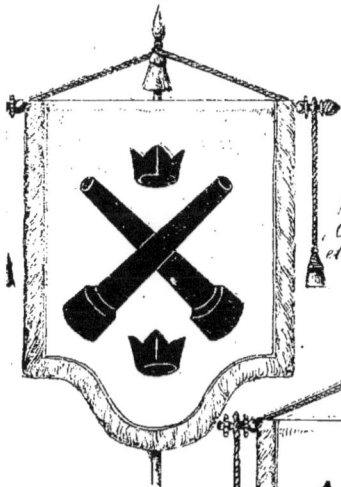

2.
Avocats, Notaires
et Procureurs
de Maurs.

3.
Bouchers,
Menuisiers,
Charpentiers
et Sculpteurs
d'Ambert.

4.
Bouchers, Boulangers,
et Pâtissiers
d'Aurillac.

5.
Bouchers
de Brioude.

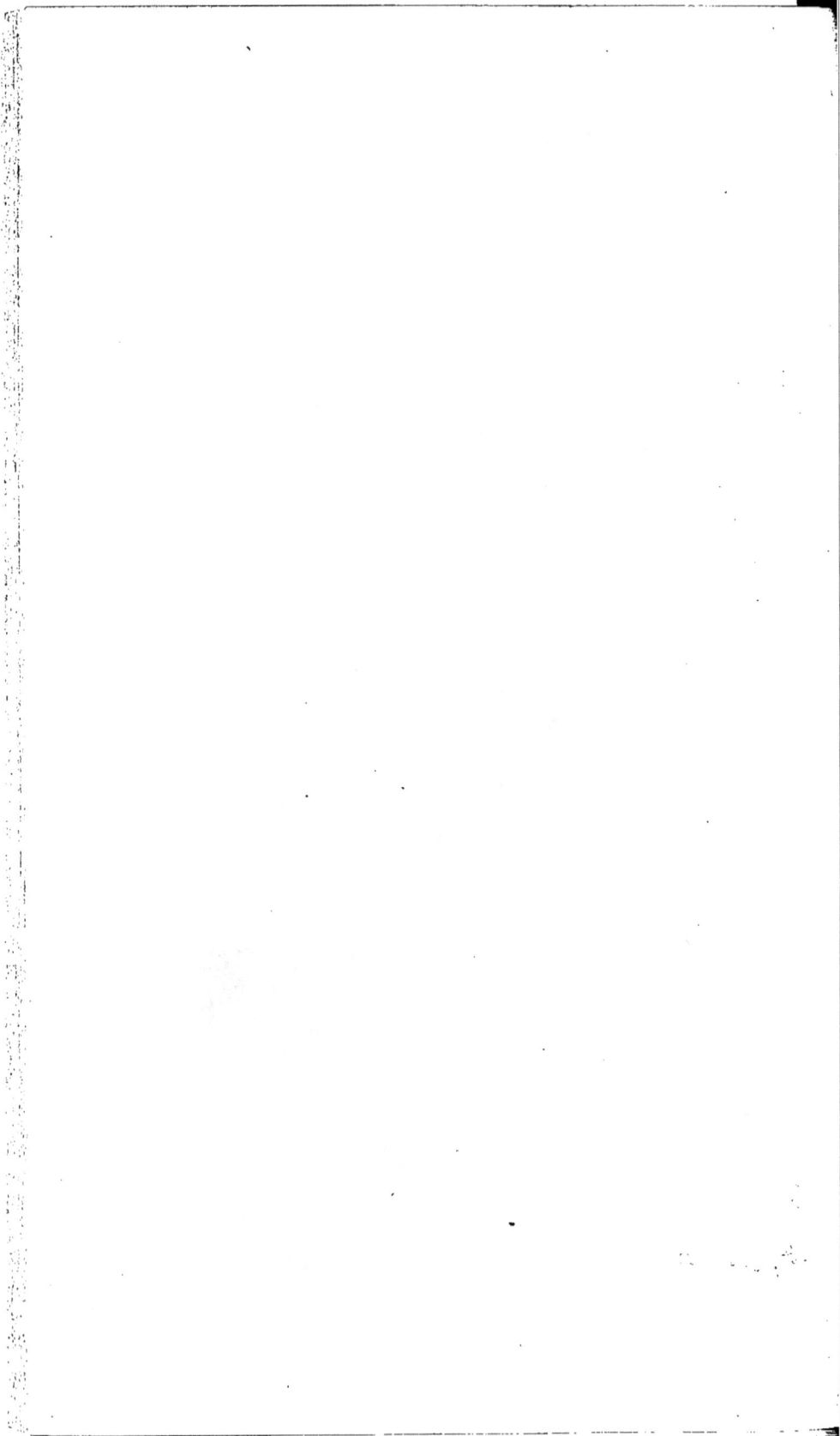

BANNIÈRES DES COMMUNAUTÉS
des Arts et Métiers de l'Auvergne.

Pl. 6.

1.
Bouchers
d'Issoire.

2.
Bouchers et Tripiers
de Maringues.

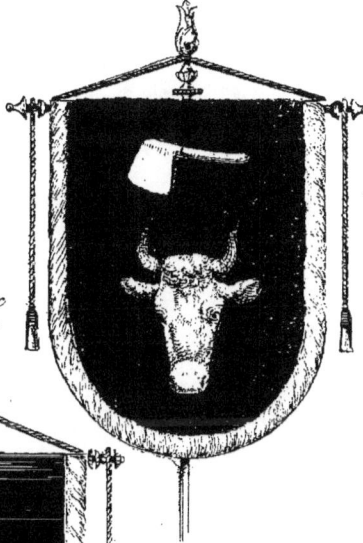

3.
Bouchers,
Teinturiers
et Maréchaux
de Montaigut.

4.
Bouchers
de Riom.

5.
Bouchers
de St Flour.

J. B. Bouillet direxit

Alexandre del. & lith. 1856

BANNIÈRES DES COMMUNAUTÉS
des Arts et Métiers de l'Auvergne.

PL. 7.

1.
Boulangers
et Patissiers
d'Ambert.

2.
Boulangers
de Brioude.

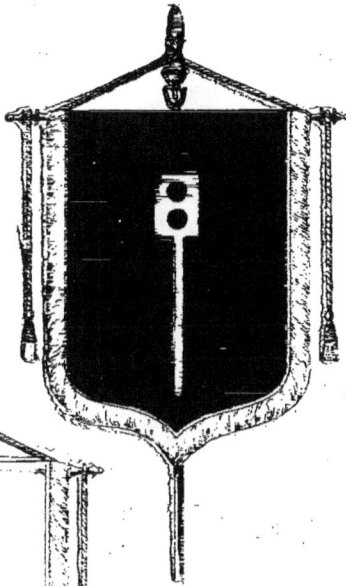

3.
Boulangers
de Clermont.

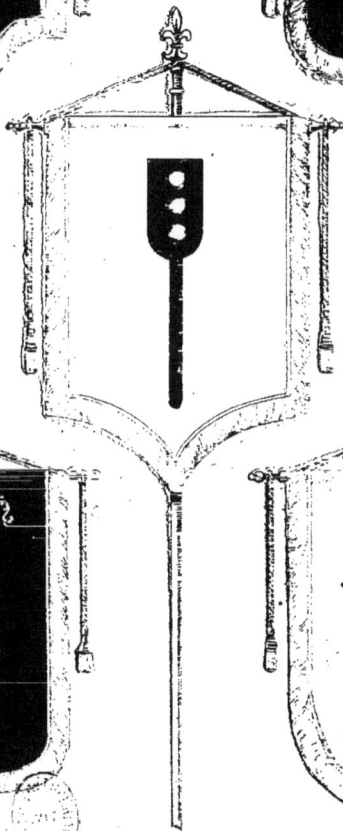

4.
Boulangers
et Pâtissiers
d'Issoire.

5.
Boulangers
et Hôteliers
de Maringues.

B. Bouillet direxit.

Alexéline col. et lith 1856

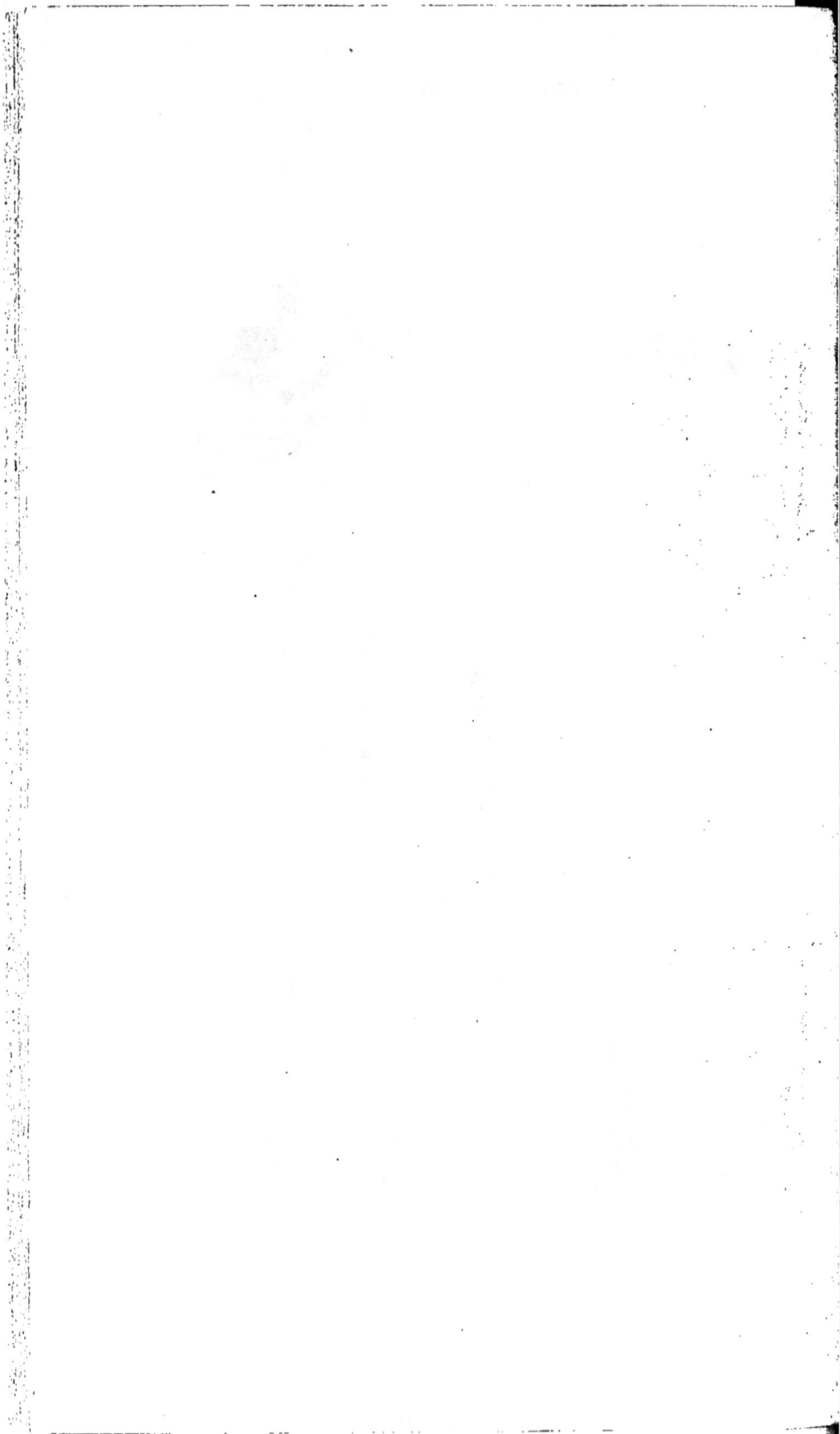

BANNIÈRES DES COMMUNAUTÉS
Des Arts et Métiers de l'Auvergne.

Pl. 8.

1.
Boulangers
de Montaigut.

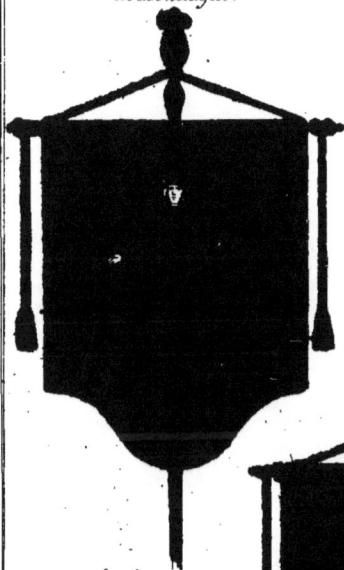

2.
Boulangers
de Riom.

3.
Boulangers
et Pâtissiers
de St Flour.

4.
Boulangers
et Boucher de
de Thiers.

5.
Cardeurs, Tondeurs
et Teinturiers
de St Flour.

J. B. Bouillet direxit.

Alexeline del. et lith 1856.

BANNIÈRES DES COMMUNAUTÉS
Des Arts et Métiers de l'Auvergne.

Pl. 9.

1.
Cartiers, Charpentiers
et Guiniers
de Thiers.

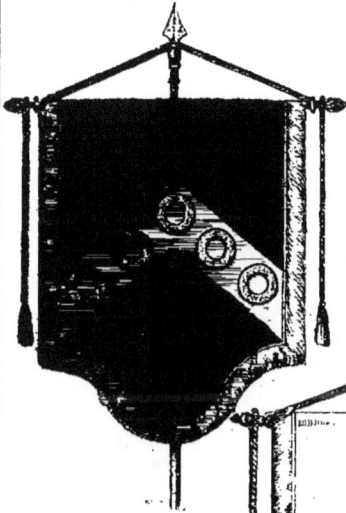

2.
Chamoisseurs
Cordonniers & Charretiers
de Maringues.

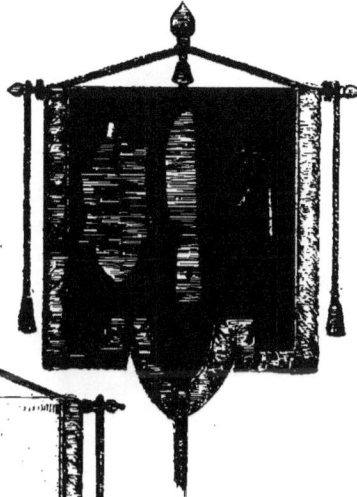

3.
Chapeliers
de Clermont.

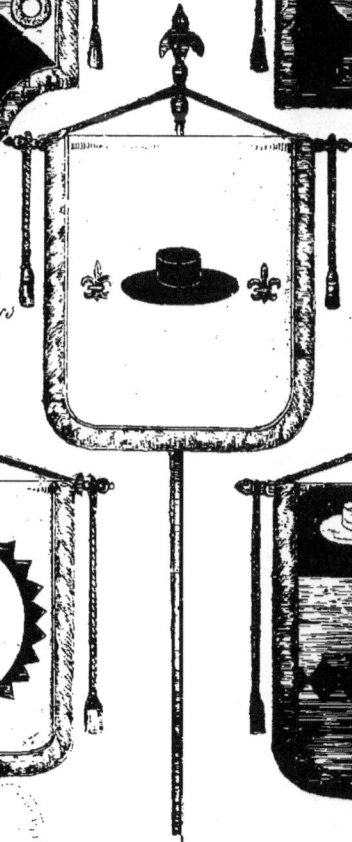

4.
Chapeliers, Cordiers &C,
Selliers, Bastiers, Epcronniers
et Potiers d'étain
d'Issoire.

5.
Chapeliers et Vitriers
de St Flour.

J. B. Brail et. direxit.   Imp. Chapier et Dubos.   Alexelme del. et pin 1856.

BANNIÈRES DES COMMUNAUTÉS
Des Arts et Métiers de l'Auvergne.

Pl. 10.

1.
Charpentiers
Sculpteurs et Vitriers
de Thiers.

2.
Charrons, menuisiers
et Charpentiers.
de Maringues.

3.
Chaudronniers,
Armuriers, Couteliers,
Serruriers et autres
d'Aurillac.

4.
Chirurgiens
d'Aurillac.

5.
Chirurgiens
de Clermont.

J.B. Bouillet, direxit.   Lith. Hubler et Dubos.   Blanchine del et lith. 1856.

BANNIÈRES DES COMMUNAUTÉS
des Arts et Métiers de l'Auvergne.

Pl. II.

1.
Chirurgiens
de Maringues.

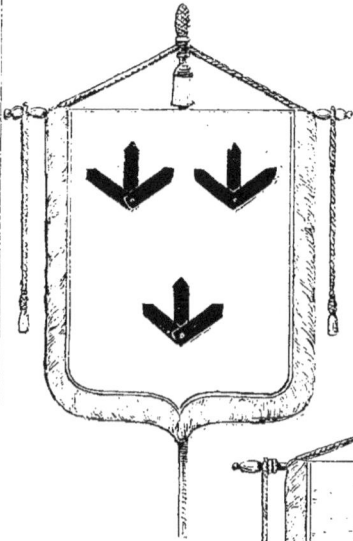

2.
Chirurgiens
de Riom.

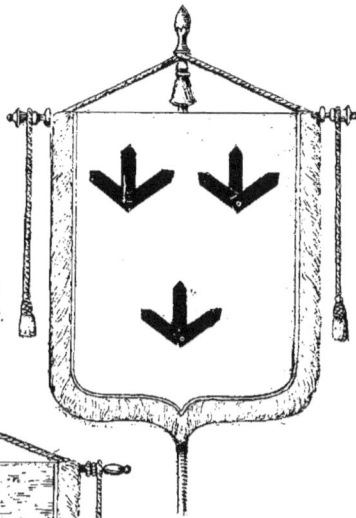

3.
Cordonniers
de Clermont.

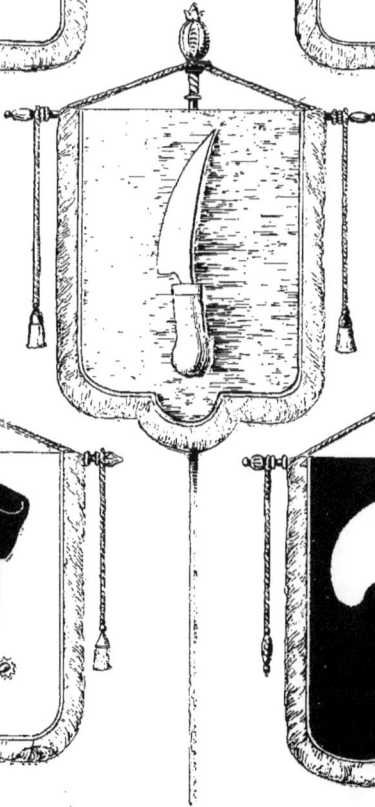

4.
Cordonniers
de Riom.

5.
Cordonniers
d'Issoire.

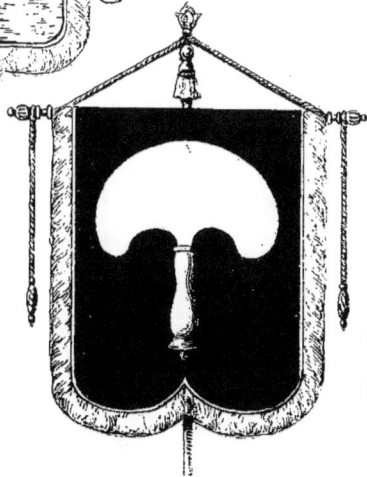

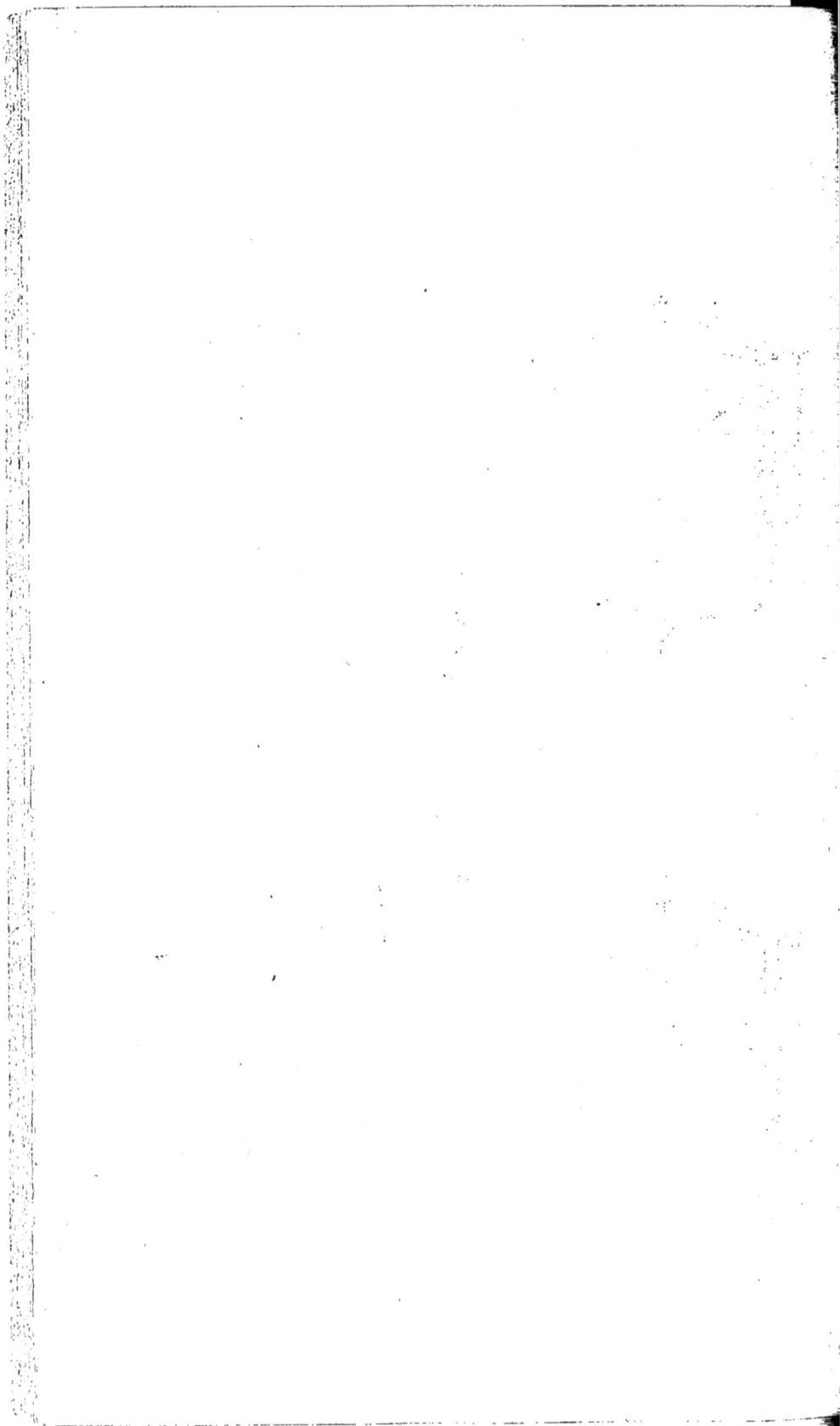

Pl. 12

BANNIÈRES DES COMMUNAUTÉS
des Arts et Métiers de l'Auvergne.

1.
Cordonniers, Selliers et Bridiers
d'Ambert.

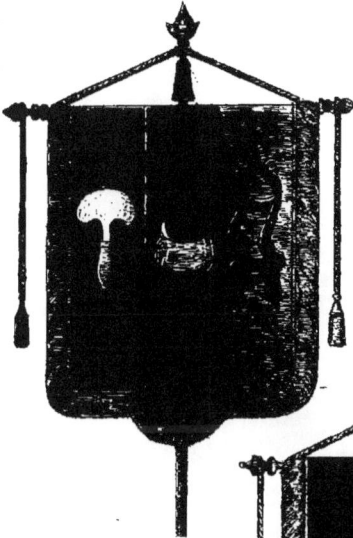

2.
Cordonniers, Cardeurs, Tisserands
Marchands, Revendeurs, Hôteliers, Maçons, &.
de Montferrand.

3.
Couteliers
de Thiers.

4.
Epiciers
de Riom.

5.
Epiciers, Regrattiers
Marchands de Fromages.
d'Aurillac.

J. B. Bouillet direxit   Mr. Husler   Rencstra del. & lith. à St.

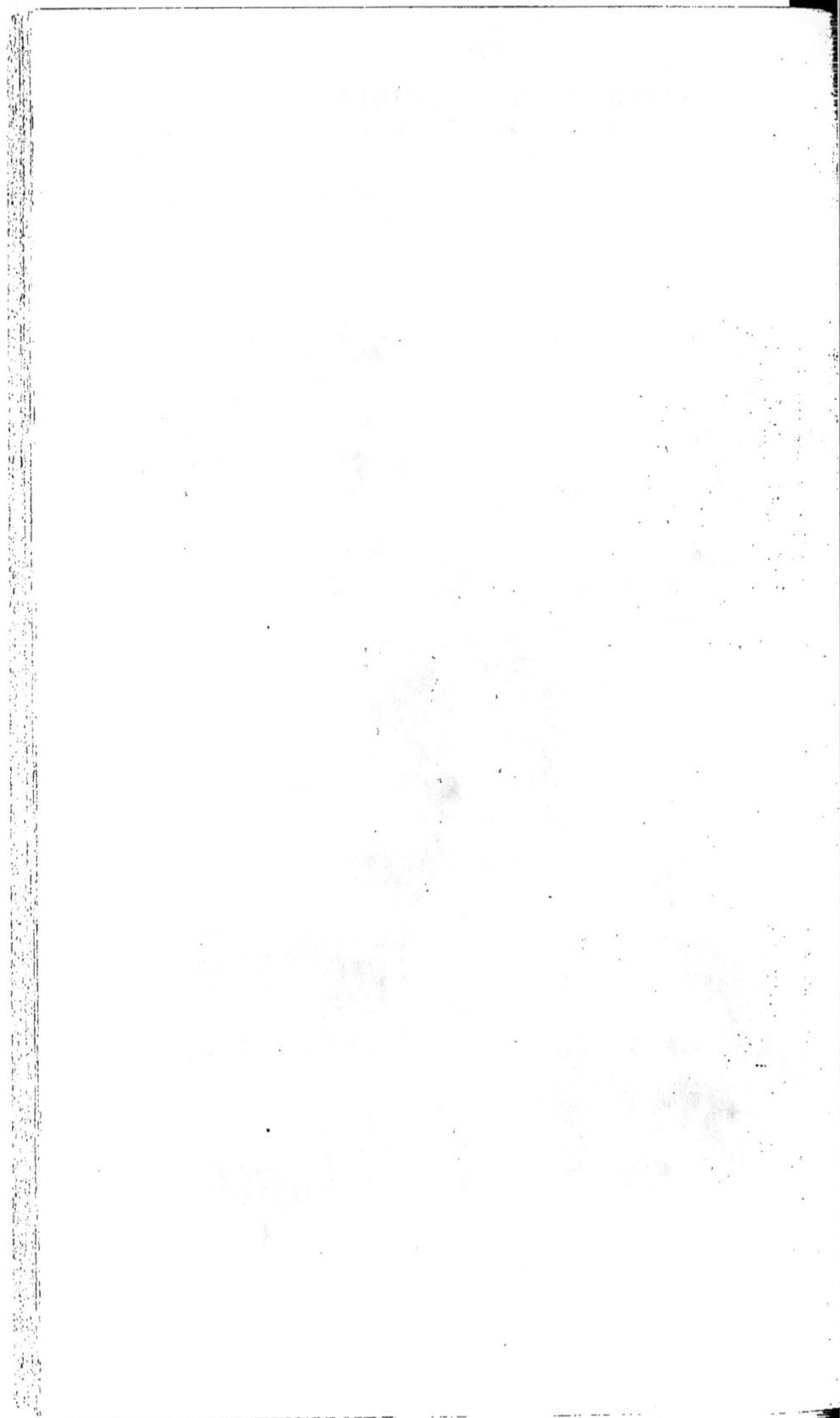

BANNIÈRES DES COMMUNAUTÉS
des Arts et Métiers de l'Auvergne.

Pl. 13.

1.
Épiciers & Orfèvres
de Maringues.

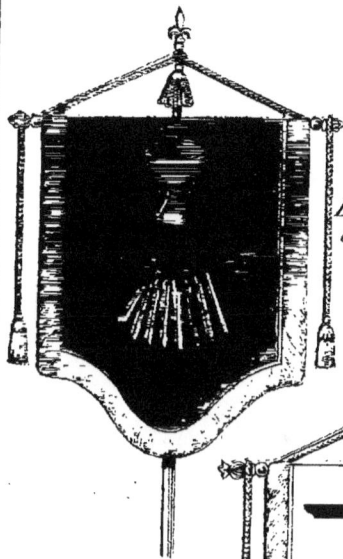

2.
Experts jurés
de Clermont.

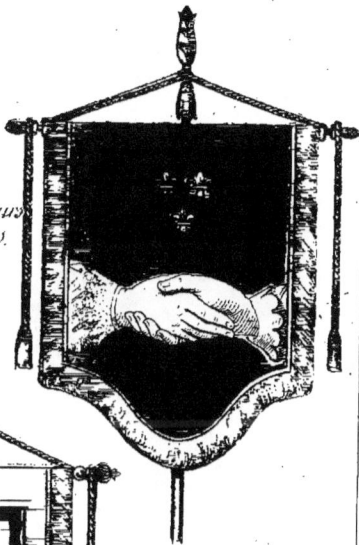

3.
Experts Priseurs
et Arpenteurs
jurés
de Riom.

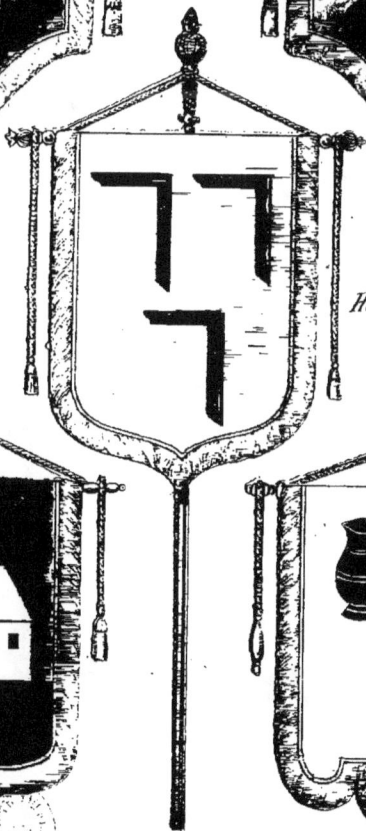

4.
Hôteliers
de Clermont.

5.
Hôteliers et Aubergistes
d'Issoire.

Lith. Hribler et Dubes.

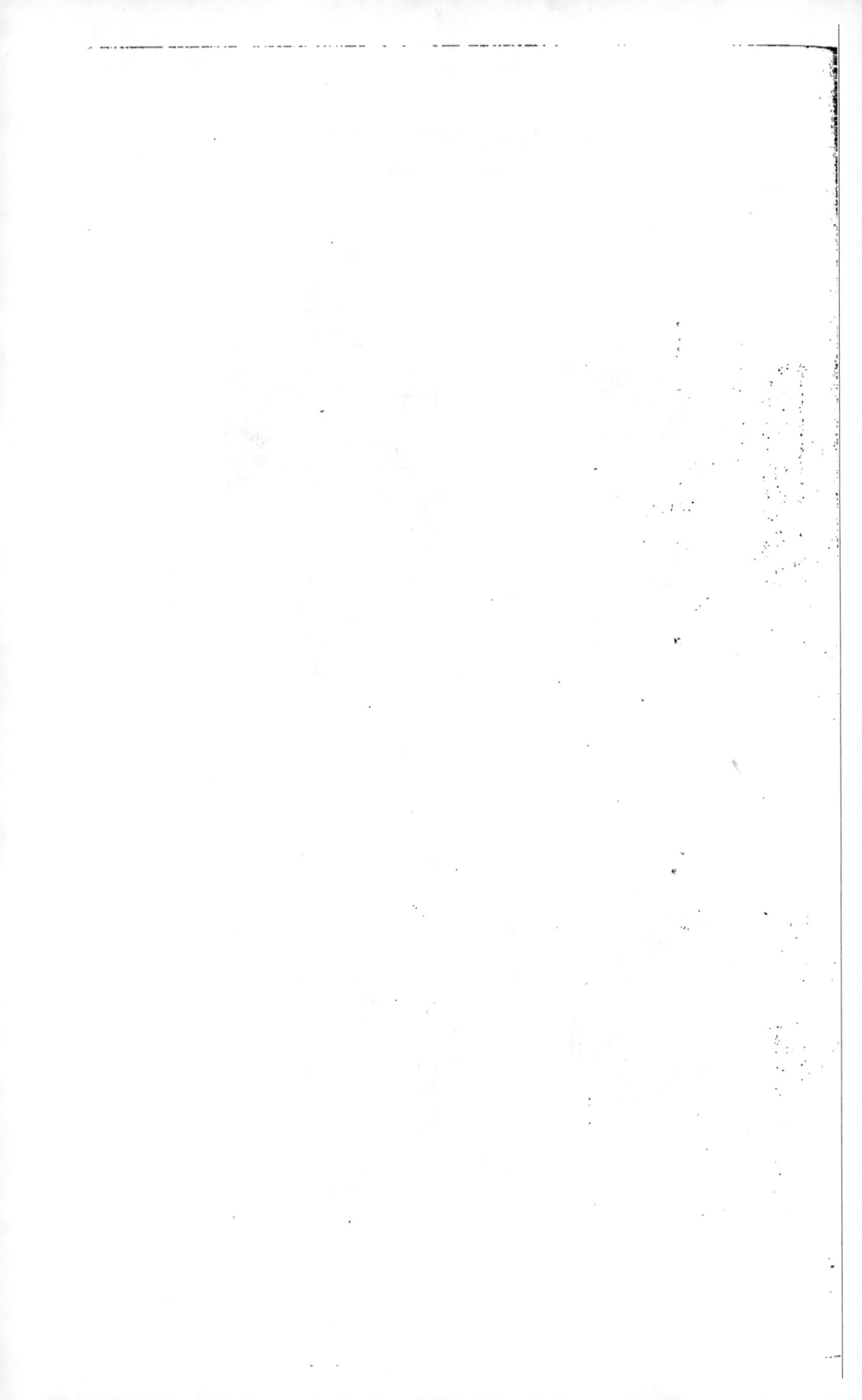

Pl. 14.

BANNIÈRES DES COMMUNAUTÉS

des Arts et Métiers de l'Auvergne.

1.
Hôteliers et Aubergistes
de St Flour.

2.
Jaugeurs jurés
de Clermont-Fd.

3.
Libraires,
Imprimeurs
de Clermont.

4.
Maçons, Tailleurs de pierre,
Couvreurs et Paveurs
de Riom.

5.
Maçons, Couvreurs
et Blanchisseurs
de St Flour.

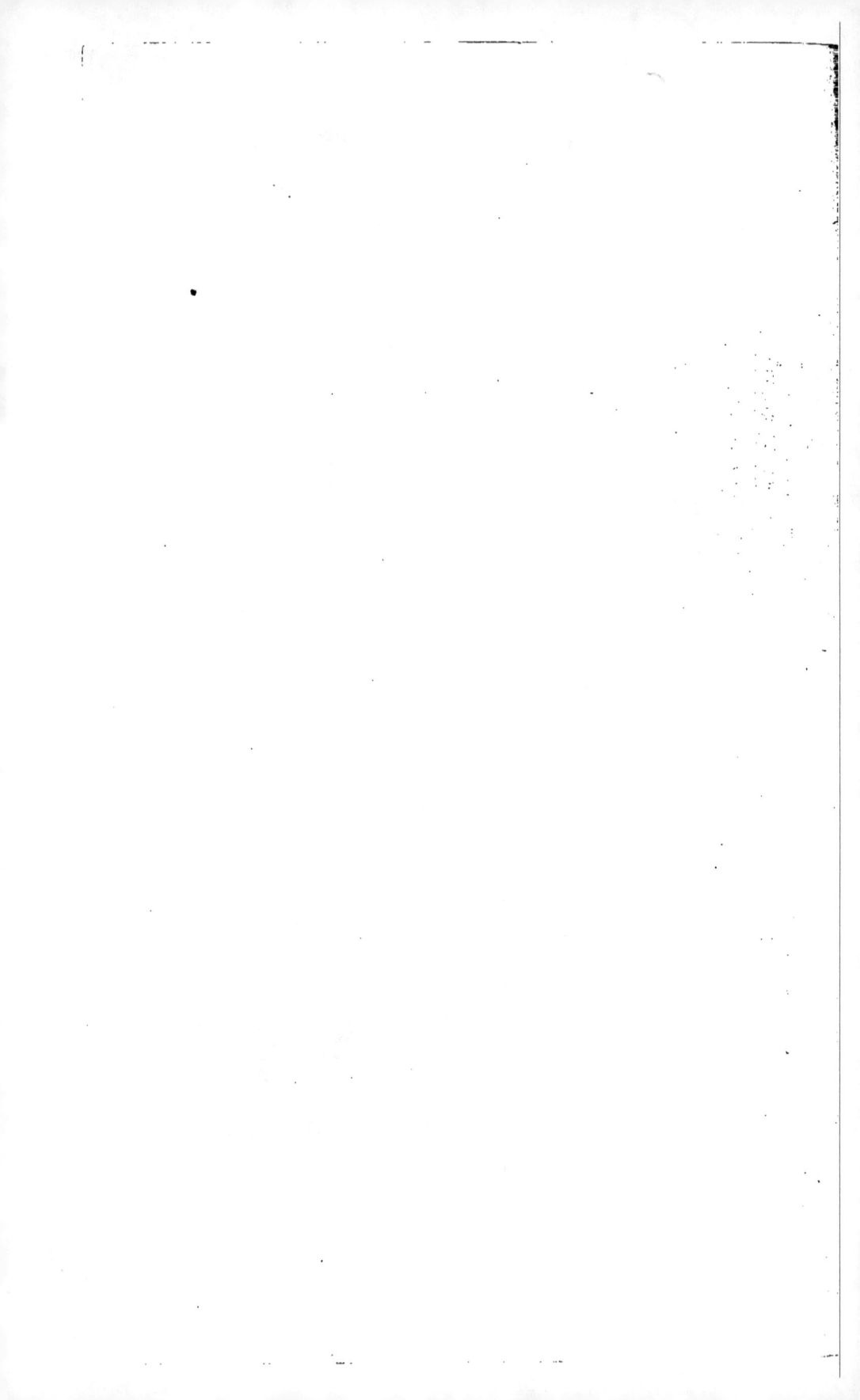

BANNIÈRES DES COMMUNAUTÉS
des Arts et Métiers de l'Auvergne.

1.
Marchands
d'Allanche.

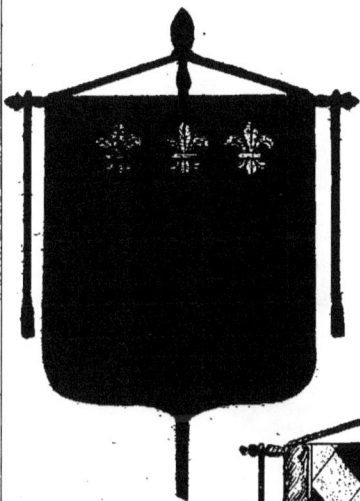

2.
Marchands
d'Ambert.

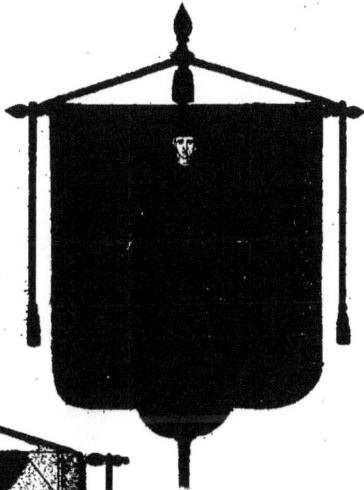

3.
Marchands
de Blesle.

4.
Marchands
de Blesle.

5.
Marchands
de Brioude.

L.B. Bouillet direxit.

Lith. Hubler.

Alexandre del. et in.

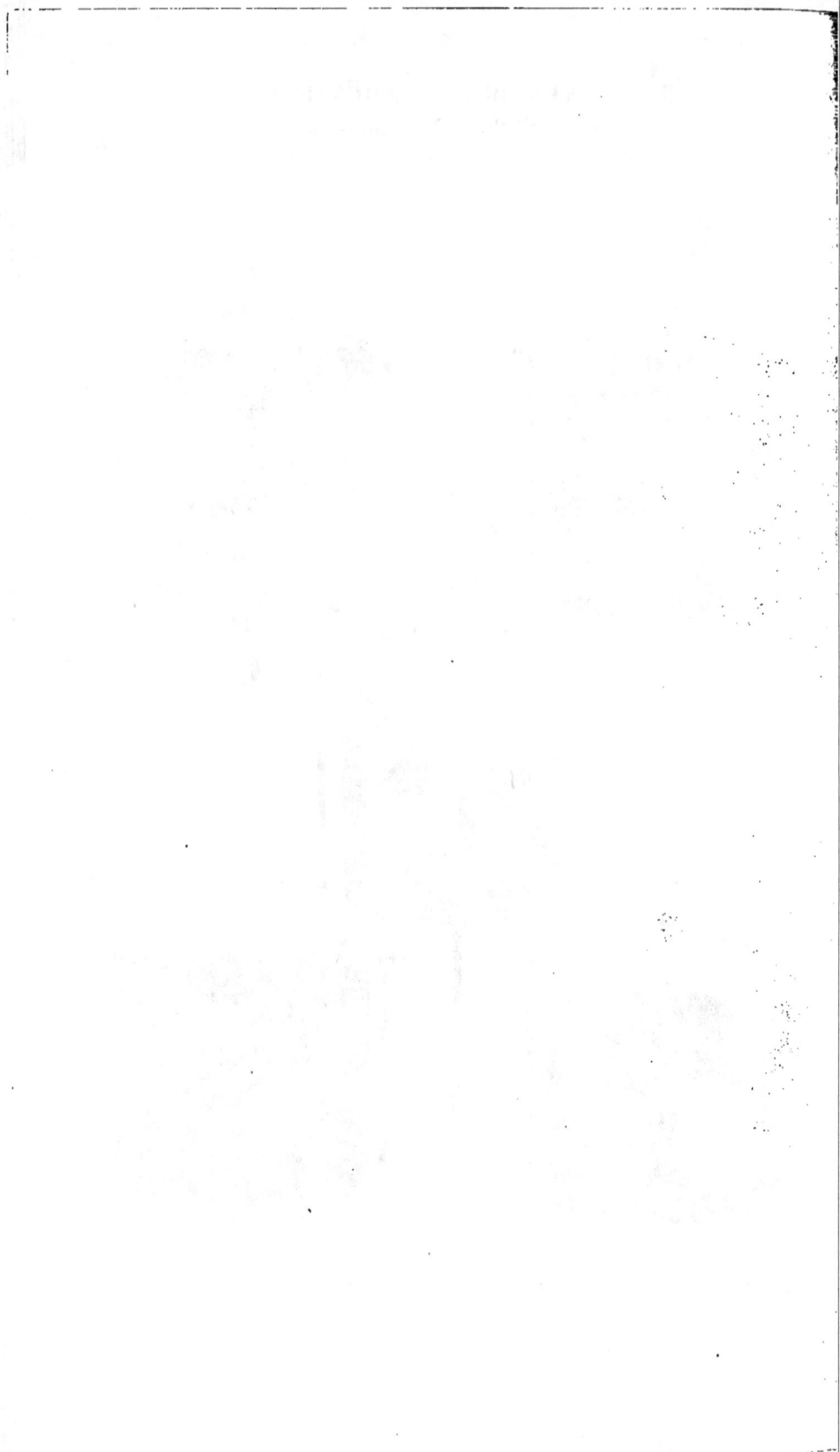

BANNIÈRES DES COMMUNAUTÉS
des Arts et Métiers de l'Auvergne.

Pl. 16.

1.
Marchands
de Chaudesaigues.

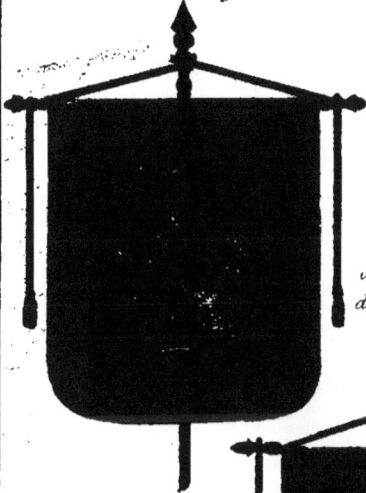

2.
Marchands
de Clermont.

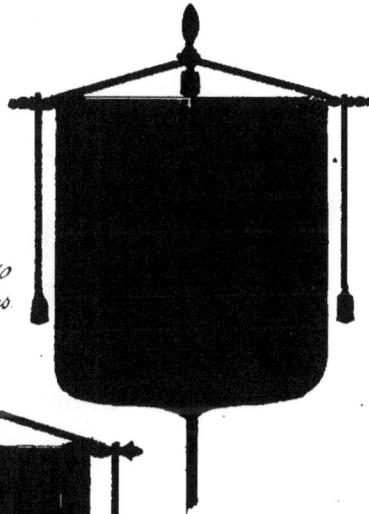

3.
Marchands
de Courpières.

4.
Marchands
d'Issoire.

5.
Marchands
de Langheac.

J. B. Bouillet direxit.   Lith. Oudot.   Alexeline del et lith.

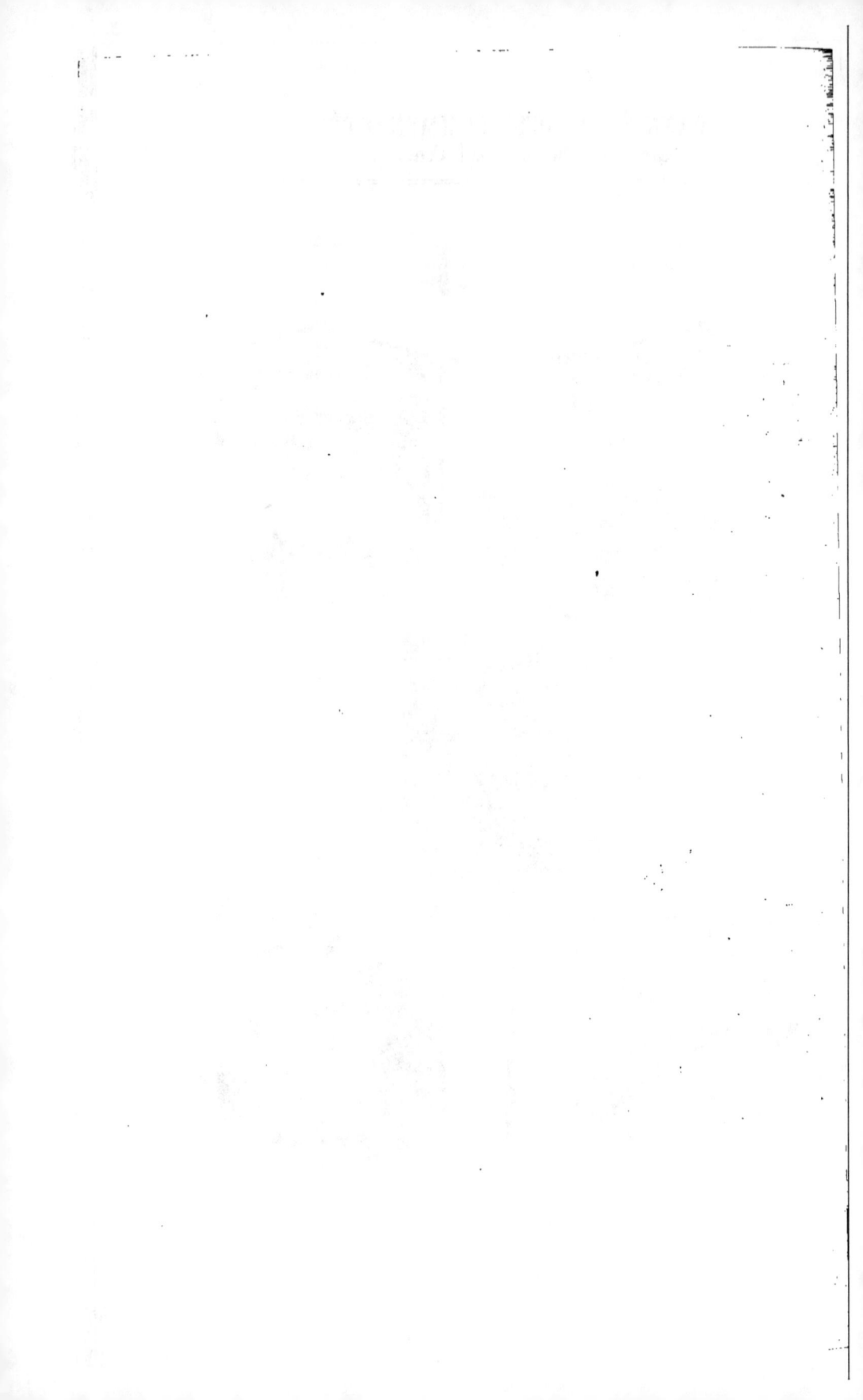

BANNIÈRES DES COMMUNAUTÉS
des Arts et Métiers de l'Auvergne.

1.
*Marchands
de Massiac.*

2.
*Marchands
de Montferrand.*

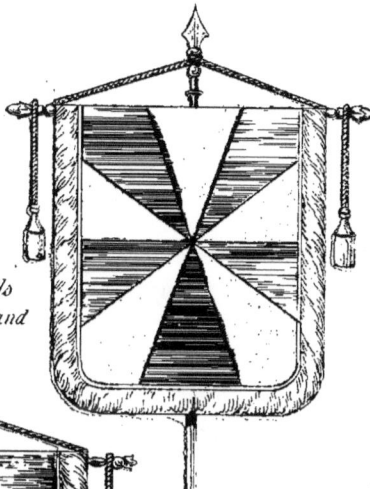

3.
*Marchands
de Montferrand*

4.
*Marchands
de Murat.*

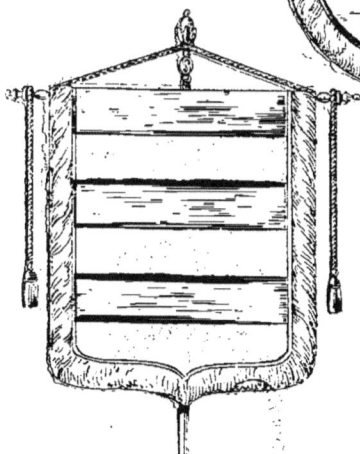

5.
*Marchands
de Pierrefort.*

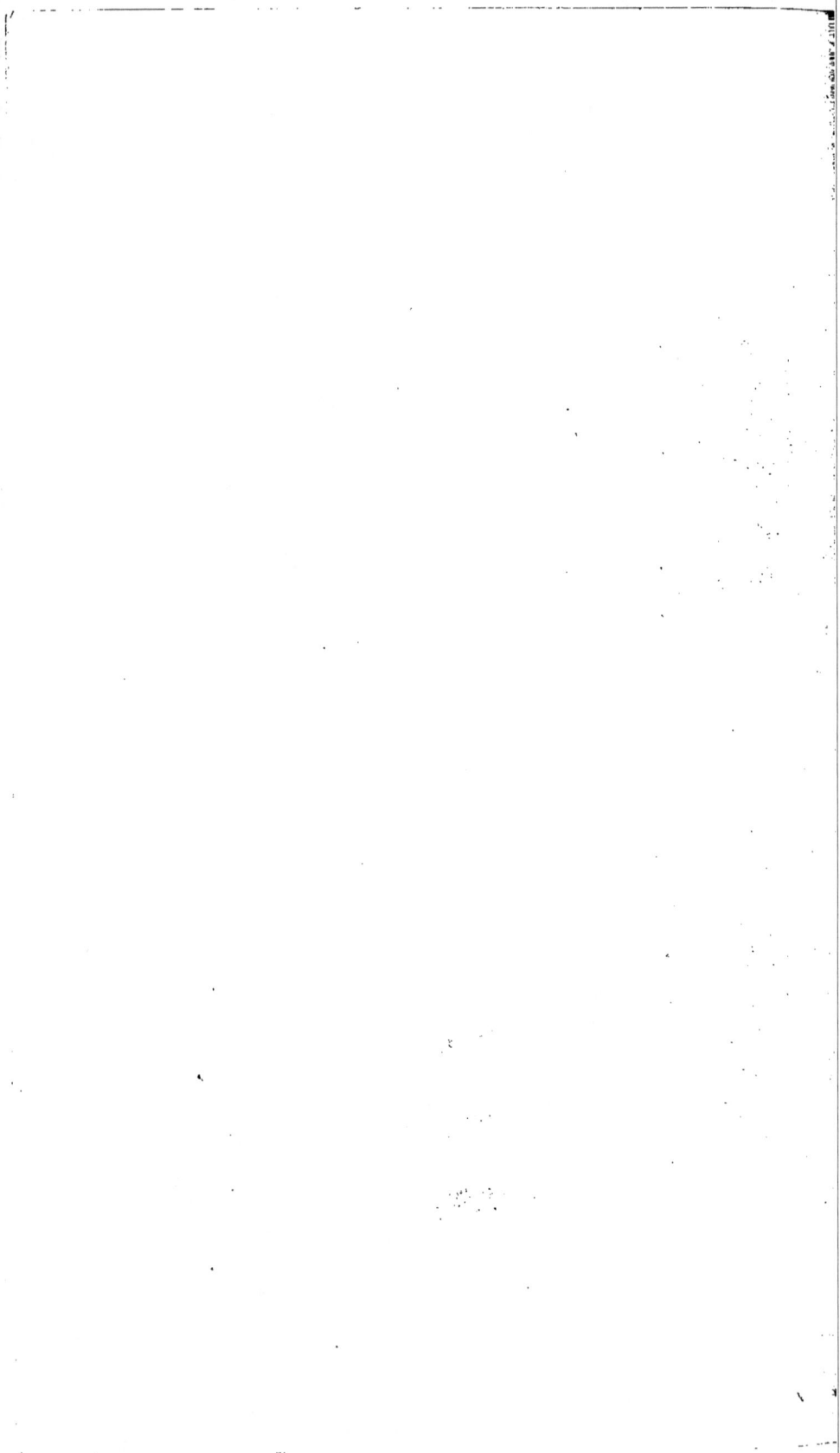

BANNIÈRES DES COMMUNAUTÉS.
des Arts et Métiers de l'Auvergne.

Pl. 18.

1.
Marchand O
de Pont-du-Château.

2.
Marchands
de Pontgibaud.

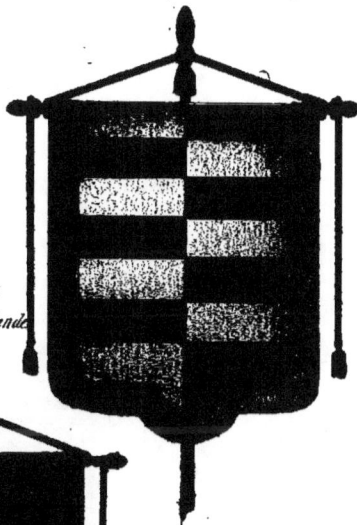

3.
Marchands
de St Amand-Tallende.

4.
Marchands
de St Flour

5.
Marchands
et Arts et Métiers
d'Arlanc.

J.B Bouillet, dirext.

Lith Hubler.

Alexeline del. et lith. 1856.

BANNIÈRES DES COMMUNAUTÉS
des Arts et Métiers de l'Auvergne.

Pl. 19.

1.
Marchands
et Arts et Métiers
d'Auzon.

2.
Marchands
et Arts et Métiers
de Cournon.

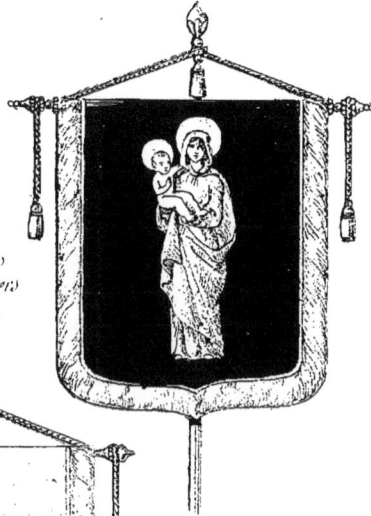

3.
Marchands
et Arts et Métiers
de Maurs.

4.
Marchands
et Arts et Métiers
de la Mothe.

5.
Marchands
et Arts et Métiers
de St Paulien.

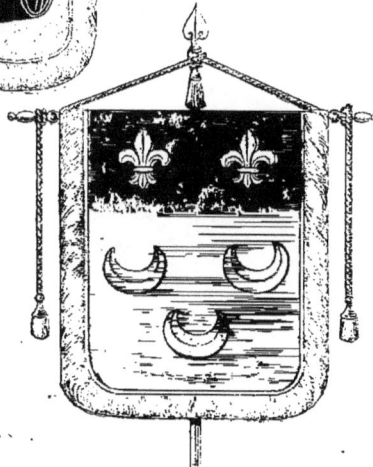

J. B. Bouillet direxit

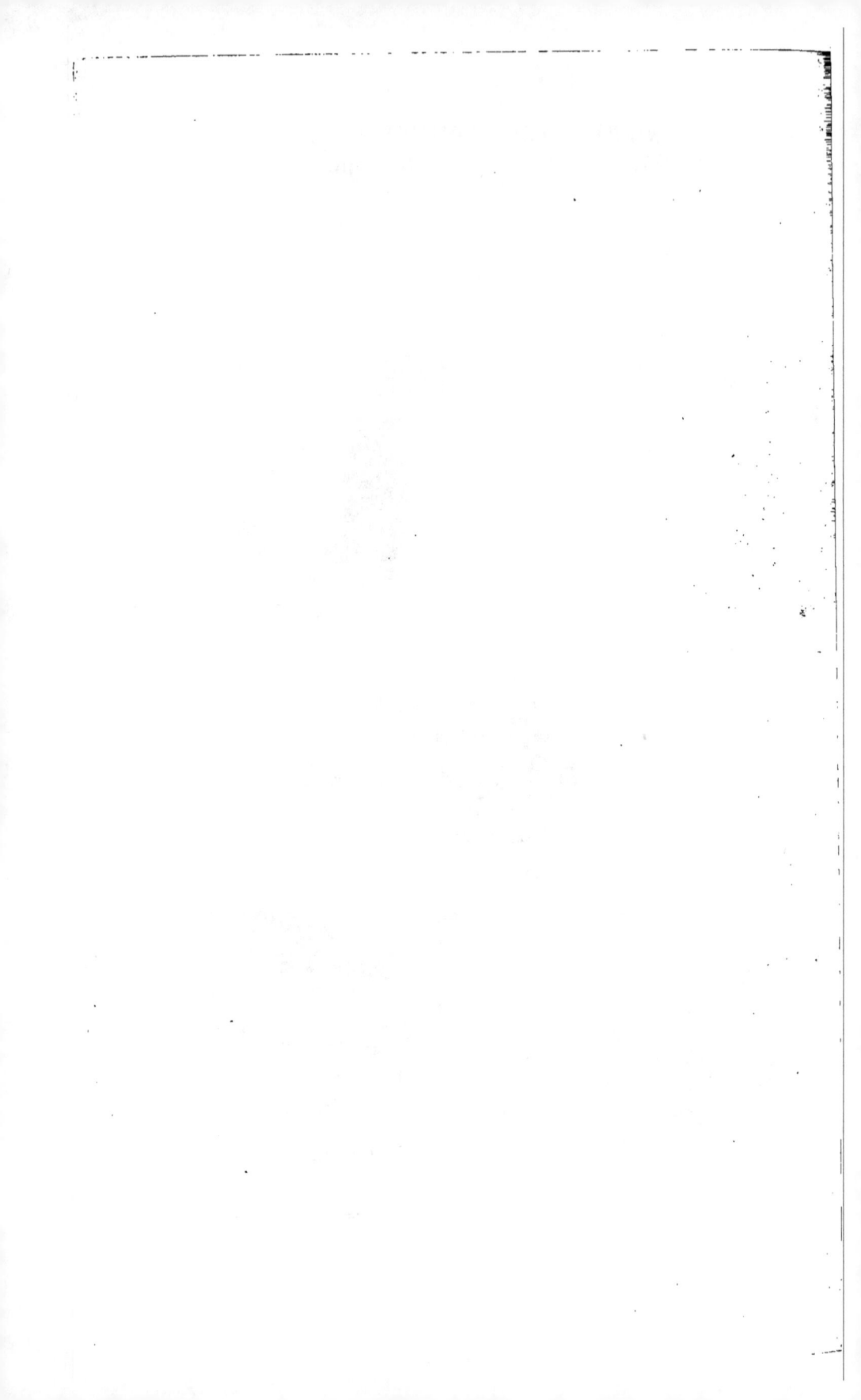

BANNIÈRES DES COMMUNAUTÉS

des Arts et Métiers de l'Auvergne.

Pl. 20.

1.
Marchands et arts et métiers
de St Germain-Lembron.

2.
Marchands et arts et métiers
de Sauxillanges.

3.
Marchands
et arts et métiers
de Vic.

4.
Marchands
et Arts & Métiers
de Vic-le-Comte.

5.
Marchands
et Arts et Métiers
de la Voute.

B. Bouillet dessinit.   Lith Hubler.   Alexatine et. et Fils 1856.

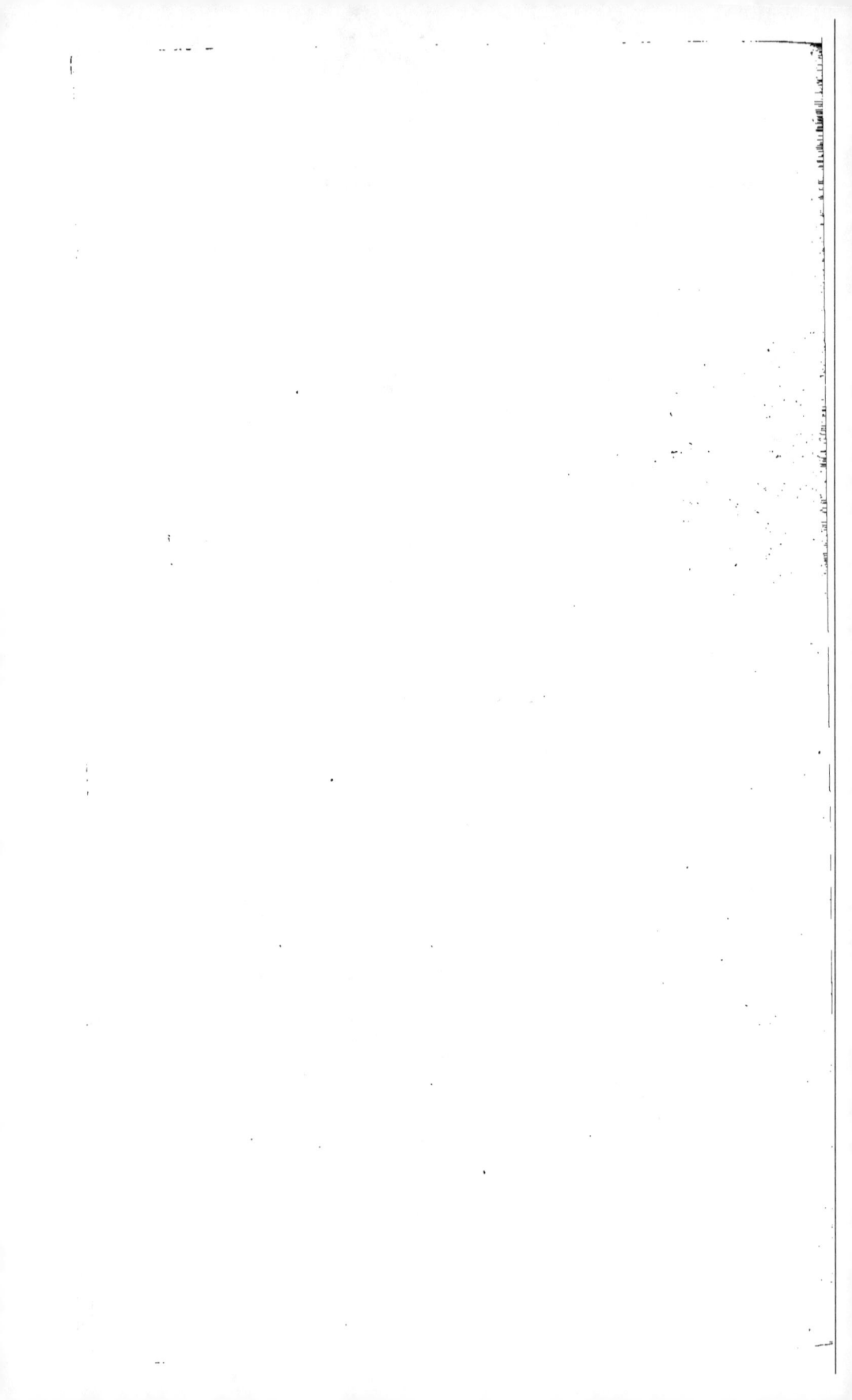

Pl.21.

BANNIÈRES DES COMMUNAUTÉS
des Arts et Métiers de l'Auvergne.

1.

Marchands et Artisans
de Mauriac.

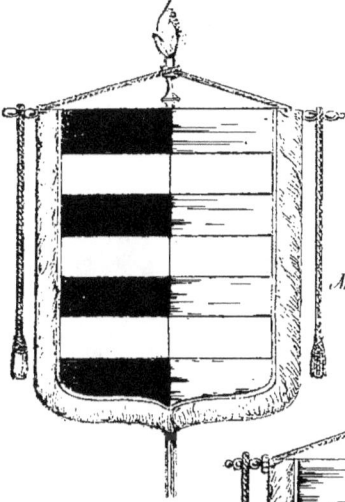

2.

Marchands de draps, de soie, merciers &.
d'Aurillac.

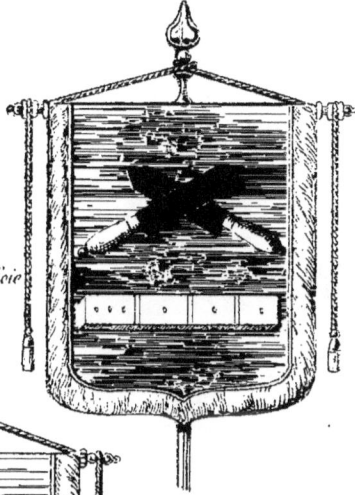

3.

Marchands de Soie
de Riom.

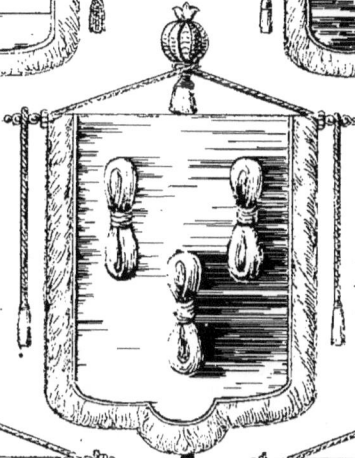

4.

Maréchaux et
Serruriers de Maringues.

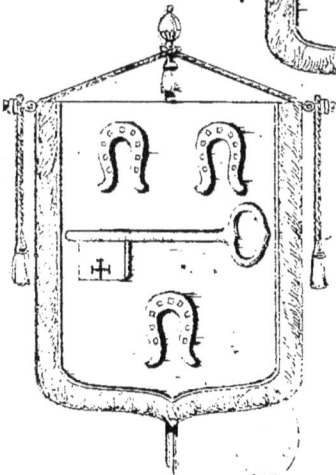

5.

Maréchaux, Serruriers,
Epingliers, Forgerons
et Bâtiers d'Ambert.

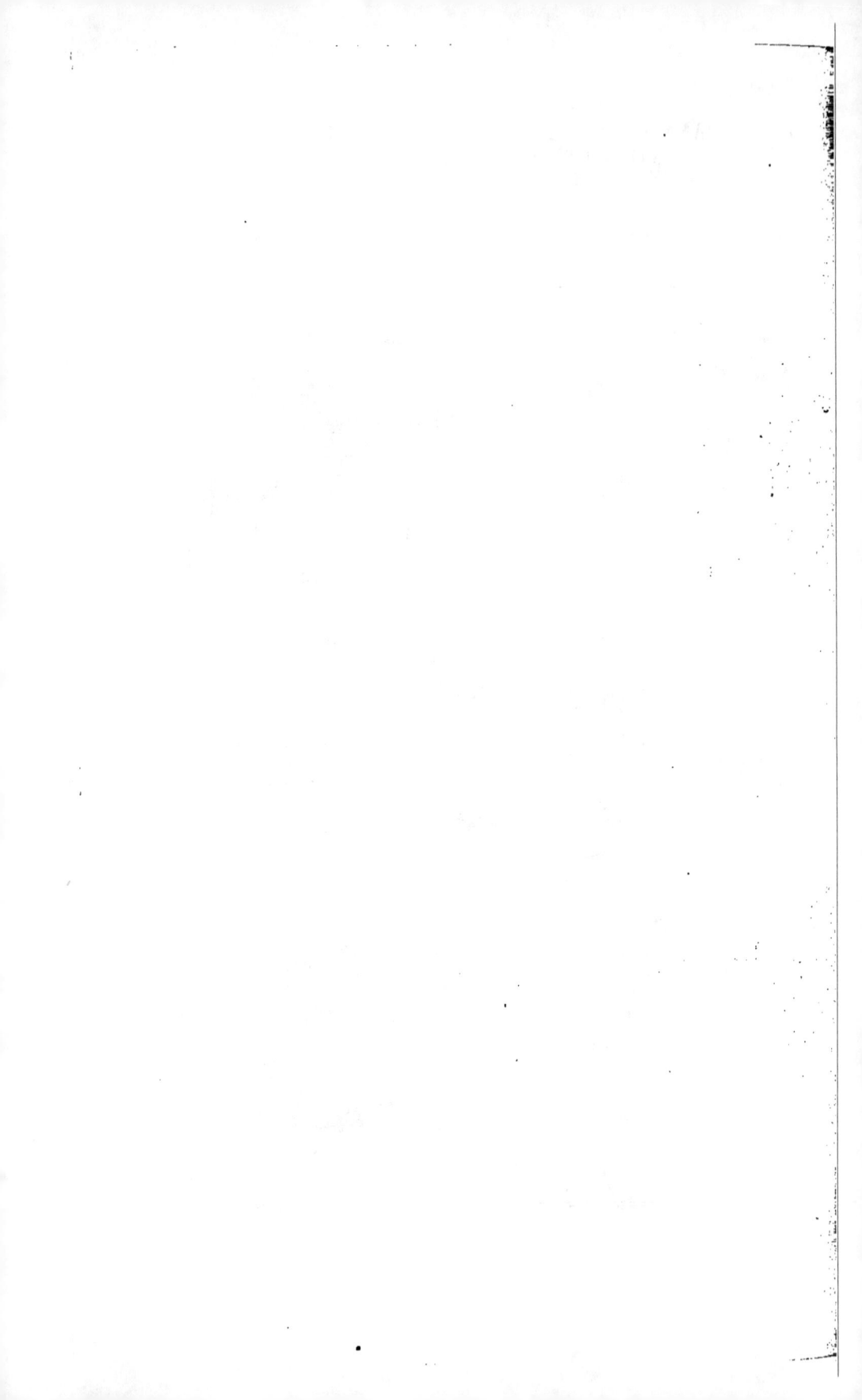

BANNIÈRES DES COMMUNAUTÉS
des Arts et Métiers de l'Auvergne.

Pl. 22.

1.
Maréchaux, serruriers, gainiers,
Couteliers, armuriers, et Fourbisseurs
de St. Flour.

2.
Maréchaux, selliers,
Bridiers et Bâtiers
de Riom.

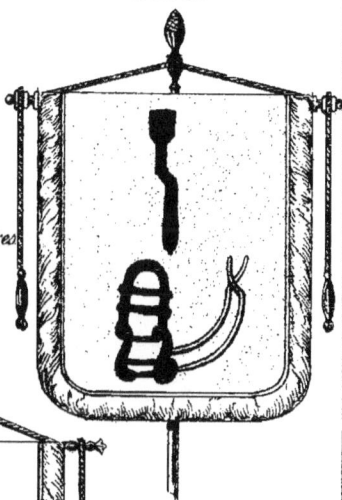

3.
Médecins Apothicaires
et Chirurgiens
d'Allanche.

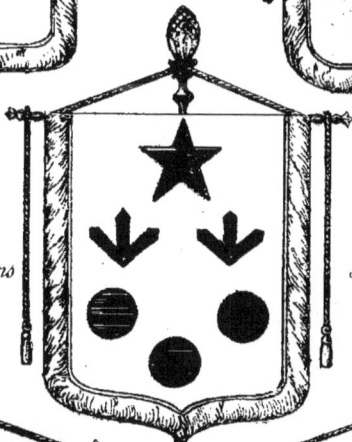

4.
Médecins,
Apothicaires et Chirurgiens
d'Ambert.

5.
Médecins,
Apothicaires et Chirurgiens
de Blesle.

BANNIÈRES DES COMMUNAUTÉS
des Arts et Métiers de l'Auvergne.

Pl. 23.

1.
Médecins, Apothicaires,
Chirurgiens, Perruquiers et Barbiers
de Brioude.

2.
Médecins et
Apothicaires
de Chaudesaigues

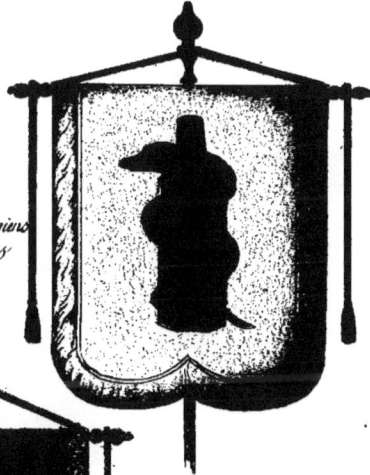

3.
Médecins, Chirurgiens
et Apothicaires
d'Issoire.

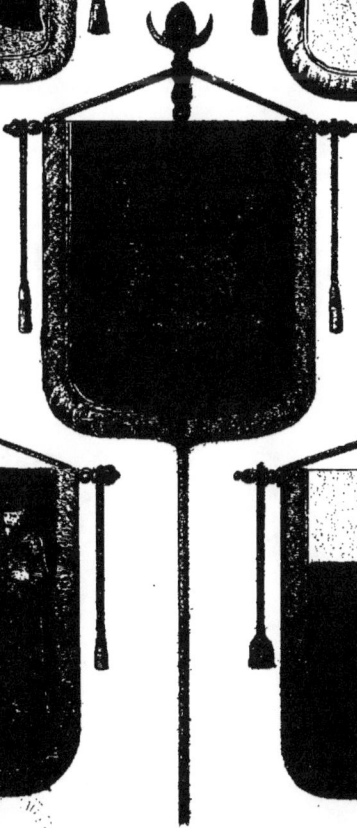

4.
Médecins, Apothicaires
et Chirurgiens
de Montaigut.

5.
Médecins et Apothicaires
de Murat.

J. B. Bouillet direxit.   Lith. Ribier.   Alexeline del. lith. 1856.

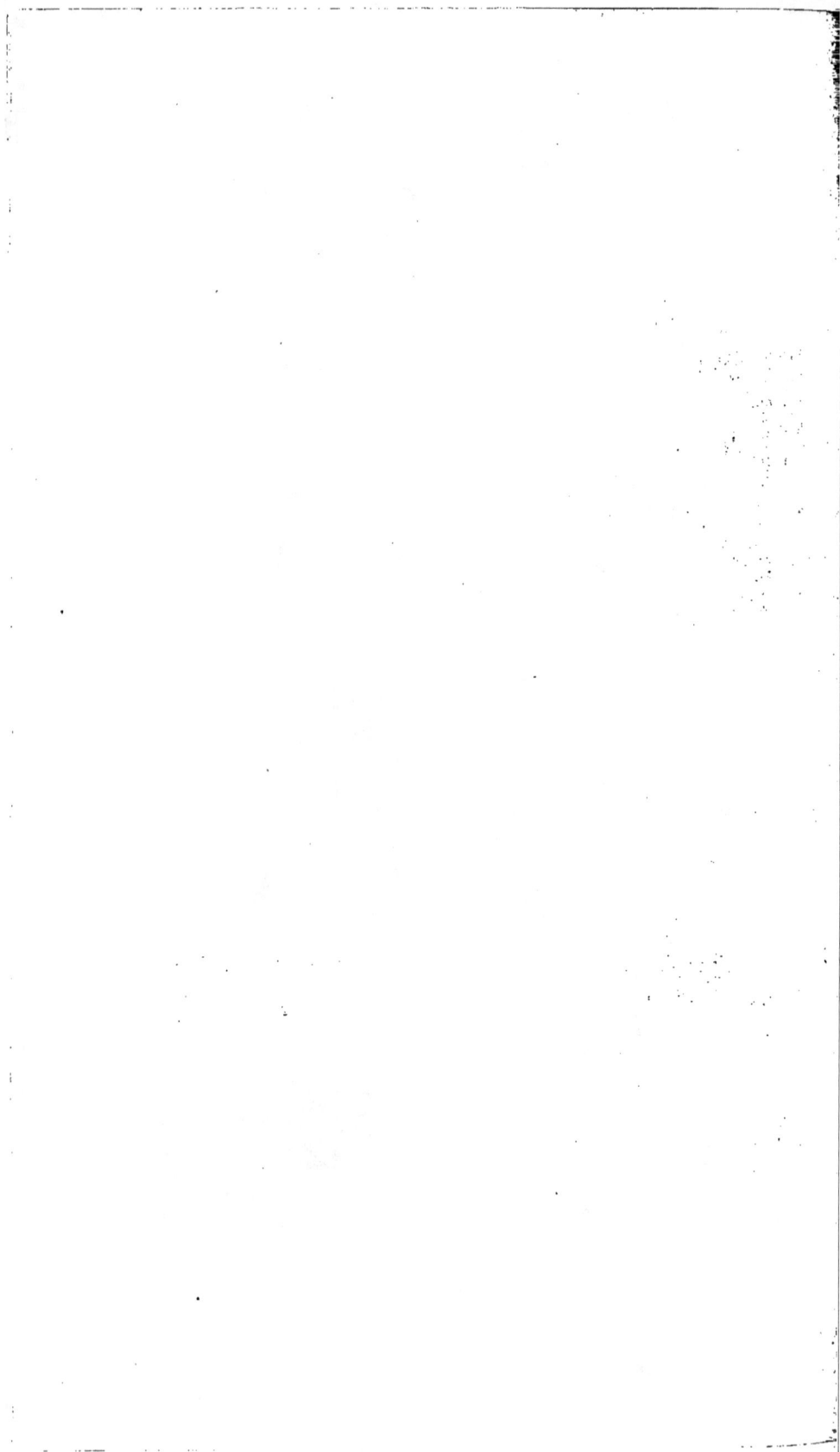

BANNIÈRES DES COMMUNAUTÉS
Des Arts et Métiers de l'Auvergne.

Pl. 24.

1.

Médecins et Apothicaires
de Pierrefort.

2.

Médecins, Apothicaires et Chirurgiens
de St Germain-Lembron.

3.

Médecins, Apothicaires
et Chirurgiens
de Sauxillanges.

4.

Menuisiers et sculpteurs
de Clermont-Ferrand.

5.

Menuisiers, Charpentiers,
Vinaigriers, Chaudronniers,
et Charrons de Riom.

J.B. Bouillet direxit.

Lith. Hubler.

Alexeline del & lith. 1856.

BANNIÈRES DES COMMUNAUTÉS
des Arts et Métiers de l'Auvergne.

Pl.25.

1.
Menuisiers, maçons et
charpentiers de Brioude

2.
Notaires
d'Aurillac.

3.
Notaires
de Clermont.

4.
Notaires
de Maringues.

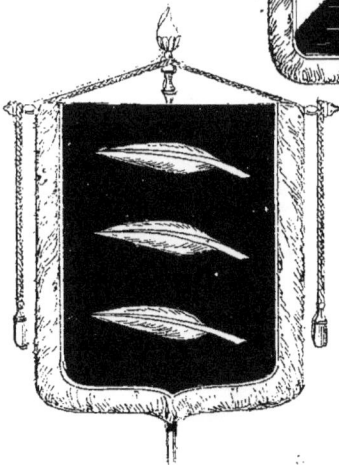

5.
Notaires royaux
et ordinaires
de Mauriac.

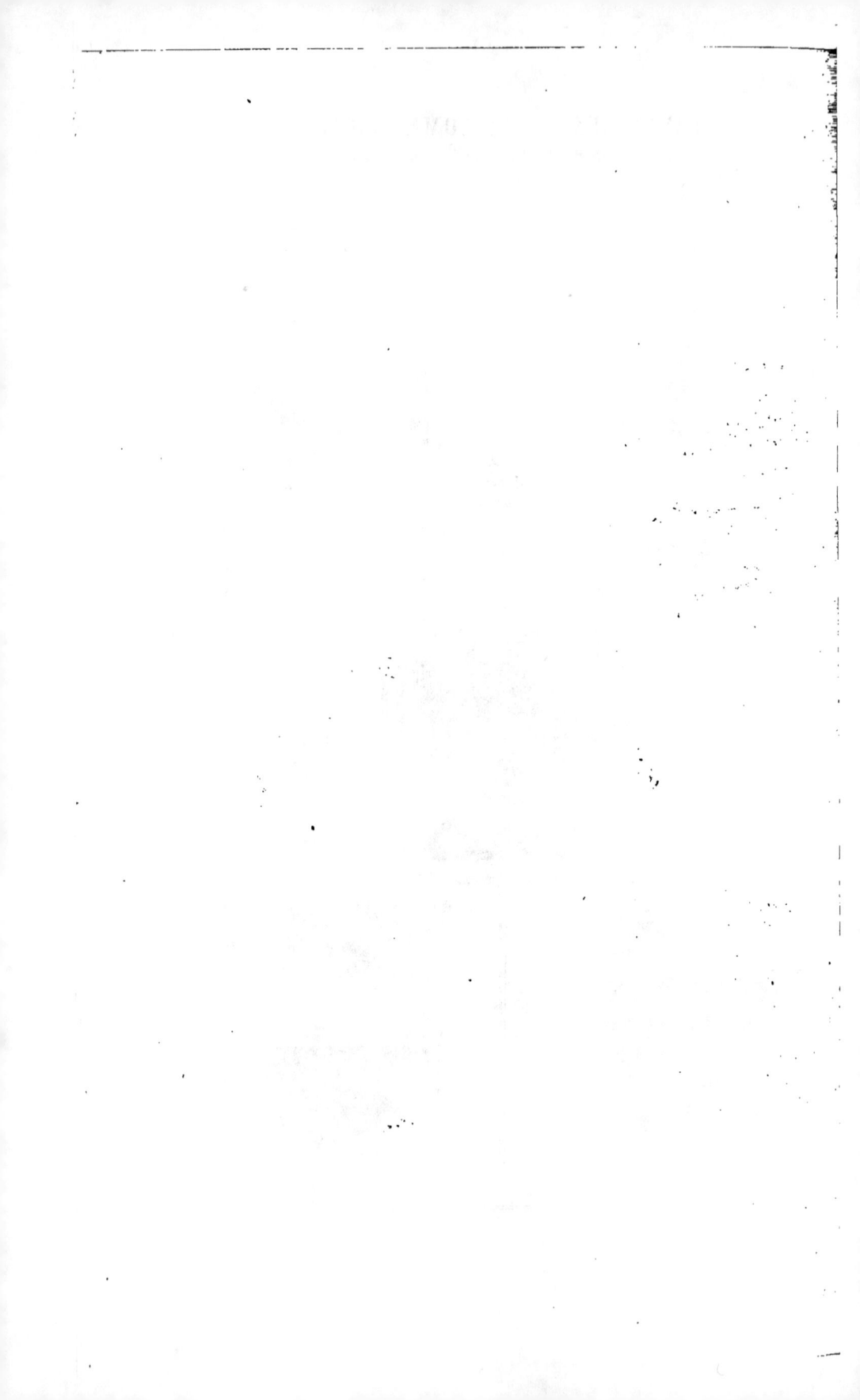

BANNIÈRES DES COMMUNAUTÉS
des Arts et Métiers de l'Auvergne.

Pl. 26.

1.
Notaires royaux et apostoliques
de Riom.

2.
Notaires
de St Amand-Tallende.

3.
Notaires et Procureurs
de Besse.

4.
Notaires et Procureurs
de Cournon.

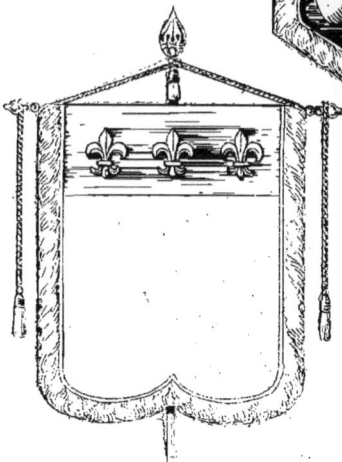

5.
Notaires et Procureurs
de Courpières.

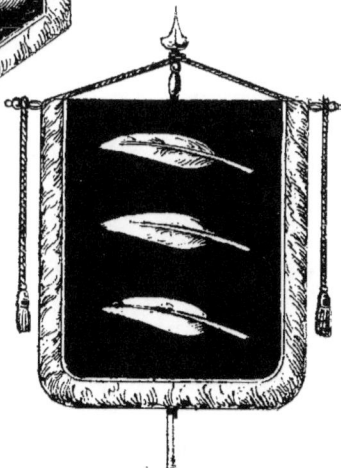

BANNIÈRES DES COMMUNAUTÉS
des Arts et Métiers de l'Auvergne.

PL.27.

1.

Notaires et Procureurs
de Chaudesaigues

2.

Notaires & Procureurs
d'Issoire.

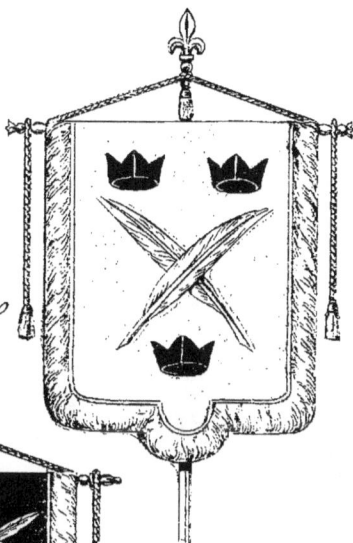

3

Notaires
et Procureurs
de Montaigut.

4.

Notaires & Procureurs
de Murat.

5.

Notaires et Procureurs
du Pont-du-Château

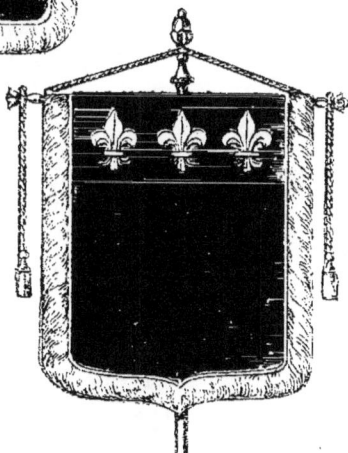

BANNIÈRES DES COMMUNAUTÉS
des Arts et Métiers de l'Auvergne.

Pl.28.

1.
Notaires royaux et Procureurs
de St Flour.

2.
Notaires et Procureurs
de Vic.

3.
Orfèvres
de Clermont.

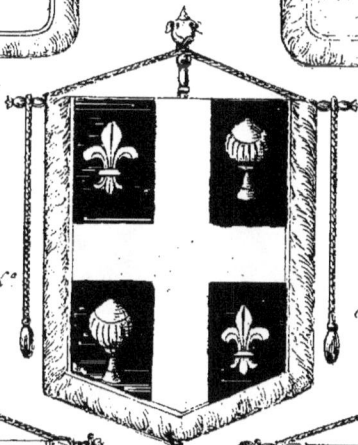

4.
Orfèvres, Horlogers,
Écrivains, Sculpteurs, &c.
de Riom.

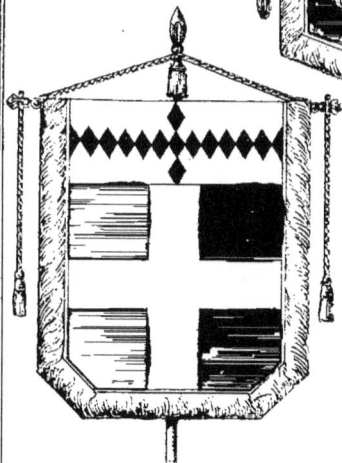

5.
Pâtissiers
de Clermont ?

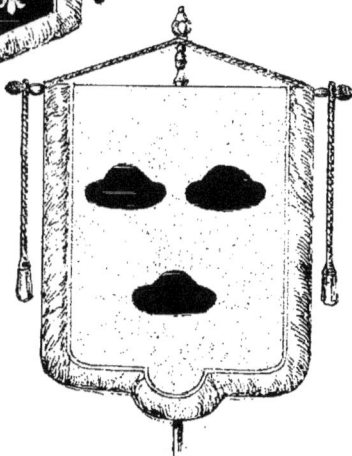

E. Bouillet, direx.

Lith Hubler

A.Lescuyer & Cie 1854

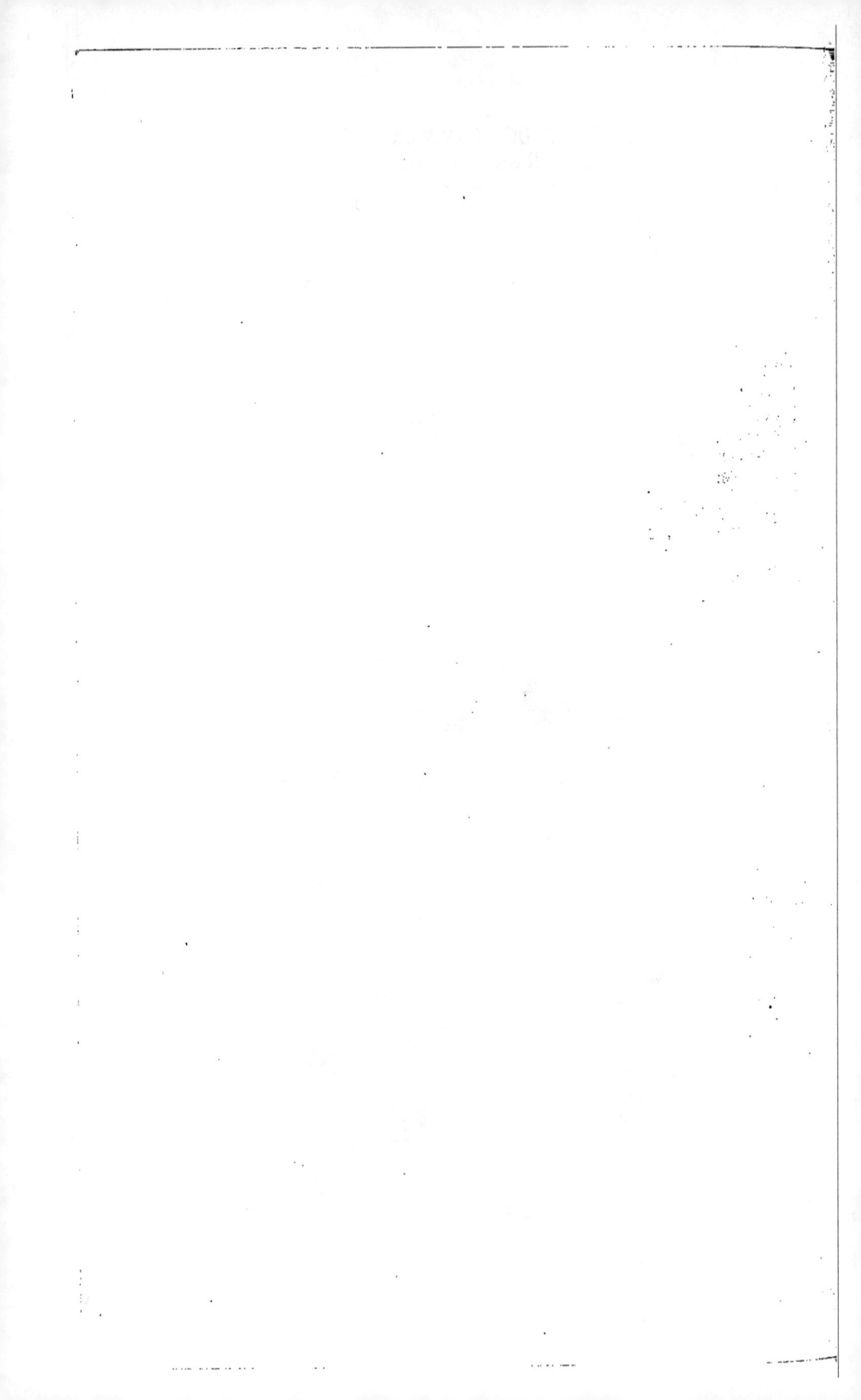

BANNIÈRES DES COMMUNAUTÉS

Des Arts et Métiers de l'Auvergne.

Pl.29.

1.
Pâtissiers
de Riom.

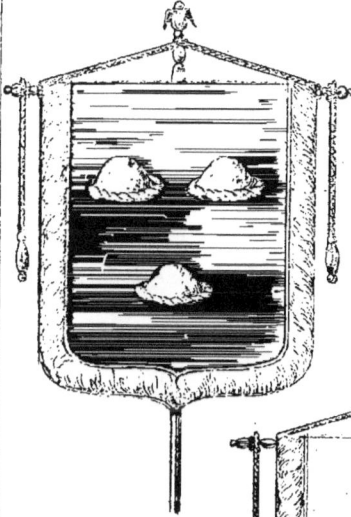

2.
Pelletiers, Gantiers,
Tanneurs & Blanchisseurs
d'Ambert.

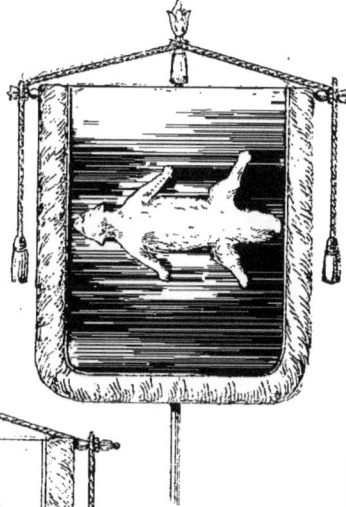

3.
Perruquiers
de Riom.

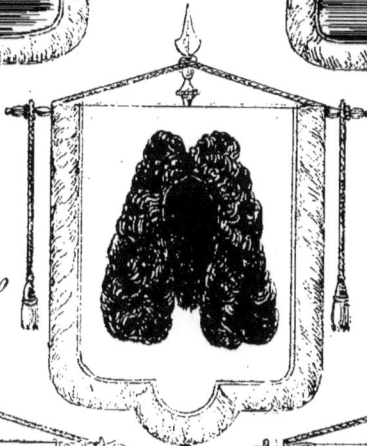

4.
Potiers d'étain,
Peigneurs de chanvre,
Chapeliers et Teinturiers
de Riom.

5.
Procureurs
et Notaires royaux
d'Ennezat.

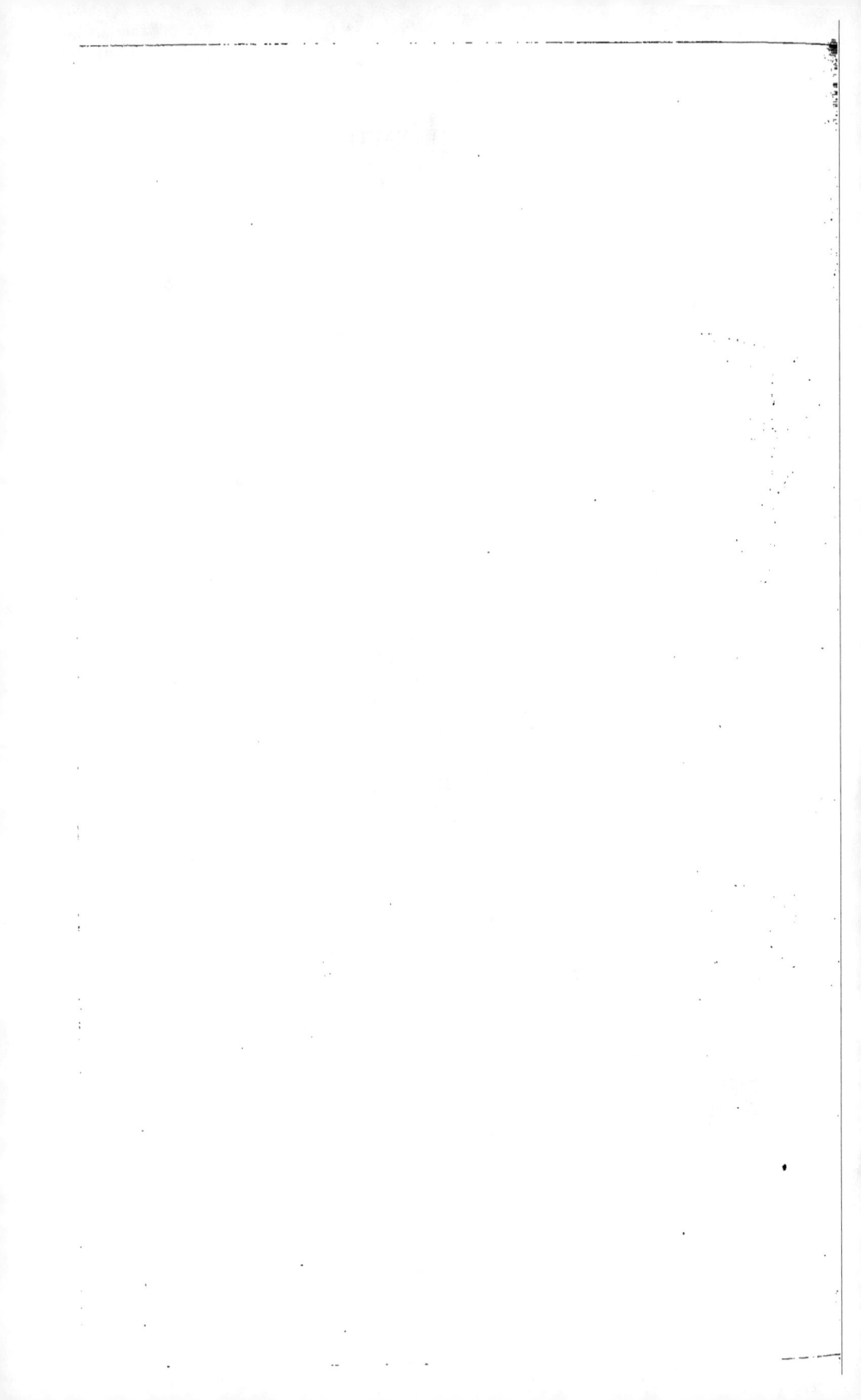

BANNIÈRES DES COMMUNAUTÉS
des Arts et Metiers de l'Auvergne.

Pl. 30.

1.
Procureurs et Notaires de
Vic-le-Comte.

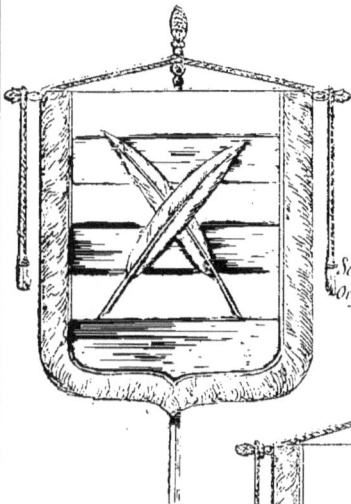

2.
Sculpteurs, Menuisiers,
et Charpentiers
d'Issoire.

3.
Sculpteurs Peintres,
Orfevres et Horlogers
de St Flour.

4.
Selliers, Bridiers,
Bâtiers et Cordiers
de Clermont.

5.
Selliers, Cordiers,
Bridiers et Bâtiers
de Brioude.

BANNIÈRES DES COMMUNAUTÉS
des Arts et Métiers de l'Auvergne.

Pl. 31.

1.
Selliers, Bâtiers
et Chaudronniers
de St Flour.

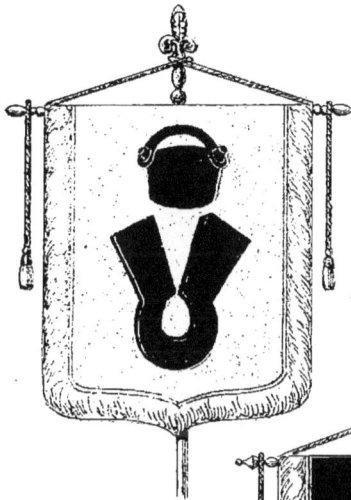

2.
Sergers et Teinturiers
et Tisserands
de Maringues.

3.
Serruriers
Armuriers
Éperonniers,
et Couteliers
de Riom.

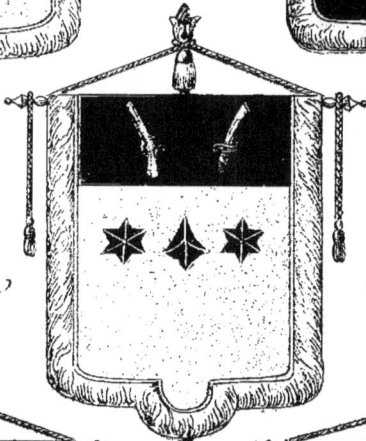

4.
Tailleurs d'habits
d'Ambert

5.
Tailleurs d'habits
d'Aurillac.

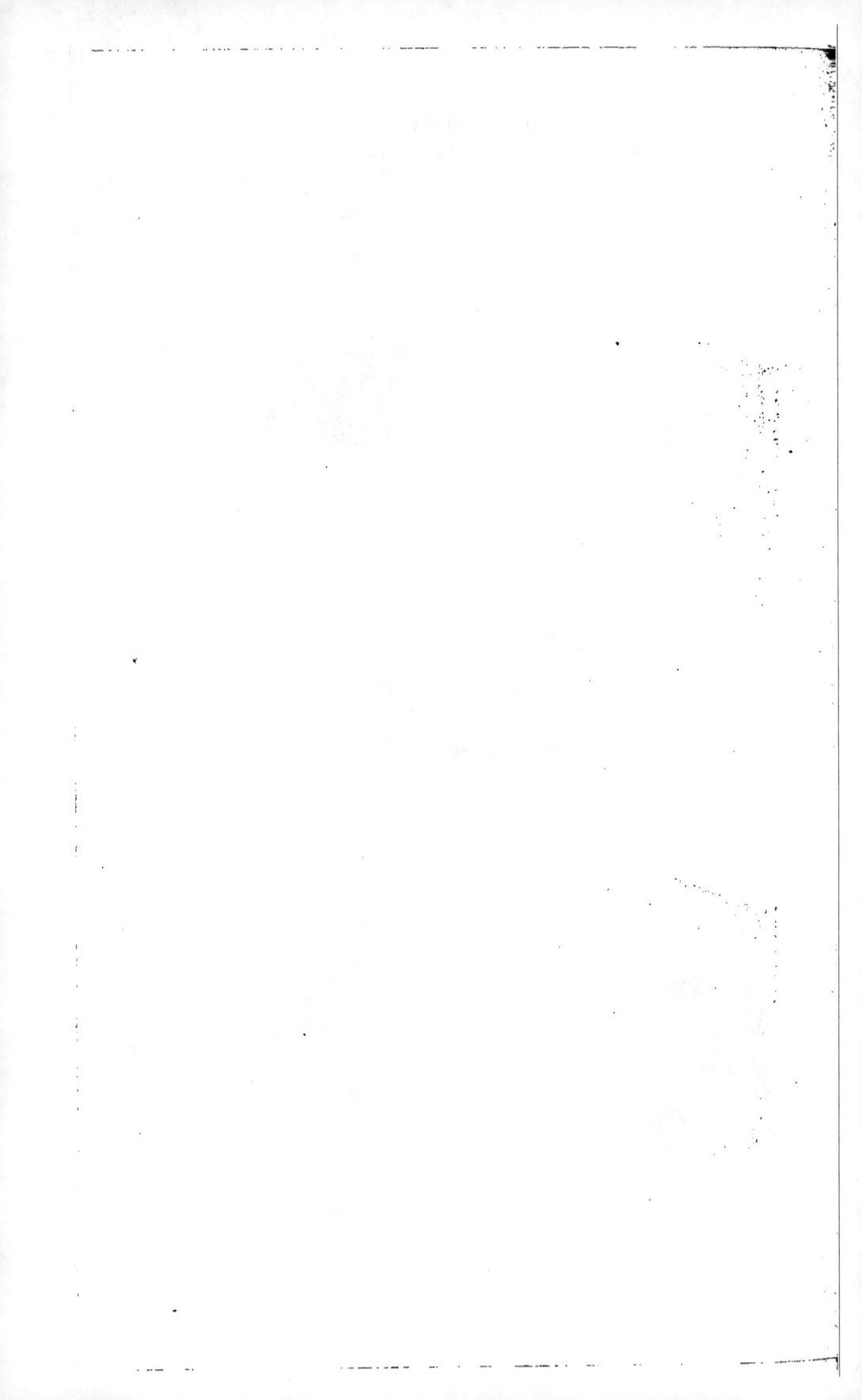

BANNIÈRES DES COMMUNAUTÉS

Des Arts et Métiers de l'Auvergne.

Pl. 32

1.
Tailleurs d'habits
de Clermont.

2.
Tailleurs d'habits
de Cournon.

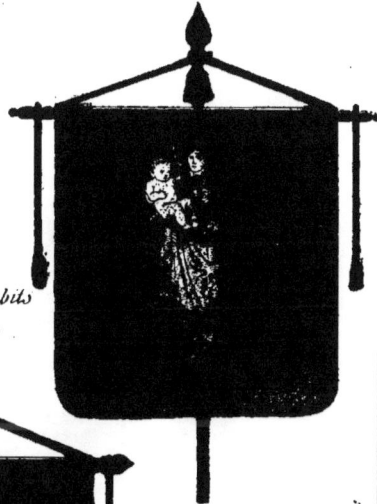

3.
Tailleurs d'habits
d'Issoire.

4.
Tailleurs d'habits
de St. Flour.

5.
Tailleurs d'habits,
Libraires et Imprimeurs
de Riom.

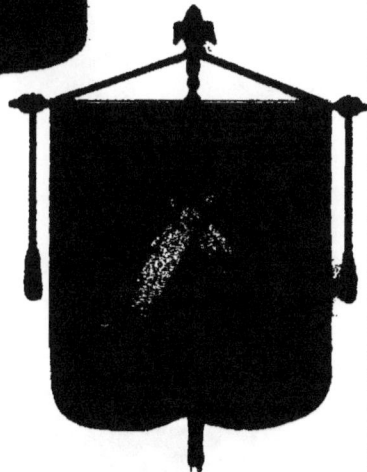

J. B. Bouillet direxit.   Lith. de Noble.   Al. del. et lith.

BANNIÈRES DES COMMUNAUTÉS
des Arts et Métiers de l'Auvergne.

Pl. 33.

1
Tanneurs, Gantiers et Corroyeurs
d'Aurillac

2.
Tanneurs, Gantiers, Pelletiers, Cordonniers
et Savetiers de Brioude.

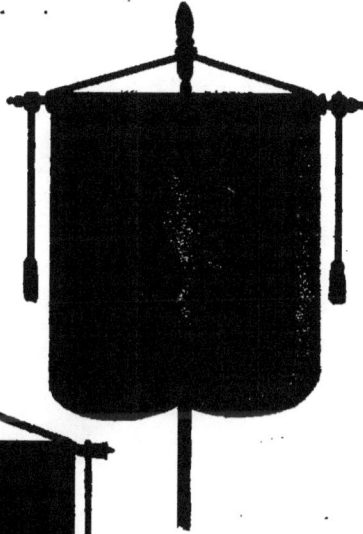

3
Tanneurs
et Pelletiers
de Clermont.

4.
Tanneurs
de Maringues

5.
Tanneurs
de Riom.

J. B. Bouillet, direxit.   Lith. Hubler.   P.J. Rol et lith.

BANNIÈRES DES COMMUNAUTÉS
des Arts et Métiers de l'Auvergne.

Pl. 34.

1.
Teinturiers et Maçons
d'Ambert.

2.
Teinturiers, Cordonniers,
Selliers & Bâtiers
d'Aurillac.

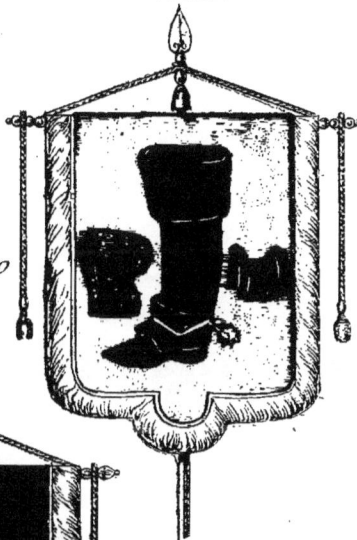

3.
Teinturiers
et Tanneurs
de Thiers.

4.
Tisserands
d'Ambert.

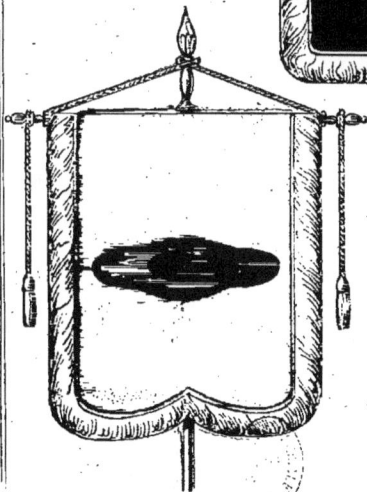

5.
Tisserands et Foulons
d'Aurillac.

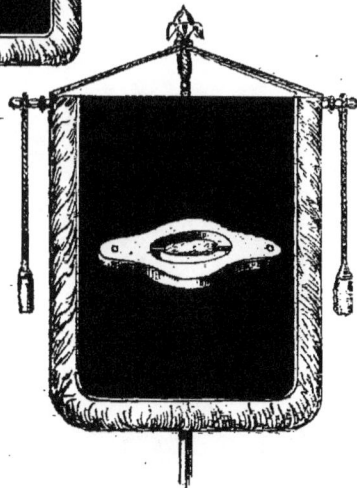

J. B. Bouillet direxit.   Lith. Bichler.   Al. Sel et lith.

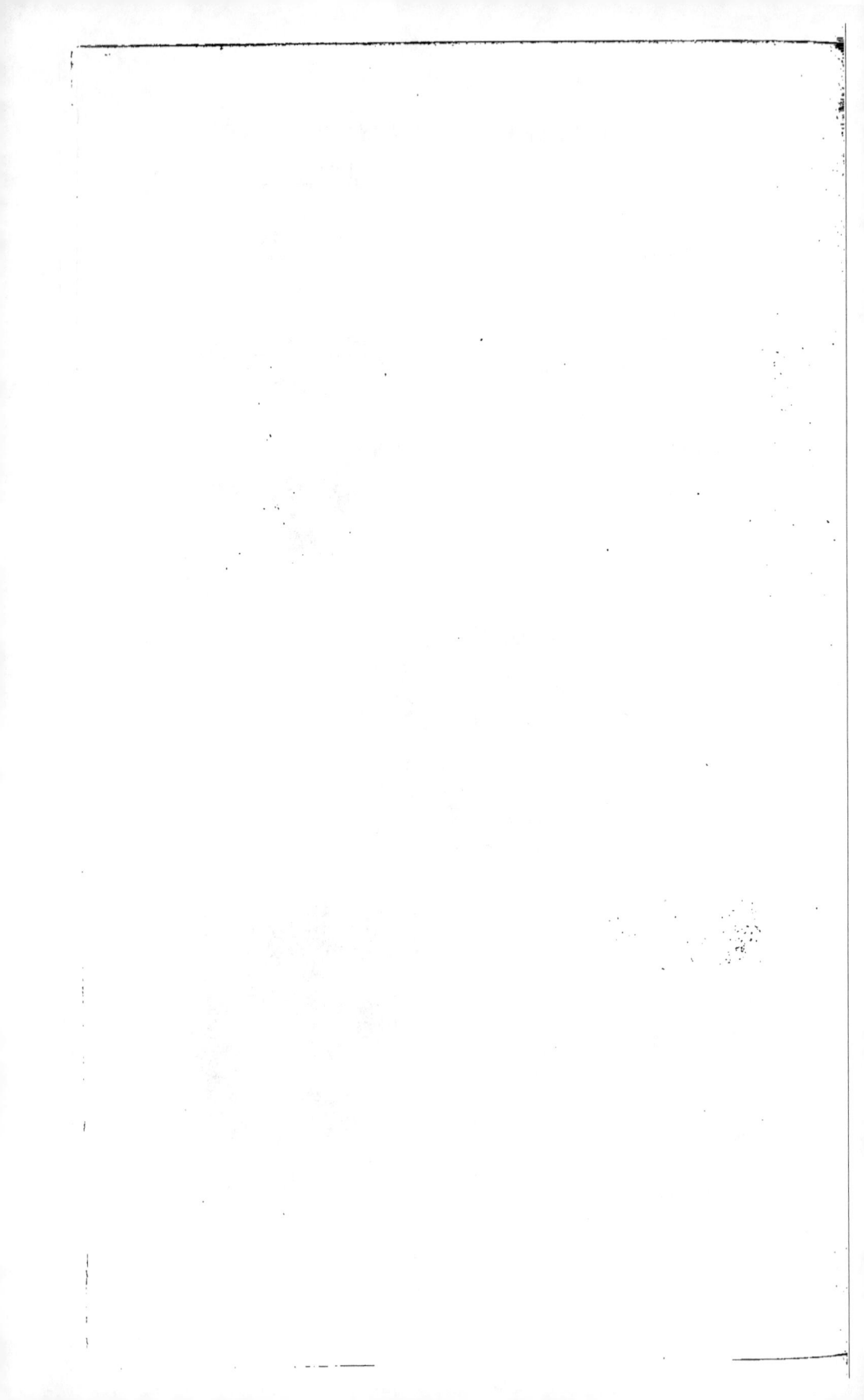

BANNIÈRES DES COMMUNAUTÉS
des Arts et Métiers de l'Auvergne.

1.
Tisserands
d'Issoire

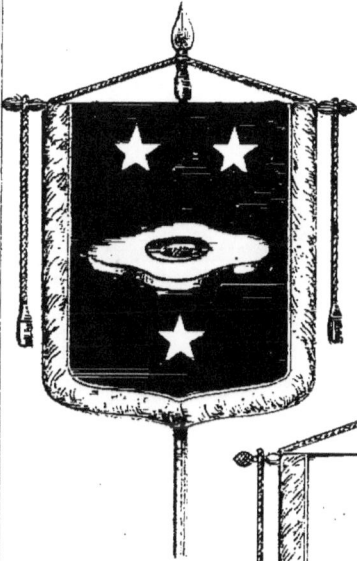

2.
Tisserands, Cardeurs
et Matelassiers
de St Flour.

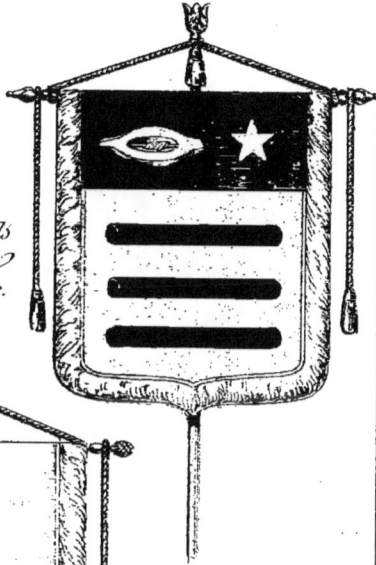

3.
Tisserands
et Sergers
de St Flour.

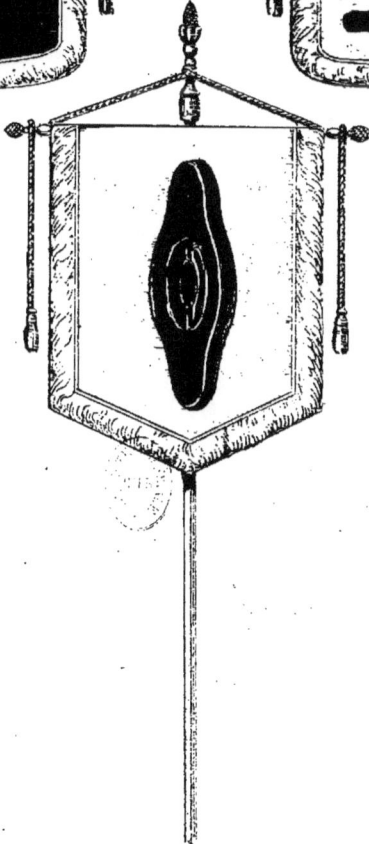

J. E. Boudilet direxit.   Lith. Hubler.   A. Iraeline del. & lith 1856.

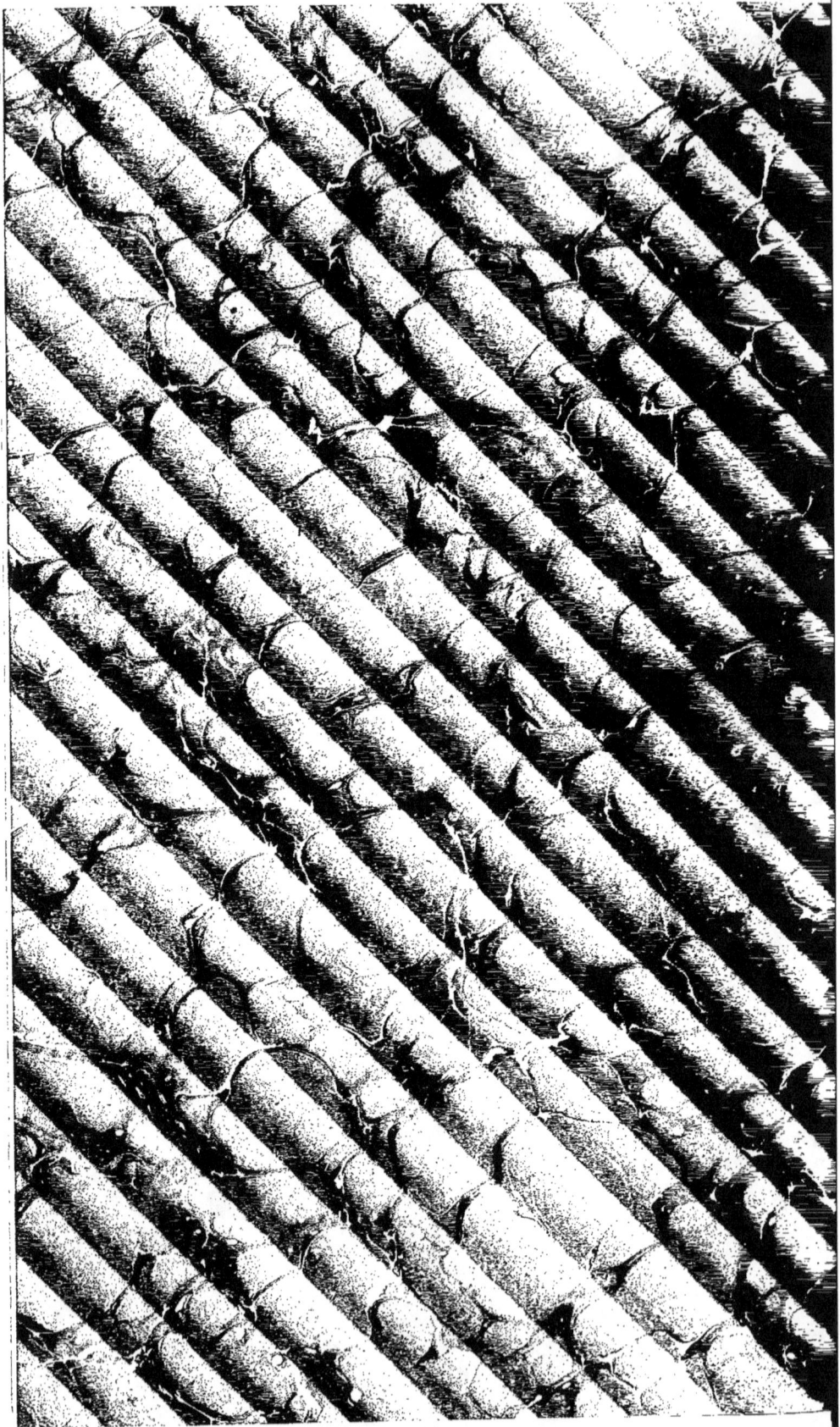

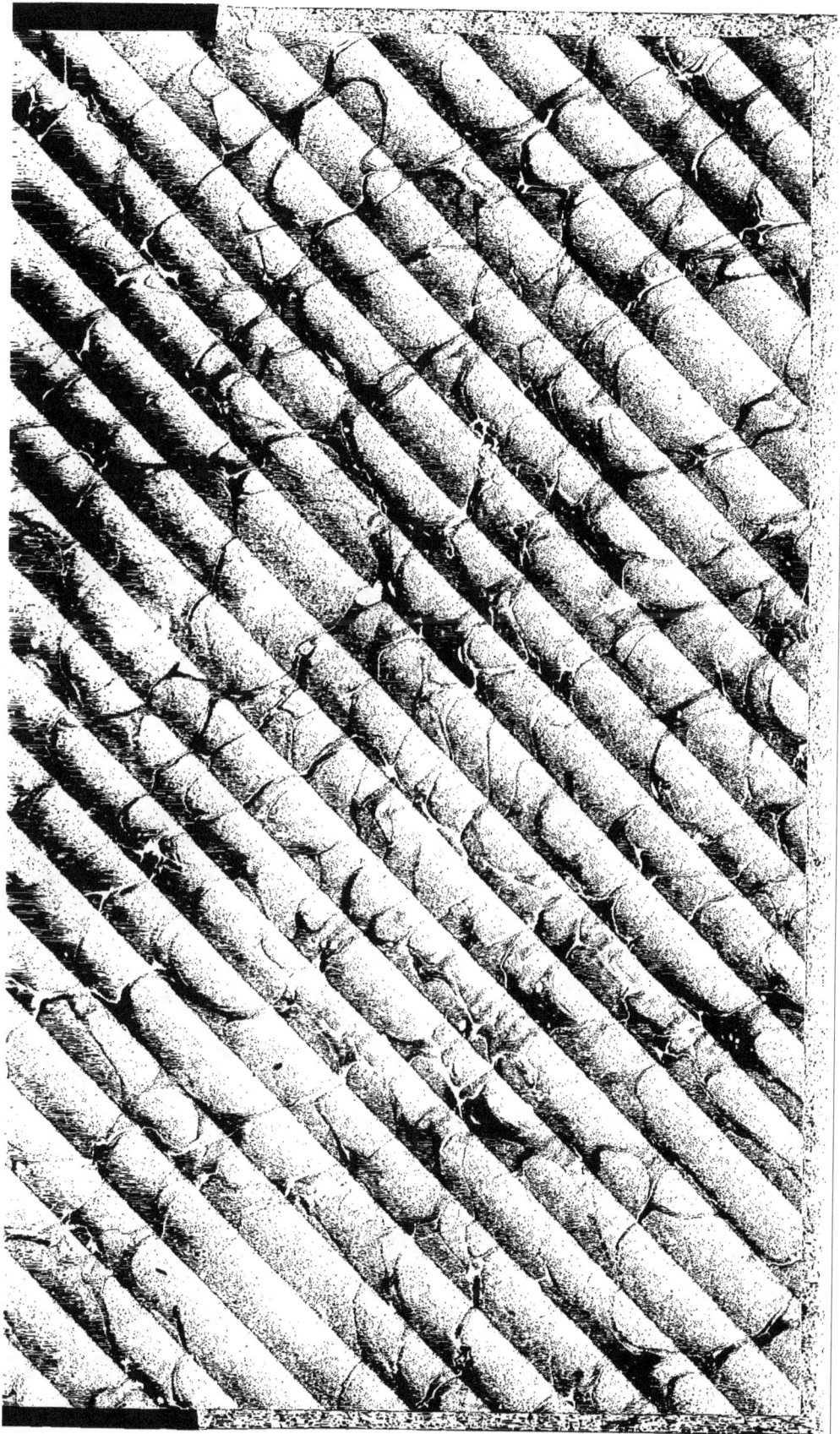